부수명칭(部首名稱)

1획

一	한 일
丨	뚫을 곤
丶	점 주(점)
丿	삐칠 별(삐침)
乙(乚)	새 을
亅	갈고리 궐

2획

二	두 이
亠	머리 두(돼지해머리)
人(亻)	사람 인(인변)
儿	어진사람 인
入	들 입
八	여덟 팔
冂	멀 경(멀경몸)
冖	덮을 멱(민갓머리)
冫	얼음 빙(이수변)
几	안석 궤(책상궤)
凵	입벌릴 감(위터진입구)
刀(刂)	칼 도
力	힘 력
勹	쌀 포
匕	비수 비
匚	상자 방(터진입구)
匸	감출 혜(터진에운담)
十	열 십
卜	점 복
卩(㔾)	병부 절
厂	굴바위 엄(민엄호)
厶	사사로울 사(마늘모)
又	또 우

3획

口	입 구
囗	에울 위(큰입구)
土	흙 토
士	선비 사
夂	뒤져올 치
夊	천천히걸을 쇠
夕	저녁 석
大	큰 대
女	계집 녀
子	아들 자
宀	집 면(갓머리)
寸	마디 촌
小	작을 소
尢(兀)	절름발이 왕
尸	주검 시
屮(中)	싹날 철
山	메 산
巛(川)	개미허리(내 천)
工	장인 공
己	몸 기
巾	수건 건
干	방패 간
幺	작을 요
广	집 엄(엄호)
廴	길게걸을 인(민책받침)
廾	손맞잡을 공(밑스물입)
弋	주살 익
弓	활 궁
彐(彑)	돼지머리 계(터진가로왈)
彡	터럭 삼(빼친석삼)
彳	조금걸을 척(중인변)

4획

心(忄)	마음 심(심방변)
戈	창 과
戶	지게 호
手(扌)	손 수(재방변)
支	지탱할 지
攴(攵)	칠 복(등글월문)
文	글월 문
斗	말 두
斤	도끼 근(날근)
方	모 방
无(旡)	없을 무(이미기방)
日	날 일
曰	가로 왈
月	달 월
木	나무 목
欠	하품 흠
止	그칠 지
歹(歺)	뼈앙상할 알(죽을사변)
殳	칠 수(갖은등글월문)
毋	말 무
比	견줄 비
毛	터럭 모
氏	각시 씨
气	기운 기
水(氵)	물 수(삼수변)
火(灬)	불 화
爪(爫)	손톱 조
父	아비 부
爻	점괘 효
爿	조각널 장(장수장변)
片	조각 편
牙	어금니 아
牛(牜)	소 우
犬(犭)	개 견

5획

玄	검을 현
玉(王)	구슬 옥
瓜	오이 과
瓦	기와 와
甘	달 감
生	날 생
用	쓸 용
田	밭 전
疋	필 필
疒	병들 녁(병질엄)
癶	걸을 발(필발머리)
白	흰 백
皮	가죽 피
皿	그릇 명
目(罒)	눈 목
矛	창 모
矢	화살 시
石	돌 석

示(礻)	보일 시	谷	골 곡		10 획
禸	짐승발자국 유	豆	콩 두	馬	말 마
禾	벼 화	豕	돼지 시	骨	뼈 골
穴	구멍 혈	豸	발없는벌레 치(갖은돼지시변)	高	높을 고
立	설 립	貝	조개 패	髟	머리털늘어질 표(터럭발)
	6 획	赤	붉을 적	鬥	싸울 투
竹	대 죽	走	달아날 주	鬯	술 창
米	쌀 미	足(⻊)	발 족	鬲	솥 력
糸	실 사	身	몸 신	鬼	귀신 귀
缶	장군 부	車	수레 거		11 획
网(罒·罓)	그물 망	辛	매울 신	魚	물고기 어
羊	양 양	辰	별 진	鳥	새 조
羽	깃 우	辵(辶)	쉬엄쉬엄갈 착(책받침)	鹵	소금밭 로
老(耂)	늙을 로	邑(⻏)	고을 읍(우부방)	鹿	사슴 록
而	말이을 이	酉	닭 유	麥	보리 맥
耒	쟁기 뢰	釆	분별할 변	麻	삼 마
耳	귀 이	里	마을 리		12 획
聿	붓 율		8 획	黃	누를 황
肉(月)	고기 육(육달월변)	金	쇠 금	黍	기장 서
臣	신하 신	長(镸)	길 장	黑	검을 흑
自	스스로 자	門	문 문	黹	바느질할 치
至	이를 지	阜(⻖)	언덕 부(좌부방)		13 획
臼	절구 구(확구)	隶	미칠 이	黽	맹꽁이 맹
舌	혀 설	隹	새 추	鼎	솥 정
舛(夅)	어그러질 천	雨	비 우	鼓	북 고
舟	배 주	靑	푸를 청	鼠	쥐 서
艮	그칠 간	非	아닐 비		14 획
色	빛 색		9 획	鼻	코 비
艸(艹)	풀 초(초두)	面	낯 면	齊	가지런할 제
虍	범의문채 호(범호)	革	가죽 혁		15 획
虫	벌레 충(훼)	韋	다름가죽 위	齒	이 치
血	피 혈	韭	부추 구		16 획
行	다닐 행	音	소리 음	龍	용 룡
衣	옷 의	頁	머리 혈	龜	거북 귀(구)
襾	덮을 아	風	바람 풍		17 획
	7 획	飛	날 비	龠	피리 약 변
見	볼 견	食(飠)	밥 식(변)	*는	•忄심방(변) •衤재방(변)
角	뿔 각	首	머리 수	부수의	•氵삼수(변) •犭개사슴록(변)
言	말씀 언	香	향기 향	변형글자	•阝(邑)우부(방) •阝(阜)좌부(변)

국립중앙도서관 출판시도서목록(CIP)

```
(Point up) 3-step 왕초보 1800 한자 / 창 [편].
— 서울 : 창, 2012  p. ;  cm
감수: 최청화, 유향미
ISBN  978-89-7453-203-1  13710 : ₩10,000

한자 학습[漢字學習]

711.47-KDC5
495.78-DDC21    CIP2012003713
```

Point Up 3step 왕초보 1800 한자

2022년 4월 10일 5쇄 인쇄
2022년 4월 20일 5쇄 발행

감수자 | 최청화/유향미
펴낸이 | 이규인
편 집 | 홍보현
펴낸곳 | 도서출판 **창**
등록번호 | 제15-454호
등록일자 | 2004년 3월 25일

주소 | 서울특별시 마포구 대흥로 4길 49 1층(용강동. 월명빌딩)
전화 | (02) 322-2686, 2687 / **팩시밀리** | (02) 326-3218
홈페이지 | http://www.changbook.co.kr
e-mail | changbook1@hanmail.net

ISBN 978-89-7453-203-1 13710

정가 10,000원
*잘못 만들어진 책은 〈도서출판 **창**〉에서 바꾸어 드립니다.

*이 책의 저작권은 〈도서출판 **창**〉에 있습니다.
 저작권법에 의해 보호를 받는 저작물이므로 무단 전재와 복제를 금합니다.

Point up

3-step 왕초보
1800 한자

창
Chang Books

F·o·r·e·w·o·r·d

간편하고 효율적인 학습을 위해

여러분은 지금 국제화 시대에 살고 있습니다. 한자는 중국 등 한자문화권 국가와의 비즈니스 관계에 따라 영어와 마찬가지로 여러분과 떼려야 뗄 수 없는 불가분의 관계입니다. 지구상에 글자를 소리글자와 뜻글자로 크게 분류한다면 소리글자가 영어라면 뜻글자는 한자입니다. 이러한 시대 상황을 고려하여 편집·제작된 Point up 3-step 왕초보 1800 한자는 교육부에서 발표한 "21세기 한자·한문 교육의 내실을 기하며, 새로운 교육적 전망을 확립하기 위하여 만들어졌습니다. 따라서 한자 능력시험의 3급~8급까지의 기초한자 및 필수한자와 핵심한자 등을 포함해서 초급부터 중급, 고급에 이르기까지 누구나 부담없이 공부할 수 있도록 하였습니다. 그리고 왕초보자를 위해 필순을 넣어 쉽게 쓸 수 있도록 하였으며, 또한 10년 이상 각종 시험자료에서 입증된 핵심한자만을 골라 1,850한자로 구성하였습니다. 우리글은 상당 부분을 한자에서 유래된 말이 많이 차지하고 있어 비록 복잡하지만 공부해보면 정말 신비하고 재미있는 철학이 담겨있다는 것을 알게 될 것입니다.

이 책의 구성을 살펴보면,

Part I **왕초보 1스텝 기초한자 – 초급 단계(5~8급)**
Part II **왕초보 2스텝 필수한자 – 중급 단계(4~4Ⅱ급)**
Part III **왕초보 3스텝 핵심한자 – 고급 단계(3~3Ⅱ급)**

이와 같이 단계(급수)별로 분류한 후, 중요도에 따라 알기 쉽게 '가나다(ㄱ, ㄴ, ㄷ)'순으로 배열·수록하였으며, 학생들이 언어생활과 전공 학습에 필요한 한자를 학습하고, 국가공인 한자자격증 시험을 준비하는 데 도움을 주고자 상용 한자 어휘의 자료를 충실히 반영하고, 그 외 다양한 실생활과 학업에 필요한 한자만을 열거하였습니다. 모든 한자는 표제자(標題字)의 부수(部首),

F·o·r·e·w·o·r·d

획수(畫數), 총획수(總畫數)를 표시하였습니다. 그리고 한문 교육용 기본한자 1,800자 중에서 기초한자 500자, 필수한자 500자, 나머지 핵심한자 850자로 구성되었습니다. 그리고 세계화에 대비해서 완벽한 언어로 발전하기 위해 4개국어로 표기되어 누구든지 쉽게 활용할 수 있습니다. 또한 한자 어휘를 중심으로 해당 한자의 음과 뜻, 한자 어휘의 활용, 해당 어휘가 활용된 예를 제시하였으며, 부록은 한자 학습에 꼭 필요한 알찬 내용만을 엄선하여 실었습니다.

그리고 포켓용으로 만들어져 휴대하며 공부할 수 있기에 한자학습을 한층 Point up 함으로써 여러분의 한자실력을 단계별로 향상시켜 줄 것입니다.

참고로 이 책을 학습하는 데 필요한 사용기호를 살펴보면,

기본 뜻 외에 영어, 중국어, 일본어 등을 표기하고 교육용 1,800 기본한자는 반대자와 상대자, 약자와 속자 등을 제시하고 영 → 영어 중 → 중국어 일 → 일본어 (↔) → 반대어 (=) → 동의어 표시하였습니다.

*예문은 두음법칙에 따라 표기했음. 中-중학교, 高-고등학교 표기.

〈본문설명〉

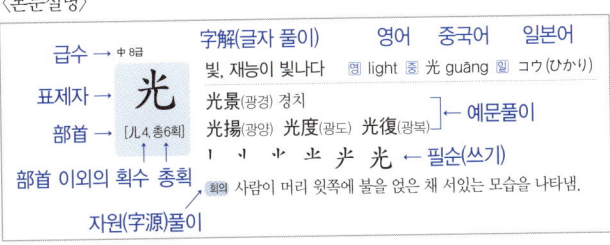

C·o·n·t·e·n·t·s

- Part I 왕초보 1스텝 기초 한자 7
  (초급 단계 : 5~8급)
- Part II 왕초보 2스텝 필수 한자 133
  (중급 단계 : 4~4Ⅱ급)
- Part III 왕초보 3스텝 핵심 한자 259
  (고급 단계 : 3~3Ⅱ급)

〈부록〉

- 한자(漢子)에 대하여   474
- 부수(部首) 일람표   478
- 두음법칙(頭音法則) 한자   490
- 동자이음(同字異音) 한자   492
- 약자(略字)·속자(俗字)   496
- 고사성어(故事成語)   498
- 찾아보기   512

Part I

3-step
1단계

기초한자

中 8급

光 [儿4, 총6획]

빛 광

빛, 재능이 빛나다　영 light 중 光 guāng 일 コウ(ひかり)

光景(광경) 경치
光揚(광양)　光度(광도)　光復(광복)

회의 사람이 머리 윗쪽에 불을 얹은 채 서있는 모습을 나타냄.

中 8급

敎 [攴7, 총11획]

가르칠 교

학교(=訓)　　　영 teach 중 教 jiào 일 教 キョウ(おしえる)

敎權(교권) 교육상 교육자의 권리
敎具(교구)　敎師(교사)　敎生(교생)

형성 어른과 아이 사이에서 이루어지는 모양을 나타냄.

中 8급

校 [木6, 총10획]

학교 교

학교, 가르치다　영 school 중 校 xiào 일 コウ(くらべる)

校門(교문) 학교의 문
校風(교풍)　校旗(교기)　校內(교내)

十　ナ　ォ　ポ　栌　校

형성 X자 모양으로 교차된 나무로 만들어진 틀을 나타냄.

1단계

中 8급

[乙1, 총2획]

아홉 **구**

아홉, 아홉 번 　영 nine 　중 九 jiǔ 　일 キュウ·ク(ここのつ)

九曲(구곡) 아홉 굽이

九十春光(구십춘광)　**九氣**(구기)　**九族**(구족)

丿 九

지사 안쪽으로 팔을 구부려 잡아당기는 모습을 나타냄.

中 8급

[口8, 총11획]

나라 **국**

나라, 도읍 　영 country 　중 国 guó 　일 国 コク(くに)

國權(국권) 국가의 권력

國手(국수)　**國基**(국기)　**國道**(국도)

冂 冋 囗 國 國 國

형성 위아래로 구분한 영토를 창으로 지키는 테두리를 나타냄.

中 8급

[車9, 총9획]

군사 **군**

군사, 전투 　영 military · district 　중 军 jūn 　일 グン(いくさ)

軍官(군관) 군인과 관리

軍紀(군기)　**軍歌**(군가)　**軍犬**(군견)

冖 冖 肎 宣 軍

회의 전차로 둥글게 둘러싸인 군대를 나타냄.

中 8급

[金0, 총8획]

쇠, 성 **금**

쇠, 금 　영 gold 　중 金 jīn 　일 キン(かな)

金冠(금관) 금으로 만든 관

金髮(금발)　**金庫**(금고)　**金泉**(김천)

人 今 全 全 余 金

형성 흙속에 숨겨져 있는 금속 알갱이를 나타냄.

8급 기초한자 | 9

中 8급

南
[十 7, 총 9획]
남녘 **남**

남녘(↔北)　　　　영 south 중 南 nán 일 ナン(みなみ)

南國(남국) 남쪽에 위치한 나라
南方(남방) 南極(남극) 南部(남부)

十 冂 冂 冂 冃 南 南

형성 온도가 따뜻한 방에서 싹 터 나오는 모습을 나타냄.

中 8급

女
[女 0, 총 3획]
계집 **녀(여)**

여자, 계집(↔男)　　　영 female 중 女 nǚ 일 ジョ・ニョ(おんな)

女傑(여걸) 걸출한 여자
女唱(여창) 女軍(여군) 女王(여왕)

く 夊 女

상형 앞으로 무릎을 굽힌 여성을 나타냄.

中 8급

[干 3, 총 6획]
해 **년(연)**

해, 나이(=歲)　　　영 year 중 年 nián 일 ネン(とし)

年期(연기) 만1년
年老(연로) 昨年(작년) 年歲(연세)

丿 ㅗ ㅑ 仁 仨 年

형성 찰진 곡물이 농사가 끝나서 거두어들이기까지의 기간을 나타냄.

中 8급

[大 10, 총 5획]
큰 **대**

크다, 많다(↔小 =巨)　　영 great 중 大 dà 일 タイ(おおきい)

大家(대가) 부귀한 집
大吉(대길) 大闕(대궐) 大量(대량)

一 ナ 大

상형 손발을 짝 벌리고 서 있는 사람의 모습을 나타냄.

• 1단계

中 8급

[木4, 총8획]

동녘 **동**

동녘, 동쪽(↔西)　　영 east　중 东 dōng　일 トウ(ひがし)

東史(동사) 우리 나라의 역사

東床(동상) 東邦(동방) 東洋(동양)

一 冂 冃 日 束 東 東

상형 똑같은 양쪽을 묶고 맨가운데를 뚫은 막대기를 나타냄.

中 8급

[八2, 총4획]

여섯 **륙(육)**

여섯, 여섯 번　　영 six　중 六 liù　일 ロク

六旬(육순) 60세, 또는 60일

六角(육각) 六禮(육례) 六法(육법)

丶 一 ㅗ 六

상형 덮개를 씌운 구멍 속에 들어가 있는 모습을 나타냄.

中 8급

[艸9, 총13획]

일만 **만**

1만, 다수　　영 ten thousand　중 万 wàn　일 万 マン(よろず)

萬福(만복) 많은 복

萬歲(만세) 萬感(만감) 萬能(만능)

艹 芍 苩 萬 萬 萬

형성 맹독을 가지고 있는 전갈을 나타냄.

中 8급

[毋1, 총5획]

어미 **모**

어미, 근원　　영 mother　중 母 mǔ　일 ボ(はは)

母校(모교) 자기의 출신 학교

母體(모체) 母系(모계) 母國(모국)

ㄴ 乃 毋 母 母

지사 여인에게 두 개의 유방이 있는 모습을 나타냄.

8급 기초한자 | **11**

中 8급

木 [木 0, 총4획]
나무 **목**

나무, 목재(=樹)   영 tree 중 木 mù 일 ボク(き)

木工(목공) 나무로 물건을 만드는 일
木器(목기) 木馬(목마) 木石(목석)

一 十 才 木

상형 나무를 나타냄.

中 8급

門 [門 0, 총8획]
문 **문**

문, 문간   영 door 중 门 mén 일 モン(かど)

門客(문객) 집안에 있는 식객
門限(문한) 門前(문전) 門中(문중)

丨 冂 冂 冃 冐 門 門

상형 오른쪽과 왼쪽에 두 개의 문이 붙은 문을 나타냄.

中 8급

民 [氏 1, 총5획]
백성 **민**

백성, 평민(↔官)   영 people 중 民 mín 일 ミン(たみ)

民權(민권) 인민의 권리
民族(민족) 民家(민가) 民泊(민박)

フ ㄱ 尸 FE 民

지사 검은자위를 못 쓰게 된 눈과 바늘을 나타냄.

中 8급

[白 0, 총5획]
일백 **백**

희다, 깨끗하다(↔黑)   영 white 중 白 bái 일 ハク(しろい)

白骨(백골) 흰 뼈
白露(백로) 白晝(백주) 白人(백인)

ノ ㅓ 白 白 白

상형 도토리처럼 속이 하얀 것을 나타냄.

l단계

中 8급

[父 0, 총4획]

아비 **부**

아비, 아버지   영father 중父 fù 일フ(ちち)

父道(부도) 아버지로서 지켜야할 도리

父命(부명) 父女(부녀) 父母(부모)

    丶   ハ   グ   父

지사 성인 남자가 돌도끼를 손에 들고 있는 모습을 나타냄.

中 8급

[口 2, 총5획]

넉 **사**

넷, 네 번   영four 중四 sì 일シ(よ·よつ)

四角(사각) 네모

四面(사면) 四季(사계) 四足(사족)

    丨   冂   冖   四   四

지사 여러 개로 각각 나누어지는 수를 나타냄.

中 8급

[山 0, 총3획]

뫼 **산**

뫼(메), 산(↔川)   영mountain 중山 shān 일サン(やま)

山林(산림) 산과 숲, 또는, 산에 있는 숲

山寺(산사) 山蔘(산삼) 山脈(산맥)

    丨   凵   山

상형 돌이 있는 높은 산 모양을 본뜸.

中 8급

[一 2, 총3획]

석 **삼**

석, 셋   영three 중三 sān 일サン(みつつ)

三更(삼경) 밤 12시

三權(삼권) 三冬(삼동) 三族(삼족)

    一   二   三

회의 가로줄이 세 개로 쳐져 있어서 3을 나타냄.

8급 기초한자 | **13**

中 8급

生
[生 0, 총5획]
날, 살 **생**

나다, 낳다(↔死)　　영 born 중 生 shēng 일 セイ(なま)

生家(생가) 자기가 난 집
生計(생계) 生氣(생기) 生命(생명)

丿 ㇒ 㐅 牛 生

상형 초목 새싹이 땅 위로 올라오는 모습을 나타냄.

中 8급

西
[襾 0, 총6획]
서녘 **서**

서녘, 서쪽(↔東)　　영 west 중 西 xī 일 セイ·サイ(にし)

西藏(서장) 티베트
西風(서풍) 西曆(서력) 西洋(서양)

一 ㇑ 冂 襾 西 西

상형 한낮의 열기가 식어 없어져 버리는 서쪽을 나타냄.

中 8급

先
[儿 4, 총6획]
먼저 **선**

먼저, 우선(↔後)　　영 first 중 先 xiān 일 セン(さき)

先見(선견) 장래 일어날 일을 미리 알아냄
先例(선례) 先導(선도) 先頭(선두)

丿 ㇒ 㐅 牛 失 先

회의 자기 발끝이 가장 앞이라는 뜻을 나타냄.

中 8급

[小 0, 총3획]
작을 **소**

작다, 적다(↔大)　　영 small 중 小 xiǎo 일 ショウ(ちいさい)

小家(소가) 작은 집
小康(소강) 小國(소국) 小盤(소반)

亅 小 小

지사 아주 작고 가는 것을 나타냄.

14 | 3-Step 왕초보 1800한자 - 1단계

中 8급

[水 0, 총4획]

물 **수**

물, 강(↔火) 영 water 중 水 shuǐ 일 スイ(みず)

水難(수난) 물로 말미암은 재난
水魔(수마) 水路(수로) 水面(수면)

丿 亅 水 水

상형 흐르는 물을 나타냄.

中 8급

[宀 6, 총9획]

집 **실**

집, 방 영 house 중 室 shì 일 シツ(へや)

室人(실인) 주인
室家(실가) 室內(실내) 室長(실장)

宀 宇 宇 宇 宰 室

형성 가장 외따로 떨어진 곳의 마지막 끝에 위치한 을 나타냄.

中 8급

[十 0, 총2획]

열 **십**

열(번째), 완전하다 영 ten 중 十 shí 일 ジュウ(とお)

十誡命(십계명) 하나님이 모세에게 내린 열 가지 계명
十代(십대) 十字(십자) 十里(십리)

一 十

지사 완전함을 나타냄.

中 8급

[二 2, 총4획]

다섯 **오**

다섯, 다섯 번 영 five 중 五 wǔ 일 ゴ(いつつ)

五穀(오곡) 주식이 되는 다섯 가지 곡식.
五角(오각) 五感(오감) 五色(오색)

一 丆 五 五

지사 선이 교차하여 되돌아오는 것을 나타냄.

中 8급

王 [玉 0, 총4획]
임금 **왕**

임금, 우두머리(=帝)　　영king　중王 wáng　일オウ(きみ)

王家(왕가) 임금의 집안
王命(왕명)　**王國**(왕국)　**王妃**(왕비)

一 Ｔ 千 王

지사 하늘과 땅 사이에 손·발을 벌린 사람이 서 있는 모습.

中 8급

外 [夕 2, 총5획]
바깥 **외**

바깥, 타향(↔內)　　영outside　중外 wài　일ガイ·ゲ(そと)

外客(외객) 겨레붙이가 아닌 손님
外觀(외관)　**外國**(외국)　**外勤**(외근)

丿 ク 夕 夘 外

회의 달이 기울어가는 모습의 바깥쪽을 나타냄.

中 8급

月 [月 0, 총4획]
달 **월**

달, 달빛(↔日)　　영moon　중月 yuèn　일ゲツ(つき)

月刊(월간) 매월 한 차례 간행함
月光(월광)　**月間**(월간)　**月給**(월급)

丿 刀 月 月

상형 초승달을 나타냄.

中 8급

二 [二 0, 총2획]
두 **이**

두, 둘　　영two　중二 èr　일二(ふたつ)

二姓(이성) 두 왕조의 임금
二乘(이승)　**二重**(이중)　**二輪車**(이륜차)

一 二

지사 가로줄이 두 개 있음을 나타냄.

中 8급

[人 0, 총2획]

사람 **인**

사람, 타인   영person 중人 rén 일ジン·ニン(ひと)

人格(인격) 사람으로서의 품격
人望(인망) 人氣(인기) 人道(인도)

ノ 人

상형 사람이 서 있는 모습을 나타냄.

中 8급

[日 0, 총4획]

날 **일**

날, 해(↔月 ↔夜)   영day 중日 rì 일ジツ·ニチ(ひ)

日久(일구) 시간이 몹시 경과가 됨
日沒(일몰) 日記(일기) 日語(일어)

丨 冂 日 日

상형 태양을 나타냄.

中 8급

[一 0, 총1획]

한 **일**

한, 하나   영one 중一 yī 일イチ(ひと)

一戰(일전) 한바탕 싸움
一望(일망) 一念(일념) 一同(일동)

一

지사 가로줄이 하나인 1을 나타냄.

高 8급

[長 0, 총8획]

길 **장**

꾸미다(↔短)   영long 중长 cháng 일チョウ(ながい)

長江(장강) 긴 강. 중국에서는 양자강을 이름
長久(장구) 長男(장남) 長安(장안)

丨 ㄣ ㅌ 乧 툔 틋 長 長

상형 머리털을 나부끼고 있는 노인의 모습을 나타냄.

8급 기초한자 | **17**

中 8급

第
[竹 5, 총11획]
차례 **제**

차례, 계급(↔兄 ↔師)　영 order　중 第 dì　일 ダイ(ついで)

第五列(제오열) 적과 내통하는 사람
第三者(제삼자)　第一(제일)　及第(급제)

⺮ ⺮ 笃 笃 第 第

형성 차례대로 대나무에 마디가 생기는 것을 나타냄.

中 8급

弟
[弓 4, 총7획]
아우 **제**

아우, 제자　영 younger brother　중 弟 dì　일 テイ(おとうと)

弟嫂(제수) 아우의 아내
弟子(제자)　弟男(제남)　兄弟(형제)

丶 丷 丛 肖 弟 弟

상형 형제 중에 나이가 어린 아우를 나타냄.

中 8급

中
[丨 3, 총4획]
가운데 **중**

가운데, 안　영 middle　중 中 zhōng　일 チユウ(なか)

中間(중간) 한가운데
中年(중년)　中國(중국)　中央(중앙)

丨 冂 口 中

지사 틀의 맨가운데를 꿰뚫고 있는 모습을 나타냄.

中 8급

靑
[靑 0, 총8획]
푸를 **청**

푸르다, 푸른 빛　영 blue　중 青 qīng　일 セイ(あおい)

靑盲(청맹) 뜨고도 보지 못하는 눈
靑松(청송)　靑果(청과)　靑年(청년)

一 十 主 青 青 青

형성 모든 것이 끝나 꼼짝 않는다는 뜻을 나타냄.

1단계

中 8급

[寸 0, 총3획]

마디 **촌**

마디, 치(길이의 단위)   영 inch 중 寸 cùn 일 スン

寸刻(촌각) 아주 짧은 시각

寸鐵(촌철) 寸劇(촌극) 寸評(촌평)

一 寸 寸

지사 손에 엄지손가락을 합친 모습을 나타냄.

中 8급

[一 1, 총2획]

일곱 **칠**

일곱, 일곱 번   영 seven 중 七 qī 일 シチ(なな)

七星(칠성) 북두칠성

七旬(칠순) 七寶(칠보) 七夕(칠석)

一 七

지사 세로줄을 가로줄로 자른 후 아래 끝을 자른 모습을 나타냄.

中 8급

[土 0, 총3획]

흙 **토**

흙, 토양(=地)   영 sand 중 土 tǔ 일 ト・ド(つち)

土窟(토굴) 땅속으로 판 굴

土砂(토사) 土建(토건) 土窟(토굴)

一 十 土

회의 흙이 쌓아올려진 모습을 나타냄.

中 8급

[八 0, 총2획]

여덟 **팔**

여덟, 여덟째   영 eight 중 八 bā 일 ハチ・ハツ(やっつ)

八方美人(팔방미인) 어느 모로 보나 아름다운 미인

八旬(팔순) 八角(팔각) 八景(팔경)

丿 八

회의 오른쪽과 왼쪽으로 가르는 모양을 나타냄.

8급 기초한자 | **19**

中 8급

學
[子 13, 총16획]
배울 **학**

배우다, 학문 　　　영learn　중学 xué　일学 ガク(まなぶ)

學說(학설) 학문상의 논설
學文(학문)　**學界**(학계)　**學科**(학과)

ᅡ ᅣ ᅤ 朗 學 學 學

형성 스승과 학생이 학문을 가르치고 배우는 집을 나타냄.

中 8급

韓
[韋 8, 총17획]
나라이름 **한**

나라 이름, 삼한 　　　영korea　중韩 hán　일カン(から)

韓人(한인) 우리나라 사람
韓國(한국)　**韓方**(한방)　**韓紙**(한지)

吉 훠 훠 韓 韓 韓

회의·형성 강하고 크다는 의미를 나타냄.

中 8급

[儿 3, 총5획]
형 **형**

맏이, 형(↔弟) 　　　영elder　중兄 xiōng　일ケイ·キョウ(あに)

兄夫(형부) 언니의 남편
兄嫂(형수)　**兄弟**(형제)　**大兄**(대형)

丨 ㄇ ㅁ 尸 兄

회의 머리가 큰 사람을 나타냄.

中 8급

[火 0, 총4획]
불, 탈 **화**

불, 타다(↔水) 　　　영fire　중火 huǒ　일カ(ひ)

火口(화구) 화산의 분화구
火氣(화기)　**火急**(화급)　**火災**(화재)

丶 丷 火 火

상형 불이 타오르는 모양을 나타냄.

中 7급	집, 가정(=宅 =屋) 영 house 중 家 jiā 일 カ·ケ(いえ)
家 [宀7, 총10획] 집 **가**	家系(가계) 한 집안의 혈통 家奴(가노) 家具(가구) 家內(가내) 宀 宀 宀 宇 宇 家 家 형성 가축을 보호하기 위해 우리에 지붕 씌운 모양을 나타냄.

中 7급	노래, 노래하다(=曲 =謠) 영 song 중 歌 gē 일 カ(うた)
歌 [欠10, 총14획] 노래 **가**	歌曲(가곡) 노래 歌舞(가무) 歌曲(가곡) 歌詞(가사) 可 可 哥 哥 哥 歌 歌 형성 몸을 구부리고 낮은 소리를 나타냄.

中 7급	사이, 틈 영 gap 중 間 jiān 일 カン·ケン(あいだま)
間 [門4, 총12획] 사이 **간**	間隔(간격) 서로 떨어져 있는 거리 間色(간색) 間伐(간벌) 間食(간식) 丨 卩 門 門 間 間 회의 문과 문 사이에서 밖을 내다보는 모습을 나타냄.

中 7급	강, 큰 내(↔山) 영 river 중 江 jiāng 일 コウ(え)
江 [水3, 총6획] 강 **강**	江口(강구) 강 어귀 江南(강남) 江邊(강변) 江村(강촌) 丶 丶 氵 氵 江 江 형성 땅을 관통하여 흐르는 큰 강을 나타냄.

中 7급

車 [車 0, 총7획]
수레 **거/차**

수레, 수레의 바퀴   영 cart 중 车 jū chē 일 シャ(くるま)

車馬費(거마비) 교통비
車駕(거가) **車輛**(차량) **自動車**(자동차)

一 ㄏ ㄐ 冃 百 亘 車

상형 일륜차를 나타냄.

中 7급

工 [工 0, 총3획]
장인 **공**

장인, 교묘하다   영 artisan 중 工 gōng 일 コウ(たくみ)

工科(공과) 공업에 관한 학과
工巧(공교) **工具**(공구) **工夫**(공부)

一 T 工

상형 판자의 위와 아래에 구멍을 뚫은 모습을 나타냄.

中 7급

空 [穴 3, 총8획]
빌 **공**

비다, 하늘(=虛)   영 empty 중 空 kōng 일 クウ(そら)

空間(공간) 비어 있는 곳
空白(공백) **空氣**(공기) **空腹**(공복)

형성 속에 아무 것도 없는 상태를 나타냄.

中 7급

口 [口 0, 총3획]
입 **구**

입, 말하다   영 mouth 중 口 kǒu 일 コウ(くち)

口舌(구설) 입과 혀
口術(구술) **口徑**(구경) **口頭**(구두)

丨 冂 口

상형 사람의 입과 같은 구멍을 나타냄.

中 7급

[气 6, 총 10획]

기운 **기**

기운, 숨기   영 air 중 气 qì 일 気 キ

氣骨(기골) 기혈과 골격
氣母(기모) **氣球**(기구) **氣道**(기도)

丿 亠 气 气 気 氣 氣

형성 쌀을 익힐 때 나오는 증기를 나타냄.

高 7급

[方 10, 총 14획]

기 **기**

기, 대장기   영 flag 중 旗 qí 일 キ (はた)

旗手(기수) 기를 든 사람
旗亭(기정) **旗幟**(기치) **旗章**(기장)

亠 方 方 方 旂 旗 旗

형성 단정하게 모가 난 깃발을 나타냄.

中 7급

[言 3, 총 10획]

적을 **기**

기록하다, 적다   영 record 중 记 jì 일 キ (しるす)

記事(기사) 사실을 있는 그대로 적음
記名(기명) **記錄**(기록) **記帳**(기장)

亠 亠 言 訂 訂 記

형성 어떤 일의 단서를 떠올리기 위해 적어둔 것을 나타냄.

中 7급

[入 2, 총 4획]

안 **내**

안, 속(↔外)   영 inside 중 内 nèi 일 内 ナイ・ダイ (うち)

內艱(내간) 어머니의 상사
內申(내신) **內面**(내면) **內服**(내복)

丨 冂 冂 内

회의 덮개 속에 집어넣는다는 뜻을 나타냄.

男 [田2, 총7획] 사내 남

中 7급

사내, 남자(↔女) 영 man 중 男 nán 일 ダン·ナン(おとこ)

男女(남녀) 남자와 여자
男性(남성) **男妹**(남매) **男便**(남편)

丨 冂 田 田 男 男

형성 농사나 사냥에 힘을 쓰는 남자를 나타냄.

農 [辰6, 총13획] 농사 농

中 7급

농사, 농사짓다 영 farming 중 农 nóng 일 ノウ

農耕(농경) 논밭을 경작함
農功(농공) **農家**(농가) **農夫**(농부)

口 曲 芦 芦 農 農

형성 숲을 태워 부드럽게 땅을 일구는 것을 나타냄.

答 [竹6, 총12획] 대답할 답

中 7급

대답하다(↔問) 영 answer 중 答 dá 일 トウ(こたえる)

答禮(답례) 받은 예를 갚는 일
答辭(답사) **答訪**(답방) **答狀**(답장)

⺮ 答 笨 笒 答 答

형성 질문에 대답함을 나타냄.

道 [辶9, 총13획] 길 도

中 7급

길, 도로(=路) 영 road 중 道 dào 일 ドウ(みち)

道德(도덕) 사람이 행해야할 바른 길
道界(도계) **道具**(도구) **道民**(도민)

⺍ 广 肖 首 道 道

형성 끝없이 이어진 길을 나타냄.

中 7급

[冫3, 총5획]

겨울 **동**

겨울, 동절기　　　　영 winter 중 冬 dōng 일 トウ(ふゆ)

冬季(동계) 겨울철
冬至(동지) 冬眠(동면) 冬至(동지)

ノ ク 久 冬 冬

회의 말린 음식을 매달아놓은 모습을 나타냄.

中 7급

[力9, 총11획]

움직일 **동**

움직이다(↔靜)　　영 move 중 动 dòng 일 ドウ(うごかす)

動産(동산) 금전 등으로 이동이 가능한 재산
動因(동인) 動力(동력) 動脈(동맥)

亠 台 重 重 動 動

형성 위 아래로 움직이는 것을 나타냄.

中 7급

[水6, 총9획]

동네 **동/통**

고을, 구멍　　　　영 village 중 洞 dòng 일 ドウ(ほら)

洞窟(동굴) 깊고 넓은 큰 굴
洞天(동천) 洞口(동구) 洞燭(통촉)

氵 氵 汀 洞 洞 洞

형성 물이 빠져 나오는 것처럼 기세 좋게 흐르는 것을 나타냄.

中 7급

[口3, 총6획]

한가지 **동**

한가지(↔異)　　　영 same 중 同 tóng 일 トウ(おなじ)

同級(동급) 같은 학년
同名(동명) 同甲(동갑) 同生(동생)

丨 冂 冂 同 同 同

회의 두꺼운 판자에 뚫린 구멍의 지름이 같음을 나타냄.

7급 기초한자 | **25**

中 7급

登
[癶 7, 총12획]
오를 **등**

오르다, 기재하다 영 climb 중 登 dēng 일 ト・トウ(のぼる)

登高(등고) 높은 곳에 오름
登用(등용) 登校(등교) 登極(등극)

夕 癶 癶 呇 登 登

상형 위로 올라가는 것을 나타냄.

中 7급

來
[人 6, 총8획]
올 **래(내)**

오다(↔去 ↔往) 영 come 중 来 lái 일 来 ライ(きたる)

來訪(내방) 찾아옴
來世(내세) 來賓(내빈) 來日(내일)

一 十 十 十 來 來

형성 '오다'라는 뜻으로 바뀐 무르익은 보리 이삭을 나타냄.

中 7급

老
[老 0, 총6획]
늙을 **로(노)**

늙다, 지치다(↔少) 영 old 중 老 lǎo 일 ロウ(おいる)

老境(노경) 늙바탕
老年(노년) 老將(노장) 老翁(노옹)

一 十 土 耂 耂 老

회의 노인이 지팡이를 짚고 있는 모습을 나타냄.

中 7급

里
[里 0, 총7획]
마을 **리(이)**

마을, 이 영 village 중 里 lǐ 일 リ(さと)

鄕里(향리) 고향
洞里(동리) 里長(이장) 鄕里(향리)

丨 口 日 甲 里 里

회의 정리가 잘 된 논밭을 나타냄.

中 7급

[木 4, 총 8획]
수풀 **림(임)**

수풀, 숲(=樹)　　　영 forest　중 林 lín　일 リン(はやし)

林立(임립) 숲의 나무들처럼 죽 늘어섬
林業(임업)　林産(임산)　林野(임야)

一 十 十 才 村 材 林

상형 나무가 무성하게 들어서 있는 숲을 나타냄.

中 7급

[立 0, 총 5획]
설 **립(입)**

서다, 세우다　　　영 stand　중 立 lì　일 リツ(たてる)

立脚(입각) 발판을 만듦
立證(입증)　立地(립지)　立冬(립동)

丶 亠 굷 立

상형 두 발로 당당하게 서 있는 모습을 나타냄.

中 7급

[毋 3, 총 7획]
매양 **매**

매양, 늘　　　영 always　중 每 měi　일 マイ(ごと)

每番(매번) 번번이
每事(매사)　每年(매년)　每日(매일)

丿 ㄣ 仁 乍 每 每 每

상형 머리에 비녀를 꽂고 있는 어머니를 나타냄.

中 7급

[面 0, 총 9획]
얼굴 **면**

낯, 얼굴　　　영 face　중 面 miàn　일 メン(かお)

面鏡(면경) 얼굴을 볼 수 있는 작은 거울
面刀(면도)　面談(면담)　面貌(면모)

一 ㄱ 丆 而 面 面

상형 목과 얼굴의 윤곽을 본뜸.

中 7급

名
[口3, 총6획]
이름 **명**

이름, 외형 　　　　　영 name 중 名 míng 일 メイ(な)

名曲(명곡) 이름난 악곡
名士(명사) **名物**(명물) **名分**(명분)

ノ ク タ 夕 名 名

회의 어두운 곳에서 소리를 질러 자신의 존재를 알림.

中 7급

命
[口5, 총8획]
목숨 **명**

목숨, 수명 　　　　　영 life 중 命 mìng 일 メイ(いのち)

命令(명령) 윗사람이 아랫사람에게 시킴
命中(명중) **命巾**(명건) **運命**(운명)

人 人 今 合 合 命 命

형성 신이나 왕이 백성들에게 자신들의 뜻을 나타냄.

中 7급

問
[口8, 총11획]
물을 **문**

묻다, 안부를 묻다(↔答) 　　영 ask 중 问 wèn 일 モン(とう)

問病(문병) 앓는 사람을 찾아보고 위로함
問罪(문죄) **問答**(문답) **問題**(문제)

｜ ｜ 門 門 問 問

형성 숨겨진 일을 캐물어 알아낸다는 뜻을 나타냄.

中 7급

文
[文0, 총4획]
글월 **문**

글월, 문장(↔武 =章) 　영 letter 중 文 wén 일 ブン(もじ)

文格(문격) 문장의 품격
文魁(문괴) **文明**(문명) **文魚**(문어)

丶 亠 ナ 文

상형 옛날의 토기에 새겨진 무늬 하나를 나타냄.

中 7급

[牛4, 총8획]

만물 **물**

만물, 일(→心)　　　영thing·matter　중物 wù　일ブツ(もの)

物價(물가) 물건의 값
物望(물망)　**物件**(물건)　**物量**(물량)

ノ 𠂉 牛 牜 物 物 物

형성 여러 가지 사물을 나타냄.

中 7급

方

[方0, 총4획]

모 **방**

모, 각　　　영square　중方 fāng　일ホウ(かた)

方今(방금) 지금. 금방
方書(방서)　**方途**(방도)　**方面**(방면)

丶 亠 方 方

상형 양쪽으로 손잡이가 달린 가래를 나타냄.

中 7급

[白1, 총6획]

일백 **백**

일백, 100　　　영hundred　중百 bǎi　일ヒャク(もも)

百家(백가) 많은 집
百方(백방)　**百官**(백관)　**百姓**(백성)

一 丆 丆 百 百 百

형성 일(一)과 백(白)을 합쳐 100을 나타냄.

中 7급

[大1, 총4획]

지아비 **부**

지아비(남편), 사내　　　영husband　중夫 fū　일フ(おっと)

夫婦(부부) 남편과 아내
夫日(부일)　**夫君**(부군)　**夫婦**(부부)

一 二 亍 夫

회의 높은 사람의 머리에 쓴 관을 나타냄.

7급 기초한자 | **29**

中 7급

不
[一 3, 총4획]
없을 부/불

아니다, 못하다　　　영 not 중 不 bù 일 フ・ブ

不德(부덕) 덕이 없음.
不動(부동) **不安**(불안) **不渡**(부도)

一 ア 不 不

지사 볼록하게 부풀어 오른 꽃받침을 나타냄.

中 7급

北
[匕 3, 총5획]
북녘 북/배

북녘, 북쪽(↔南)　　　영 north 중 北 bě 일 ホク(きた)

北極(북극) 북쪽 끝
北斗(북두) **北道**(북도) **敗北**(패배)

丨 ㅓ ㅓ 扎 北

지사 서로 등을 돌리고 배반함을 나타냄.

中 7급

[亅 7, 총8획]
일 사

일하다, 직분　　　영 work 중 事 shì 일 ジ(こと)

事件(사건) 뜻밖에 있는 변고
事理(사리) **事故**(사고) **事實**(사실)

一 ㄇ ㅁ 亐 亨 写 事

상형 점쟁이가 점치는 도구 안에 손집어넣은 모습을 나타냄.

中 7급

[竹 8, 총14획]
셈할 산

셈하다, 산가지(=計)　　　영 count 중 算 suàn 일 サン(かず)

算法(산법) 계산하는 법
算入(산입) **算數**(산수) **算出**(산출)

⺮ 笁 笞 筲 算 算

회의 대나무를 손으로 세는 것을 나타냄.

1단계

中 7급

[一 2, 총3획]
위 **상**

위, 위쪽(↔下)　　영 upper·top 중 上 shàng 일 ジョウ(うえ)

上京(상경) 시골에서 서울로 올라옴
上空(상공)　世上(세상)　引上(인상)

｜ 卜 上

지사 기준 가로선 위에 짧은 하나의 선을 그어 위쪽을 나타냄.

中 7급

[色 0, 총6획]
빛 **색**

빛, 빛깔　　　　영 color 중 色 sè 일 ショク(いろ)

色界(색계) 색의 세계. 화류계
色魔(색마)　色感(색감)　色盲(색맹)

ノ ⺈ ⺈ 刍 多 色

회의 얼굴 모습을 나타냄.

中 7급

[夕 0, 총3획]
저녁 **석**

저녁, 밤(↔朝)　　영 evening 중 夕 xī 일 セキ(ゆう)

夕刊(석간) 저녁 신문
夕室(석실)　夕霧(석무)　夕陽(석양)

ノ ク 夕

지사 초승달을 나타냄.

中 7급

[女 5, 총8획]
성 **성**

성, 성씨　　영 family name 중 姓 xìng 일 セイ(みょうじ)

姓名(성명) 성과 이름
姓氏(성씨)　百姓(백성)　同姓(동성)

女 女 女 妙 妙 姓 姓

형성 딸이 어머니에게서 물려받은 이름을 나타냄.

7급 기초한자 | 31

中 7급

世
[一 4, 총 5획]
인간 **세**

대, 세대　　영generation　중世 shì　일セ・セイ(と)

世代(세대) 한 세대를 30년으로 잡음
世孫(세손) 世間(세간) 世界(세계)

一 十 卅 卅 世

지사 세 개의 十를 쓰고 끄트머리를 나타냄.

中 7급

少
[小 1, 총 4획]
적을 **소**

적다, 잠시(↔多 ↔老) 영few 중少 shǎo 일ショウ(すくない)

少年(소년) 나이가 어린 사람
少壯(소장) 少女(소녀) 少量(소량)

丨 小 小 少

지사 수량이 적음을 나타냄.

中 7급

所
[戶 4, 총 8획]
바, 곳 **소**

바, 것(=處)　영place·thing　중所 suǒ　일リク(あやまる)

所感(소감) 느낀 바
所得(소득) 所望(소망) 所有(소유)

丶 彡 弓 戶 所 所 所 所

형성 다양한 동작의 목적이나 장소를 나타냄.

中 7급

手
[手 0, 총 4획]
손 **수**

손, 손가락(↔足)　영hand　중手 shǒu　일シュ(て)

手記(수기) 자기의 체험을 자신이 적은 글
手段(수단) 手匣(수갑) 手巾(수건)

一 二 三 手

상형 다섯 손가락을 편 손의 모양을 나타냄.

中 7급

[攴11, 총15획]

셀 **수**

셈, 셈하다 영 count 중 数 shǔ 일 数 スウ(かず·かぞえる)

數尿症(수뇨증) 오줌이 자꾸 마려운 병
數學(수학) **數**年(수년) **數**量(수량)

日 昌 婁 婁 婁 數

형성 계속 끊이지 않고 셈을 하는 모습을 나타냄.

中 7급

[巾2, 총5획]

저자 **시**

저자, 장 영 markt 중 市 shì 일 シ(いち)

市街(시가) 도시의 큰 거리
市價(시가) **市**內(시내) **市**立(시립)

丶 一 宀 市 市

회의 사람이 아주 많이 모여드는 곳에 친 울타리를 나타냄.

中 7급

[日6, 총10획]

때 **시**

때, 시간 영 time 중 时 shí 일 ジ(とき)

時急(시급) 매우 급함
時勢(시세) **時**間(시간) **時**計(시계)

日 日⁺ 旷 旷 時 時

형성 태양이 움직이는 모양을 나타냄.

中 7급

[木8, 총12획]

심을 **식**

심다, 식물 영 plant 중 植 zhí 일 ショク(うつす)

植木(식목) 나무를 심음
植毛(식모) **植**物(식물) **植**樹(식수)

才 木 柿 植 植 植

형성 나무 모종을 바르게 세우는 것을 나타냄.

中 7급

食
[食 0, 총9획]
밥 **식**

밥, 음식　　영 eat·meal　중 食 shí　일 ショク(たべる)
食器(식기) 음식을 담는 그릇
食指(식지)　食糧(식량)　食水(식수)

人 人 今 今 食 食

회의 밥이 수북하게 쌓인 것과 숟가락을 나타냄.

中 7급

心
[心 0, 총4획]
마음 **심**

마음, 생각(↔物)　영 heart·mind　중 心 xīn　일 シン(こころ)
心筋(심근) 심장의 벽을 이루는 근육
心亂(심란)　心氣(심기)　心理(심리)

丶 心 心 心

상형 심장 모양을 나타냄.

中 7급

安
[宀 3, 총6획]
편안할 **안**

편안하다(↔危)　영 peaceful　중 安 ān　일 アン(やすい)
安保(안보) 편안히 보전함
安眠(안면)　安寧(안녕)　安心(안심)

丶 丶 宀 宀 安 安

회의 여자가 집 안에 있어서 편안한 것을 나타냄.

中 7급

語
[言 7, 총14획]
말씀 **어**

말씀, 말(=言)　영 words　중 语 yǔ　일 ゴ·ギョ(かたる)
語錄(어록) 고승의 가르침이나 유명한 사람의 말을 기록한 책
語源(어원)　語感(어감)　語句(어구)

亠 言 訂 語 語 語

형성 서로 말을 나눈다는 뜻을 나타냄.

1단계

中 7급

[火 8, 총12획]

그러할 **연**

그러하다, 대답하는 말 영 yes·so 중 然 rán 일 ゼン(しかり)

然則(연즉) 그런즉, 그렇다면
然而(연이) **然後**(연후) **慨然**(개연)

夕 夕 夕 然 然 然

형성 개고기 기름을 불로 태우는 것을 나타냄.

中 7급

[十 2, 총4획]

낮 **오**

낮, 일곱째 지지 영 noon 중 午 wǔ 일 ゴ(うま·ひる)

午睡(오수) 낮잠
午初(오초) **午餐**(오찬) **午後**(오후)

丿 匕 仁 午

지사 절굿공이를 나타냄.

中 7급

[口 2, 총5획]

오른쪽 **우**

오른쪽, 숭상하다 영 right 중 右 yòu 일 ユウ(みぎ)

右武(우무) 무를 숭상함
右袒(우단) **右傾**(우경) **右前**(우전)

一 ナ オ 右 右

형성 오른손으로 입을 감싸는 모습을 나타냄.

中 7급

[月 2, 총6획]

있을 **유**

있다, 가지다(↔無) 영 exist 중 有 yǒu 일 ユウ(ある)

有功(유공) 공로가 있음
有無(유무) **有給**(유급) **有能**(유능)

一 ナ オ 有 有 有

형성 아무 것도 없는 곳에 모습을 드러낸 것을 나타냄

7급 기초한자 | **35**

中 7급

[肉 4, 총 8획]
기를 **육**

기르다, 키우다 　　　영 bring up 중 育 yù 일 イク(そだてる)

育成(육성) 길러서 자라게 함
育兒(육아)　酉方(유방)　酉時(유시)

丶 亠 云 产 产 育 育

형성 갓태어난 아기가 점차 살이 붙어 자라나는 것을 나타냄.

中 7급

[邑 0, 총 7획]
고을 **읍**

고을, 마을 　　　영 town 중 邑 yì 일 ユウ(むら)

邑內(읍내) 읍의 안
邑長(읍장)　邑城(읍성)　邑民(읍민)

口 口 口 吕 吕 邑 邑

회의 영지와 사람이 무릎 꿇고 있는 것을 나타냄.

中 7급

[入 0, 총 2획]
들 **입**

들다, 들이다 　　　영 enter 중 入 rù 일 ニュウ(いる)

入庫(입고) 창고에 넣음
入山(입산)　入校(입교)　入口(입구)

丿 入

지사 밖에서 안으로 들어가는 것을 나타냄.

中 7급

自
[自 0, 총 6획]
스스로 **자**

스스로, 몸소 　　　영 self 중 自 zì 일 シジ(みずから)

自力(자력) 자기의 힘
自立(자립)　自國(자국)　自己(자기)

丶 丿 冂 自 自 自

상형 자기 코를 가리키는 모습을 나타냄.

1단계

中 7급

[子3, 총6획]

글자 **자**

글자, 아이를 배다   영 letter 중 字 zì 일 ジ(もじ)

字句(자구) 글자의 글귀

字體(자체) **字幕**(자막) **字母**(자모)

丶 丷 宀 宀 宁 字

형성 지붕 아래에서 아기가 태어남을 나타냄.

中 7급

[子0, 총3획]

아들 **자**

아들, 자식(=態)   영 son 중 子 zǐ 일 シ・ス(こ)

子規(자규) 소쩍새

子時(자시) **子女**(자녀) **子婦**(자부)

フ 了 子

상형 갓난아기가 양손을 움직이는 것을 나타냄.

中 7급

[土9, 총12획]

마당 **장**

씩씩하다, 젊다   영 ground 중 场 chǎng 일 ジョウ(ば)

場稅(장세) 시장 세

場所(장소) **場面**(장면) **場外**(장외)

土 圹 圻 圻 場 場

형성 흙을 높이 쌓아 올린 곳을 나타냄.

中 7급

[入4, 총6획]

온전할 **전**

온전하다   영 perfect 중 全 quán 일 ゼン(まったく)

全國(전국) 온 나라

全一(전일) **全蠍**(전갈) **全景**(전경)

丿 入 仐 今 仐 全

회의 전혀 불순물이 섞여 있지 않고 완전하다는 뜻을 나타냄.

中 7급

前
[刀7, 총9획]
앞 **전**

앞, 나아가다(↔後)　　영 front　중 前 qián　일 ゼン(まえ)

前景(전경) 앞에 보이는 경치
前功(전공)　前面(전면)　前生(전생)

丷 丷 亠 亣 亣 亣 前 前 前

형성 발끝으로 나아가는 것을 나타냄.

中 7급

電
[雨5, 총13획]
번개 **전**

번개, 빠름의 비유　영 lightning　중 电 diàn　일 デン(いなづま)

電球(전구) 전등알
電燈(전등)　電工(전공)　電車(전차)

一 爫 帀 乕 霅 霅 雷 電

형성 비 내릴 때 번개가 치는 것을 나타냄.

中 7급

正
[止1, 총5획]
바를 **정**

바르다(↔誤)　　영 straight　중 正 zhèng　일 セイ(ただしい)

正刻(정각) 바로 그 시각
正格(정격)　正答(정답)　正當(정당)

一 丁 下 正 正

회의 목표를 향해 똑바로 나아감을 나타냄.

中 7급

祖
[示5, 총10획]

할아버지, 조상(↔孫)　영 grand father　중 祖 zǔ　일 ソ(じじ)

祖道(조도) 먼 여행길이 무사하기를 도신에게 비는 것
祖先(조선)　祖國(조국)　祖母(조모)

二 亍 禾 和 祖 祖

형성 대대로 모시는 조상을 모셔놓은 감실을 나타냄.

1단계

中 7급

[足 0, 총7획]

발 **족**

발, 뿌리(↔手)   영 foot 중 足 zú 일 ソク(あし)

足炙(족적) 다리 구이
足鎖(족쇄) **滿足**(만족) **不足**(부족)

丨 口 口 口 足 足 足

상형 무릎부터 발끝까지를 나타냄.

中 7급

[人 5, 총7획]

살 **주**

살다, 생활(=居)   영 live 중 住 zhù 일 ジュウ(すむ)

住所(주소) 살고 있는 곳
住民(주민) **住居**(주거) **住宅**(주택)

丿 亻 亻 仁 住 住 住

형성 사람이 어떤 곳에 오래 머무르는 것을 나타냄.

中 7급

[丶 4, 총5획]

주인 **주**

주인, 소유자(↔客 ↔從) 영 host 중 主 zhǔ 일 シュウ(うける)

主客(주객) 주인과 손
主管(주관) **主動**(주동) **主力**(주력)

丶 亠 宀 主 主

형성 촛대 위에서 타고 있는 불을 나타냄.

中 7급

[里 2, 총9획]

무거울 **중**

무겁다(↔輕)   영 heavy 중 重 zhòng 일 ジュウ(かさなる)

重量(중량) 무게
重刊(중간) **重大**(중대) **重力**(중력)

二 슴 슴 重 重 重

형성 사람이 쿵쾅거리며 무게를 재는 것을 나타냄.

7급 기초한자 | **39**

中 7급

紙
[糸4, 총10획]
종이 **지**

종이, 종이를 세는 단위   영 paper 중 纸 zhǐ 일 シ(かみ)

紙燈(지등) 종이로 만든 초롱
紙面(지면) 紙匣(지갑) 紙幣(지폐)

幺 糸 糽 紅 紙 紙

형성 얇고 평평한 종이를 나타냄.

中 7급

地
[土3, 총6획]
땅 **지**

땅, 곳(↔天 =土)   영 earth 중 地 dì 일 チ(つち)

地殼(지각) 지구의 껍데기 층
地面(지면) 地球(지구) 地點(지점)

一 十 土 圠 圸 地

형성 몸을 평평하게 편 전갈에 토(土)를 붙인 것을 나타냄.

中 7급

直
[目3, 총8획]
곧을 **직**

곧다, 바른 길(↔曲)   영 straight 중 直 zhí 일 チョク(なお)

直諫(직간) 바른 말로 윗사람에게 충간함
直立(직립) 直角(직각) 直感(직감)

一 十 冇 有 直 直

형성 감춘 물건에 똑바로 눈길을 주고 있는 상태를 나타냄.

中 7급

[巛0, 총3획]
내 **천**

내(↔山 =河)   영 stream 중 川 chuān 일 セン(かわ)

川獵(천렵) 물가에서 고기잡이를 하며 노는 일
川邊(천변) 山川(산천) 河川(하천)

丿 丿l 川

상형 우묵한 지점을 지나가는 강물의 흐름을 나타냄.

1단계

中 7급

[十1, 총3획]
일천 **천**

천, 천 번　　　　　영 thousand 중 千 qiān 일 セン(ち)

千古(천고) 먼 옛날
千里眼(천리안)　千年(천년)　千秋(천추)

一 二 千

형성 사람이 전진하는 모양에 일(一)자를 붙임을 나타냄.

中 7급

[大1, 총4획]
하늘 **천**

하늘, 하느님(↔地)　영 heaven·sky 중 天 tiān 일 テン(そら)

天界(천계) 하늘
天氣(천기)　天國(천국)　天使(천사)

一 二 チ 天

회의 사람의 머리 위에 펼쳐진 크고 넓은 하늘을 나타냄.

中 7급

[艸6, 총10획]
풀 **초**

풀, 풀숲　　　　　영 grass 중 草 cǎo 일 ソウ(くさ)

草家(초가) 이엉으로 지붕을 덮은 집
草色(초색)　草稿(초고)　草地(초지)

一 十 十 艹 芦 芦 苎 草 草 草

형성 아무 가치 없고 쓸모없는 잡초를 나타냄.

中 7급

[木3, 총7획]
마을 **촌**

마을, 시골　　　　영 village 중 村 cūn 일 ソン(むら)

村婦(촌부) 시골에 사는 여자
村落(촌락)　村長(촌장)　江村(강촌)

一 十 オ 木 木 村 村

형성 나무 그늘 아래 사람들이 살고 있는 모습을 나타냄.

中 7급

秋
[禾4, 총9획]

가을 **추**

가을, 결실(↔春)　　영 autumn 중 秋 qiū 일 シュウ(あき)

秋季(추계) 가을철

秋扇(추선)　秋穀(추곡)　秋霜(추상)

一 ニ 千 千 禾 禾 秋 秋 秋

형성 곡식을 거둬들이는 계절을 나타냄.

中 7급

春
[日5, 총9획]

봄 **춘**

봄, 청춘(↔秋)　　영 spring 중 春 chūn 일 シュン(はる)

春季(춘계) 봄철

春耕(춘경)　春困(춘곤)　春蘭(춘란)

一 二 三 夫 夫 春 春 春 春

형성 풀과 나무가 움터 나오려고 꿈틀거리는 계절을 나타냄.

中 7급

出
[凵3, 총5획]

날 **출**

나다(↔缺 ↔納)　　영 come out 중 出 chū 일 シュツ(でる)

出家(출가) 집을 나감

出力(출력)　出擊(출격)　出庫(출고)

レ ㄴ 屮 出 出

회의 발이 선 너머로 나가는 것을 나타냄.

中 7급

便
[人7, 총9획]

편할**편**/오줌 **변**

편하다　　영 conveniense 중 便 biàn 일 べん(たより)

便乘(편승) 남의 차를 타고 감

便利(편리)　便安(편안)　便器(변기)

丿 亻 亻 仁 佰 佰 便 便 便

형성 익숙하지 않은 물건을 길들여 사용함을 나타냄.

42 | 3-Step 왕초보 1800한자 – 1단계

中 7급

[干 2, 총5획]

평평할 **평**

평평하다　　　영 flat·even　중 平 píng　일 ヘイ(たいら)

平交(평교) 벗과의 오랜 사귐. 오래된 친구
平吉(평길)　平等(평등)　平面(평면)

一 一 二 三 平

상형 부평초가 물 위에 떠 있는 모습을 나타냄.

中 7급

[女 7, 총10획]

여름 **하**

여름, 나라 이름　　영 china·summer　중 夏 xià　일 カ(なつ)

夏季(하계) 하절기, 여름
夏期(하기)　夏穀(하곡)　夏服(하복)

一 丆 币 百 貞 夏 夏

회의 장식이 달린 큰 탈을 쓰고 춤추는 모습을 나타냄.

中 7급

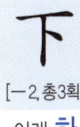

[一 2, 총3획]

아래 **하**

아래, 낮은 곳(↔上)　　영 below　중 下 xià　일 カ(した)

下級(하급) 등급이 낮음
下略(하략)　下校(하교)　下待(하대)

一 丁 下

지사 덮개 아래 물건이 있음을 나타냄.

中 7급

[水 11, 총14획]

한수 **한**

한수(漢水)　　영 name of a river　중 汉 hàn　일 カン(かん)

漢文(한문) 중국의 문장
漢陽(한양)　漢江(한강)　漢詩(한시)

氵 汁 沽 津 漢 漢

형성 물기가 없는 메마른 강, 즉 은하수를 나타냄.

中 7급

海
[水 7, 총 10획]
바다 해

바다(↔陸 ↔山 =河)   영 sea 중 海 hǎi 일 カイ(うみ)

海陸(해륙) 바다와 육지

海洋(해양) 海軍(해군) 海諒(해량)

氵 氵 汐 海 海 海

형성 어두운 색을 띤 바다를 나타냄.

中 7급

話
[言 6, 총 13획]
말할 화

빛나다, 꽃(=談)   영 talk 중 话 huà 일 ワ(はなす)

話術(화술) 말하는 기술

話法(화법) 話題(화제) 對話(대화)

亠 言 言 言 訐 話

형성 여유있고 호탕하게 말하는 것을 나타냄.

高 7급

花
[艸 4, 총 8획]
꽃 화

벼, 곡물   영 flower 중 花 huā 일 カ(はな)

花信(화신) 꽃 소식

花草(화초) 花壇(화단) 花盆(화분)

형성 꽃봉오리 모양이 변해가는 상태를 나타냄.

中 7급

活
[水 6, 총 9획]
살 활

살다, 생존하다(↔死)   영 live 중 活 huó 일 カツ(いきる)

活氣(활기) 활동의 원천이 되는 싱싱한 생기

活力(활력) 活劇(활극) 活字(활자)

형성 물이 바위 사이를 지나 돌아 흘러가는 모습을 나타냄.

中 7급

孝 [子4, 총7획]
효도 **효**

효도　　　　　　　영filial piety 중孝 xiào 일コウ(まこと)

孝者(효자) 효도하는 사람
孝心(효심)　孝女(효녀)　孝道(효도)

十 土 耂 孝 孝 孝 孝

회의 노부모를 자식이 정성을 다해 받드는 모습을 나타냄.

中 7급

後 [彳6, 총9획]
뒤 **후**

뒤, 나중(↔前 ↔先)　　　영back 중后 hòu 일コウ(あと)

後繼(후계) 뒤를 이음
後年(후년)　後面(후면)　後進(후진)

ノ 彳 彳 犭 犭 後 後

회의 발을 끌며 아주 조금밖에 나아가지 못함을 나타냄.

中 7급

休 [人4, 총6획]
쉴 **휴**

쉬다, 아름답다　　　　영rest 중休 xiū 일キュウ(やすまる)

休校(휴교) 학교가 일정 기간 쉬는 것
休日(휴일)　休講(휴강)　休學(휴학)

ノ イ 亻 什 休 休

회의 사람이 나무 그늘에서 쉬고 있는 모양을 나타냄.

中 6급

各 [口3, 총6획]
각각 **각**

각각, 제각기　　　　　영each 중各 gè 일カク(おのおの)

各樣(각양) 여러 가지의 모양
各項(각항)　各界(각계)　各國(각국)

ノ ク 夂 各 各 各

형성 걷는 사람의 발이 돌부리에 걸린 모습을 나타냄.

6급 기초한자 | **45**

中 6급

角
[角 0, 총7획]
뿔 **각**

뿔, 모   영 horn 중 角 jiǎo 일 カク(つの)

角弓(각궁) 뿔로 만든 활
角門(각문) 角度(각도) 角膜(각막)

丿 ク 夕 角 角 角 角

상형 뿔을 나타냄.

中 6급

感
[心 9, 총13획]
느낄 **감**

느끼다, 깨닫다   영 feel 중 感 gǎn 일 カン(かんずる)

感覺(감각) 느끼어 깨달음
感激(감격) 感謝(감사) 感懷(감회)

厂 厈 咸 咸 咸 感

형성 마음이 강한 느낌을 나타냄.

中 6급

强
[弓 9, 총12획]
굳셀 **강**

굳세다(↔弱)   영 strong 중 强 qiáng 일 キョウ(しいる)

强健(강건) 굳세고 건강함
强國(강국) 强烈(강렬) 强要(강요)

弓 弘 弘 强 强 强

형성 단단한 껍질로 이루어진 딱정벌레를 나타냄.

中 6급

開
[門 4, 총12획]
열 **개**

열다, 벌임(↔閉)   영 open 중 开 kāi 일 カイ(ひらく)

開封(개봉) 봉한 것을 엶
開店(개점) 開講(개강) 開校(개교)

丨 冂 冂 門 閂 開

형성 문이 똑같은 모양으로 똑같이 열리는 모습을 나타냄.

1단계

中 6급

[亠6, 총8획]
서울 **경**

서울, 수도(首都)(↔鄕)　　영 capital　중 京 jīng　일 キョウ

京觀(경관) 전쟁에서 적의 시체에 흙을 덮어 무공을 나타냄
京畿(경기) 京仁(경인) 京鄕(경향)

亠 亠 古 亨 亨 京

회의 높은 토대 위에 우뚝 솟은 건물을 나타냄.

中 6급

[言2, 총9획]
셀 **계**

세다, 수(=算)　영 count　중 計 jì　일 ケイ(はからう)

計量(계량) 분량이나 무게를 잼
計算(계산) 計巧(계교) 計策(계책)

丶 亠 亠 言 言 計

회의 여러 가지를 하나로 연결시켜 생각함을 나타냄.

高 6급

[人7, 총9획]
맬, 끌 **계**

매다, 묶다　　영 ticket　중 系 xì　일 ケイ(かかり)

係着(계착) 늘 마음에 두고 잊지 아니함
係戀(계련) 係長(계장) 關係(관계)

亻 仁 伫 伫 俘 係

형성 끊어지지 않고 사람이 이어져 나가는 것을 나타냄.

中 6급

[田4, 총9획]
지경 **계**

지경(地境), 범위　　영 border　중 界 jiè　일 カイ(さかい)

界內(계내) 국경안
花柳界(화류계) 界標(계표) 界限(계한)

丨 口 四 田 및 界

형성 양쪽으로 논밭을 나누는 경계를 나타냄.

6급 기초한자 | 47

中 6급

古 [口 2, 총 5획]
예 **고**

예, 예전　　　영 old　중 古 gǔ　일 コ(ふるい)

古宮(고궁) 옛 궁궐
古來(고래)　古家(고가)　古物(고물)

一 十 十 古 古

회의글자 제사를 모시는 조상의 두개골을 나타냄.

中 6급

苦 [艸 5, 총 9획]
쓸 **고**

쓰다, 쓴맛(↔樂 ↔甘)　　영 bitter　중 苦 kǔ　일 ク(くるしい)

苦杯(고배) 쓴 술잔
苦心(고심)　苦難(고난)　苦惱(고뇌)

 艹 芊 芊 苦

형성 지독하게 쓴맛이 나는 풀을 나타냄.

中 6급

高 [高 0, 총 10획]
높을 **고**

높다, 위(↔低 =崇)　　영 high　중 高 gāo　일 コウ(たかい)

高潔(고결) 고상하고 깨끗함
高額(고액)　高級(고급)　高空(고공)

丶 亠 亠 후 亨 高 高

상형 높은 전망대를 나타냄.

中 6급

公 [八 2, 총 4획]
공변될 **공**

공변되다(公共)　　영 pubic　중 公 gōng　일 コウ·ク(おおやけ)

公告(공고) 널리 세상에 알림
公道(공도)　公金(공금)　公主(공주)

 八 公 公

회의 감춰진 것을 공공연히 펴 보이는 것을 나타냄.

48 | 3-Step 왕초보 1800한자 - 1단계

1단계

中 6급

共
[八 4, 총 6획]

함께 공

함께, 모두   영together 중共 gòng 일キョウ(ともに)

共同(공동) 두 사람 이상이 함께 일을 함
共榮(공영) 共鳴(공명) 共犯(공범)

一 ナ キ 丑 共 共

회의 물건을 양손으로 받들어 모시는 모양을 나타냄.

中 6급

功
[力 3, 총 5획]

공 공

공로, 일(↔過)   영merits 중功 gōng 일コウ·ク(いさお)

功過(공과) 공로와 허물
功名(공명) 功德(공덕) 功勞(공로)

一 丁 工 丁 功

형성 힘껏 머리를 쓴 일이나 솜씨를 나타냄.

中 6급

果
[木 4, 총 8획]

실과 과

과실, 나무의 열매(↔因 =實)   영fruit 중果 guǒ 일カ(はて)

果敢(과감) 결단성이 있고 용감함
果報(과보) 果樹(과수) 果然(과연)

丨 口 日 旦 甲 果

상형 나무 위에 둥근 열매가 맺힌 것을 나타냄.

中 6급

科
[禾 4, 총 9획]

과정 과

과목, 과정   영article 중科 kē 일カ(しな·とが)

科擧(과거) 관리를 등용하기 위하여 치르던 시험
科目(과목) 科學(과학) 敎科書(교과서)

二 千 禾 禾 科 科

형성 작물을 조사하여 종류별로 나누는 것을 나타냄.

中 6급

交 [亠4, 총6획]
사귈 교

사귀다, 섞이다　영 associate　중 交 jiāo　일 コウ(まじわる)

交分(교분) 친구 사이의 정의
交友(교우)　交感(교감)　交代(교대)

、 一 亠 六 疒 交

상형 사람의 다리를 X자 모양으로 본 것을 나타냄.

高 6급

球 [玉7, 총11획]
구슬 구

공, 구슬　영 beads　중 球 qiú　일 キュウ(たま)

球速(구속) 투수가 던지는 공의 속도
球技(구기)　球場(구장)　球(구단)

一 T F 圹 对 球 球

형성 중심 방향으로 둥글게 꿰맨 구슬을 나타냄.

高 6급

區 [匚9, 총11획]
갈피 구

구역, 갈피　영 separately　중 区 qū　일 区 ク(まち)

區間(구간) 일정한 지역
區別(구별)　區民(구민)　區分(구분)

一 フ ㅋ 戸 呂 品 區

회의 여러 개로 작게 구분하는 것을 나타냄.

中 6급

郡 [邑7, 총10획]
고을 군

고을, 행정 구역의 하나　영 country　중 郡 jùn　일 グン(こおり)

郡民(군민) 군의 백성
郡守(군수)　郡界(군계)　郡内(군내)

フ ヲ ㅋ 尹 君 君 郡

형성 도시를 중심으로 빙 둘러싸인 땅을 나타냄.

1단계

高 6급

[羊 7, 총 13획]
무리 **군**

무리, 떼　　　　　　　　영 crowd　중 群 qún　일 グン(むら)

群居(군거) 무리를 지어 삶
群賢(군현)　群島(군도)　群落(군락)

尹 君 君' 君' 君' 群' 群

형성 양들이 둥글게 모여 무리지어 움직이는 것을 나타냄.

中 6급

[木 6, 총 10획]
뿌리 **근**

뿌리, 사물의 밑부분(=本)　영 root　중 根 gēn　일 コン(ね)

根莖(근경) 뿌리와 같이 생긴 줄기
根性(근성)　根幹(근간)　根據(근거)

杓 杓 杓 根 根 根

형성 일정한 곳에 지속적으로 머물러 뿌리 내린 모습을 나타냄.

中 6급

[辵 4, 총 8획]
가까울 **근**

가깝다, 가까이하다(↔遠)　영 near　중 近 jìn　일 キン(ちかい)

近刊(근간) 가까운 시일 내에 간행함
近來(근래)　近代(근대)　近方(근방)

厂 F 斤 斤 近 近

형성 옆으로 가까이 다가감을 나타냄.

中 6급

[人 2, 총 4획]
이제 **금**

이제, 지금　　　　　　　영 now　중 今 jīn　일 キン·コン(いま)

今生(금생) 살고 있는 지금
今昔(금석)　今年(금년)　今方(금방)

ノ 人 亼 今

회의 흘러가는 시간을 붙잡아 멈추게 하는 모습을 나타냄.

中 6급

急 [心 5, 총 9획] 급할 **급**

급하다, 서두르다 영hurried 중急 jí 일キュウ(いそぐ)

急速(급속) 갑자기
急告(급고) 急減(급감) 急冷(급랭)

ク 夕 刍 乌 刍 急 急

형성 도망치는 사람을 뒷쪽에서 붙잡는 모양을 나타냄.

高 6급

級 [糸 4, 총 10획] 등급 **급**

등급, 차례 영grade 중级 jí 일キュウ(しな)

級友(급우) 같은 학급의 친구
級數(급수) 級訓(급훈) 階級(계급)

幺 幺 糸 糸 紗 級

형성 잇달아 뒤를 잇는 순서를 나타냄.

中 6급

多 [夕 3, 총 6획] 많을 **다**

많다, 많아지다(↔少) 영many 중多 duō 일タ(おおい)

多感(다감) 감수성이 많음
多年(다년) 多角(다각) 多量(다량)

ノ ク タ 夕 多 多

회의 고기를 엄청나게 많이 쌓아놓은 모습을 나타냄.

中 6급

[矢 7, 총 12획] 짧을 **단**

짧다, 작다(↔長) 영short 중短 duǎn 일タン(みじかい)

短身(단신) 키가 작은 몸
短期(단기) 短劍(단검) 短歌(단가)

ノ 누 矢 矢 短 短 短

형성 치수가 작은 물건을 합친 형태를 나타냄.

中 6급

[土 8, 총 11획]
집 **당**

집, 마루 　　　영 house 중 堂 táng 일 ドウ(おもてざしき)

堂內(당내) 팔촌 이내의 일가
堂堂(당당) **堂姪**(당질) **堂山**(당산)

丨 丷 业 兴 尚 堂 堂

형성 높은 곳에 세운 집을 나타냄.

中 6급

[人 3, 총 5획]
대신 **대**

대신하다, 세대 　　영 substitute 중 代 dài 일 ダイ(かわる)

代理(대리) 남을 대신하여 일을 처리함
代替(대체) **代金**(대금) **代讀**(대독)

丿 亻 仁 代 代

형성 일이 꼬이듯 사람이 바뀐다는 의미를 나타냄.

中 6급

[寸 11, 총 14획]
대답할 **대**

대하다, 대답하다 　　영 reply 중 对 duì 일 対 タイ(こたえる)

對應(대응) 맞서서 서로 응함
對局(대국) **對答**(대답) **對備**(대비)

丨 ㅛ 业 业 丵 業 對

회의 한 쌍을 이루도록 두 개가 서로 맞보는 모습을 나타냄.

中 6급

[彳 6, 총 9획]
기다릴 **대**

기다리다, 대접하다 　　영 wait 중 待 dài 일 タイ(まつ)

待機(대기) 때가 오기를 기다림
待人(대인) **待望**(대망) **待遇**(대우)

彳 彳 彳 待 待 待

형성 손발을 움직여 사람을 대접함을 나타냄.

中 6급

度 [广 6, 총 9획]

법도 **도** / 헤아릴 **탁**

법도, 도수   영 law 중 度 dù 일 ド(のり)

度數(도수) 거듭된 횟수

度外視(도외시) **度量**(도량) **態度**(태도)

广 广 庐 庐 庐 度

형성 손으로 가늠하는 것을 나타냄.

中 6급

圖 [口 11, 총 14획]

그림 **도**

그림, 지도(=畵)   영 picture 중 图 tú 일 図 ト・ズ(はかる・え)

圖示(도시) 그림으로 된 양식

圖解(도해) **圖錄**(도록) **圖面**(도면)

회의 영토나 구역 등을 종이 틀 안에 그려 넣은 지도를 나타냄.

中 6급

讀 [言 15, 총 22획]

읽을 **독**

읽다, 설명함   영 read 중 读 dú 일 読 ドク(よむ)

讀者(독자) 책이나 신문 등을 읽는 사람

讀解(독해) **讀經**(독경) **讀書**(독서)

형성 단락을 지어 읽는다는 뜻을 나타냄.

中 6급

童 [立 7, 총 12획]

아이 **동**

아이, 어리석다   영 child 중 童 tóng 일 ドウ(わらべ)

童心(동심) 어린아이의 마음

童然(동연) **童詩**(동시) **童顔**(동안)

형성 날이 있는 도구로 눈이 찔린 남자 노예를 나타냄.

1단계

中 6급

頭
[頁7, 총16획]
머리 **두**

머리, 우두머리 　　영 head 중 头 tóu 일 トウ(あたま)

頭角(두각) 머리끝. 뛰어난 재능
頭巾(두건)　頭痛(두통)　頭緒(두서)

豆　豆　頭　頭　頭　頭

형성 가만히 있는 머리를 나타냄.

中 6급

等
[竹6, 총12획]
등급 **등**

무리, 동아리 　　영 equals 중 等 děng 일 トウ(ひとし)

等邊(등변) 길이가 같은 변
等外(등외)　等級(등급)　等分(등분)

⺮　竺　笁　笁　等　等

형성 몇 개의 대나무 표찰을 손에 들고 있는 모습을 나타냄.

6급

樂
[木11, 총15획]
즐길 **락(낙)/악/요**

풍류, 즐기다 　　영 pleasure 중 乐 lè 일 ナグ(たのしい)

樂天(낙천) 세상과 인생을 즐겁게 생각함
樂園(낙원)　樂觀(낙관)　音樂(음악)

白　伯　緢　缨　樂　樂

회의 여러 악기를 진열하여 음악을 들으면 좋다는 것을 나타냄.

中 6급

禮
[示13, 총18획]
예도 **례(예)**

예도, 예절 　　영 courtesy 중 礼 lǐ 일 礼 レイ

禮拜(예배) 신이나 부처 앞에 경배함
禮度(예도)　禮物(예물)　禮訪(예방)

利　禮　禮　禮　禮　禮

형성 신에게 제물을 받치며 행하는 제례를 나타냄.

6급 기초한자 | 55

中 6급

勞 [力10, 총12획]
일할 **로(노)**

수고롭다(↔使) 영 fatigues 중 乐 láo 일 労 ロウ(いたわる)

勞困(노곤) 일한 뒤끝의 피곤함
勞力(노력) 勞苦(노고) 勤勞(근로)

⺌ ⺌ 炊 炐 勞 勞

회의 일을 많이 해서 노곤해진 상태를 나타냄.

中 6급

綠 [糸8, 총14획]
초록빛 **록(녹)**

푸르다, 초록빛 영 green 중 绿 lǜ 일 緑 ロク(みどり)

綠色(녹색) 초록빛
綠水(녹수) 綠色(녹색) 綠茶(녹차)

糸 糸 紵 紵 綠 綠

형성 껍질을 벗겨 취죽과 같은 것으로 염색한 실을 나타냄.

中 6급

[刀5, 총7획]
날카로울 **리(이)**

이롭다, 이익 영 profit 중 利 lì 일 リ(えきする)

利劍(이검) 날카로운 칼
利得(이득) 利益(이익) 利子(이자)

丿 一 千 禾 利 利

회의 싹둑싹둑 날이 잘 드는 칼을 나타냄.

中 6급

[玉7, 총11획]
다스릴 **리(이)**

다스리다, 바루다 영 regulate 중 理 lǐ 일 リ(おさめる·のり)

理念(이념) 이성의 판단으로 얻은 최고의 개념
理性(이성) 理想(이상) 理解(이해)

王 珇 珇 珇 理 理

형성 보석의 무늬를 나타냄.

高 6급

[木3, 총7획]

오얏나무 리(이)

오얏, 오얏나무   영 plum 중 李 lǐ 일 リ(すもも)

李花(이화) 오얏꽃

李成桂(이성계) 李朝(이조) 李白(이백)

一 十 木 本 杢 李 李

회의 열매를 많이 맺히는 나무를 나타냄.

中 6급

[日4, 총8획]

밝을 명

밝다, 밝히다(↔暗)   영 light 중 明 míng 일 メイ(あかり)

明鑑(명감) 밝은 거울

明鏡止水(명경지수) 明堂(명당) 明朗(명랑)

丨 冂 日 旫 明 明

형성 달빛이 창문으로 들어와 사물이 보인다는 뜻을 나타냄.

中 6급

[目0, 총5획]

눈 목

눈, 안구(眼球)(=眼)   영 eye 중 目 mù 일 モク(め)

目擊(목격) 자기 눈으로 직접 봄

目前(목전) 目錄(목록) 目禮(목례)

丨 冂 冃 目 目

상형 사람의 눈 모양을 나타냄.

中 6급

[耳8, 총14획]

들을 문

듣다, 냄새 맡다(=聽)   영 hear 중 闻 wén 일 ブン(きく)

見聞(견문) 보고 들어서 깨닫고 얻은 지식

所聞(소문) 新聞(신문) 聞道(문도)

ｌ 冂 門 門 聞 聞

형성 문(門)에 귀(耳)를 넣은 글자를 나타냄.

中 6급

米
[米 0, 총 6획]
쌀 미

쌀, 열매 영 nice 중 米 mǐ 일 マイ·ベイ(こめ)

米價(미가) 쌀값

米穀(미곡) 米飮(미음) 玄米(현미)

丶 丷 ⺦ 半 米 米

상형 쌀알이 사방으로 흩어져 있는 것을 나타냄.

中 6급

美
[羊 3, 총 9획]
아름다울 미

아름답다 영 beautiful 중 美 měi 일 ビ·ミ(うつくしい)

美觀(미관) 훌륭한 정치

美德(미덕) 美女(미녀) 美談(미담)

丶 丷 ⺦ 并 羊 羊 美 美 美

회의 양의 모양이 아름다운 멋진 것을 나타냄.

高 6급

朴
[木 2, 총 6획]
순박할 박

순박하다, 나무껍질(=素) 영 naive 중 朴 pǔ 일 ボク(ほお)

朴鈍(박둔) 무기 등이 예리하지 못함

素朴(소박) 朴訥(박눌) 質朴(질박)

一 十 オ 木 朴 朴

형성 부러진 대로 놔두고 손을 대지 않은 재목을 나타냄.

中 6급

反
[又 2, 총 4획]
돌이킬 반

돌이키다, 되풀이 영 return 중 反 fǎn 일 ハン(そる)

反感(반감) 다른 사람의 의견에 반대함

反目(반목) 反對(반대) 反省(반성)

一 厂 反 反

형성 손으로 물건을 밀었다가 다시 본래대로 돌아옴을 나타냄.

·1단계·

高 6급

班
[玉6, 총10획]

나눌 **반**

나누다, 구역(↔常) 　　　영 rank 중 班 bān 일 ハン

班列(반열) 양반의 서열
班常(반상) **班**長(반장) **班**常(반상)

一 二 Ŧ 王 到 珂 圷 班 班 班

회의 구슬을 두 무더기로 나눈다는 뜻을 나타냄.

中 6급

半
[十3, 총5획]

반 **반**

반, 한가운데 　　　영 half 중 半 bàn 일 半 ハン(かば)

半徑(반경) 반지름
半島(반도) **半**開(반개) **半**音(반음)

／ ハ ハ ゾ 半

회의 소처럼 커다란 사물을 둘로 나눈다는 뜻을 나타냄.

中 6급

發
[癶7, 총12획]

필, 쏠 **발**

피다, 쏘다(↔着) 　　　영 bloom 중 发 fā 일 発 ハツ(ひらく)

發覺(발각) 숨겼던 일이 드러남
發見(발견) **發**信(발신) **發**掘(발굴)

癶 癶 癶 癸 發 發 發

형성 활시위를 당겨서 화살을 쏘는 것을 나타냄.

中 6급

放
[攴4, 총8획]

놓을 **방**

놓다, 풀어주다 　　　영 release 중 放 fàng 일 放 ホウ(はなし)

放遣(방견) 놓아서 돌려보냄
放光(방광) **放**課(방과) **放**浪(방랑)

亠 方 方 方 於 放 放

형성 단단히 조여진 것을 양쪽으로 풀어놓은 모습을 나타냄

6급 기초한자 | **59**

中 6급

番
[田 7, 총 12획]

갈마들 **번**

차례, 번   영 number 중 番 fān 일 バン(つかい)

番數(번수) 번들어 지킴
番地(번지) **番外**(번외) **番號**(번호)

ノ ⌒ 乎 采 乑 番 番 番

형성 쥐었던 손을 펴고 씨 뿌리는 것을 나타냄.

中 6급

別
[刀 5, 총 7획]

나눌 **별**

다르다(=選)   영 different 중 别 béi 일 ベツ(わかれる)

別居(별거) 따로 떨어져 삶
別淚(별루) **別個**(별개) **別曲**(별곡)

丨 口 口 另 別 別 別

회의 칼로 뼈의 관절을 나누는 것을 나타냄.

中 6급

病
[疒 5, 총 10획]

병 **병**

병들다, 질병   영 illness·disease 중 病 bìng 일 ビョウ(やむ)

病苦(병고) 병으로 인한 고통
病床(병상) **病暇**(병가) **病菌**(병균)

广 疒 疒 病 病 病

형성 병 때문에 몸이 자유롭게 움직이지 못함을 나타냄.

中 6급

服
[月 4, 총 8획]

옷 **복**

옷, 의복(=衣)   영 clothes 중 服 fú 일 フク(きもの·したがう)

服務(복무) 직무에 힘씀
服色(복색) **服用**(복용) **服裝**(복장)

丿 月 月 凡 服 服

형성 사람의 몸에 꽉 맞게 입은 옷을 나타냄.

中 6급

[木1, 총5획]

밑 **본**

근본, 근원(↔末 =根)   영origin 중本 bĕn 일ホン(もと)

本家(본가) 본집
本夫(본부) **本能**(본능) **本來**(본래)

一 十 才 木 本

지사 나무의 굵은 부분에 일(一)을 표시하여 밑둥을 나타냄.

中 6급

[邑8, 총11획]

나눌 **부**

떼, 무리   영group 중部 bù 일ブ(ヘ)

部分(부분) 전체(全體)를 몇으로 나눈 것의 하나하나
部落(부락) **部隊**(부대) **一部**(일부)

丶 亠 ㅗ 音 音 部

형성 구분 지어서 분류한 마을, 또는 일부분을 나타냄.

中 6급

[刀2, 총4획]

나눌 **분**

나누다, 나누이다   영divide 중分 fēn 일フン・ブン(わける)

分立(분립) 갈라서 나누어 섬
分擔(분담) **分家**(분가) **分斷**(분단)

丿 八 分 分

회의 둘로 나누어지는 것을 나타냄.

中 6급

[人6, 총8획]

부릴 **사**

부리다, 사신(↔勞)   영manage 중使 shǐ 일シ(つかう)

使命(사명) 해야할 일
使人(사인) **使臣**(사신) **勞使**(노사)

亻 亻 亻 俨 俨 使 使

형성 성실하게 맡은 일을 잘 수행하는 사람을 나타냄.

中 6급

死 [歹2, 총6획]
죽을 **사**

죽다, 죽은 이(↔活 ↔生)　　영 die·kill　중 死 sǐ　일 シ(しぬ)

死亡(사망) 죽음
死文(사문)　死力(사력)　死守(사수)

一 ア ラ 歹 歹 死

회의 사람이 죽어 뼈만 남게 되는 것을 나타냄.

高 6급

社 [示3, 총8획]
토지신 **사**

모이다, 토지의 신　　영 society　중 社 shè　일 シャ(やしろ)

社交(사교) 사교 생활의 교제
社日(사일)　社員(사원)　社宅(사택)

二 亍 亓 禾 社 社

형성 땅 신을 공경하여 제사 지낸다는 뜻을 나타냄.

中 6급

省 [目4, 총9획]
살필 **생**

살피다　　영 abbreviate　중 省 shěng　일 セイ(かえりみる)

省察(성찰) 깊이 생각함
省略(생략)　節省(절생)　略省(약생)

丿 小 少 少 省 省 省

형성 가늘게 눈 뜨고 살펴보는 것을 나타냄.

中 6급

書 [日6, 총10획]
글 **서**

글, 책　　영 writing　중 书 shū　일 ショ(かく)

書簡(서간) 편지
書庫(서고)　書架(서가)　書堂(서당)

ᄏ ᄆ 聿 書 書 書

형성 붓으로 글자를 쓰는 것을 나타냄.

中 6급

石
[石 0, 총 5획]
돌 석

돌, 돌로 만든 악기(↔玉)　영 stone　중 石 shí　일 セキ(いし)

石間水(석간수) 바위틈에서 솟는 샘물
石工(석공)　石磬(석경)　石燈(석등)

一 ァ ス 石 石

상형 구르는 돌의 모습을 나타냄.

中 6급

席
[巾 7, 총 10획]
자리 석

자리　영 seat　중 席 xí　일 セキ(むしろ・せき)

席藁(석고) 자리를 깔고 엎드림
席捲(석권)　席次(석차)　首席(수석)

广 广 庐 庐 席 席

형성 방석을 나타냄.

中 6급

線
[糸 9, 총 15획]
줄 선

줄, 금　영 line　중 线 xiàn　일 セン(すじ)

線路(선로) 좁은 길
線上(선상)　混線(혼선)　戰線(전선)

纟 糹 糽 絈 綿 線

형성 굵기가 매우 가는 실을 나타냄.

中 6급

雪
[雨 3, 총 11획]
눈, 힐 설

눈, 눈이 오다　영 snow　중 雪 xuě　일 セツ(ゆき)

雪景(설경) 눈이 내리거나 눈이 쌓인 경치
雪膚(설부)　雪嶺(설령)　雪害(설해)

一 一 雨 雨 雪 雪

형성 하늘에서 내려 땅을 희고 깨끗하게 만드는 것을 나타냄.

6급 기초한자 | 63

中 6급

成 [戈3, 총7획] 이룰 **성**

이루다(↔敗)　영accomplish　중成 chéng　일セイ(なる)

成家(성가) 집을 지음

成功(성공)　成句(성구)　成長(성장)

厂 厂 厅 成 成 成

형성 쾅쾅 쳐서 무엇을 만드는 것을 나타냄.

中 6급

消 [水7, 총10획] 사라질 **소**

사라지다　영extinguish　중消 xiāo　일ショウ(きえる)

消滅(소멸) 모두 사라져 없어져 버림

消失(소실)　消毒(소독)　消燈(소등)

氵 氵 氵 氵 消 消

형성 몸이 가늘어지는 것을 나타냄.

中 6급

速 [辵7, 총11획] 빠를 **속**

빠르다, 빨리　영fast　중速 sù　일ソク(はやい)

速記(속기) 빠른 속도로 기록함

速達(속달)　速決(속결)　速攻(속공)

一 ㄷ 申 束 涑 速

형성 묶음으로 묶어서 간격을 없앤다는 뜻을 나타냄.

中 6급

孫 [子7, 총10획] 손자 **손**

손자, 자손(↔祖)　영grandson　중孙 sūn　일ソン(まご)

孫子(손자) 아들의 자식

孫婦(손부)　孫女(손녀)　子孫(자손)

孑 孑 孖 孫 孫 孫

회의 혈연 관계로 이어지는 자손을 나타냄.

1단계

中 6급
樹 [木12, 총16획] 나무 **수**

나무, 초목(=林 =木)   영 tree 중 树 shù 일 ジュ(き)

樹木(수목) 나무를 심음
樹人(수인) 樹齡(수령) 樹立(수립)

杧 柿 桔 桔 樹 樹

형성 받침대 위에 세운 나무를 나타냄.

高 6급
術 [行5, 총11획] 재주 **술**

재주, 기술(=技)   영 means 중 术 shù 일 ジュツ

術家(술가) 풍수사
術數(술수) 術策(술책) 技術(기술)

彳 犲 徘 徘 術 術

형성 예로부터 해오던 방법을 나타냄.

中 6급
習 [羽5, 총11획] 익힐 **습**

익히다, 익숙하다   영 study 중 习 xí 일 シユウ(ならう)

習慣(습관) 버릇
習字(습자) 習得(습득) 習作(습작)

⁊ ⁊ ⁊ ⁊⁊ ⁊⁊ 習

형성 새가 날개를 파닥파닥 움직이는 모습을 나타냄.

中 6급
勝 [力10, 총12획] 이길 **승**

이기다(↔敗 ↔負)   영 win 중 胜 shèng 일 シヨウ(かつ)

勝算(승산) 적에게 이길 가능성
勝勢(승세) 勝利(승리) 勝負(승부)

刀 月 刖 胖 胖 勝

형성 주변의 다른 것보다 두드러진 것을 나타냄.

6급 기초한자 | **65**

中 6급

始 [女5, 총8획]
비로소 **시**

비로소(↔終 =初)　　　영begin 중始 shǐ 일シ(はじめ)

始終(시종) 시작과 끝
始發(시발) **始動**(시동) **始作**(시작)

ㄥ 女 女 女 始 始

형성 여성이 아기가 잉태되기 시작했음을 나타냄.

中 6급

式 [弋3, 총6획]
법 **식**

법, 제도(=法)　　　영rule 중式 shì 일シキ(のり)

式車(식거) 수레의 가로지른 나무에 손을 얹고 있음
式穀(식곡) **式順**(식순) **式典**(식전)

一 二 デ 于 式 式

형성 일의 일정한 방법이라는 의미를 나타냄.

中 6급

[示5, 총10획]
귀신 **신**

귀신, 신　　　영god 중神 shén 일ジン(かみ)

神經(신경) 동물의 몸 속에 퍼져있는 지각운동
神靈(신령) **神技**(신기) **神童**(신동)

ネ ネ′ 和 和 和 神

형성 자연의 힘이 두려워 올리는 제사를 나타냄.

中 6급

[斤9, 총13획]
새 **신**

새롭다, 새로(↔舊)　　　영new 중绅 xīn 일シン(あたらしい)

新舊(신구) 새것과 묵은 것
新紀元(신기원) **新刊**(신간) **新曲**(신곡)

亠 亲 亲 新 新 新

형성 지금 바로 도끼로 자른 생나무를 나타냄.

1단계

中 6급

信
[人7, 총9획]
믿을 신

믿다, 믿음 　　영believe·trust 중信 xìn 일シン(まこと)

信念(신념) 옳다고 굳게 믿고 있는 마음
信心(신심)　信徒(신도)　信用(신용)

ノ　イ　イ　 信　信　信

회의 한번 말한 것을 반드시 관철시키는 사람을 나타냄.

中 6급

身
[身0, 총7획]
몸 신

몸(↔心 =體 =肉) 　　영body 중身 shēn 일シン(み)

身病(신병) 몸의 병
身上(신상)　身分(신분)　身世(신세)

´　亻　亻　自　自　身　身

상형 단단한 근육으로 이루어진 몸을 나타냄.

中 6급

失
[大2, 총5획]
잃을 실

잃다, 잘못(↔得 =過) 　영lose 중失 shī 일シツ(うしなう)

失脚(실각) 발을 헛디딤. 지위를 잃음
失機(실기)　失格(실격)　失望(실망)

´　´　二　失　失

형성 자기 몸에서 쏙 빠져나가 사라져 버린 것을 나타냄.

中 6급

愛
[心9, 총13획]
사랑 애

사랑, 인정 　　영love 중愛 ài 일アイ(あいする)

愛犬(애견) 개를 사랑함
愛讀(애독)　愛馬(애마)　愛好(애호)

´´　´´´　兒　兒　爱　愛

형성 마음이 아파서 발이 떨어지지 않는다는 뜻을 나타냄.

中 6급

夜
[夕5, 총8획]
밤 **야**

밤, 새벽(↔日 ↔晝) 　　　영 night 중 夜 yè 일 ヤ(よる)

夜間(야간) 밤
夜勤(야근) 夜景(야경) 夜光(야광)

亠 亠 亠 夜 夜 夜

형성 달이 뜨는 밤을 나타냄.

中 6급

野
[里4, 총11획]
들 **야**

들, 교외(↔朝) 　　　영 field 중 野 yě 일 ヤ(の)

野蠻(야만) 문화가 미개함
野行(야행) 野球(야구) 野談(야담)

日 甲 里 野 野 野

형성 가로로 길게 늘어진 논밭을 나타냄.

中 6급

弱
[弓7, 총10획]
약할 **약**

약하다(↔強) 　영 feeble·weak 중 弱 ruò 일 ジャク(よわい)

弱骨(약골) 골격이 약함
弱勢(약세) 弱冠(약관) 弱點(약점)

フ 弓 弓 弓 弱 弱

상형 무늬가 새겨지거나 장식이 달린 약한 활을 나타냄.

中 6급

藥
[艸15, 총19획]
약, 독 **약**

약, 화약 　　　영 medicine 중 药 yào 일 薬 ヤク(くすり)

藥局(약국) 약을 파는 가게
藥石(약석) 藥果(약과) 藥草(약초)

艹 苎 磁 藥 藥 藥

형성 병의 원인을 없애는 약초를 나타냄.

1-step

中 6급
洋 [水6, 총9획]
바다 양

바다, 큰 바다   영 ocean   중 洋 yáng   일 ヨウ(おおうみ)

洋弓(양궁) 서양식 활
洋女(양녀) 洋襪(양말) 洋酒(양주)

氵 氵 氵 汙 洋 洋

형성 매우 광활하게 펼쳐진 바다를 나타냄.

中 6급
陽 [阜9, 총12획]
볕 양

볕, 해(↔陰)   영 sunshine   중 阳 yáng   일 ヨウ(ひ)

陽光(양광) 태양의 빛
陽朔(양삭) 陽刻(양각) 陽氣(양기)

阝 阝 阝 陽 陽 陽

형성 햇빛이 비치는 언덕을 나타냄.

中 6급
言 [言0, 총7획]
말씀 언

말씀, 언어(↔行 =語)   영 talk   중 言 yán   일 ゲン(こと)

言論(언론) 말이나 글로써 자기의 주장을 밝히는 일
言動(언동) 言語(언어) 言爭(언쟁)

、 ㄧ 宀 宁 言 言 言

형성 칼로 자르듯 하나하나 확실하게 발음되는 뜻을 나타냄.

中 6급
業 [木9, 총13획]
업 업

업, 일   영 business   중 业 yè   일 ギョウ(わざ)

業界(업계) 같은 산업이나 사업에 종사하는 사람들의 사회
業主(업주) 業務(업무) 業體(업체)

业 业 业 丵 丵 業

상형 종이나 북 등을 매달아 놓은 모습을 나타냄.

中 6급

英
[艸5, 총9획]
꽃부리 **영**

꽃부리　　　　　　　　영 corolla 중 英 yīng 일 エイ(はなぶさ)

英佛(영불) 영국과 프랑스
英傑(영걸) **英國**(영국) **英語**(영어)

艹 艹 艹 苎 荁 英

형성 꽃잎으로 둘러싸여 속이 움푹 들어간 꽃모습을 나타냄.

中 6급

永
[水1, 총5획]
길 **영**

길다, 오래다(=遠)　　　영 etemal 중 永 yǒng 일 エイ(ながい)

永訣(영결) 영원한 이별
永眠(영면) **永世**(영세) **永遠**(영원)

丶 亣 永 永 永

상형 강물 줄기가 가늘고 길게 이어진 모습을 나타냄.

中 6급

例
[人6, 총8획]
법식 **예**

본보기, 법식　　　　　　영 instance 중 例 lì 일 レイ

例法(예법) 용례로 드는 법
例外(예외) **例文**(예문) **例年**(예년)

형성 유사한 것을 늘어놓은 모습을 나타냄.

中 6급

溫
[水10, 총13획]
따뜻할 **온**

따뜻하다(↔冷)　　　영 warm 중 温 wēn 일 オン(あたたか)

溫帶(온대) 열대와 한대 사이의 지대
溫情(온정) **溫氣**(온기) **溫度**(온도)

형성 물속에 열기가 있어 따뜻함을 나타냄.

中 6급

[用 0, 총 5획]

쓸, 써 **용**

쓰다, 쓰이다   영 use 중 用 yòng 일 ヨウ(もちいる)

用件(용건) 볼일
用處(용처) **用器**(용기) **用品**(용품)

丿 几 几 月 用

상형 나무판자 가운데를 통과하는 모습을 나타냄.

中 6급

[力 7, 총 9획]

날랠 **용**

날래다, 날쌔다   영 brave 중 勇 yǒng 일 コウ(いさましい)

勇斷(용단) 용기 있게 결단함
勇力(용력) **勇敢**(용감) **勇氣**(용기)

マ 丙 丙 面 甬 勇

형성 쿵쿵 발을 굴러서 힘을 드러내는 모습을 나타냄.

中 6급

[辵 9, 총 13획]

돌 **운**

돌다, 움직이다   영 transport 중 运 yùn 일 ウン(はこぶ)

運命(운명) 운수
運筆(운필) **運柩**(운구) **運動**(운동)

冖 宣 軍 軍 渾 運

형성 빙글 빙글 도는 것을 나타냄.

中 6급

[口 10, 총 13획]

동산 **원**

동산, 정원   영 garden 중 园 yuán 일 エン(その)

園頭幕(원두막) 밭에서 수확하는 참외, 수박, 호박 등
園所(원소) **園兒**(원아) **公園**(공원)

門 周 周 園 園 園

형성 둥글게 둘러싸인 정원을 나타냄.

6급 기초한자 | **71**

中 6급

遠
[辵 10, 총14획]
멀 원

멀다, 선조(↔近 =永)　영 distant　중 远 yuǎn　일 エン(とおい)

遠近(원근) 멀고 가까움
遠景(원경)　**遠隔**(원격)　**遠大**(원대)

十 土 吉 杏 亨 袁 遠

형성 크게 원을 그리며 우회하는 것을 나타냄.

中 6급

油
[水 5, 총8획]
기름 유

기름, 유지　영 oil　중 油 yóu　일 ユ(あぶら)

油然(유연) 구름이 피어오르는 모양
油印物(유인물)　**油性**(유성)　**油田**(유전)

丶 氵 氵 沪 沪 油 油

형성 액체가 가는 주둥이에서 흘러나오는 모습을 나타냄.

中 6급

由
[田 0, 총5획]
말미암을 유

말미암다, 인연하다　영 cause　중 由 yóu　일 コウ(よし)

由來(유래) 사물의 내력
由緒(유서)　**自由**(자유)　**理由**(이유)

丨 冂 冂 由 由

상형 물을 따를 때 사용하는 아가리가 좁은 항아리를 나타냄.

中 6급

銀
[金 6, 총14획]
은, 돈 은

은, 은빛　영 silver　중 银 yín　일 ギン(しろがね)

銀幕(은막) 영화계
銀河(은하)　**銀塊**(은괴)　**銀河**(은하)

金 釗 釗 鈩 銀 銀

형성 영원히 변하지 않는 것을 눈을 크게 뜨고 봄을 나타냄.

1단계

中 6급

[食 4, 총13획]

마실 **음**

마시다, 마실 것   영 drink 중 饮 yǐn 일 イン(のむ)

飮毒(음독) 독약을 먹음

飮馬(음마)   **飮酒**(음주)   **米飮**(미음)

                  飮 飮

형성 허기진 사람이 입을 벌려 허겁지겁 먹는 것을 나타냄.

中 6급

[音 0, 총9획]

소리 **음**

소리, 음악(=聲)   영 sound 중 音 yīn 일 オン(おと)

音律(음률) 소리·음악의 가락

音聲(음성)   **雜音**(잡음)   **騷音**(소음)

          立 产 音 音

지사 입(口)에 한 획을 그어 말소리의 마디를 나타냄.

中 6급

[酉 11, 총18획]

의원 **의**

의원, 의사   영 doctor 중 医 yī 일 医 イ(いやす)

獸醫(수의) 짐승을 치료하는 의사

洋醫(양의)   **醫療**(의료)   **醫師**(의사)

医   医殳   殹   毉   醫   醫

형성 술독에 약초를 넣고 술을 만드는 것을 나타냄.

中 6급

[心 9, 총13획]

뜻 **의**

뜻, 생각(=志 =思)   영 intention 중 意 yì 일 イ

意見(의견) 마음속에 느낀 생각

意味(의미)   **意慾**(의욕)   **意志**(의지)

    立 产 音 音 意 意

형성 말로 하지 않고 마음속으로 생각함을 나타냄.

中 6급

[衣 0, 총 6획]
옷, 짤 **의**

옷, 의복 옷(=服)　　　영 clothing 중 衣 yī 일 イ(ころも)

衣冠(의관) 의복과 갓
衣服(의복) 衣類(의류) 衣服(의복)

丶 一 亠 亣 衣 衣

형성 모피를 입고 천으로 된 겉옷을 입은 모습을 나타냄.

中 6급

[老 5, 총 9획]
놈 **자**

놈, 사람　　　영 man·person 중 者 zhě 일 シャ(もの)

近者(근자) 요사이
記者(기자) 強者(강자) 結者解之(결자해지)

土 耂 尹 者 者 者

상형 풍로 위에 놓인 장작을 태우는 모습을 나타냄.

高 6급

[日 5, 총 9획]
어제 **작**

어제, 앞서　　　영 yesterday 중 昨 zuó 일 サク(きのう)

昨今(작금) 어제와 오늘
昨夜(작야) 昨年(작년) 昨日(작일)

日 日' 日乍 昨 昨 昨

형성 日 과 乍 을 합친 어제라는 뜻을 나타냄.

中 6급

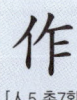
[人 5, 총 7획]
지을 **작**

짓다, 만들다(=製)　　　영 make 중 作 zuò 일 サ·サク(つくる)

作家(작가) 작품을 만드는 사람
作別(작별) 作故(작고) 作黨(작당)

丿 亻 亻' 亻ㄣ 作 作

형성 사람이 재료를 다듬는 모습을 나타냄.

中 6급

[立6, 총11획]

문채 **장**

글, 문채(=文)　　영 sentence 중 章 zhāng 일 ショウ(あや)

章牘(장독) 편지

章理(장리)　**肩章**(견장)　**旗章**(기장)

立 音 音 音 章 章

회의 날이 있는 도구로 문신을 새긴 것을 나타냄.

中 6급

[土3, 총6획]

있을 **재**

있다, 찾다(=存)　　영 exist 중 在 zài 일 ザイ(ある)

在室(재실) 방안에 있음

在京(재경)　**在野**(재야)　**在外**(재외)

一 ナ 才 左 在 在

형성 흙으로 강물을 막아 고이게 한다는 뜻을 나타냄.

中 6급

[手0, 총3획]

재주 **재**

재주, 지혜　　영 talent 중 才 cái 일 サイ(もちまえ·わざ)

才氣(재기) 재주 있는 기질

才能(재능)　**才幹**(재간)　**才致**(재치)

一 十 才

지사 날 때부터 사람이 가지고 있는 재능이라는 뜻을 나타냄.

中 6급

[戈12, 총16획]

싸움 **전**

싸움, 전쟁(=鬪)　　영 war 중 战 zhàn 일 戰 セン(たたかう)

戰功(전공) 전쟁에서 세운 공훈

戰國(전국)　**戰略**(전략)　**戰爭**(전쟁)

罒 單 單 戰 戰 戰

형성 창으로 탁탁 적을 쳐서 쓰러뜨린다는 뜻을 나타냄.

6급 기초한자 | 75

中 6급

庭
[广7, 총10획]
뜰 **정**

뜰, 마당　　　　　　　　　영 garden　중 庭 tíng　일 テイ(にわ)

庭球(정구) 테니스
庭園(정원)　家庭(가정)　法庭(법정)

广 广 广 庄 庭 庭

형성 집안에서 평평하게 펼쳐진 곳을 나타냄.

中 6급

定
[宀5, 총8획]
정할 **정**

정하다, 바로잡다　영 settle·set　중 定 dìng　일 テイ(さだめる)

定式(정식)
定價(정가)　定量(정량)　定量(정량)

宀 宀 宁 宇 宇 定

형성 한 곳에 정착하여 이동하지 않음을 나타냄.

中 6급

題
[頁9, 총18획]
이마 **제**

제목, 글제　　　　　　　　영 subject　중 题 tí　일 ダイ

題目(제목) 책의 표제
題言(제언)　題詩(제시)　題材(제재)

旦 是 是 題 題 題

형성 곧은 이마를 나타냄.

中 6급

朝
[月8, 총12획]
아침 **조**

아침(↔野 ↔夕)　　　　　영 morning　중 朝 zhāo　일 チョウ(あさ)

朝刊(조간) 아침에 발행되는 신문
朝飯(조반)　朝貢(조공)　朝鮮(조선)

十 古 直 卓 朝 朝

형성 태양이 지평선에서 솟아오르는 모습을 나타냄.

1단계

中 6급

[方 7, 총11획]

겨레 **족**

겨레, 인척　　　　　영 people 중 族 zú 일 ゾク(やから)

族姓(족성) 씨족의 성씨
族子(족자)　**族閥**(족벌)　**族譜**(족보)

亠 方 方 方 旅 族 族

회의 핏줄로 이어진 무리를 나타냄.

中 6급

[日 7, 총11획]

낮 **주**

낮, 대낮(↔夜)　영 day time 중 昼 zhòu 일 昼 チュウ(ひる)

晝間(주간) 낮동안
晝食(주식)　**晝夜**(주야)　**白晝**(백주)

⺹ ⺹ 肀 聿 書 晝 晝

형성 태양이 비치는 시간을 붓으로 구분하는 모습을 나타냄.

中 6급

[水 5, 총8획]

물댈 **주**

물을 대다, 흐르다　영 pour 중 注 zhù 일 チュウ(そそぐ)

注射(주사) 몸에 약을 바늘로 찔러 넣음
注書(주서)　**注目**(주목)　**注文**(주문)

氵 氵 氵 汁 注 注 注

형성 위에서 물을 마치 기둥처럼 쏟아 붓는 모습을 나타냄.

中 6급

[隹 4, 총12획]

모일 **집**

모이다(↔配 ↔散)　영 assemble 중 集 jí 일 シユウ(あつまる)

集計(집계) 계산함
集團(집단)　**集結**(집결)　**集會**(집회)

亻 亻 什 隹 隼 集

형성 나무 위로 새가 모여드는 모양을 나타냄.

6급 기초한자 | 77

中 6급

窓
[穴 6, 총11획]
창 **창**

창, 창문 영window 중窗 chuāng 일ソウ(まど)

窓門(창문) 빛이 들어올 수 있도록 벽에 만들어 놓은 문
窓口(창구) 同窓(동창) 鷄窓(계창)

宀 宑 宑 窊 窓 窓

형성 공기를 환기시키는 창문 모양을 나타냄.

中 6급

清
[水 8, 총11획]
맑을 **청**

맑다, 갚다 영clear 중清 qīng 일セイ(きよい)

清歌(청가) 맑고 청아한 목소리로 노래함
清潔(청결) 清溪(청계) 清淨(청정)

氵 氵 汁 浐 清 清

형성 맑은 물을 나타냄.

中 6급

體
[骨 13, 총23획]
몸 **체**

몸, 신체(=身) 영body 중体 tǐ 일体 タイ(からだ)

體軀(체구) 몸뚱이
體罰(체벌) 體感(체감) 體格(체격)

骨 骨 骨冖 骨冊 體 體

형성 모양을 잘 다듬은 뼈의 모양을 나타냄.

中 6급

親
[見 9, 총16획]
친할 **친**

친하다 영intimate 중亲 qīn 일シン(おや・したしい)

親近(친근) 정의가 아주 가깝고 두터움
親家(친가) 親舊(친구) 親戚(친척)

立 辛 亲 新 親 親

형성 칼로 자르듯이 따끔하게 느낀다는 뜻을 나타냄.

1단계

中 6급

太
[大1, 총4획]
클 **태**

크다, 심하다   영great 중太 tài 일タ(ふとい)

太古(태고) 아주 오랜 옛날
太初(태초) 太極(태극) 太祖(태조)

一 ナ 大 太

회의 넓고 큰 것을 나타냄.

中 6급

通
[辵7, 총11획]
통할 **통**

통하다, 오가다   영go through 중通 tōng 일ツ(とおす)

通過(통과) 들르지 않고 지나감
通達(통달) 通告(통고) 通禁(통금)

フ 育 甬 甬 涌 通

형성 도중에 막힘이 없이 나아감을 나타냄.

中 6급

特
[牛6, 총10획]
유다를 **특**

유다르다   영special 중特 tè 일トク(ことに·ひとり)

特急(특급) 특별 급행열차
特講(특강) 特級(특급) 特命(특명)

牛 牛 牛 牜 特 特

형성 소떼의 무리 중에서 특별히 눈에 띄는 소를 나타냄.

中 6급

表
[衣2, 총8획]
겉 **표**

겉, 바깥   영surface 중表 biǎo 일ヒョウ(おもて)

表裏(표리) 겉과 속
表面(표면) 表決(표결) 表現(표현)

十 主 幸 幸 表 表

형성 모피 위에 천으로 된 겉옷을 입은 모습을 나타냄.

6급 기초한자 | 79

中 6급

風 [風 0, 총9획]
바람 **풍**

풍성하다, 풍년 영 wind 중 风 fēng 일 フウ(かぜ)

風角(풍각) 음악을 통속적으로 이르는 말
風景(풍경) 風琴(풍금) 風車(풍차)

几 凡 凤 風 風 風

형성 (형성) 꿈틀거리며 벌레가 기어 다니는 모습을 나타냄.

中 6급

合 [口 3, 총6획]
합할 **합**

합하다, 들어맞다(↔離) 영 unite 중 合 hé 일 ゴウ(あう)

合格(합격) 규격이나 격식의 기준에 맞음
合設(합설) 合計(합계) 合唱(합창)

형성 구멍에 뚜껑을 덮어 맞춤을 나타냄.

中 6급

行 [行 0, 총6획]
갈 **행**

다니다, 걷다(↔言) 영 go·walk 중 行 xíng 일 コウ(いく)

行客(행객) 나그네
行進(행진) 行軍(행군) 行動(행동)

회의 십자로를 나타냄.

中 6급

幸 [干 5, 총8획]
다행할 **행**

다행, 요행 영 fortunate 중 幸 xìng 일 コウ(さいわい)

幸民(행민) 요행만을 바라고 일을 하지 않은 백성
幸福(행복) 幸運(행운) 不幸(불행)

회의 수갑을 차지 않은 것이 행복이라는 뜻을 나타냄.

1단계

中 6급

[口3, 총6획]

향할 **향**

향하다, 나아감   영 face 중 向 xiàng 일 コウ(むく)

向日葵(향일규) 해바라기
向日(향일) 向方(향방) 向發(향발)

丿 丿 冂 冋 向 向

회의 벽에 구멍이 뚫려 공기가 새나가는 것을 나타냄.

中 6급

[玉7, 총11획]

나타날 **현**

나타나다   영 appear 중 现 xiàn 일 ゲン(あらわれる)

現金(현금) 현재 가지고 있는 돈
現象(현상) 現代(현대) 現存(현존)

一 Т 王 邘 珇 現

형성 구슬에 묻은 흙 따위가 없어져 결이 보인다는 뜻을 나타냄.

中 6급

[彡4, 총7획]

형상 **형**

형상, 모양   영 shape 중 形 xíng 일 ケイ(かたち)

形狀(형상) 물체의 생긴 모양
形局(형국) 形成(형성) 形便(형편)

一 二 开 开 形 形

형성 다양한 무늬로 만들어진 틀이나 모양을 나타냄.

中 6급

[虍7, 총13획]

부를 **호**

부르짖다, 울부짖다   영 shout 중 号 hào 일 号 コウ(さけぶ)

號角(호각) 호루라기
號哭(호곡) 號令(호령) 號數(호수)

口 号 号 驴 號 號

형성 호랑이가 으르렁대는 모습을 나타냄.

6급 기초한자 | 81

中 6급

和 [口 5, 총8획]
고를 **화**

고르다, 조화됨(=調 =協)　영even　중和 hé　일ワ(あえる)

和睦(화목) 서로 뜻이 맞고 정다움
和顔(화안)　和色(화색)　和解(화해)

ノ 二 千 禾 和 和

형성 온화한 말씨를 나타냄.

中 6급

畫 [田 7, 총12획]
그림 **화**

재화, 화폐(=圖)　영picture　중畫 huà　일画 ガ·カク(えがく)

畫家(화가) 미술가
畫壇(화단)　映畫(영화)　挿畫(삽화)

フ ヨ ヰ 圭 書 畫

형성 붓으로 구획을 짓는 것을 나타냄.

中 6급

[黃 0, 총12획]
누를 **황**

누르다, 누른빛　영yellow　중黃 huáng　일黄 コウ·オウ(き)

黃口(황구) 참새 새끼의 입이 노란 것을 본떠 어린이를 나타냄
黃金(황금)　黃狗(황구)　黃昏(황혼)

艹 艹 艹 芹 莆 黃

형성 기름이 타서 노랗게 되는 것을 나타냄.

中 6급

[日 9, 총13획]
모일 **회**

모이다, 모임　영meet　중会 huì　일会 カイ·エ(あう)

會見(회견) 서로 만나 봄
會堂(회당)　會同(회동)　會議(회의)

入 合 合 命 侖 會

회의 구름처럼 많은 사람들이 모이는 것을 나타냄.

1단계

中 6급

[言 3, 총 10획]

가르칠 **훈**

가르치다(=敎)　　　영 teach　중 训 xùn　일 クン(おしえる)

訓戒(훈계) 타일러 경계함
訓誥(훈고)　訓讀(훈독)　訓示(훈시)

二 亖 言 訁 訓 訓

형성 난해한 문제를 쉬운 언어로 풀어낸다는 뜻을 나타냄.

中 5급

[人 13, 총 15획]

값 **가**

값, 시세　　　영 value　중 价 jià　일 価 カ(あたい)

高價(고가) 높은 가격
低價(저가)　價格(가격)　價値(가치)

亻 伒 俨 價 價 價

형성 상인이 붙이는 가격을 나타냄.

中 5급

[力 3, 총 5획]

더할 **가**

더하다, 뽐내다(↔減 =增)　영 add　중 加 jiā　일 カ(くわえる)

加減(가감) 더함과 뺌
加工(가공)　加擔(가담)　加算(가산)

フ カ カ 加 加

회의 팔과 입도 같이 돕는다는 뜻을 나타냄.

中 5급

[口 2, 총 5획]

옳을 **가**

옳다, 인정하다(↔否)　영 right　중 可 kě　일 カ(よい)

可憐(가련) 모양이 어여쁘고 아름다움
可望(가망)　可決(가결)　可恐(가공)

一 ー 一 一 可 可

형성 목을 구부려 겨우 쉰 듯한 목소리를 내는 모습을 나타냄.

中 5급

改 [攵3, 총7획] 고칠 **개**

고치다 　　영 improve 중 改 gǎi 일 カイ(あらためる)

改刊(개간) 고쳐서 간행함
改年(개년) 改良(개량) 改名(개명)

フ コ 己 己' 己' 改 改

형성 힘써 느슨한 것을 일으켜 세움을 나타냄.

中 5급

客 [宀6, 총9획] 손 **객**

손, 손님(↔主) 　　영 guest 중 客 kè 일 キャク(まらうど)

客死(객사) 객지에서 죽음
客談(객담) 客苦(객고) 客觀(객관)

宀 宀 𡧇 安 客 客

형성 잠시 남의 집에 머무는 사람을 나타냄.

中 5급

去 [厶3, 총5획] 갈 **거**

가다, 떠나다(↔來 =過) 　　영 leave 중 去 qù 일 キョ(さる)

去去年(거거년) 지지난해
去去日(거거일) 去殼(거각) 去毒(거독)

一 十 土 去 去

형성 뚜껑이 달린 속이 움푹 패어 들어간 그릇을 나타냄.

高 5급

健 [人9, 총11획] 튼튼할 **건**

굳세다(=康) 　　영 strong 중 健 jiàn 일 ケン(すこやか)

健忘症(건망증) 보고들은 것을 자꾸 잊어버림
健實(건실) 健康(건강) 健全(건전)

亻 亻 亻 律 律 健 健

형성 갑자기 벌떡 일어서는 모습을 나타냄.

高 5급
件 [人 4, 총 6획]
건 **건**

일, 물건　　　　　영 case 중 件 jiàn 일 ケン(くだん)

人件費(인건비) 노임
件數(건수) 件名(건명) 與件(여건)

ノ　イ　イ　仁　件　件

회의 하나씩 셀 수 있는 것을 나타냄.

中 5급
建 [廴 6, 총 9획]
세울 **건**

세우다, 길다　　　　영 build 중 建 jiàn 일 ケン(たてる)

建功(건공) 공을 세움
建國(건국) 建軍(건군) 建立(건립)

⼀　⼆　ヨ　ᆿ　聿　聿　建　建

회의 곧게 서는 것을 나타냄.

高 5급
格 [木 6, 총 10획]
바로잡을 **격**

이르다, 격식　　　　영 class 중 格 gé 일 カク・キャク

格式(격식) 격에 어울리는 법식
格調(격조) 格上(격상) 格言(격언)

十　木　木　枚　校　格

형성 굴러가는 수레를 멈추게 하는 막대기를 나타냄.

中 5급
見 [見 0, 총 7획]
볼 **견**/뵐 **현**

보다, 보이다　　　　영 see 중 见 jiàn 일 ケン(みる)

見習(견습) 남이 하는 것을 보고 익힘
見學(견학) 見聞(견문) 見本(견본)

Ⅰ　冂　冃　目　目　貝　見

회의 본다는 뜻을 나타냄.

5급 기초한자 | 85

中 5급

決
[水 4, 총 7획]
틀 **결**

결단하다　　영 break·decide 중 决 jué 일 ケツ(きめる)

決勝(결승) 최후의 승부를 결정하는 일
決算(결산)　決斷(결단)　決裂(결렬)

丶 冫 氵 汀 沪 決 決

형성 홍수로 제방이 터귿(匸)자 모양으로 된 모습을 나타냄.

中 5급

結
[糸 6, 총 12획]
맺을 **결**

맺다, 묶다　　영 join·tie 중 结 jié 일 ケツ(むすぶ)

結果(결과) 열매를 맺음
結局(결국)　結實(결실)　結末(결말)

幺 乡 糸 糽 紝 結

형성 그릇 아가리를 끈으로 묶는 모습을 나타냄.

中 5급

競
[立 15, 총 20획]
다툴 **경**

다투다(=爭)　　영 quarrel 중 竞 jìng 일 キョウ(きそう)

競技(경기) 기술이나 능력을 겨룸
競馬(경마)　競合(경합)　競賣(경매)

音 竞 竞 竞 竞 競

회의 두 명이 말다툼으로 승부를 겨루는 것을 나타냄.

中 5급

輕
[車 7, 총 14획]
가벼울 **경**

가볍다, 적다(↔重)　　영 light 중 轻 qīng 일 輕 ケイ(かるい)

輕妄(경망) 말이나 행동이 방정맞음
輕犯(경범)　輕減(경감)　輕量(경량)

日 日 車 車 軿 輕

형성 앞으로 똑바로 달려가는 수레를 나타냄.

中 5급

[攴9, 총13획]

공경 **경**

공경하다, 공경　　　영 respect 중 敬 jìng 일 ケイ(うやまう)

敬拜(경배) 숭상함

敬老(경로)　敬虔(경건)　敬禮(경례)

⺈ ⺡ 芍 苟 龷 敬

회의 매우 황공하여 몸을 긴장시키는 모습을 나타냄.

中 5급

[日8, 총12획]

볕 **경**

볕, 빛　　　영 scenery 중 景 jǐng 일 ケイ

景觀(경관) 경치

景慕(경모)　景氣(경기)　景品(경품)

日 尸 吊 昺 景 景 景

형성 일(日)과 경(京)을 합친 모양을 나타냄

中 5급

[口5, 총8획]

굳을 **고**

굳다, 완고함(=堅)　영 hard·firm 중 固 gù 일 コ(かためる)

固守(고수) 굳게 지킴

固執(고집)　固辭(고사)　固有(고유)

⺆ 冂 冃 囝 周 周 固

형성 빈틈없이 주변을 에워싸 움직일 수 없음을 나타냄.

中 5급

[老2, 총6획]

상고할 **고**

상고하다, 생각(=慮 =思)　영 think 중 考 kǎo 일 キ(ふるう)

考古(고고) 이것을 상고함

考究(고구)　考慮(고려)　考課(고과)

一 十 土 耂 耂 考

형성 곰곰이 생각하는 것을 나타냄.

中 5급

告 [口4, 총7획] 알릴 고

알리다(=報 =申) 영tell 중告 gào 일コウ·コク(つげる)

告祀(고사) 몸이나 집안에 탈이 없기를 비는 제사
告白(고백) 告發(고발) 告別(고별)

′ ㄴ 屮 生 牛 告 告 告

형성 쇠뿔에 막대기를 대어 사람을 받지 못하게 함을 나타냄.

中 5급

曲 [曰2, 총6획] 굽을 곡

굽다, 굽히다(↔直 =歌) 영bent 중曲 qǔ 일キョク(まげる)

曲禮(곡례) 자세한 예식
曲水(곡수) 曲目(곡목) 曲藝(곡예)

一 冂 曲 曲 曲 曲

상형 마치 갈고리 모양으로 굽은 자를 나타냄.

中 5급

過 [辵9, 총13획] 지날 과

지나다(↔功 =誤 =去) 영excess 중过 guò 일カ(すぎる)

過去(과거) 지나간 일
過失(과실) 過多(과다) 過敏(과민)

冂 冎 咼 咼 渦 過 過

형성 자연스럽게 움직이는 관절을 나타냄.

中 5급

課 [言8, 총15획] 매길 과

과정, 과목 영impose 중课 kè 일カ

課目(과목) 과정을 세분한 항목
課程(과정) 課稅(과세) 課業(과업)

言 訂 詛 課 課 課

형성 일을 분담하여 결과가 어떻게 되는가를 나타냄.

中 5급

關
[門11, 총19획]
빗장 관

빗장, 닫다　　　　　　　영 bolt　중 关 guān　일 関 カン(せき)

關門(관문) 국경이나 요새에 세운 문
關鍵(관건)　關係(관계)　關心(관심)　關節(관절)

丨　門　門　關　關　關

형성 양쪽 문에 빗장을 붙여 열고 닫는 모습을 나타냄.

中 5급

觀
[見18, 총25획]
볼 관

보다, 자세히 봄　　　　　영 look　중 观 guān　일 カン(みる)

觀客(관객) 구경하는 사람
觀衆(관중)　觀念(관념)　觀戰(관전)

 萉　萉　蓶　雚　觀　觀

형성 단번에 전체를 맞추고 바라본다는 뜻을 나타냄.

中 5급

廣
[广12, 총15획]
넓을 광

넓다, 퍼지다　　　　　　영 broad　중 广 guǎng　일 広 コウ(ひろい)

廣農(광농) 농업을 발전시킴
廣野(광야)　廣告(광고)　廣域(광역)

广　产　席　席　庿　廣

형성 사방이 탁 트여 안이 텅 빈 큰 방을 나타냄.

中 5급

橋
[木12, 총16획]
다리 교

다리, 교량　　　　　　　영 bridge　중 桥 qiáo　일 キョウ(はし)

橋脚(교각) 다리를 받치는 기둥
橋梁(교량)　架橋(가교)　板橋(판교)

 杯　桥　橋　橋

형성 높이 걸려 있으며 휘어진 다리의 모습을 나타냄.

5급 기초한자 | 89

中 5급

救
[攵7, 총11획]

건질 **구**

구원하다, 돕다(=濟)　영 relieve 중 救 jiù 일 救 キュウ(すくう)

救世主(구세주) 인류를 구제하는 사람
救助(구조) **救難**(구난) **救命**(구명)

求 求 求 求 救 救

형성 위험에 빠지지 않도록 힘써 막음을 나타냄.

高 5급

具
[八6, 총8획]

갖출 **구**

갖추다, 차림(=備)　영 equipped 중 具 jù 일 具 グ(そなえる)

具備(구비) 빠짐없이 갖춤
具色(구색) **具象**(구상) **具現**(구현)

丨 冂 冂 目 且 具 具

회의 그릇에 음식을 채워서 바치는 모습을 나타냄.

中 5급

舊
[臼12, 총18획]

옛 **구**

옛, 옛날(↔新)　영 old 중 旧 jiù 일 旧 キュウ(ふるい)

舊家(구가) 지은 지 오래된 집
舊故(구고) **舊面**(구면) **舊屋**(구옥)

艹 艹 雚 萑 舊 舊

형성 오래되었다는 뜻을 나타냄.

高 5급

局
[尸4, 총7획]

판 **국**

판, 방　영 bureau 중 局 jú 일 局 キョク(つぼね)

局量(국량) 도량이나 재간
局地(국지) **局外**(국외) **局長**(국장)

⼁ ⼁ ⼸ 尸 局 局 局

회의 입에 자를 대어 함부로 말 못하게 하는 모습을 나타냄.

1-step

中 5급

貴
[貝 5, 총 12획]
귀할 **귀**

귀하다, 비싸다 　영 noble 중 贵 guì 일 キ(とうとい)

貴骨(귀골) 귀하게 생긴 사람
貴宅(귀댁) **貴下**(귀하) **貴人**(귀인)

中 虫 串 肯 書 貴

형성 양손에 무거운 짐을 들고 있는 모습을 나타냄.

高 5급

規
[見 4, 총 11획]
법 **규**

법, 법칙 　영 rule 중 规 guī 일 キ(のり)

規格(규격) 표준
規定(규정) **規則**(규칙) **規律**(규율)

二 夫 知 却 規 規

회의 길이나 넓이를 재는 기구를 나타냄.

高 5급

筋
[竹 6, 총 12획]
힘줄 **근**

힘줄, 힘 　영 muscle 중 筋 jīn 일 キン(すじ)

筋力(근력) 몸을 놀리고 활동하는 기운과 힘
筋肉(근육) **筋肉質**(근육질) **鐵筋**(철근)

竺 竺 笳 笳 筋 筋

형성 대나무에서 볼 수 있는 섬유 줄기의 뜻을 나타냄.

中 5급

給
[糸 6, 총 12획]
줄 **급**

주다, 넉넉하다 　영 give 중 给 gěi 일 キュウ(たまう)

給料(급료) 노력에 대한 보수
給仕(급사) **給水**(급수) **給食**(급식)

幺 纟 糸 紒 紒 給

형성 흠이 난 부분을 잇대어 끊어지지 않도록 한 모양을 나타냄.

5급 기초한자 | 91

中 5급

己 [己 0, 총 3획]
몸 기

몸, 자기 영 self 중 己 jǐ 일 コ・キ (おのれ)

己見(기견) 자기 자신의 생각
己巳(기사) 克己(극기) 利己(이기)

フ コ己

상형 구부러진 것이 머리를 쳐들고 뻗은 모습을 나타냄

中 5급

基 [土 8, 총 11획]
터 기

터, 근본 영 base 중 基 jī 일 キ (もとい)

基幹(기간) 중심, 기초가 되는 부분
基因(기인) 基金(기금) 基盤(기반)

廾 其 其 其 基 基

형성 네모난 토대를 나타냄.

中 5급

技 [手 4, 총 7획]
재주 기

재주, 재능(=術 =藝) 영 skill 중 技 jì 일 ギ (わざ)

技能(기능) 기술상의 재능
技巧(기교) 技法(기법) 技術(기술)

丁 扌 扩 扩 抆 技

형성 가는 가지처럼 물건을 작은 규모로 나누는 것을 나타냄.

中 5급

期 [月 8, 총 12획]
만날 기

기약하다, 바라다 영 expect 중 期 qī 일 ヒツ (かならず)

期日(기일) 특히 정한 날짜
期約(기약) 期待(기대) 期間(기간)

一 廾 其 其 期 期

형성 달이 규칙적으로 7일씩 4회로 본래 모양이 됨을 나타냄.

1단계

中 5급

汽
[水 4, 총7획]
물 끓는 김 **기**

김, 거의   영 steam 중 汽 qì 일 キ(ゆげ)

汽車驛(기차역) 기차가 출발하거나 정차하는 역
汽管(기관) 汽船(기선) 汽笛(기적)

丶 冫 氵 汽 汽 汽 汽

형성 물이 증발하는 것을 뜻함.

中 5급

吉
[口 3, 총6획]
길할 **길**

길하다, 상서로움(↔凶)   영 lucky 중 吉 jí 일 キツ・キチ(よい)

吉期(길기) 혼인날
吉兆(길조) 吉夢(길몽) 吉祥(길상)

一 十 士 吉 吉 吉

회의 단지 속에 물건을 가득 넣고 뚜껑을 덮은 모습을 나타냄.

中 5급

念
[心 4, 총8획]
생각 **념(염)**

생각(=思 =慮 =想)   영 think 중 念 niàn 일 ネン(おもう)

念力(염력) 온 힘을 모아 수행하려는 마음
念佛(염불) 念頭(염두) 念慮(염려)

人 个 今 今 念 念 念

형성 마음속에 품은 생각을 입으로 중얼거림을 나타냄.

中 5급

能
[肉 6, 총10획]
능할 **능**

능하다, 잘하다   영 able 중 能 néng 일 ノウ(よく)

能力(능력) 어떤 일을 이룰 수 있는 힘
能文(능문) 能動(능동) 能通(능통)

厶 台 台 育 能 能

형성 거북이나 곰처럼 오래도록 가지고 있음을 나타냄.

高 5급

壇
[土 13, 총16획]
단, 곳 **단**

제터, 제단　　　　　　영altar 중坛 tán 일ダン(だん)

壇下(단하) 단의 아래
壇上(단상) 壇垣(단원) 壇所(단소)

圹 坧 垍 壇 壇 壇

형성 곳간 밑의 토대를 높게 쌓아올려 평평함을 나타냄.

高 5급

團
[口 11, 총14획]
둥글 **단**

둥글다, 모이다　　　영round 중团 tuán 일団 ダン(あつまり)

團結(단결) 여러 사람이 한데 뭉침
團欒(단란) 團體(단체) 團合(단합)

同 同 同 團 團 團

형성 둥글게 둘러싸는 것을 나타냄.

中 5급

談
[言 8, 총15획]
말씀 **담**

말씀, 이야기하다(=話)　영speak 중谈 tán 일ダン(はなす)

談話(담화) 서로 이야기를 주고받음
談笑(담소) 談判(담판) 談論(담론)

言 言 言 談 談 談

형성 쉬지 않고 혀를 움직여 말하는 것을 나타냄.

中 5급

當
[田 8, 총13획]
마땅할 **당**

마땅하다, 당하다　영suitable 중当 dāng 일当 トウ(あたる)

當代(당대) 그 시대
當場(당장) 當國(당국) 當惑(당혹)

当 当 当 常 常 當

형성 서로 꼭 들어맞는다는 뜻을 나타냄.

中 5급

[彳 12, 총15획]

덕 **덕**

크다, 덕   영virtue 중德 dé 일德 トク

德談(덕담) 잘되기를 비는 말
德望(덕망) 德澤(덕택) 德分(덕분)

彳 彳 彳 彳 彳 彳

형성 거동이 단정하고 품은 뜻이 큼을 나타냄.

中 5급

[山 7, 총10획]

섬 **도**

섬   영island 중岛 dǎo 일トウ(しま)

島嶼(도서) 섬
島國根性(도국근성) 島民(도민) 島配(도배)

亻 亻 自 自 鳥 島

형성 바다 가운데 작은 산으로 철새가 쉬어 가는 곳을 나타냄.

中 5급

[邑 9, 총12획]

도읍 **도**

도읍, 서울   영capital 중都 dū 일ト(みやこ)

都心(도심) 도회의 중심
古都(고도) 都市(도시) 都邑(도읍)

土 耂 夬 者 者 都

형성 사람들이 많이 모인 규모가 큰 마을이라는 뜻을 나타냄.

中 5급

[刀 6, 총8획]

이를 **도**

이르다, 닿음(=達 =着)   영reach 중到 dào 일トウ(いたる)

到達(도달) 정한 곳에 이름
到底(도저) 到來(도래) 到處(도처)

一 工 云 至 至 到

형성 흰 칼날이 획 돌아서 다다름을 이르는 것을 나타냄

中 5급

落
[艸 9, 총13획]
떨어질 **락(낙)**

떨어지다, 낙하하다   영 fall 중 落 luò 일 ラク(おとす·おちる)

落後(낙후) 뒤떨어짐
落水(낙수) 落葉(낙엽) 落第(낙제)

一 艹 艹 莎 茨 落

형성 소리 없이 나뭇잎이 떨어지는 것을 나타냄.

5급

朗
[月 7, 총11획]
밝을 **랑(낭)**

밝다, 맑게 환하다   영 bright 중 朗 lǎng 일 ロウ(ほがらか)

朗讀(낭독) 소리를 높여 읽음
朗誦(낭송) 明朗(명랑) 朗朗(낭랑)

亠 亠 亡 白 良 郎 朗

형성 달이 맑고 깨끗한 것을 나타냄.

中 5급

冷
[冫 5, 총7획]
찰 **랭(냉)**

차다, 맑다(↔溫)   영 cool 중 冷 lěng 일 レイ(ひや·さます)

冷却(냉각) 식혀서 차게 함
冷茶(냉차) 冷笑(냉소) 冷待(냉대)

丶 冫 冫 汁 冷 冷

형성 얼음처럼 맑고 차가운 것을 나타냄.

中 5급

良
[艮 1, 총7획]
좋을 **량(양)**

어질다, 좋다   영 good 중 良 liáng 일 リョウ(かて)

良家(양가) 좋은 집안
良弓(양궁) 良民(양민) 良書(양서)

丶 亠 亡 白 良 良

형성 더럽지 않고 깨끗하고 맑아진다는 뜻을 나타냄.

中 5급

[里 5, 총12획]

헤아릴 **량(양)**

양, 분량   영 measure 중 量 liàng 일 リョウ (はかる)

水量(수량) 물의 량
物量(물량) 量産(양산) 量決(양결)

日 旦 昌 昌 量 量

상형 노인의 머리털이 바람에 날리는 모습을 나타냄.

中 5급

[方 6, 총10획]

나그네 **려(여)**

나그네, 여행하다   영 traveler 중 旅 lǚ 일 リョ (たび)

旅客(여객) 나그네, 길손
旅情(여정) 旅館(여관) 旅行(여행)

方 方 於 旅 旅 旅

회의 줄을 지어 이동하는 장사꾼이나 병정을 나타냄.

中 5급

[止 12, 총16획]

지낼 **력(역)**

지내다, 겪다   영 through 중 历 lì 일 歴 レキ (へる)

歷年(역년) 여러 해를 지냄
歷代(역대) 歷任(역임) 歷史(역사)

厂 厂 厢 麻 歷 歷

형성 차례차례 걸어서 지나가는 것을 나타냄.

中 5급

[糸 9, 총15획]

익힐 **련(연)**

익히다, 단련하다   영 practice 중 练 liàn 일 練 レン (ねる)

練磨(연마) 갈고 닦음
練達(연달) 未練(미련) 練習(연습)

糸 糸 紅 紳 練 練

형성 실을 물에 담가 좋은 실로 누이는 것을 나타냄.

5급 기초한자 | **97**

中 5급

領 [頁 5, 총14획]
옷깃 **령(영)**

옷깃, 거느리다   영collar 중领 lǐng 일リョウ(えり)

領內(영내) 영토 안
領導(영도) **領土**(영토) **領域**(영역)

ノ ^ 今 𠆢 領 領 領

형성 고개를 끄덕여 수긍한다는 뜻을 나타냄.

高 5급

嶺 [山 14, 총17획]
재 **령(영)**

재, 고개   영ridge 중岭 lǐng 일レイ(みね)

峻嶺(준령) 험준한 고개
嶺東(영동) **高嶺**(고령) **分水嶺**(분수령)

山 广 岸 岩 嶺 嶺

형성 사람의 목에 해당되는 산의 고개를 나타냄.

中 5급

令 [人 3, 총5획]
하여금 **령(영)**

명령하다, 법령   영order 중令 lìng 일レイ・リョウ

令色(영색) 아름다운 얼굴빛
令狀(영장) **令息**(영식) **令愛**(영애)

ノ 人 亼 今 令

회의 사람들에게 무엇을 명령하고 따르게 하는 모습을 나타냄.

中 5급

料 [斗 6, 총10획]
헤아릴 **료(요)**

헤아리다, 세다   영measure 중料 liào 일リョウ(はかる)

料量(요량) 말로 됨
料率(요율) **料金**(요금) **料理**(요리)

丶 ヾ 米 米 料 料

회의 곡물의 분량을 재는 것을 나타냄.

1단계

高 5급

[頁 10, 총 19획]
무리 류(유)

무리, 종류　　　　　영 crowd　중 类 lèi　일 ルイ(たぐい)

類例(유례) 같거나 비슷한 예

類別(유별)　類推(유추)　人類(인류)

米　米　米　類　類　類

형성 다양한 종류의 개가 서로 닮아 비슷하다는 것을 나타냄.

中 5급

[水 7, 총 10획]
흐를 류(유)

흐르다, 떠돌다　　　　영 stream　중 流 liú　일 リュウ・ル(ながす)

流民(유민) 고향을 떠나 유랑하는 백성

流水(유수)　流麗(유려)　流通(유통)

氵　氵　氵　流　流　流

회의 물이 흘러가는 것을 나타냄.

中 5급

[阜 8, 총 11획]
뭍 륙(육)

뭍, 육지(↔海)　　　　영 land　중 陆 lù　일 リク(おか)

陸軍(육군) 뭍에서 싸우는 군대

陸陸(육륙)　陸橋(육교)　陸地(육지)

阝　阝　阹　陸　陸　陸

형성 작은 언덕이 계속 이어져 있음을 나타냄.

中 5급

[馬 0, 총 10획]
말, 클 마

말, 산가지　　　　영 horse　중 马 mǎ　일 バ(うま)

馬脚(마각) 말의 다리. 또는 거짓으로 숨긴 본성

馬賊(마적)　馬券(마권)　馬上(마상)

l　厂　厂　厈　馬　馬

상형 말의 모습을 나타냄.

中 5급

末 [木1, 총5획]
끝 **말**

끝(↔本 =端)　　　영 end　중 末 mò　일 マツ(すえ)

末期(말기) 끝나는 시기
末尾(말미)　末路(말로)　末世(말세)

一 ニ ナ 才 末

지사 나뭇가지 끝을 여기다 라는 표시로 일(一)로 나타냄

中 5급

望 [月7, 총11획]
바랄 **망**

바라다(=希)　　　영 hope　중 望 wàng　일 ボウ(のぞむ)

望哭(망곡) 바라보며 통곡함
望九(망구)　望臺(망대)　望樓(망루)

형성 아직 떠오르지 않은 달을 기다리는 모습을 나타냄.

中 5급

亡 [亠1, 총3획]
망할 **망**/없을 **무**

망하다(↔存 =逃)　　　영 ruin　중 亡 wáng　일 モ(ほろびる)

亡國(망국) 나라를 멸망시킴
亡失(망실)　亡靈(망령)　亡身(망신)

회의 물건을 감추고 있는 모습을 나타냄.

中 5급

買 [貝5, 총12획]
살 **매**

사다, 구매하다(↔賣)　　　영 buy　중 买 mǎi　일 バイ(かう)

買價(매가) 사는 값
買收(매수)　買氣(매기)　買入(매입)

丶 冂 四 罒 胃 買

형성 그물로 건지듯이 중요한 물건을 구한다는 뜻을 나타냄.

中 5급

賣
[貝 8, 총 15획]
팔 **매**

팔다, 넓히다(↔買)　　　영 sell 중 卖 mài 일 売 バイ(うる)

賣却(매각) 팔아버림
賣渡(매도)　賣店(매점)　賣物(매물)

十 声 齿 责 酉 賣

형성 물건을 팔아 이익을 보는 것을 나타냄.

中 5급

無
[火 8, 총 12획]
없을 **무**

없다, 아니다(↔有)　　영 nothing 중 无 wú 일 ム·ブ(ない)

無故(무고) 까닭이 없음
無能(무능)　無禮(무례)　無料(무료)

亻 仁 仁 無 無 無

형성 신 앞에서 춤을 추며 없는 것을 조르는 모양을 나타냄

高 5급

倍
[人 8, 총 10획]
곱 **배**

곱, 곱하다　　　영 double 중 倍 bèi 일 バイ(ます)

倍加(배가) 점점 더하여 감
倍額(배액)　倍數(배수)　倍前(배전)

亻 伫 伫 侉 倍 倍

형성 사람을 양쪽으로 떼어놓음을 나타냄.

中 5급

法
[水 5, 총 8획]
법 **법**

법, 방법(=典 =式)　　　영 law 중 法 fǎ 일 ホウ(のり)

法人(법인) 법률상의 권리와 의무를 부여받은 주체.
法益(법익)　法鼓(법고)　法規(법규)

氵 氵 汁 浐 法 法

형성 사슴과 해태를 닮은 짐승을 연못에 가둔 테두리를 나타냄.

中 5급

變 [言 16, 총 23획]
변할 **변**

변하다(=化) 영 change 중 变 biàn 일 変 ヘン(かわる)

變貌(변모) 모양이 달라짐
變色(변색) **變更**(변경) **變動**(변동)

言 紵 絲 縊 變 變

형성 여러 가지가 뒤엉켜 이상한 상태가 됨을 나타냄.

中 5급

兵 [八 5, 총 7획]
병사 **병**

군사, 병사(↔將 =卒) 영 soldier 중 兵 bīng 일 ヘイ(つわもの)

兵戈(병과) 창. 전쟁
兵亂(병란) **兵力**(병력) **兵法**(병법)

一 ㄏ ㄏ 斤 丘 乒 兵

회의 손에 무기를 들고 적과 맞붙은 모습을 나타냄.

高 5급

福 [示 9, 총 14획]
복 **복**

복, 행복(=幸) 영 blessing 중 福 fú 일 フク(さいわい)

福券(복권) 경품권
福音(복음) **福金**(복금) **福祿**(복록)

禾 禾 祠 稨 福 福

형성 술병에 가득 찬 술처럼 신의 넘치는 은총을 나타냄.

中 5급

奉 [大 5, 총 8획]
받들 **봉**

받들다 영 honor · serve 중 奉 fèng 일 ホウ(たてまつる)

奉仕(봉사) 공손히 시중을 듦
奉事(봉사) **奉養**(봉양) **奉祝**(봉축)

一 三 声 夫 秦 奉

형성 두 손으로 물건을 받드는 모습을 나타냄.

1단계

中 5급

[鼻 0, 총14획]

코 비

코, 처음   영 nose 중 鼻 bí 일 ゼ(はな)

鼻孔(비공) 콧구멍
鼻笑(비소) 鼻炎(비염) 鼻音(비음)

自 自 自 皇 皇 鼻

형성 자기 자신을 가리켜 코를 나타냄.

高 5급

[貝 5, 총12획]

쓸 비

쓰다, 소비하다   영 spend 중 费 fèi 일 ヒ(ついやす)

費用(비용) 쓰는 돈
費目(비목) 消費(소비) 經費(경비)

一 弓 弗 弗 費 費

형성 재물을 지나치게 낭비하여 재산이 줄어듦을 나타냄.

中 5급

[比 0, 총4획]

견줄 비

견주다, 비교하다   영 compare 중 比 bǐ 일 ヒ(くらべる)

比肩(비견) 어깨를 나란히 함
比較(비교) 比肩(비견) 比率(비율)

一 ト ヒ 比

회의·형성 두 사람이 나란히 서 있는 모습을 나타냄.

中 5급

[水 1, 총5획]

얼음 빙

얼음, 얼다(↔炭)   영 ice 중 冰 bīng 일 ヒョウ(こおり)

氷菓(빙과) 얼음 과자
氷山(빙산) 氷水(빙수) 氷板(빙판)

丨 刁 기 氺 氷

회의 물이 얼어서 둘로 갈라지는 것을 나타냄.

5급 기초한자 | 103

高 5급

[木 5, 총 9획]
조사할 **사**

조사하다, 사실하다 영 seek out 중 查 chá 일 サ(しらべる)

查問(사문) 조사하여 따져 물음
查夫人(사부인) 查察(사찰) 查閱(사열)

一 十 木 杳 杳 查

형성 통행을 가로막는 목책을 나타냄.

中 5급

[心 5, 총 9획]
생각할 **사**

생각하다(=意 =想) 영 think 중 思 sī 일 シ(おもう)

思考(사고) 생각하고 이것저것 궁리함
思想(사상) 思料(사료) 思慕(사모)

丨 冂 冂 田 思 思

형성 머리나 마음으로 생각한다는 의미를 나타냄.

高 5급

[宀 12, 총 15획]
베낄 **사**

베끼다, 그리다 영 copy 중 写 xiě 일 写 シャ(うつす)

寫本(사본) 책이나 문서를 베낌
寫生(사생) 寫實(사실) 描寫(묘사)

宀 宀 宀 宮 寫 寫

형성 장소를 바꾸는 것을 나타냄.

中 5급

[土 0, 총 3획]
선비 **사**

선비, 사내(=兵) 영 scholar 중 士 shì 일 シ

士林(사림) 훌륭한 선비들의 세계
士族(사족) 士氣(사기) 士兵(사병)

一 十 士

상형 바로 꽂은 모양을 나타냄.

中 5급

[人 3, 총 5획]

벼슬 **사**

벼슬, 벼슬살이 영 serve 중 仕 shì 일 シ(つかえる)

出仕(출사) 벼슬길에 나감

給仕(급사) 仕官(사관) 仕版(사판)

ノ　イ　仁　什　仕

형성 섬기는 것을 자기 본분으로 아는 것을 나타냄.

中 5급

[口 2, 총 5획]

역사 **사**

역사, 사기 영 history 중 史 shǐ 일 シ(ふみ)

史記(사기) 역사(歷史)를 기록한 책

史蹟(사적) 史料(사료) 女史(여사)

丶　口　口　史　史

회의 中[똑바름:中正]+又[오른손]

中 5급

[生 6, 총 11획]

낳을 **산**

낳다, 나다 영 bear 중 产 chǎn 일 サン(うむ)

産出(산출) 만들어 냄

産室(산실) 産卵(산란) 産物(산물)

亠　亠　产　产　产　産

형성 모태의 부분이 갈라져 태아가 태어나는 모습을 나타냄.

中 5급

[口 8, 총 11획]

헤아릴 **상**

헤아리다 영 consider 중 商 shāng 일 ショウ(あきない)

商歌(상가) 비통한 가락의 노래

商術(상술) 商談(상담) 商標(상표)

亠　产　产　产　商　商

형성 물건을 팔려고 돌아다니는 모습을 나타냄.

5급 기초한자 | **105**

中 5급

相 [目4, 총9획]
서로 상

서로, 바탕　　영 mutually　중 相 xiàng　일 ショウ(あい)
相見(상견) 서로 봄
相公(상공)　相關(상관)　相談(상담)
一 十 十 木 木 相 相
형성 사물을 마주 대하는 것을 나타냄.

中 5급

賞 [貝8, 총15획]
상줄 상

상 주다(↔罰)　　영 prize　중 赏 shǎng　일 ショウ(ほめる)
賞罰(상벌) 상과 벌
賞讚(상찬)　賞金(상금)　賞狀(상장)

형성 결과에 어울리는 돈이나 물품을 나타냄.

中 5급

序 [广4, 총7획]
차례 서

차례, 차례를 매기다　　영 order　중 序 xù　일 ジョ(ついで)
序曲(서곡) 가곡 등의 개막 전에 연주하는 음악
序文(서문)　序頭(서두)　序列(서열)
丶 亠 广 广 庐 序 序
형성 차례대로 뻗어 나간다는 뜻을 나타냄.

中 5급

善 [口9, 총12획]
착할 선

착하다, 좋다(↔惡)　　영 good　중 善 shàn　일 ゼン(よい)
善良(선량) 착하고 어짊
善人(선인)　善導(선도)　善行(선행)

회의 맛이 좋고 모양이 훌륭한 것을 나타냄.

中 5급

[辵 12, 총16획]

가릴 **선**

가리다(=別 =擇)　　　영 select 중 选 xuǎn 일 セン(えらぶ)

選擧(선거) 많은 사람 가운데 적당한 사람을 뽑음
選定(선정) **選曲**(선곡) **選拔**(선발)

ㄹ 먣 嬰 㸚 㯰 選 選

형성 다양한 물건을 적당히 갖춤을 나타냄.

中 5급

[魚 6, 총17획]

고을 **선**

곱다, 선명하다　　　영 fine·fresh 중 鲜 xiān 일 セン(あざやか)

鮮度(선도) 고기나 채소 등의 신선함의 정도를 가리킴.
鮮明(선명) **鮮血**(선혈) **朝鮮**(조선)

ㄣ 鱼 魚 魚 魚 鮮 鮮

형성 물고기와 비린내 나는 양고기를 나타냄.

中 5급

[人 3, 총5획]

신선 **선**

신선, 선교(仙敎)　　　영 hermit 중 仙 xiān 일 セン

仙境(선경) 신선이 사는 곳
仙遊(선유) **仙女**(선녀) **仙風**(선풍)

ノ 亻 仙 仙 仙

회의·형성 깊숙한 산 속에 사는 사람을 나타냄.

中 5급

[舟 5, 총11획]

배 **선**

배　　　영 ship 중 船 chuán 일 セン(ふね)

船價(선가) 배 삯
船客(선객) **船內**(선내) **船上**(선상)

丿 月 月 舟 船 船

형성 물길을 따라 물이 흐르는 것을 나타냄.

5급 기초한자 | **107**

中 5급

說
[言 7, 총14획]
말씀 설

말씀, 달래다(=辭)　영 speak·word 중 说 shuō 일 セツ(とく)

說破(설파) 상대방의 이론을 뒤집어 깨뜨림
說敎(설교)　說得(설득)　說明(설명)

言 言 訁 䛳 䛳 說

형성 마음속의 응어리를 말로 풀어 알게 한다는 뜻을 나타냄.

中 5급

性
[心 5, 총8획]
성품 성

성품, 천성　　　　　　　영 nature 중 性 xìng 일 セイ(さが)

性格(성격) 각 사람이 가진 성질
性急(성급)　性能(성능)　性質(성질)

忄 忄 忄 忄 性 性

형성 본래부터 타고난 마음을 나타냄.

中 5급

歲
[止 9, 총13획]
해 세

해, 새해(=年)　　　　　영 year 중 岁 suì 일 サイ(とし)

歲暮(세모) 세밑
歲時(세시)　歲拜(세배)　歲月(세월)

⺣ 广 芹 芦 歲 歲

형성 1년이라는 뜻을 나타냄.

中 5급

洗
[水 6, 총9획]
씻을 세

씻다, 깨끗이 씻다　　　영 wash 중 洗 xǐ 일 セン(あらう)

洗盞(세잔) 잔을 씻음
洗手(세수)　洗面(세면)　洗車(세차)

氵 氵 汐 沣 洪 洗

형성 더러움을 씻음을 나타냄.

1단계

高 5급

[木 3, 총 7획]

묶을 **속**

묶다, 묶음 영 bind 중 束 shù 일 ソク(たば)

束帶(속대) 옷을 여미는 띠
束裝(속장) 束縛(속박) 約束(약속)

一 ㄷ ㅁ ㅂ 市 束 束

회의 장작을 모아 가운데를 끈으로 묶은 모습을 나타냄.

中 5급

[首 0, 총 9획]

머리 **수**

머리, 첫머리 영 head 중 首 shǒu 일 シユ(くび)

首功(수공) 첫째 가는 공
首肯(수긍) 首都(수도) 首班(수반)

丶 丷 丷 ⺍ 首 首

상형 머리카락이 덥수룩하게 자란 것을 나타냄.

中 5급

[宀 8, 총 11획]

묶을 **숙**

자다, 묵다 영 lodge 중 宿 xiǔ 일 シュク(やどる)

宿老(숙노) 경험이 풍부한 노인
宿願(숙원) 宿命(숙명) 宿泊(숙박)

宀 宀 宍 宍 宿 宿

형성 사람이 좁은 장소에 웅크리고 있음을 나타냄.

中 5급

[頁 3, 총 12획]

순할 **순**

순하다(↔逆) 영 docile 중 順 shùn 일 ジユン(したがう)

順産(순산) 별다른 어려움 없이 순조롭게 아이를 낳음
順行(순행) 順理(순리) 順序(순서)

丿 丆 川 川 順 順 順

형성 강물의 흐름을 따라 자연스럽게 머리가 따라감을 나타냄.

5급 기초한자 | **109**

中 5급

示
[示 0, 총5획]
보일 **시**

보이다, 가르치다   영exhibit 중示 shì 일ジ·シ(しめす)

示現(시현) 나타내 보임
示唆(시사) 示達(시달) 示範(시범)

一 二 テ 亓 示

지사 신을 모신 계단을 나타냄.

中 5급

識
[言 12, 총19획]
알 **식**/기록할 **지**

알다, 기록하다   영recognize 중识 shí 일チ(しる)

識別(식별) 분별함
識字(식자) 識見(식견) 標識(표지)

言 諳 語 識 識 識

형성 어떤 사물의 표지나 이름을 나타냄.

中 5급

臣
[臣 0, 총6획]
신하 **신**

신하, 섬기다(↔君)   영minister 중臣 shén 일シン(たみ)

臣僕(신복) 신하가 되어 복종함
臣民(신민) 臣下(신하) 家臣(가신)

一 T 厂 厈 臣 臣

상형 아래쪽을 보고 있는 사람의 눈을 나타냄.

中 5급

[宀 11, 총14획]
열매 **실**

열매(↔虛 =果)   영fruit 중实 shí 일実 ジツ(みのる)

實果(실과) 먹을 수 있는 초목의 열매
實習(실습) 實感(실감) 實力(실력)

宀 宀 宵 寍 賓 實

회의 알맹이가 꽉 찬 것을 나타냄.

中 5급

兒
[儿6, 총8획]
아이 **아**

아이, 유아　　　　　　　　　영child 중儿 ér 일児 ジ・ニ(に)

兒名(아명) 어릴 때의 이름
孤兒(고아) 兒童(아동) 健兒(건아)

ᅩ 𠂉 𠂉 臼 臼 兒

상형 어린아이와 무릎을 꿇은 사람의 모습을 나타냄.

中 5급

惡
[心8, 총12획]
악할 **악**/미워할 **오**

악하다(↔善)　　　　　　　영bad·hate 중恶 è 일悪 アク(わるい)

惡感(악감) 악한 감정. 또는 나쁜 느낌
惡鬼(악귀) 惡黨(악당) 惡魔(악마)

ᅮ 亞 亞 亞 亞 惡

형성 남에게 억눌려 화가 많이 난 모습을 나타냄.

中 5급

案
[木6, 총10획]
책상 **안**

책상, 방석　　　　　　　　　영table 중案 àn 일アン

案山(안산) 집터나 묏자리의 맞은편 산
案机(안궤) 案件(안건) 案内(안내)

宀 宀 安 安 窂 案

상형 팔꿈치를 올려놓고 누르는 모습을 나타냄.

中 5급

液
[水8, 총11획]
진 **액**

진, 담그다　　　　　　　　　영liquid 중液 yè 일エキ(しる)

液晶(액정) 액체와 고체의 중간적인 성질을 가진 물질
液體(액체) 液化(액화) 液晶板(액정판)

氵 氵 汽 汸 液 液

형성 실을 당기듯이 이어지는 물(진·즙)을 나타냄.

5급 기초한자 | 111

中 5급

[糸3, 총9획]

묶을 **약**

맺다, 묶다   영bind 중约 yuē 일ヤク(おおむれ)

約略(약략) 대강. 또는 대개
約束(약속) 約款(약관) 公約(공약)

幺 糸 糸 紅 約 約

형성 실로 매듭을 지어 불룩하게 만든 것을 나타냄.

中 5급

[食6, 총15획]

기를 **양**

기르다   영nourish 중养 yǎng 일ヨウ(やしなう)

養鷄(양계) 닭을 기름
養蜂(양봉) 養女(양녀) 養豚(양돈)

羊 美 姜 菨 菨 養

형성 영양이 많은 음식을 나타냄.

中 5급

[水11, 총14획]

고기 **어**

고기 잡다, 고기잡이   영fishing 중渔 yú 일ギョ(あさる)

漁場(어장) 고기잡이 터
漁撈(어로) 漁具(어구) 漁民(어민)

氵 氵 汁 沽 渔 漁

회의·형성 물고기를 잡는다는 뜻을 나타냄.

中 5급

[魚 0, 총11획]

고기 **어**

물고기, 고기   영fish 중鱼 yú 일ギョ(さかな)

魚物(어물) 물고기의 총칭
魚貝(어패) 魚卵(어란) 魚雷(어뢰)

丿 勹 鱼 鱼 魚 魚

상형 물고기의 형체를 나타냄.

1단계

中 5급

[火 11, 총15획]
더울 **열**

덥다, 더위　　　　　　　영 hot 중 热 rè 일 ネツ(あつい)

熱狂(열광) 미친 듯이 열중함
熱心(열심) **熱氣**(열기) **熱帶**(열대)

⼟ ⼟ ⼟ 𦍒 執 執 熱

형성 끈적끈적한 땀이 배어나오는 것을 나타냄.

中 5급

[艹 9, 총13획]
잎 **엽**

잎, 뽕　　　　　　　　영 leaf 중 叶 yè 일 ヨウ(は)

葉書(엽서) 우편엽서
葉菜(엽채) **葉茶**(엽차) **葉錢**(엽전)

⺍ 艹 芊 苹 葉 葉

형성 얇은 잎에 풀을 붙여 나뭇잎을 나타냄.

中 5급

[尸 6, 총9획]
집 **옥**

집, 지붕(=家 =舍)　　　영 house 중 屋 wū 일 オク(や)

屋漏(옥루) 집이 샘
屋内(옥내) **屋上**(옥상) **家屋**(가옥)

⼫ ⼫ 尸 屋 屋 屋

회의 위에서 덮어씌우는 지붕을 나타냄.

中 5급

[宀 4, 총7획]
완전할 **완**

완전하다　　영 perfect 중 完 wán 일 カン(まっとうする)

完璧(완벽) 흠을 잡을 곳이 없음
完遂(완수) **完工**(완공) **完決**(완결)

丶 宀 宀 宀 宁 完

형성 담으로 둥글게 둘러싸인 집을 나타냄.

5급 기초한자 | **113**

中 5급

要 [襾3, 총9획]
구할 요

구하다, 얻다 영seek 중要 yào 일ヨウ(かなめ)

要件(요건) 긴요한 용건
要求(요구) **要綱**(요강) **要請**(요청)

一 厂 戸 西 西 更 要 要

상형 조여서 가늘게 하는 것을 나타냄.

中 5급

曜 [日14, 총18획]
요일 요

빛나다, 빛 영glorious 중曜 yào 일ヨウ(かがやく)

曜日(요일) 일주일의 각 날을 나타내는 말
九曜(구요) **日曜**(일요)

丶 丷 丬 쒸 粐 料

형성 '햇빛'의 뜻을 나타냄.

中 5급

雨 [雨0, 총8획]
비 우

비, 비가 오다 영rain 중雨 yǔ 일ウ(あめ)

雨期(우기) 비가 많이 내리는 시기
雨天(우천) **雨量**(우량) **雨傘**(우산)

一 厂 冂 币 币 雨 雨

상형 하늘에서 비가 내리는 모습을 나타냄.

中 5급

友 [又2, 총4획]
벗 우

벗, 동무 영friend 중友 yǒu 일コウ(とも)

友愛(우애) 친구간의 애정
友邦(우방) **友情**(우정) **友好**(우호)

一 ナ 方 友

형성 두 손을 감싸듯이 구부린 모습을 나타냄.

1단계

中 5급

[牛 0, 총4획]
소 **우**

소, 무릅쓰다   영ox·cow 중牛 niú 일ギュウ(うし)

牛角(우각) 소뿔
牛步(우보) **牛乳**(우유) **牛黃**(우황)

丿 ⸝ ㇉ 牛

상형 소의 뿔과 머리를 나타냄.

中 5급

[雨 4, 총12획]
구름 **운**

구름, 습기   영cloud 중云 yún 일ウン(くも)

雲開(운개) 구름이 사라짐
雲山(운산) **雲霧**(운무) **雲峰**(운봉)

⸝ ⸝ 雨 雲 雲 雲

형성 비가 쏟아질 듯한 자욱한 구름을 나타냄.

中 5급

[隹 4, 총12획]
수컷 **웅**

수컷, 수   영male 중雄 xióng 일ユウ(おす)

雄大(웅대) 웅장하고 큼
雄圖(웅도) **雄據**(웅거) **雄壯**(웅장)

ナ 左 𠂇 𠂇 𠂇 雄

형성 어깨 힘이 매우 강한 수컷 새를 나타냄.

中 5급

[頁 10, 총19획]
원할 **원**

원하다, 바라다(=希)   영desire 중愿 yuàn 일ガン(ねがう)

願望(원망) 원하고 바람
願書(원서) **祈願**(기원) **發願**(발원)

厅 厉 原 原 願 願

형성 융통성이 없는 고지식한 머리를 나타냄.

5급 기초한자 | **115**

中 5급

原
[厂 8, 총 10획]
언덕 **원**

근원, 근본　　　영 origin 중 原 yuán 일 グン(はら·もと)

原價(원가) 사들인 값
原案(원안)　原稿(원고)　原因(원인)

一 厂 厂 厂 原 原

형성 계곡 사이에서 물이 나오는 모습을 나타냄.

中 5급

元
[儿 2, 총 4획]
으뜸 **원**

으뜸, 우두머리　　영 principal 중 元 yuán 일 ダン(もと)

元氣(원기) 만물의 근원이 되는 기운
元旦(원단)　元金(원금)　元年(원년)

一 二 テ 元

지사 사람의 몸 중에서 머리가 몸의 처음이라는 뜻을 나타냄.

高 5급

院
[阜 7, 총 10획]
원집 **원**

집, 담　　　　영 garden 중 院 yuàn 일 イン

院長(원장) 원자가 붙은 기관의 장
院生(원생)　院兒(원아)　病院(병원)

ㄱ 阝 阝 阝 阝 阝 院

형성 주변이 담으로 둘러쌓인 안뜰이라는 뜻을 나타냄.

中 5급

[人 5, 총 7획]
자리 **위**

자리, 위치　　영 seat·position 중 位 wèi 일 イ(くらい)

位置(위치) 사람이나 물건의 장소
位牌(위패)　位階(위계)　順位(순위)

丿 亻 亻 伫 伫 位 位

회의 어떤 자리에 굳건히 서 있음을 나타냄.

1-step | 2-step | 3-step

中 5급

[人 9, 총 11획]
거룩할 **위**

위대하다, 훌륭하다   영 great 중 伟 wěi 일 イ(えらい)

偉大(위대) 뛰어나고 훌륭함
偉力(위력) 偉業(위업) 偉容(위용)

亻 亻' 亻" 僋 偉 偉

형성 크고 둥글게 이루어진 모습을 나타냄.

中 5급

以
[人 3, 총 5획]
써, 또 **이**

써(~로써), 이(是)   영 with·by 중 以 yǐ 일 イ(もって)

以前(이전) 오래 전
以內(이내) 以南(이남) 以北(이북)

丨 丶 㠯 以 以

지사 도구를 사용하여 일하는 것을 나타냄.

中 5급

[耳 0, 총 6획]
귀 **이**

귀, 뿐   영 ear 중 耳 ěr 일 ジ(みみ)

耳順(이순) 귀가 부드러워짐
耳明酒(이명주) 耳目(이목) 耳鳴(이명)

一 丅 下 下 耳 耳

상형 귀의 모양을 나타냄.

中 5급

[口 3, 총 6획]
인할 **인**

인하다, 이어받다(↔果)   영 cause 중 因 yīn 일 イン(よる)

因緣(인연) 어떤 사물들 사이에 맺어지는 관계
因習(인습) 原因(원인) 要因(요인)

丨 冂 冂 闩 因 因

상형 어떤 일이 다음에 생겨날 일의 원인이 됨을 나타냄.

5급 기초한자 | **117**

高 5급

任 [人4, 총6획]
맡길 **임**

맡기다, 주다　　　영 entrust 중 任 rèn 일 ニン(まかせる)

任期(임기) 어떤 직책을 맡은 기간
任官(임관) 任命(임명) 任務(임무)

丿 亻 亻 仁 仟 任

형성 배가 불룩할 정도로 물건을 안고 있는 모습을 나타냄.

中 5급

再 [冂4, 총6획]
두 **재**

두, 둘　　　영 twice 중 再 zài 일 サイ(ふたたび)

再建(재건) 다시 세움
再顧(재고) 再生(재생) 再會(재회)

一 厂 厅 冃 再 再

회의 똑같은 다른 일이 또 있음을 나타냄.

高 5급

[火3, 총7획]
재앙 **재**

재앙, 천재　　　영 calamity 중 灾 zāi 일 サイ(わざわい)

災難(재난) 재앙
災殃(재앙) 災厄(재액) 災害(재해)

丶 巛 巛 災 災 災

형성 살아가다가 만난 재해. 즉 산불을 나타냄.

中 5급

[木3, 총7획]
재목 **재**

재목, 원료　　　영 timber 중 材 cái 일 ザイ

才幹(재간) 솜씨
才料(재료) 材木(재목) 材質(재질)

一 十 才 木 村 材

형성 잘라진 나무를 나타냄.

中 5급

[貝 3, 총 10획]

재물 재

재물, 재화(=貨)　영 wealth 중 財 cāi 일 ザイ・サイ(たから)

財務(재무) 재정에 관한 사무
財界(재계) 財力(재력) 財閥(재벌)

冂 冂 目 貝 貝 貝一 財 財

형성 사용하기 적합한 정도의 목재나 천을 나타냄.

中 5급

[爪 4, 총 8획]

다툴 쟁

다투다　영 quarrel 중 争 zhēng 일 争 ソウ(あらそう)

爭論(쟁론) 말로 다툼
爭議(쟁의) 爭點(쟁점) 爭取(쟁취)

 ノ ⺈ ⺈ 刍 刍 争 争

회의 서로 물건을 잡아당기는 것을 나타냄.

中 5급

[貝 5, 총 12획]

쌓을 저

쌓다, 저축하다(=蓄)　영 save 중 贮 zhù 일 チク(たくわえる)

貯金(저금) 돈을 모아둠
貯水(저수) 貯藏(저장) 貯蓄(저축)

目 貝 貝 貯 貯 貯

형성 네모난 통 안에 돈을 가득 채운 모양을 나타냄.

中 5급

[白 3, 총 8획]

과녁 적

적실하다, 과녁　영 target 중 的 de 일 テキ(まと)

的中(적중) 맞아떨어짐
的實(적실) 目的(목적) 的當(적당)

亻 冂 白 白′ 的 的

형성 부분을 가지고 강력하게 결백을 주장한다는 뜻을 나타냄.

中 5급

赤 [赤 0, 총 7획]
붉을 **적**

붉다, 붉은빛　　　영 red 중 赤 chì 일 セキ(あか)

赤裸裸(적나라) 있는 그대로 드러냄
赤貧(적빈)　赤旗(적기)　赤色(적색)

一 十 土 产 赤 赤

회의 빨갛게 타오르는 불길을 나타냄.

中 5급

傳 [人 11, 총 13획]
전할 **전**

전하다　　　영 convey 중 传 chuán 일 伝 デン(つたえる)

傳達(전달) 전하여 이르게 함
傳令(전령)　傳單(전단)　傳說(전설)

伝 伝 傳 傳 傳 傳

형성 실패처럼 다른 사람에게 차례를 넘겨줌을 나타냄.

中 5급

展 [尸 7, 총 10획]
펼 **전**

펴다, 열다　　　영 spread 중 展 zhǎn 일 テン(のびる)

展開(전개) 펴서 벌림
展覽(전람)　展示(전시)　發展(발전)

尸 尸 屏 屈 屎 展

회의 엉덩이 아래 물건을 깔아 평평하게 만든 모습을 나타냄.

中 5급

典 [八 6, 총 8획]
법 **전**

법, 규정(=法)　　　영 law 중 典 diǎn 일 テン

典據(전거) 바른 증거
典當(전당)　古典(고전)　法典(법전)

口 曲 曲 曲 典 典

상형 책에 적힌 가르침을 본보기로 삼는 모습을 나타냄.

中 5급

[竹9, 총15획]

마디 **절**

마디, 절개　　　　　　　영 joint 중 节 jié 일 セツ(ふし)

節約(절약) 쓸데없는 비용이 나가지 않도록 비용을 아끼는 것
節減(절감) **節槪**(절개) **節水**(절수)

⺮ ⺮ 笞 笞 節 節

형성 한 단씩 구분 짓는 대나무 마디를 나타냄.

高 5급

[刀2, 총4획]

모두 **절**/온통 **체**

끊다, 자름　　　　　　　영 cut 중 切 qiē 일 セツ(きる)

切感(절감) 절실하게 느낌
切迫(절박) **切親**(절친) **一切**(일체)

一 ヒ 切 切

형성 날붙이로 잘라낸 곳을 가지런히 한다는 뜻을 나타냄.

中 5급

[广5, 총8획]

가게 **점**

가게, 점방　　　　　　　영 shop 중 店 diàn 일 テン(みせ)

店頭(점두) 가게 앞
店員(점원) **店主**(점주) **店鋪**(점포)

广 广 庁 庁 店 店

형성 어떤 장소를 마련하여 장사하는 집을 나타냄.

中 5급

[黑5, 총17획]

점 **점**

점, 세다　　　　　　　영 dot, spot 중 点 diǎn 일 テン(ちょぼ)

點檢(점검) 낱낱이 검사함
點心(점심) **點字**(점자) **點呼**(점호)

日 甲 里 黑 黑 點

형성 작고 검은 점을 뜻함.

5급 기초한자 | **121**

中 5급

停 [人 9, 총11획]

머무를 정

머무르다, 멈추다(=留 =止)   영 stay   중 停 tíng   일 テイ

停刊(정간) 신문이나 잡지 등의 정기적으로 발행을 중지함
停會(정회)   **停年**(정년)   **停電**(정전)

亻 亻ー 亻亠 停 停 停

형성 건물의 주춧돌처럼 미동도 하지 않는 사람을 나타냄.

中 5급

情 [心 8, 총11획]

뜻 정

뜻, 욕심(=心)   영 affection   중 情 qíng   일 ジョウ(なさけ)

情談(정담) 다정한 이야기
情勢(정세)   **情感**(정감)   **情景**(정경)

忄 忄ー 忄± 情 情 情

형성 마음을 움직이는 요소인 가장 기본적인 성향을 나타냄.

高 5급

操 [手 13, 총16획]

잡을 조

잡다, 부리다   영 manage   중 操 cāo   일 ソウ(あやつる)

操練(조련) 군대를 훈련함
操弄(조롱)   **操業**(조업)   **操作**(조작)

扌 扌" 扌ロロ 扌甲 操 操

형성 새가 나무 위에 모여들어 지저귀는 모양을 나타냄.

中 5급

調 [言 8, 총15획]

고를 조

고르다(=和)   영 harmonize   중 调 diào   일 チョウ(ととのう)

調査(조사) 실정을 알기 위하여 자세히 살펴봄
調節(조절)   **調和**(조화)   **調整**(조정)

言 訃 訊 訳 調 調

형성 말이나 행동이 전체에 미치게 한다는 뜻을 나타냄.

中 5급

[十 6, 총 8획]

군사 **졸**

군사, 병졸(↔將 =兵) 　　영 servant 중 卒 zú 일 ソツ(おわ)

卒年(졸년) 죽은 해
卒倒(졸도) 卒兵(졸병) 卒業(졸업)

丶 亠 亠 㐅 卒 卒 卒

회의 한 줄로 정렬해 있는 제복을 입은 병사들을 나타냄.

中 5급

[糸 5, 총 11획]

끝날 **종**

마치다(↔始 =止) 　　영 finish 중 终 zhōng 일 シュウ(おえる)

終結(종결) 끝마침
終乃(종내) 終局(종국) 終日(종일)

糸 糸 紗 終 終 終

형성 감아둔 실타래가 끝까지 가는 것을 나타냄.

中 5급

[禾 9, 총 14획]

씨 **종**

씨, 근본 　　영 seed 중 种 zhǒng 일 シュ(たね)

種牛(종우) 종자를 퍼뜨리기 위하여 기르는 소
種類(종류) 種豚(종돈) 種目(종목)

禾 秆 秆 秳 種 種

형성 곡물의 씨앗을 땅에 심는다는 뜻을 나타냄.

中 5급

[网 8, 총 13획]

허물 **죄**

허물, 죄 　　영 crime 중 罪 zuì 일 ザイ(つみ)

罪過(죄과) 죄와 과실
罪名(죄명) 罪名(죄명) 罪目(죄목)

罒 罒 罗 罪 罪 罪

회의 죄를 저질러 법망에 걸린 사람을 나타냄.

5급 기초한자 | **123**

高 5급

州
[巛 3, 총6획]
고을 주

고을, 행정 구역 　　영 country 중 州 zhōu 일 シコ(す・しま)

州縣(주현) 주와 현
州郡(주군) **州閭**(주려) **坡州**(파주)

`丶 丿 丿丶 州 州 州`

상형 강 가운데 모래가 쌓여 만들어진 섬의 모습을 나타냄

中 5급

週
[辶 8, 총12획]
돌 주

돌다, 주일 　　영 circuit, week 중 周 zhōu 일 シュウ(めぐる)

週刊(주간) 신문, 잡지 따위를 한 주일에 한 번씩 발행함
週年(주년) **週末**(주말) **週番**(주번)

`刀 月 周 周 调 週`

형성 한 바퀴 돌다의 뜻을 나타냄.

中 5급

知
[矢 3, 총8획]
알 지

알다, 깨닫다(=識) 　　영 know 중 知 zhī 일 シキ(しる)

知覺(지각) 깨달음
知能(지능) **知己**(지기) **知慧**(지혜)

`丿 亠 矢 矢 知 知`

형성 화살처럼 날아가 정확하게 알아맞힌다는 뜻을 나타냄.

中 5급

止
[止 0, 총4획]
그칠 지

그치다, 거동(=停 =終) 　　영 stop 중 止 zhǐ 일 シ(とめる)

止水(지수) 흐르지 않고 고여 있는 물
止揚(지양) **防止**(방지) **抑止**(억지)

`丨 ト 止 止`

상형 발이 움직이지 않고 한곳에 머물러 있음을 나타냄.

1단계

中 5급

質 [貝 8, 총15획]
바탕 **질**

바탕, 진실 　　영 disposition 중 质 zhì 일 シツ(ただす)

質朴(질박) 꾸밈없고 순박함
質正(질정) **質量**(질량) **質問**(질문)

厂 斤 斤 斤 斦 質 質

형성 어떤 물건과 같은 값어치가 있는 것을 나타냄.

中 5급

着 [目 7, 총12획]
붙을 **착**

붙다(↔發 =到) 　　영 attach 중 着 zháo 일 チャク(きる)

着工(착공) 공사를 시작함
着服(착복) **着劍**(착검) **着用**(착용)

⺌ 丷 ⺷ 兰 着 着

형성 움직이지 않도록 붙이는 것을 나타냄.

中 5급

[厶 9, 총11획]
참여할 **참**

참여하다(=與) 　　영 close 중 参 cān 일 サン(まじわる)

參加(참가) 어떤 모임이나 일에 관여함
參觀(참관) **參見**(참견) **參席**(참석)

⺍ 厶 厽 矣 參 參

형성 구슬 서 개가 박힌 비녀를 머리에 꽂은 모양을 나타냄.

中 5급

[口 8, 총11획]
부를 **창**

노래, 노래 부르다 　영 sing 중 唱 chàng 일 ショウ(となえる)

唱導(창도) 앞장을 서서 주장함
唱歌(창가) **唱法**(창법) **唱劇**(창극)

口 叮 吅 吅 唱 唱

형성 밝고 분명함을 나타냄.

5급 기초한자 | **125**

中 5급

責 [貝4, 총11획]
꾸짖을 **책**

꾸짖다, 요구하다　　　영scold 중责 zé 일セキ(せめる)

責望(책망) 허물을 들어 꾸짖음
責務(책무) 責任(책임) 叱責(질책)

一 十 圭 青 青 責

형성 가시에 찔려 따끔따끔한 모습을 나타냄.

中 5급

鐵 [金13, 총21획]
쇠 **철**

쇠, 검다　　　영iron 중铁 tiě 일鉄 テツ(くろがね)

鐵甲(철갑) 쇠로 만든 갑옷
鐵材(철재) 鐵拳(철권) 鐵筋(철근)

鈩 鋲 鐓 鐵 鐵 鐵

형성 잘 뚫어지는 금붙이를 나타냄.

中 5급

初 [刀5, 총7획]
처음 **초**

처음(↔終 =始)　　　영beginning 중初 chū 일ショ(はつ)

初期(초기) 어떤 기간의 처음이 되는 시기
初面(초면) 初段(초단) 初行(초행)

ゝ ナ ネ ネ 初 初

회의 옷을 만들기 시작할 때 하는 마름질을 나타냄.

中 5급

[日8, 총12획]
가장 **최**

가장, 제일　　　영most 중最 zuì 일サイ(もっとも)

最古(최고) 가장 오래됨
最惡(최악) 最强(최강) 最善(최선)

日 早 旱 异 最 最

회의 가장 심하다는 뜻을 나타냄.

中 5급

祝
[示5, 총10획]
빌 **축**

빌다, 축하하다　　　영pray 중祝 zhù 일シュク(いわう)

祝禱(축도) 축복하고 기도함
祝儀(축의) 祝歌(축가) 祝辭(축사)

千 齐 齐 祀 祝 祝

형성 제사지낼 때 축문을 읽는 신관의 모습을 나타냄.

中 5급

充
[儿4, 총6획]
찰 **충**

가득하다, 채우다　　　영full 중充 chōng 일ジュウ(あてる)

充當(충당) 모자람을 채움
充耳(충이) 充滿(충만) 充分(충분)

丶 亠 ナ 云 产 充

형성 살집이 좋은 사람의 몸을 나타냄.

中 5급

致
[至4, 총10획]
이룰 **치**

이르다, 부르다　　　영accomplish 중致 zhì 일チ(いたす)

致命(치명) 목숨을 버림
致富(치부) 致死(치사) 致賀(치하)

一 工 互 至 至 致 致

회의 목적지에 다다름을 나타냄.

中 5급

他
[人3, 총5획]
다를 **타**

다르다, 딴(↔自)　　　영different 중他 tā 일タ(ほか)

他界(타계) 다른 세계
他關(타관) 他國(타국) 他人(타인)

丿 亻 仁 化 他

형성 생소한 일에 의해 변고를 당하였는지를 나타냄.

5급 기초한자 | **127**

中 5급

打
[手2, 총5획]
칠 **타**

치다, 공격하다(=擊)　　영 strike 중 打 dǎ 일 ダ(うつ)

打擊(타격) 치는 것. 손실
打算(타산) 打開(타개) 打倒(타도)

一 十 扌 扌 打

형성 탕탕 치는 것을 나타냄.

高 5급

卓
[十6, 총8획]
탁자 **탁**

높다, 뛰어나다　　영 high 중 卓 zhuó 일 タク

卓立(탁립) 우뚝하게 서 있음
卓說(탁설) 卓見(탁견) 卓球(탁구)

⺊ ⺊ 卢 占 卓 卓

회의 높은 탁자를 나타냄.

高 5급

炭
[火5, 총9획]
숯, 재 **탄**

숯, 목탄(↔氷)　　영 charcoal 중 炭 tàn 일 タン(すみ)

炭坑(탄갱) 석탄을 캐는 굴
炭鑛(탄광) 炭層(탄층) 炭脈(탄맥)

屵 屵 炭 炭 炭 炭

형성 산의 낭떠러지 부분에서 채굴되는 석탄을 나타냄.

中 5급

[宀3, 총6획]
집 **택/댁**

집(=舍 =家)　　영 house 중 宅 zhái 일 タク(すまい)

宅內(댁내) 남의 집을 높여서 일컫는 말
住宅(주택) 舍宅(사택) 宅地(택지)

丶 宀 宀 宀 宅 宅

형성 조용하게 사는 집을 나타냄.

高 5급

板
[木 4, 총 8획]
널빤지 **판**

널빤지, 널조각 　　　영 board 중 板 bǎn 일 ハン(いた)

板刻(판각) 글씨나 그림 같은 것을 나무에 새기는 것
板橋(판교) **板紙**(판지) **板本**(판본)

十 才 札 扩 板 板 板

형성 휘어서 팽팽하게 당겨진 나무판을 나타냄.

中 5급

敗
[攴 7, 총 11획]
패할 **패**

패하다(↔成) 　　　영 defeated 중 败 bài 일 ハイ(やぶれる)

敗滅(패멸) 멸망함
敗訴(패소) **敗亡**(패망) **敗色**(패색)

目 貝 貝 貯 敗 敗

형성 조개가 둘로 갈라져 못 쓰게 됨을 나타냄.

中 5급

品
[口 6, 총 9획]
물건 **품**

물건, 물품 　　　영 goods 중 品 pǐn 일 ヒン(しな)

品質(품질) 물건의 성질과 바탕
品評(품평) **品格**(품격) **品名**(품명)

丨 口 口
무 品 品 品

지사 네모 모양의 여러 개의 물건이 늘어져 있는 것을 나타냄.

中 5급

筆
[竹 6, 총 12획]
붓 **필**

붓, 쓰다 　　　영 pen · writing brush 중 笔 bǐ 일 ヒツ(ふで)

筆談(필담) 글로 써서 의사를 통일함
筆墨(필묵) **筆耕**(필경) **筆記**(필기)

竺 芍 筝 筝 筆 筆

형성 대나무로 만들어진 붓을 나타냄.

5급 기초한자 | **129**

中 5급

必
[心1, 총5획]
반드시 필

반드시, 오로지　　영surely 중必 bì 일ヒ·ゴ(あう·ちぎる)

必死(필사) 죽을 각오로 일함
必勝(필승) **必讀**(필독) **必修**(필수)

丶 ソ 必 必 必

형성 양쪽에서 조여 움직일 수 없게 한다는 뜻을 나타냄.

中 5급

河
[水5, 총8획]
강, 내 하

물, 황하(黃河)(↔山 =川)　　영river 중河 hé 일カ(かわ)

河畔(하반) 물가
河床(하상) **河口**(하구) **河馬**(하마)

丶 冫 氵 沪 沪 河 河

형성 물굽이가 기역 모양으로 꺾어지는 황하를 나타냄.

中 5급

寒
[宀9, 총12획]
찰 한

차다, 추움(↔暖 =冷)　　영cold 중寒 hán 일カン(さむい)

寒露(한로) 찬이슬
寒微(한미) **寒氣**(한기) **寒波**(한파)

宀 宀 宔 宲 寒 寒

형성 손으로 구멍을 틀어막아 얼음의 냉기를 차단함을 나타냄.

中 5급

害
[宀7, 총10획]
해칠 해

해치다, 손해(↔利)　　영harm 중害 hài 일ガイ(そこなう)

害毒(해독) 해와 독
害惡(해악) **害蟲**(해충) **被害**(피해)

宀 宀 宔 宲 害 害

회의 덮개와 윤기 없는 머리카락을 합친 모양을 나타냄

|1단계

中 5급
許
[言 4, 총 11획]
허락할 **허**

허락하다, 나아가다 영permit 중許 xǔ 일キョ(ゆるす)

許諾(허락) 청원을 들어줌
許多(허다) 許可(허가) 許容(허용)

亠 宀 言 計 許 許

형성 마음대로 움직일 정도로 눈감아준다는 뜻을 나타냄.

中 5급
湖
[水 9, 총 12획]
호수 **호**

호수, 큰 못 영lake 중湖 hú 일コ(みずうみ)

湖岸(호안) 호숫가
湖沼(호소) 湖南(호남) 湖畔(호반)

氵 氵 汁 沽 湖 湖

형성 물이 넘쳐 땅을 뒤덮은 것을 나타냄.

中 5급
化
[匕 2, 총 4획]
화할 **화**

되다, 화하다(=變) 영change 중化 huà 일カ・ケ(ばかす)

化膿(화농) 상처 따위가 곪음
化成(화성) 化石(화석) 强化(강화)

丿 亻 仁 化

형성 사람이 몸을 웅크리고 있는 모습을 나타냄.

中 5급
患
[心 7, 총 11획]
근심 **환**

근심, 고통 영anxiety 중患 huàn 일カン(うれえる)

患亂(환란) 재난
患者(환자) 患部(환부) 疾患(질환)

口 吕 串 串 患 患

형성 상대방의 마음을 꿰뚫어 마음에 걸려 함을 나타냄.

5급 기초한자 | **131**

中 5급

[攴6, 총10획]
본받을 효

본받다   영 follow 중 效 xiào 일 効 コウ(きく)

效用(효용) 보람
效能(효능) 效果(효과) 效力(효력)

亠 亣 㐭 㐭 效 效

형성 어느 한편이 다른 한편을 따름을 나타냄.

中 5급

[凵2, 총4획]
흉할 흉

흉하다(↔吉)   영 evil 중 凶 xiōng 일 キョウ(わるい)

凶器(흉기) 사람을 살상하는 데 쓰는 도구
凶夢(흉몽) 凶年(흉년) 凶測(흉측)

丿 㐅 凶 凶

형성 구덩이에서 못나오고 발버둥치는 것을 나타냄.

中 5급

[黑0, 총12획]
검을 흑

검다, 검은빛(↔白)   영 black 중 黑 hēi 일 黑 コク(くろ)

黑幕(흑막) 겉으로 드러나지 않은 내막
黑字(흑자) 黑白(흑백) 黑人(흑인)

冂 罒 四 甲 里 黑

회의 굴뚝 속에 숯 검댕이 붙어 있는 모습을 나타냄.

Part II

3-step

2단계

필수한자

高 4급

暇
[日 9, 총 13획]
겨를 **가**

겨를, 한가하다 영 leisure 중 暇 xiá 일 カ(ひま)

休暇(휴가) 학업·근무를 일정한 기간동안 쉬는일
暇日(가일) **病暇**(병가) **餘暇**(여가)

訓 町 町 町 町 暇

형성 꼭 필요한 시간에 비해 남아 있는 날을 나타냄.

高 4급

覺
[見 13, 총 20획]
깨달을 **각**

깨닫다 영 conscious 중 觉 jué 일 覚 カク(おぼえる)

覺書(각서) 약속을 잊지 않게 하기 위하여 기록함
覺知(각지) **覺悟**(각오) **覺性**(각성)

ᄼ ᄽ 與 與 覺 覺

형성 사람의 마음에 불현듯 무언가 생긴다는 뜻을 나타냄.

高 4급

刻
[刀 6, 총 8획]
새길 **각**

새기다, 깎다 영 carve 중 刻 kè 일 コク(ざむ)

刻苦(각고) 고생을 이겨내면서 애를 씀
刻字(각자) **刻印**(각인) **刻薄**(각박)

ᅩ ᅮ ᅣ 亥 亥 刻

형성 단단한 물건에 칼로 투박하게 새기는 모습을 나타냄.

中 4급

[目 4, 총 9획]

볼 간

보다, 바라봄　　　　영 see 중 看 kàn 일 カン(みる)

看守(간수) 지킴
看做(간주) 看過(간과) 看病(간병)

二 チ 手 看 看 看

상형 눈 위에 손을 얹고 잘 살펴보는 모양을 나타냄.

中 4급

[干 0, 총 3획]

방패 간

방패, 막다(↔滿 ↔戈)　　영 shield 중 干 gān 일 カン(ほす)

干戈(간과) 창과 방패
干求(간구) 干滿(간만) 干與(간여)

一 二 干

상형 막대기가 두 갈래로 갈라진 모양을 나타냄.

高 4급

[竹 12, 총 18획]

대쪽 간

편지, 글　　　　영 letter 중 简 jiǎn 일 カン(ふだ·てがみ)

簡潔(간결) 간단하고 요령이 있음
簡牘(간독) 簡單(간단) 簡略(간략)

ᄽ ᄽ 節 節 節 簡 簡

형성 한쪽으로 보이는 달의 모습을 나타냄.

中 4급

[攴 8, 총 12획]

감히 감

감히, 함부로　　　　영 venture 중 敢 gǎn 일 カン(あえて)

敢當(감당) 과감히 떠맡음
敢死(감사) 敢戰(감전) 敢鬪(감투)

一 千 千 百 百 敢 敢

회의 입을 다물고 있도록 억압당하고 있는 것을 나타냄.

中 4급

甲
[田 0, 총 5획]
갑옷 **갑**

갑옷, 첫째 천간   영 armor   중 甲 jiǎ   일 コウ(よろい)

甲板(갑판) 큰 배 위에 깐 넓고 평평한 바닥을 나타냄
甲富(갑부) 甲紗(갑사) 甲蟲(갑충)

丨 冂 日 日 甲

상형 씨나 중요한 것을 둘러싸고 있는 딱딱한 껍질을 나타냄.

中 4급

[阜 6, 총 9획]
항복할 **강/항**

항복하다, 내리다   영 surrender   중 降 jiàng   일 コウ(おりる)

降等(강등)
降等(강등) 降臨(강림) 降福(강복) 降書(항서)

阝 阝 阝 阡 陉 降 降

형성 높은 곳에서 낮은 곳으로 내려오는 모양을 나타냄.

中 4급

[日 3, 총 7획]
다시 **갱/경**

고치다, 바꾸다   영 again   중 更 gēng   일 コウ(さら)

更生(갱생) 거의 죽을 지경에서 다시 살아남
更新(갱신) 更質(경질) 更定(경정)

一 丌 丌 百 百 更 更

형성 밝게 살도록 회초리를 들고 가르쳐 고친다는 것을 나타냄.

高 4급

[手 5, 총 8획]
막을 **거**

막다, 맞서다   영 defend · resist   중 拒 jù   일 キョ(こばむ)

拒否(거부) 승낙을 하지 않고 물리침
拒逆(거역) 拒納(거납) 拒切(거절)

扌 扌 扩 扩 扩 拒 拒

형성 가까이 하지 못하게 사이를 두고 있는 것을 나타냄.

2-단계

中 4급

[手14, 총18획]

들 거

들다, 일으키다   영 lift 중 举 jǔ 일 挙 キョ(あげる)

擧家(거가) 온 집안

擧國(거국) 擧國(거국) 擧動(거동)

肖 肖 與 與 與 擧

형성 손을 맞추어 한꺼번에 들어 올리는 것을 나타냄.

高 4급

[手13, 총16획]

의거할 거

의거하다   영 dependent 중 据 jù 일 拠 キョ(よる)

據守(거수) 성안에 웅크린 채 지킴

據點(거점) 據執(거집) 據有(거유)

扩 扩 护 挣 據 據

형성 일정한 장소에 머물러 정착하는 것을 나타냄.

中 4급

[工2, 총5획]

클 거

크다, 거대하다(=大)   영 great 중 巨 jù 일 巨 キョ(おおきい)

巨富(거부) 큰 부자

巨星(거성) 巨軀(거구) 巨金(거금)

一 厂 F F 巨

상형 위와 아래의 선이 떨어져 있음을 나타냄.

中 4급

[尸5, 총8획]

있을 거

살다(=住)   영 live 중 居 jū 일 居 キョ(いる・おる)

居留(거류) 남의 나라 영토에 머물러 삶

居敬(거경) 居間(거간) 居士(거사)

尸 尸 居 居 居 居

형성 튼튼한 대에 엉덩이를 기대고 있는 모양을 나타냄.

4급 필수한자 | **137**

高 4급

傑
[人 10, 총12획]
뛰어날 **걸**

뛰어나다   영 eminent 중 杰 jié 일 ケツ(すぐれる)

傑作(걸작) 훌륭하게 잘된 작품
英雄豪傑(영웅호걸) **傑出**(걸출) **傑物**(걸물)

亻 亻 伫 伫 倢 傑

형성 발을 벌리고 높은 나무 위에 올라간 사람의 모습을 나타냄.

高 4급

儉
[人 13, 총15획]
검소할 **검**

검소하다, 절약하다 영 thrifty 중 俭 jiǎn 일 ケン(つづしやか)

儉素(검소) 사치하지 아니함
勤儉(근검) **儉約**(검약) **儉朴**(검박)

亻 亻 俭 俭 儉 儉

형성 절약하면서 삶을 사는 올바른 사람을 나타냄.

中 4급

擊
[手 13, 총17획]
칠 **격**

치다, 두드리다(=打 =攻)   영 hit 중 击 jī 일 ゲキ(うつ)

擊滅(격멸) 쳐서 멸망시킴
擊蒙(격몽) **擊破**(격파) **擊墜**(격추)

丆 車 車 軋 軤 擊

형성 딱딱한 물건이 서로 맞부딪치는 것을 나타냄.

高 4급

激
[水 13, 총16획]
부딪칠 **격**

과격하다   영 separate 중 激 jī 일 カク(へだる)

激突(격돌) 심하게 부딪침
激烈(격렬) **激鬪**(격투) **激減**(격감)

氵 泊 泊 浐 激 激

형성 물보라가 생겨 물이 사방으로 흩어진 모양을 나타냄.

中 4급

[土 8, 총 11획]
굳을 견

굳다, 단단함(=固)　영 hard · firm　중 坚 jiān　일 ケン(かたい)

堅韌(견인) 단단하고 질김
堅果(견과) **堅固**(견고) **堅實**(견실)

丨 ㄏ ㅏ ㅏ ㅏ ㅏ ㅏ 堅

형성 흙이 단단하게 굳어 있는 모양을 나타냄.

中 4급

[犬 0, 총 4획]
개 견

개, 하찮은 것의 비유　영 dog　중 犬 quǎn　일 ケン(いぬ)

犬戎(견융) 옛날 협서성에 있던 나라 이름
鬪犬(투견) **犬公**(견공) **狂犬**(광견)

一 ナ 大 犬

상형 개의 형상을 나타냄.

高 4급

[缶 4, 총 10획]
이지러질 결

이지러지다(↔出)　영 deficient　중 缺 quē　일 ケツ(かける)

缺格(결격) 필요한 자격을 갖추지 못함
缺席(결석) **缺禮**(결례) **缺航**(결항)

ᅩ ᅩ 缶 缶 缺 缺

형성 그릇이 ⊔ 모양으로 굽어진 모양을 나타냄.

高 4급

[金 11, 총 19획]
거울 경

거울, 안경　영 mirror　중 镜 jìng　일 キョウ(かがみ)

鏡中(경중) 거울 속
銅鏡(동경) **眼鏡**(안경) **顯微鏡**(현미경)

ᅩ ᅩ 金 鈴 鏡 鏡

형성 햇빛과 그림자의 끊김을 비춰보는 구리거울을 나타냄.

高 4급

傾
[人 11, 총13획]
기울 **경**

기울다   영 incline 중 倾 qīng 일 ケイ(かたむく)

傾國之色(경국지색) 나라가 위태로워질 정도로 빼어난 미인.
傾斜(경사)   **傾度**(경도)   **傾注**(경주)

亻 亻 化 佐 傾 傾

형성 머리가 한쪽으로 기울어져 있는 모습을 나타냄.

中 4급

驚
[馬 10, 총20획]
놀랄 **경**

놀라다, 놀래다   영 surprise 중 惊 jīng 일 キョウ(おどろかす)

驚愕(경악) 크게 놀람
驚歎(경탄)   **驚異**(경이)   **驚歎**(경탄)

苟 敬 敬 敬 驚 驚

형성 놀라서 벌벌 떨고 있는 말의 모습을 나타냄.

高 4급

系
[糸 1, 총7획]
이을 **계**

잇다, 맺다   영 connect 중 系 xì 일 ケイ(つなぐ)

系圖(계도) 대대의 계통을 한눈에 볼 수 있도록 만든 도표
系連(계련)   **系統**(계통)   **體系**(체계)

一 亠 エ 玄 至 乎 系

상형 실에 연결되어 있는 물건의 모양을 나타냄.

中 4급

鷄
[鳥 10, 총21획]
닭 **계**

닭   영 cock 중 鸡 jī 일 鶏 ケイ(にわとり)

鷄冠(계관) 닭의 볏
鷄卵(계란)   **鷄肋**(계륵)   **鷄鳴**(계명)

幺 奚 劉 鷄 鷄 鷄

형성 奚와 鳥로 만들어진 글자. 奚가 울음이라는 뜻을 나타냄.

2단계

高 4급

階 [阜9, 총12획]
섬돌 **계**

섬돌, 층계(=層 =段)   영 stairs 중 阶 jiē 일 カイ

階段(계단) 층계
階梯(계제) 階級(계급) 階層(계층)

阝 阝 阶 阶 阶 階

형성 한단의 높이가 같아지도록 흙을 쌓아 만든 계단을 나타냄.

中 4급

季 [子5, 총8획]
끝 **계**

계절, 끝   영 season 중 季 jì 일 キ(すえ)

季氏(계씨) 남을 높여 그 아우를 이르는 말
季嫂(계수) 季刊(계간) 季節(계절)

二 千 禾 禾 季 季

형성 익은 벼를 거둬들이는 때를 나타냄.

高 4급

繼 [糸14, 총20획]
이을 **계**

잇다(=承 =續)   영 connect 중 继 jì 일 継ケイ(つぐ)

繼起(계기) 뒤를 이어 번성함
繼母(계모) 繼譜(계보) 繼續(계속)

糹 糹 糹 繼 繼 繼

회의 잘려진 실을 잇는 것을 나타냄.

高 4급

戒 [戈3, 총7획]
경계할 **계**

경계하다, 삼가다   영 warm 중 戒 jiè 일 カイ(いましめ)

戒告(계고) 훈계와 충고
戒名(계명) 戒律(계율) 戒命(계명)

一 二 下 戒 戒 戒

회의 손에 무기를 갖춰 들고 주의 깊게 대비한다는 뜻을 나타냄.

4급 필수한자 | **141**

高 4급

庫 [广7, 총10획]
곳집 고

곳집, 곳간   영warehouse 중库 kù 일コ·ク(くら)
庫房(고방) 창고
倉庫(창고) 庫房(고방) 庫直(고직)

广 广 庐 庐 庐 庫

회의 수레나 탈 것을 넣어두는 창고를 나타냄.

高 4급

孤 [子5, 총8획]
외로울 고

외롭다, 고아(=獨)   영lonely 중孤 gū 일コ(みなしご)
孤獨(고독) 외톨박이
孤立(고립) 孤兒(고아) 孤寂(고적)

형성 오직 하나만 남은 오이 열매라는 뜻으로 외톨이를 나타냄.

中 4급

穀 [禾10, 총15획]
곡식 곡

곡식, 곡물   영grain 중谷 gǔ 일コク(たなつもの)
穀日(곡일) 좋은 날. 길일과 같은 뜻
穀類(곡류) 穀氣(곡기) 穀物(곡물)

声 壳 专 柔 柔 穀

형성 곡식이 딱딱한 껍질에 둘러싸여 있는 것을 나타냄.

中 4급

困 [口4, 총7획]
곤할 곤

곤하다, 괴로움   영distress 중困 kùn 일コン(こまる)
困境(곤경) 곤란한 처지
困窮(곤궁) 困辱(곤욕) 困惑(곤혹)

丨 冂 冂 円 囝 困 困

회의 울타리 안에 심어 놓은 나무를 나타냄.

2단계

中 4급

[骨 0, 총10획]

뼈 골

뼈, 뼈대   영bone 중骨 gǔ 일コツ(ほね)

骨格(골격) 뼈의 조직
骨相(골상) 骨幹(골간) 骨折(골절)

口 口 口 骨 骨 骨

회의 뼈의 관절을 나타냄.

高 4급

[子 1, 총4획]

구멍 공

구멍, 매우   영hole 중孔 kǒng 일コウ(あな)

孔孟(공맹) 공자와 맹자
孔夫子(공부자) 孔性(공성) 孔雀(공작)

一 了 子 孔

회의 구멍이 작게 나 있는 모양을 나타냄.

高 4급

[竹 8, 총14획]

대롱 관

대롱, 피리   영pipe 중管 guǎn 일カン(くだ)

管內(관내) 맡아서 다스리는 구역
管下(관하) 管轄(관할) 管理(관리)

⺮ ⺮ 笁 竺 管 管

형성 대나무로 만들어진 피리를 나타냄.

中 4급

[宀 5, 총8획]

벼슬 관

벼슬(↔民)   영official 중官 guān 일カン(つかさ)

官公署(관공서) 관청과 공청
官給(관급) 官家(관가) 官吏(관리)

宀 宁 宁 宁 官 官

회의 사람이 모여있는 곳을 담으로 둘러싼 모양을 나타냄.

高 4급

鑛 [金 15, 총 23획]
쇳돌 **광**

쇳돌, 광석(鑛石)　영 ore　중 矿 kuàng　일 コウ(あらがね)

鑛脈(광맥) 광물의 맥
鑛山(광산)　鑛物(광물)　鑛夫(광부)

矿 鈩 鑛 鑛 鑛 鑛

형성 노랗게 빛나고 있는 돌의 모양을 나타냄.

高 4급

構 [木 10, 총 14획]
얽을 **구**

얽다, 맺다　영 frame　중 构 gòu　일 コウ(かまえる)

構成(구성) 얽어서 만듦
構內(구내)　構築(구축)　構圖(구도)

木 朾 枅 構 構 構

형성 균형이 맞도록 나무를 잘 짜 맞추는 것을 나타냄.

中 4급

君 [口 4, 총 7획]
임금 **군**

임금, 봉호(封號)(↔臣)　영 king　중 君 jūn　일 クン(きみ)

君國(군국) 임금과 나라
君主(군주)　君臨(군림)　君臣(군신)

一 コ ヨ 尹 尹 君 君

회의 하늘의 뜻을 받들어 다스리고 있음을 나타냄.

高 4급

[尸 5, 총 8획]
굽을 **굴**

굽히다, 굽다　영 stooped　중 屈 qū　일 クツ(かがむ)

屈強(굴강) 의지가 강함
屈曲(굴곡)　屈伏(굴복)　屈折(굴절)

尸 尸 尼 屈 屈 屈

형성 엉덩이를 쏙 내밀 때 들어가고 튀어나오는 모습을 나타냄.

高 4급

[穴 10, 총 15획]

다할 **궁**

궁하다(=貧)　　영 finish　중 穷 qióng　일 キュウ(きわまる)

窮究(궁구) 파고 들어가 연구함
窮極(궁극)　窮塞(궁색)　窮理(궁리)

宀 宀 宀 宲 宲 窮 窮

형성 몸을 구부려서 들어가 있는 형상을 나타냄.

中 4급

[卩 6, 총 8획]

말, 책 **권**

책, 권　　영 volume　중 卷 Juàn　일 カン(まき)

卷頭言(권두언) 머리말
卷末(권말)　卷末(권말)　席卷(석권)

丷 丷 半 尖 券 卷

형성 흩어진 물건들을 양손으로 받아서 모으는 모습을 나타냄.

高 4급

[刀 6, 총 8획]

문서 **권**

문서, 증서　　영 bond　중 券 quàn　일 ケン(てがた)

株券(주권) 주주가 소유하거나 소유할 주식
債券(채권)　券面(권면)　福券(복권)

丷 丷 半 尖 券 券

형성 목간에 약속 내용을 새기고 둘둘 말아 보관함을 나타냄.

中 4급

[力 18, 총 20획]

권할 **권**

권하다, 힘쓰다　　영 advise　중 劝 quàn　일 勸 カン(すすめる)

勸農(권농) 농사를 권장함
勸告(권고)　勸告(권고)　勸士(권사)

品 萑 萑 雚 勸 勸

형성 서로 시끄럽게 떠들며 권하는 것을 나타냄.

4급 필수한자 | **145**

中 4급

歸
[止 14, 총 18획]
돌아갈 **귀**

돌아가다　　　영 return·go back　중 归 guī　일 キ (かえる)

歸家(귀가) 집으로 돌아감
歸結(귀결) 歸京(귀경) 歸國(귀국)

𠂤 𠂤 𠂤 𠂤 歸 歸

형성 원래 상태로 돌아가는 것을 나타냄.

中 4급

均
[土 4, 총 7획]
고를 **균**

고르다, 가꾸다　　　영 even　중 均 jūn　일 キン (ならす)

均田(균전) 백성에게 고루 농토를 나누어 줌
均質(균질) 均等(균등) 均配(균배)

一 十 土 圴 圴 均 均

형성 전체에 고루 미치도록 흙을 잘 고르는 모습을 나타냄.

高 4급

劇
[刀 13, 총 15획]
심할 **극**

심하다, 혹독하다　　　영 violent　중 剧 jù　일 ゲキ (はげしい)

劇團(극단) 연극을 하는 단체
劇場(극장) 悲劇(비극) 演劇(연극)

广 广 虍 虐 豦 劇

형성 재미있고 흥미를 끄는 연극을 나타냄.

中 4급

勤
[力 11, 총 13획]
부지런할 **근**

부지런하다, 힘쓰다　　　영 diligent　중 勤 qín　일 キン (つとめる)

勤勞(근로) 힘을 다함
勤儉(근검) 勤勉(근면) 勤務(근무)

艹 苩 革 菫 勤 勤

형성 체력이 다하도록 힘을 내서 일하는 것을 나타냄.

2단계

高 4급

[大5, 총8획]
기이할 **기**

기이하다　　　영 strange 중 奇 qí 일 キ(くし·めずらしい)

奇計(기계) 기이한 계책
奇妙(기묘) **奇蹟**(기적) **奇特**(기특)

ノ 大 卆 产 夲 奇 奇

형성 몸이 구부러져 이상하게 두드러진 모습을 나타냄.

高 4급

[糸3, 총9획]
벼리 **기**

벼리, 기강　　　영 discipline 중 纪 jì 일 キ(のり)

紀念(기념) 사적을 전하여 깊이 잊지 않게 함
紀元(기원) **紀律**(기율) **紀綱**(기강)

幺 幺 糸 紀 紀 紀

회의 헝클어진 실타래를 차례로 풀어나감을 나타냄.

高 4급

[木12, 총16획]
베틀 **기**

틀, 베틀　　　영 machine 중 机 jī 일 キ(はた)

機根(기근) 중생의 마음속에 있는 본래의 힘을 뜻함
機密(기밀) **機會**(기회) **機械**(기계)

 機 機 機

형성 직기 사이에 끼운 아주 작은 막대기를 나타냄.

高 4급

[宀8, 총11획]
부칠 **기**

부치다, 보냄　　　영 lodge 중 寄 jì 일 キ(よる)

寄贈(기증) 물품을 보내어 증정함
寄與(기여) **寄稿**(기고) **寄託**(기탁)

丶 宀 宋 宋 寄 寄

형성 차양에 몸을 의지하고 있는 모습을 나타냄.

4급 필수한자 | **147**

高 4급

段 [殳5, 총9획]
구분 **단**

층계, 층(=階)　　　영 stairs　중 段 duàn　일 ダン・タン

段階(단계) 일이 나아가는 과정
段氏(단씨)　段落(단락)　段數(단수)

丨 ｆ ｆ 丨 段 段

회의·형성 위에서 아래로 밟고 내려오는 돌계단을 나타냄.

高 4급

逃 [辶6, 총10획]
달아날 **도**

달아나다(=避 =亡)　영 escape　중 逃 táo　일 トウ(にげる)

逃亡(도망) 달아남
逃走(도주)　逃避(도피)　逃路(도로)

丿 ｊ 兆 兆 兆 逃

형성 좌우로 떨어져 금이 간 것처럼 떠난다는 뜻을 나타냄.

高 4급

盗 [皿7, 총12획]
도둑 **도**

도둑, 훔치다(=賊)　영 thief　중 盗 dào　일 トウ(ぬすむ)

盜掘(도굴) 몰래 매장물을 캠
盜伐(도벌)　盜賊(도적)　盜用(도용)

氵 氵 次 浟 盗 盗

회의 물건에 탐을 내어 침을 흘리고 있는 모습을 나타냄.

中 4급

徒 [彳7, 총10획]
무리 **도**

무리, 동아리(=黨)　영 crowd　중 徒 tú　일 ト・ズ(かち)

徒步(도보) 탈 것을 타지 않고 걸어감
徒囚(도수)　徒輩(도배)　徒黨(도당)

彳 彳 什 什 徒 徒

형성 땅을 한 발 한 발 내딛어 나감을 나타냄.

2단계

4급

[水 6, 총 9획]
낙수 **락(낙)**

물이름   영 name of a river   중 洛 luò   일 ラク(かわのな)

洛水(낙수) 강 이름
洛陽(낙양)   京洛(경락)   上洛(상락)

氵 氵 氵 汐 洛 洛 洛

형성 氵와 各이 합쳐진 것을 나타냄.

高 4급

[乙 12, 총 13획]
어지러울 **란(난)**

어지럽다, 난리   영 confuse   중 乱 luàn   일 乱 ラン(みだれる)

亂離(난리) 세상의 소란을 만나 뿔뿔이 헤어짐
亂立(난립)   亂國(난국)   亂動(난동)

亠 乑 乑 乑 乑 亂

형성 어지럽게 뒤얽힌 것을 바로잡는다는 뜻을 나타냄.

中 4급

[卩 5, 총 7획]
알 **란(난)**

알, 크다   영 egg   중 卵 luǎn   일 ラン(たまご)

卵白(난백) 알의 흰자
卵塊(난괴)   卵生(난생)   卵巢(난소)

ノ 匕 卵 卵 卵 卵 卵

상형 둥글게 나란히 선 알을 나타냄.

高 4급

[見 14, 총 21획]
볼 **람**

보다, 두루 보다   영 view   중 览 lǎn   일 覽 ラン(みる)

展覽會(전람회) 그림 등을 전시하여 여러 사람이 보게 함
閱覽(열람)   觀覽(관람)   博覽會(박람회)

臣 臣ᄼ 臨 臨 臨 覽

형성 아래쪽의 많은 것들을 둘러보는 것을 나타냄.

4급 필수한자 | **149**

高 4급

略
[田 6, 총11획]
다스릴 **략(약)**

간략하다, 생략하다　영 govern 중 略 lüè 일 リャク(ほぼ)

略圖(약도) 간략하게 그린 도면
略歷(약력) 戰略(전략) 政略(정략)

田 田' 田久 田攵 略 略

형성 논이나 밭을 가로질러 나있는 작은 길을 나타냄.

中 4급

兩
[入 6, 총8획]
두, 량 **량(냥, 양)**

두, 둘　영 two 중 两 liǎng 일 両 リョウ

兩得(양득) 한 가지 일로 두 가지 이득을 얻음
兩面(양면) 兩班(양반) 兩國(양국)

一 厂 厂 币 币 兩 兩

상형 양쪽이 평형 상태인 저울의 형상을 나타냄.

高 4급

糧
[米 12, 총18획]
양식 **량(양)**

양식, 먹이　영 food 중 粮 liáng 일 リョウ(かて)

糧穀(양곡) 양식이 되는 곡물
糧食(양식) 糧米(양미) 食糧(식량)

米 籵 籵 糧 糧 糧

형성 여행을 갈 때 필요한 것만을 나타냄.

高 4급

慮
[心 11, 총15획]
생각할 **려**

생각하다　영 consider 중 虑 lǜ 일 リョ(おもんぱかり)

考慮(고려) 생각해 둠
念慮(염려) 憂慮(우려) 配慮(배려)

广 广 虍 虍 虐 慮

형성 다음에서 다시 다음으로 이어서 생각함을 나타냄.

2단계

中 4급

烈
[火 6, 총10획]
세찰 **렬(열)**

세차다, 굳세다   영 fierce 중 烈 liè 일 レツ(はげしい)

烈女(열녀) 절개가 굳고 기상이 강한 여자
烈士(열사) 烈夫(열부) 烈火(열화)

一 ァ ヌ 歹 列 烈

형성 활활 타오르는 불의 모양을 나타냄.

高 4급

龍
[龍 0, 총16획]
용 **룡(용)**

용, 임금   영 dragon 중 龙 lóng 일 竜リュウ

龍尾(용미) 용의 꼬리
龍鬚(용수) 龍王(용왕) 龍宮(용궁)

育 育 肯 背 龍 龍

형성 용 모양을 나타냄.

中 4급

[木 5, 총9획]
버들 **류(유)**

버들, 버드나무   영 willow 중 柳 liǔ 일 リュウ(やなぎ)

柳眉(유미) 버들잎처럼 가늘고 아름다운 눈썹
柳車(유거) 柳器(유기) 柳絮(유서)

才 才 村 柳 柳 柳

형성 갈라져나온 나뭇가지가 바람에 나부끼는 모양을 나타냄.

高 4급

[車 8, 총15획]
바퀴 **륜(윤)**

바퀴, 둘레   영 wheel 중 轮 lún 일 リン(わ)

輪讀(윤독) 여러 사람이 돌려가며 책을 읽음
輪轉(윤전) 輪換(윤환) 輪廓(윤곽)

亘 車 軖 軡 輪 輪

형성 바퀴를 떠받치고 있는 막대기를 나타냄.

高 4급

離
[隹 11, 총 19획]

떠날 **리(이)**

떠나다, 이별하다 　　영 leave　중 离 lí　일 リ(はなれる)

離居(이거) 떨어져 따로 삶
離陸(이륙)　離散(이산)　離職(이직)

卤　离　离　离　辭　離

형성 새를 잡아먹으려고 달라붙었다 떨어지는 모습을 나타냄.

中 4급

妹
[女 5, 총 8획]

누이 **매**

손아래누이　　영 younger sister　중 妹 mèi　일 マイ(いもうと)

妹夫(매부) 누이의 남편
妹弟(매제)　妹兄(매형)　男妹(남매)

女　女'　女二　奸　妹　妹

형성 여자 형제 중에 나이가 어린 쪽을 나타냄.

中 4급

勉
[力 7, 총 9획]

힘쓸 **면**

힘쓰다, 권하다　　영 exert　중 勉 miǎn　일 ベン(つとめる)

勉勵(면려) 스스로 애써 노력함
勉學(면학)　勤勉(근면)　勸勉(권면)

ノ　ク　夕　免　免　勉

형성 젊었을 때 힘써 일하라는 뜻을 나타냄.

中 4급

鳴
[鳥 3, 총 14획]

울 **명**

울다, 새·짐승 울음　　영 chirp　중 鸣 míng　일 メイ(なく)

鳴金(명금) 징 치는 것
鳴禽類(명금류)　鷄鳴(계명)　共鳴(공명)

口　口'　口广　咱　鳴　鳴

회의 구(口)와 조(鳥)의 합자. 새가 지저귐을 나타냄.

• 2단계 •

高 4급

[木 11, 총15획]

법 모

법, 모범(=範)　　　　영 form 중 模 mó 일 モ(のり)

模倣(모방) 본받고 흉내를 냄
模寫(모사) **模造**(모조) **模範**(모범)

十 才 朴 档 档 模

형성 점토를 가지고 손으로 토기를 만들어내는 틀을 나타냄.

中 4급

[女 4, 총7획]

젊을 묘

묘하다, 뛰어나다　영 strange 중 妙 miào 일 チョク(なおす)

妙計(묘계) 묘한 꾀
妙技(묘기) **妙味**(묘미) **妙手**(묘수)

ㄥ 女 女 妙 妙 妙

형성 여성의 묘한 아름다움을 나타냄.

高 4급

[土 11, 총14획]

무덤 묘

무덤, 묘지　　　　　영 grave 중 墓 mù 일 ボ(はか)

墓碑(묘비) 무덤 앞에 세우는 비석
墓穴(묘혈) **墓所**(묘소) **墓地**(묘지)

艹 艹 苎 昔 莫 墓

형성 시신을 흙으로 덮어서 보이지 않게 하는 것을 나타냄.

中 4급

[舛 8, 총14획]

춤출 무

춤추다, 무용하다　영 dance 중 舞 wǔ 일 ブ(まい·まう)

舞曲(무곡) 춤을 출 때 부르는 노래
舞踊(무용) **舞臺**(무대) **舞童**(무동)

二 無 無 舞 舞 舞

형성 뒤섞여 어지럽히는 것을 나타냄.

高 4급

拍 [手 5, 총 8획] 칠 **박**

치다, 손뼉치다 영 strike 중 拍 pāi 일 ハク・ヒョウ(うつ)

拍手(박수) 손뼉을 침
拍子(박자) 拍車(박차) 間拍(간박)

扌 扌 扩 扩 拍 拍

형성 손바닥으로 탁탁 두드리는 것을 나타냄.

高 4급

髮 [髟 5, 총 15획] 터럭 **발**

머리털(머리), 터럭(=毛) 영 hair 중 发 fā 일 ハツ(かみ)

理髮(이발) 머리털을 다듬어 깎음
白髮(백발) 假髮(가발) 頭髮(두발)

長 髟 髟 髣 髮 髮

형성 치켜 오르듯이 뿔뿔이 치솟은 모양을 나타냄.

高 4급

妨 [女 4, 총 7획] 방해할 **방**

방해하다 영 obstruct 중 妨 fáng 일 ボウ(さまたげる)

無妨(무방) 방해될 것이 없음
妨碍(방애) 妨害(방해) 妨礙(방애)

乚 乆 女 女 妨 妨

형성 양팔을 펼쳐 여성이 움직이는 것을 막는 모습을 나타냄.

高 4급

[飛 12, 총 21획] 뒤칠 **번**

뒤집다, 날다 영 overturn 중 翻 fān 일 ハン(ひるがえす)

飜譯(번역) 어떤 말의 글을 다른 나라 말의 글로 옮김
飜覆(번복) 飜案(번안) 飜意(번의)

番 番 飜 飜 飜 飜

회의·형성 날개를 파닥이며 날고 있는 형상을 나타냄.

高 4급

[犬2, 총5획]
범할 **범**

범하다, 어기다   영 violate 중 犯 fàn 일 ハン(おかす)

犯法(범법) 법을 범함
犯人(범인) 犯罪(범죄) 侵犯(침범)
ノ 丿 犭 犯 犯

형성 울타리를 부수고 뛰쳐나오는 개의 모양을 나타냄.

高 4급

[竹9, 총15획]
법 **범**

법, 틀(=模)   영 rule 중 范 fàn 일 ハン(のり)

範例(범례) 본보기
範圍(범위) 範疇(범주) 範例(범례)
ᄷ ᄷ 笻 箳 範 範

형성 수레의 굴대를 밖에서 눌러 죄는 것을 나타냄.

高 4급

[辛14, 총21획]
말 **변**

말 잘하다   영 eloquent 중 辩 biàn 일 弁べん(わきまえる)

辯明(변명) 시비를 가림
辯舌(변설) 辯論(변론) 答辯(답변)
㐄 푸 丮 丮 弟 辯

형성 두 사람의 다툼을 말로 가려주는 것을 나타냄.

高 4급

[日8, 총12획]
두루 **보**

넓다, 두루   영 wide 중 普 pǔ 일 フ(あまねし)

普及(보급) 널리 미침
普通(보통) 普施(보시) 高普(고보)
丷 ᅭ 屰 竝 竝 普

형성 햇살이 평평하게 널리 퍼져나감을 나타냄.

4급 필수한자 | **155**

中 4급

伏 [人4, 총6획]
엎드릴 **복**

엎드리다, 엎어짐(↔起) 영 prostate 중 伏 fú 일 フク(ふす)

伏望(복망) 엎드려 바람
伏中(복중) 伏拜(복배) 伏兵(복병)

ノ イ 亻 仆 伏 伏

회의·형성 땅에 바짝 엎드려 있는 개의 형상을 나타냄.

高 4급

複 [衣9, 총14획]
겹옷 **복**

겹치다, 겹쳐지다(↔單) 영 double 중 复 fù 일 フク

複利(복리) 이자에 이자가 붙음
複數(복수) 複道(복도) 複利(복리)

ネ ネ´ 衤ョ 衤ョ 複 複

형성 서로 포개진 모습을 나타냄.

中 4급

否 [口4, 총7획]
아닐 **부**

아니다, 부정하다(↔可) 영 deny 중 否 fǒu 일 ヒ(いな)

否認(부인) 그렇다고 인정하지 아니함
否決(부결) 否認(부인) 否票(부표)

 ブ 不 不 否 否

형성 무엇인가가 분명히 그렇지 않다는 뜻을 나타냄.

高 4급

負 [貝2, 총9획]
질 **부**

짊지다, 책임을 지다(↔勝) 영 bear 중 负 fù 일 フ(おう)

負擔(부담) 어떤 일이나 의무
負傷(부상) 負債(부채) 勝負(승부)

 ク 夕 負 負 負

회의 물건이 담긴 부대를 짊어지고 있는 모습을 나타냄.

2단계

高 4급
憤
[心 12, 총15획]
성낼 **분**

분하다, 성내다 영 indignant 중 愤 fèn 일 フン(いきどおる)

憤慨(분개) 무척 분하게 여김
憤激(분격) **憤死**(분사) **憤敗**(분패)

忄 忄' 忄¯ 忭 愔 憤 憤

형성 감정이 끓어올라 버럭 화를 내는 것을 나타냄.

高 4급
粉
[米 4, 총10획]
가루 **분**

가루, 분 영 powder 중 粉 fěn 일 フン(こな)

粉末(분말)
粉匣(분갑) **粉食**(분식) **粉筆**(분필)

丶 丷 半 米 粉 粉

형성 쌀을 찧어 만든 가루를 나타냄.

高 4급
碑
[石 8, 총13획]
비석 **비**

비석, 돌기둥 영 monument 중 碑 bēi 일 ヒ(いしぶみ)

碑石(비석) 돌로 만든 비
紀念碑(기념비) **碑臺**(비대) **碑銘**(비명)

石 石' 矿 矿 碑 碑

형성 편편하고 넓게 생긴 돌 판을 나타냄.

高 4급
批
[手 4, 총7획]
칠 **비**

비평하다, 후려치다(=評) 영 criticize 중 批 pī 일 ヒ

批點(비점) 시문(詩文)의 잘된 곳을 찍는 점
批准(비준) **批判**(비판) **批評**(비평)

丨 扌 扌 扌 扎 批

형성 서로 비교하여 좋고 나쁨을 가리는 것을 나타냄.

高 4급

祕 [示 5, 총 10획]
숨길 **비**

숨기다, 비밀   영 hide 중 秘 mì 일 ヒ(ひめる)

祕訣(비결) 남이 알지 못하는 가장 효과적인 방법
祕方(비방) 祕藏(비장) 祕法(비법)

千 禾 秒 秘 秘 祕

형성 문을 닫아서 신정의 밖에서 안이 보이지 않는 것을 나타냄.

中 4급

私 [禾 2, 총 7획]
사사 **사**

사사(私事), 개인(↔公)   영 private 중 私 sī 일 シ(わたくし)

私感(사감) 개인적인 원한
私物(사물) 私見(사견) 私製(사제)

형성 작물을 각각 나눠서 자신의 것으로 한다는 뜻을 나타냄.

中 4급

射 [寸 7, 총 10획]
쏠 **사**

쏘다, 벼슬 이름   영 shoot 중 射 shè 일 シャ(いる)

射擊(사격) 총이나 활 등을 쏨
射殺(사살) 射倖(사행) 射手(사수)

亻 白 身 身 射 射

회의 활시위에 화살을 메기고 있는 모습을 나타냄.

高 4급

辭 [辛 12, 총 19획]
말씀 **사**

말씀, 언어(=說)   영 speech 중 辞 cí 일 辞 ジ(ことば)

辭令(사령) 응대하는 말. 관직에 임명하는 것
辭讓(사양) 辭典(사전) 辭意(사의)

회의 재판 중에 언쟁하는 것을 나타냄.

2단계

中 4급
絲 [糸 6, 총12획] 실 **사**

실, 명주실 영thread 중丝 sī 일糸シ(いと)

鐵絲(철사) 쇠를 가느다랗게 만든 것
絲竹(사죽) 絹絲(견사) 螺絲(나사)

     ㄥ 幺 糸 糸 絲 絲

상형 누에가 뽑아내는 실을 나타냄.

中 4급
散 [攴 8, 총12획] 흩을 **산**

흩다, 흩어지다(↔集) 영scatter 중散 sǎn 일サン(ちらす)

散錄(산록) 붓이 가는 대로 적음
散步(산보) 散漫(산만) 散髮(산발)

     一 艹 # 背 背 散

형성 가지런히 풀어 놓는다는 뜻을 나타냄.

中 4급
傷 [人 11, 총13획] 다칠 **상**

다치다, 상하다 영injure 중伤 shāng 일ショウ(きずつ)

傷心(상심) 마음이 상함
傷害(상해) 傷處(상처) 負傷(부상)

     亻 亻 丆 乕 偒 傷

형성 세게 부딪쳐서 상처 입은 모습을 나타냄.

高 4급

象 [豕 5, 총12획] 코끼리 **상**

코끼리, 모양 영elephant 중象 xiàng 일ゾウ(かたち)

象牙(상아) 코끼리의 어금니
象牙塔(상아탑) 象毛(상모) 象徵(상징)

     ク 产 色 乌 彖 象 象

상형 코끼리의 커다란 형상을 나타냄.

4급 필수한자 | **159**

高 4급

[宀 6, 총 9획]

베풀 선

베풀다, 펴다 　　영 give 중 宣 xuān 일 セン(のたまう)

宣教(선교) 가르침을 넓힘
宣傳(선전) **宣明**(선명) **宣布**(선포)

宀 宀 宀 宀 宣 宣 宣

형성 주변이 담으로 둘러싸인 궁전을 나타냄.

高 4급

[舌 0, 총 6획]

혀, 말 설

혀, 말 　　영 tongue 중 舌 shé 일 ゼツ(した)

舌根(설근) 혀뿌리
舌戰(설전) **舌耕**(설경) **毒舌**(독설)

一 二 千 千 舌 舌

형성 입 안에서 감기는 혀를 나타냄.

高 4급

[尸 18, 총 21획]

무리 속/붙을 촉

무리, 붙다 　　영 group 중 属 shǔ 일 属 ゾク・ショク

屬文(속문) 글을 지음
屬領(속령) **屬性**(속성) **屬島**(속도)

尸 屈 屬 屬 屬 屬

형성 착 달라붙은 꼬리가 떨어지지 않는 모양을 나타냄.

高 4급

[手 10, 총 13획]

덜, 줄 손

덜다, 줄임(↔益) 　　영 reduce 중 损 sǔn 일 ソン(へる)

損金(손금) 손해금
損耗(손모) **損害**(손해) **損失**(손실)

扌 扫 損 損 損 損

형성 둥근 구멍을 뚫어 속에 든 것을 덜어내는 것을 나타냄.

中 4급

[木 4, 총 8획]

소나무 **송**

소나무, 솔　　영 pine 중 松 sōng 일 ショウ(まつ)

松竹梅(송죽매) 소나무, 대나무, 매화
松林(송림) 松柏(송백) 松花(송화)

十 才 木 札 松 松

상형 바늘처럼 가는 잎 사이로 공기가 통하는 모습을 나타냄.

高 4급

[頁 4, 총 13획]

기릴 **송**

기리다(=稱)　　영 praise 중 颂 sòng 일 ショウ(ほめる)

頌德(송덕) 덕을 기림
頌祝(송축) 頌歌(송가) 頌辭(송사)

ハ 公 公 公頁 頌 頌

형성 박자를 맞추어 막힘없이 소리 내어 읽는다는 뜻을 나타냄.

中 4급

[禾 2, 총 7획]

빼어날 **수**

빼어나다, 꽃　　영 surpass 중 秀 xiù 일 シュウ(ひいでる)

秀麗(수려) 빼어나고 아름다움
秀穎(수영) 秀作(수작) 秀才(수재)

一 二 千 禾 禾 秀 秀

회의 벼의 이삭이 부드럽고 높게 뻗어있는 형상을 나타냄.

中 4급

[又 6, 총 8획]

아재비 **숙**

아재비, 숙부　　영 uncle 중 叔 shū 일 シユク(おじ)

叔父(숙부) 아버지의 아우
叔姪(숙질) 堂叔(당숙) 從叔(종숙)

上 亅 才 示 叔 叔

형성 가는 콩덩굴이 작다는 뜻을 나타냄.

高 4급

肅
[聿 7, 총 13획]
엄숙할 **숙**

엄숙하다, 공경하다 영 solem 중 肃 sù 일 肅 シュク

肅啓(숙계) 삼가 아룀
肅軍(숙군) **肅淸**(숙청) **肅然**(숙연)

⺕ 彐 肀 肀 肅 肅

회의 붓을 쥐고 벼랑에 서 있는 것처럼 불안한 형상을 나타냄.

中 4급

崇
[山 8, 총 11획]
높을 **숭**

높다, 높이다(=高) 영 high 중 崇 chóng 일 スウ(あがめる)

崇古(숭고)
崇拜(숭배) **隆崇**(융숭) **崇慕**(숭모)

山 屶 屶 崇 崇 崇

형성 산의 중심 선이 세로로 통과하는 모습을 나타냄.

高 4급

襲
[衣 16, 총 22획]
엄습할 **습**

엄습하다, 덮치다 영 attack 중 袭 xí 일 シュウ(おそう)

襲擊(습격) 갑자기 적을 덮쳐 공격함
襲來(습래) **世襲**(세습) **奇襲**(기습)

肀 龍 龍 龍 襲 襲

형성 여러 벌의 옷을 껴입고 있는 모습을 나타냄.

中 4급

氏
[氏 0, 총 4획]
씨 **씨**

각시, 씨 영 family 중 氏 shì 일 シ(うじ)

氏名(씨명) 성씨와 이름
無名氏(무명씨) **氏族**(씨족) **某氏**(모씨)

一 𠂆 F 氏

상형 숟가락이나 바늘의 끝이 뾰족한 모양을 나타냄.

162 | 3-Step 왕초보 1800한자 – 2단계

高 4급

[歹5, 총9획]

재앙 **앙**

재앙, 패하다   영 disaster   중 殃 yāng   일 オウ(わざわい)

殃咎(앙구) 재난

재앙殃禍(앙화) 災殃(재앙) 禍殃(화앙)

歹 歹 妒 妒 殃 殃

회의·형성 사람을 억압해서 죽음에 이르게 하는 것을 나타냄.

高 4급

[頁9, 총18획]

이마 **액**

이마, 머릿수   영 forehead   중 额 é   일 ガク(ひたい)

額面(액면) 유가증권 등에 적힌 금액

額數(액수) 額面(액면) 額子(액자)

宀 安 客 客 額 額

형성 단단한 뼈가 있는 이마를 나타냄.

高 4급

[木11, 총15획]

모양 **양**

모양, 형태   영 style   중 样 yàng   일 ヨウ(さま)

樣式(양식) 일정한 방식

樣態(양태) 樣式(양식) 樣相(양상)

栐 栐 样 样 樣 樣

형성 몸체가 좋고 커다란 나무의 모습을 나타냄.

中 4급

[口17, 총20획]

엄할 **엄**

엄하다   영 strict   중 严 yán   일 厳 ゲン·ゴン(おごそか)

嚴禁(엄금) 엄중하게 금지함

嚴冬(엄동) 嚴格(엄격) 嚴罰(엄벌)

严 严 严 严 巌 嚴

형성 심한 잔소리를 해서 단속함을 나타냄.

中 4급

與
[臼8, 총14획]
줄 여

주다, 동아리(↔奪 =參) 영 give 중 与 yǔ 일 与 ヨ(あたえる)

與件(여건) 주어진 조건
與黨(여당) **參與**(참여) **給與**(급여)

𦥑 𦥑 𦥑 𦥑 與 與

회의 맞물리거나 힘을 합친다는 의미를 나타냄.

中 4급

如
[女3, 총6획]
같을 여

같다, 따르다   영 same 중 如 rú 일 ジョ・ニョ(ごとし)

如反掌(여반장) 손바닥 뒤집듯 쉬움
如實(여실) **如干**(여간) **如前**(여전)

く 夕 女 如 如 如

회의 여성의 말투처럼 부드럽게 말하는 것을 나타냄.

高 4급

域
[土8, 총11획]
지경 역

지경, 나라   영 boundary 중 域 yù 일 イキ

域內(역내) 일정한 장소의 안
地域(지역) **聖域**(성역) **區域**(구역)

一 𠃋 圹 垣 域 域 域

형성 구역이 나누어진 땅의 모양을 나타냄.

中 4급

易
[日4, 총8획]
바꿀 역/쉬울 이

바꾸다, 교환   영 exchange 중 易 yì 일 エキ(やすい)

易經(역경) 오경의 하나인 주역
易學(역학) **交易**(교역) **易書**(역서)

丨 冂 日 曰 目 易 易

상형 도마뱀붙이와 무늬를 합친 것을 나타냄.

高 4급

[糸 9, 총15획]

가서 연

인연, 가선   영 karma 중 缘 yuán 일 エン(ふち)

緣故(연고) 까닭, 이유
緣分(연분) 緣由(연유) 緣坐(연좌)

糸 糿 紵 綠 綠 緣

형성 천의 양 끝에 늘어진 테를 나타냄.

高 4급

[廴 4, 총7획]

끌 연

끌다, 끌어들이다   영 delay 중 延 yán 일 エン(ひく)

延見(연견) 손님을 맞이하여 만나봄
延人員(연인원) 延命(연명) 延期(연기)

丿 丆 千 壬 延 延

형성 멀리까지 펴져 나감을 나타냄.

高 4급

[金 5, 총13획]

납 연

납, 백분   영 lead 중 铅 qiān 일 エン(なまり)

鉛筆心(연필심) 연필 대의 속에 들어 있는 심
鉛版(연판) 亞鉛(아연) 丹鉛(단연)

스 午 숲 金 釤 鉛

형성 바깥 테를 따라 흐르는 잘 녹는 금속이라는 뜻을 나타냄.

高 4급

[火 12, 총16획]

사를 연

불사르다, 불타다   영 bum 중 燃 rán 일 ネン(もえる)

燃料(연료) 불 때는 데에 쓸 땔감
燃費(연비) 燃燒(연소) 內燃(내연)

丶 丬 灯 炒 燃 燃

형성 불에 비계 살을 태우고 있는 모습을 나타냄.

高 4급

映
[日 5, 총 9획]
비칠 **영**

비치다, 빛나다   영 reflect   중 映 yìng   일 エイ (うつる)

映像(영상) 비치는 그림자
映窓(영창) 映畫(영화) 放映(방영)

日 日' 日口 日凸 映 映

형성 밝은 곳과 어두운 곳을 확실하게 구분하는 것을 나타냄.

高 4급

營
[火 13, 총 17획]
경영할 **영**

경영하다, 경영   영 manage   중 营 yíng   일 エイ (いとなむ)

營農(영농) 농업을 경영함
營業(영업) 營利(영리) 經營(경영)

丶 丷 ⺌ ⺍ 𤇾 營 營

형성 횃불과 담으로 주위를 둥글게 싸고 있는 건물을 나타냄.

中 4급

迎
[辶 4, 총 8획]
맞을 **영**

맞다(↔送)   영 welcome   중 迎 yíng   일 ゲイ (むかえる)

迎入(영입) 맞아들임
迎新(영신) 迎接(영접) 迎合(영합)

⺁ ⺕ 卬 卬 泖 迎

형성 사람을 마중하러 나가는 것을 나타냄.

高 4급

豫
[豕 9, 총 16획]
미리 **예**

미리   영 beforehand   중 豫 yù   일 ヨ (あらかじめ)

豫感(예감) 미리 육감으로 헤아림
豫見(예견) 豫測(예측) 猶豫(유예)

予 予' 予予 预 豫 豫

회의·형성 느긋하게 여유를 부리며 꾸물대는 것을 나타냄.

2단계

高 4급

[人 15, 총17획]

부드러울 **우**

부드럽다, 넉넉하다 영 enough 중 优 yōu 일 ユウ(すぐれる)

優等(우등) 성적이 우수함
優良(우량)　優勝(우승)　優待(우대)

亻 伛 伛 俜 優 優

형성 행동이 부드러운 배우를 나타냄.

中 4급

[辵 9, 총13획]

만날 **우**

만나다, 알현 영 meet 중 遇 yù 일 グウ(めう)

遇害(우해) 해(害)를 만남
禮遇(예우)　奇遇(기우)　待遇(대우)

吊 禺 禺 禺 遇 遇

형성 양쪽에서 걸어 온 두 명의 사람이 만나는 뜻을 나타냄.

高 4급

[水 10, 총13획]

근원 **원**

근원, 샘 영 source 중 源 yuán 일 ゲン(みなもと)

源流(원류) 물이 흐르는 근원
源泉(원천)　資源(자원)　水源(수원)

汇 汇 沥 源 源 源

형성 둥그런 구멍에서 물이 흘러나오는 것을 나타냄.

中 4급

[心 5, 총9획]

원망할 **원**

원망하다(↔恩) 영 grudge 중 怨 yuàn 일 オン(うらむ)

怨仇(원구) 원수
怨念(원념)　怨望(원망)　怨聲(원성)

夕 夘 妃 妃 怨 怨

회의·형성 마음이 심하게 꼬인 상태를 나타냄.

4급 필수한자 | **167**

高 4급

援
[手9, 총12획]
당길 **원**

돕다, 구원하다   영 rescue   중 援 yuán   일 エン(たすける)

援助(원조) 도와 줌
援筆(원필)   援軍(원군)   援兵(원병)

扌 扌 扩 抒 挬 援

형성 손을 뻗어 도움을 나타냄.

高 4급

圍
[口9, 총12획]
둘레 **위**

둘레, 구역   영 surround   중 围 wéi   일 囲イ(かこむ)

圍繞(위요) 빙 둘러쌈
圍攻(위공)   周圍(주위)   範圍(범위)

冂 門 周 周 圍 圍

형성 둘레를 둥글게 에워싸고 있는 것을 나타냄.

高 4급

[女5, 총8획]
맡길 **위**

맡기다, 버리다   영 entrust   중 委 wěi   일 イ(くわしい)

委棄(위기) 버려둠
委付(위부)   委任(위임)   委託(위탁)

二 千 禾 秃 委 委

형성 여자나 벼이삭처럼 남들이 하는 대로 맡김을 나타냄.

高 4급

[心11, 총15획]
위로할 **위**

위로하다, 달래다   영 comfort   중 慰 wèi   일 イ(なぐさむ)

慰勞(위로) 괴로움을 덜도록 따뜻하게 대해줌
慰安(위안)   慰樂(위락)   慰問(위문)

尸 尽 尽 尉 尉 慰

형성 화가 끓어올라 마음을 억누르는 것을 나타냄.

2단계

中 4급

[女 6, 총9획]

위엄 **위**

위엄, 세력   영 dignity 중 威 wēi 일 イ(たけし)

威力(위력) 다른 사람을 위압하는 세력
威嚴(위엄) **威勢**(위세) **威容**(위용)

厂 厂 反 反 威 威 威

형성 무기를 들어 여자를 위협하는 모습을 나타냄.

中 4급

[卩 4, 총6획]

위태할 **위**

위태하다, 험하다(↔安)   영 danger 중 危 wēi 일 キ

危空(위공) 높은 하늘
危急(위급) **危機**(위기) **危篤**(위독)

丿 ⺈ ﾌ 产 危 危

회의 벼랑 끝에 서있는 사람의 불안한 모습을 나타냄.

高 4급

[人 14, 총16획]

선비 **유**

선비, 유교   영 scholar 중 儒 rú 일 ジュ

儒生(유생) 유학을 배우는 사람
儒儒(유유) **儒敎**(유교) **儒學**(유학)

亻 伊 俨 俨 儒 儒

형성 인품이 훌륭한 사람을 나타냄.

中 4급

[辶 9, 총13획]

놀 **유**

놀다, 놀이   영 play 중 游 yóu 일 ユ・ユウ(あそぶ)

遊覽(유람) 돌아다니며 구경함
遊戲(유희) **遊星**(유성) **遊學**(유학)

方 方 扩 芹 游 遊

형성 하는 일없이 빈둥빈둥 돌아다니는 것을 나타냄.

高 4급

乳 [乙7, 총8획]
젖 유

젖, 젖먹이다 영 milk 중 乳 rǔ 일 ニュウ(ち)

乳頭(유두) 젖꼭지
乳母(유모) 乳酪(유락) 牛乳(우유)

˴ ˊ ˢ ⻍ 孚 乳

회의 아기를 기르는 일을 나타냄.

中 4급

遺 [辵12, 총16획]
남길 유

남기다, 끼치다 영 bequeath 중 遗 yí 일 イ(のこす)

遺棄(유기) 내다 버림
遺言(유언) 遺憾(유감) 遺骨(유골)

虫 貴 貴 貴 遺 遺

형성 사람 눈에 띨만한 물건을 두고 간다는 뜻을 나타냄.

高 4급

隱 [阜14, 총17획]
숨을 은

숨다, 숨기다 영 hide 중 隐 yǐn 일 イン(かくれる)

隱匿(은닉) 숨어서 감춤
隱遁(은둔) 隱退(은퇴) 隱蔽(은폐)

 ⻖ ⻖ ⻖ 陘 隱 隱

형성 벽의 그늘에 숨으려는 기분을 나타냄.

中 4급

依 [人6, 총8획]
의지할 의

의지하다, 기대다 영 lean 중 依 yī 일 イ·エ(よる)

依舊(의구) 옛날에 따름
依然(의연) 依賴(의뢰) 依託(의탁)

 ⺅ ⺅ 亻 依 依 依

형성 그늘에 숨어 모습을 감춘다는 뜻을 나타냄.

2단계

高 4급

[疋9, 총14획]
의심할 의

의심하다, 의심　　영 doubt 중 疑 yí 일 ギ(うたがう)

疑懼(의구) 의심하여 두려워함
疑問(의문) 疑心(의심) 疑訝(의아)

匕　美　ệ　疑　疑　疑

형성 일이 어찌될지 몰라서 노심초사하고 있는 모습을 나타냄.

高 4급

[人13, 총15획]
거동 의

거동, 법도　　영 manner 중 仪 yí 일 ギ(のり)

儀觀(의관) 위엄이 있는 몸가짐
儀禮(의례) 儀式(의식) 弔儀(조의)

亻　伴　佯　儀　儀　儀

형성 갖추고 있어서 다른 사람들에게 본보기가 됨을 나타냄.

中 4급

[田6, 총11획]
다를 이

다르다(↔同)　　영 different 중 异 yì 일 イ(ことなる)

異見(이견) 다른 생각
異口同聲(이구동성) 異動(이동) 異變(이변)

口　田　띪　畀　異　異

상형 손으로 커다란 머리를 받치고 있는 것을 나타냄.

中 4급

[人2, 총4획]
어질 인

어질다　　영 humanity 중 仁 rén 일 ジン・ニン(いつくしみ)

仁德(인덕) 어진 덕
仁君(인군) 仁術(인술) 仁慈(인자)

ノ　亻　仁　仁

회의 사이좋은 친구로 지내는 두 사람을 나타냄.

4급 필수한자 | **171**

高 4급

姿 [女 6, 총 9획]
맵시 **자**

맵시, 태도   영 figure 중 姿 zī 일 シ(すがた)

姿態(자태) 몸가짐과 맵시
姿體(자체) **姿勢**(자세) **風姿**(풍자)

丷 丶丷 次 次 姿 姿

형성 얼굴과 몸을 가볍게 치장하는 여자의 모습을 나타냄.

高 4급

資 [貝 6, 총 13획]
재물 **자**

재물, 밑천(↔他)   영 property 중 资 zī 일 シ

資格(자격) 신분이나 지위
資金(자금) **資源**(자원) **資本**(자본)

丶 冫 次 咨 資 資

형성 돈과 재물을 갖춰 좋은 곳에 유용하게 쓰는 것을 나타냄.

中 4급

[女 5, 총 8획]
손위누이 **자**

손위누이(↔妹)   영 elder sister 중 姊 zǐ 일 姉 シ(あね)

姉妹(자매) 여자끼리의 언니와 아우
姉兄(자형) **伯姉**(백자) **長姉妹**(장자)

⸝ 乂 女 女 如 姉

형성 여자 형제 중에서 나이 많은 쪽을 나타냄.

高 4급

[歹 8, 총 12획]
해칠 **잔**

해치다, 나머지   영 remain 중 残 cán 일 残 ザン(のこる)

殘務(잔무) 남은 근무
殘滓(잔재) **殘黨**(잔당) **殘忍**(잔인)

歹 歹 殳 殘 殘 殘

형성 여러 번 잘라내서 작은 뼈만 남은 모양을 나타냄.

2단계

高 4급
雜 [隹10, 총18획]
섞일 **잡**

섞이다 　　영 mixed 중 杂 zá 일 雜 ザツ (まじる)

雜穀(잡곡) 쌀 외의 곡식
雜念(잡념) 雜輩(잡배) 雜歌(잡가)

亢 杂 剎 새 雜 雜

형성 여러 가지 종류가 골고루 섞여 있는 것을 나타냄.

高 4급
壯 [士4, 총7획]
씩씩할 **장**

씩씩하다 　　영 brave 중 壮 zhuàng 일 ソウ (さかん)

壯觀(장관) 굉장하고 볼만한 경치
壯麗(장려) 壯年(장년) 壯談(장담)

丨 丬 丬 丬 壯 壯 壯

형성 키 크고 용맹스러운 남자를 나타냄.

高 4급
帳 [巾8, 총11획]
휘장 **장**

휘장, 장막 　　영 curtain 중 帐 zhàng 일 チョウ (とばり)

帳幕(장막) 둘러치는 막
帳殿(장전) 帳簿(장부) 通帳(통장)

巾 忙 忙 帳 帳 帳

형성 실내 칸막이로 쓰이는 기다란 천을 나타냄.

高 4급
腸 [肉9, 총13획]
창자 **장**

창자, 마음 　　영 bowels 중 肠 cháng 일 チョウ (はらわた)

腸壁(장벽) 장의 벽
腸癌(장암) 腸骨(장골) 斷腸(단장)

丿 月 胛 胛 腸 腸

형성 창자가 길게 늘어진 것을 나타냄.

高 4급

裝 [衣 7, 총 13획]
꾸밀 **장**

꾸미다　영 decorate　중 装 zhuāng　일 庄 ショク(かさる)

裝備(장비) 필요한 장비와 설치
裝飾(장식)　**裝幀**(장정)　**裝着**(장착)

爿　壯　壯　娤　奘　裝　裝

형성 몸을 치장하여 말쑥하게 된 모양을 나타냄.

高 4급

張 [弓 8, 총 11획]
베풀 **장**

베풀다, 당기다　영 give　중 张 zhāng　일 チョウ(はる)

張力(장력) 당기거나 당기어 지는 힘
張本(장본)　**張大**(장대)　**張力**(장력)

⼸　弓　引　弝　弨　張

형성 활줄이 팽팽하게 당겨진 활의 모양을 나타냄.

高 4급

獎 [大 11, 총 14획]
권면할 **장**

권하다　영 exhort　중 奖 jiǎng　일 ショウ(すすめる)

獎勵(장려) 권하여 힘쓰게 함
獎學(장학)　**激獎**(격장)　**選獎**(선장)

爿　奬　將　將　獎　獎

형성 널리 다른 사람에게도 권하는 것을 나타냄.

高 4급

[广 5, 총 8획]
밑 **저**

밑, 바닥　영 bottom　중 底 dǐ　일 テイ(そこ)

底力(저력) 속에 감춘 끈기 있는 힘
底面(저면)　**底意**(저의)　**底流**(저류)

广　广　庀　庇　底　底

형성 층층이 쌓아놓은 물건의 바닥을 나타냄.

高 4급

積
[禾 11, 총 16획]
쌓을 **적**

쌓다, 모으다(=蓄) 　　영 pile up 　중 积 jī 　일 セキ(つむ)

積立(적립) 모아서 쌓아둠
積善(적선) **積金**(적금) **山積**(산적)

禾 秆 秆 秸 秸 積

형성 농작물을 여러 겹으로 포개어 놓은 것을 나타냄.

高 4급

績
[糸 11, 총 17획]
자을 **적**

길쌈하다, 잣다 　　영 weave 　중 绩 jī 　일 セキ(つむぐ)

績女(적녀) 실을 잣는 여자
績麻(적마) **治績**(치적) **行績**(행적)

糸 糹 紝 綪 績 績

형성 씨실과 날실이 교차시키면서 천을 짜는 것을 나타냄.

高 4급

籍
[竹 14, 총 20획]
문서 **적**

문서, 서적 　　영 register 　중 籍 jí 　일 セキ(ふみ)

籍記(적기) 문서(文書)에 적어 넣음
戶籍(호적) **書籍**(서적) **本籍**(본적)

竺 笁 笁 籍 籍 籍

형성 대나무로 만든 죽간을 여러 겹 쌓아놓은 것을 나타냄.

中 4급

適
[辵 11, 총 15획]
갈 **적**

가다, 맞다 　　영 suit 　중 适 shì 　일 テキ(かなう)

適格(적격) 자격이 갖추어짐
適當(적당) **適應**(적응) **適合**(적합)

亠 产 商 商 滴 適

형성 똑바로 길을 가는 모습을 나타냄.

高 4급

賊 [貝 6, 총13획]
도둑 적

도둑, 죽이다(=盜) 영 thief 중 贼 zéi 일 ゾク

賊徒(적도) 도둑의 무리
賊臣(적신) 賊反荷杖(적반하장) 賊被狗咬(적피구교)

貝 貯 貯 賊 賊 賊

형성 손에 무기를 들고 사람을 다치게 하는 것을 나타냄.

高 4급

專 [寸 8, 총11획]
오로지 전

오로지, 마음대로 영 only 중 专 zhuān 일 セン(もっぱら)

專決(전결) 혼자서 마음대로 결정함
專攻(전공) 專擔(전담) 專橫(전횡)

日 叀 叀 叀 專 專

형성 한 가지의 일을 나타냄.

中 4급

[金 8, 총16획]
돈 전

돈, 안주 영 money 중 钱 qián 일 銭セン(ぜに)

錢穀(전곡) 돈과 곡식
守錢奴(수전노) 銅錢(동전) 葉錢(엽전)

金 金 鉅 鉅 錢 錢

형성 주걱 형태의 구리를 표현한 것으로 돈을 나타냄.

高 4급

[車 11, 총18획]
구를 전

구르다, 옮기다 영 turn 중 转 zhuǎn 일 転テン(ころぶ)

轉勤(전근) 근무하는 직장을 옮김
轉落(전락) 轉學(전학) 轉送(전송)

車 軒 軒 轉 轉 轉

형성 바퀴가 둥글게 굴러가는 모양을 나타냄.

• 2단계

高 4급

[手4, 총7획]
꺾을 **折**

꺾다, 굽히다 영 break off 중 折 zhé 일 セツ(おり)

折角巾(절각건) 도인이 쓰던 쓰개의 한가지
折骨(절골) 折半(절반) 折衝(절충)

一 亻 扌 扩 折 折

회의 나무를 둘로 자른 모양에 도끼를 합한 것을 나타냄.

高 4급

[卜3, 총5획]
점칠 **占**

점치다, 점 영 divine 중 占 zhàn 일 セン(しめる)

占據(점거) 일정한 곳을 차지하여 자리를 잡음
占卜(점복) 占有(점유) 占領(점령)

丨 卜 匕 占 占

회의 장소나 물건을 정하기 위해 점을 치는 것을 나타냄.

中 4급

[靑8, 총16획]
고요할 **靜**

고요하다, 맑다(↔動) 영 quiet 중 静 jìng 일 静 セイ(しず)

靜觀(정관) 조용히 사물을 관장함
靜謐(정밀) 靜寂(정적) 安靜(안정)

土 青 青 青 静 静

형성 모든 상황이 끝나서 움직이는 것이 전혀 없는 것을 나타냄.

中 4급

[一1, 총2획]
넷째 **정**

넷째 천간 영 adult·fourth 중 丁 dīng 일 テイ(ひのと)

丁夜(정야) 축시(丑時)
丁憂(정우) 白丁(백정) 壯丁(장정)

一 丁

상형 못 박혀 있는 모양을 나타냄.

4급 필수한자 | **177**

高 4급

整 [攴12, 총16획]

가지런할 **정**

가지런하다　영 arrange　중 整 zhěng　일 セイ(ととのう)

整頓(정돈) 가지런히 함
整然(정연) **整風**(정풍) **整理**(정리)

형성 가지런하게 모아서 바로잡는다는 것을 나타냄.

中 4급

帝 [巾6, 총9획]

임금 **제**

임금, 천자(=王 =皇)　영 emperor　중 帝 dì　일 テイ(みかど)

帝室(제실) 임금의 거처
帝王(제왕) **天帝**(천제) **帝國**(제국)

一　亠　产　产　帝　帝

형성 옷 전체를 한 곳에 모으는 신이라는 뜻을 나타냄.

高 4급

組 [糸5, 총11획]

끈, 짤 **조**

짜다, 끈　영 string　중 组 zǔ　일 ソ(くむ)

組閣(조각) 내각을 조직함
組紱(조불) **組立**(조립) **組織**(조직)

幺　糸　糸　紅　組　組

형성 올을 여러 개의 겹쳐서 짠 끈목을 나타냄.

高 4급

潮 [水12, 총15획]

조수 **조**

조수, 밀물　영 tide　중 潮 cháo　일 チョウ(しお)

潮流(조류) 조수의 흐름
滿潮(만조) **潮境**(조경) **潮水**(조수)

형성 태양의 움직임에 따라 조수가 오르고 내리는 것을 나타냄.

2단계

高 4급

[木 7, 총11획]

가지 조

가지, 씻다   영 branch 중 条 tiáo 일 条ジョウ(えだ)

條理(조리) 일의 순서
條析(조석) 條項(조항) 條目(조목)

亻 亻 仁 依 俢 俢 條

형성 가늘고 긴 나뭇가지가 곧게 뻗어 있는 것을 나타냄.

中 4급

[彳 8, 총11획]

좇을 종

좇다(↔主)   영 obey 중 从 cóng 일 従ジュウ(したがう)

從姑母(종고모) 아버지의 사촌 자매
從軍(종군) 從屬(종속) 姑從(고종)

彳 彳 彷 從 從 從

형성 뒤를 좇아가는 모양을 나타냄.

中 4급

[金 12, 총20획]

종 종

쇠북, 종   영 bell 중 钟 zhōng 일 鐘ショウ(かね)

鐘閣(종각) 큰 종을 매달아 놓은 누각
鐘路(종로) 打鐘(타종) 巨鐘(거종)

亠 牟 金 鋅 鐘 鐘

형성 막대기로 옆으로 밀어서 소리를 내는 종을 나타냄.

高 4급

[广 7, 총10획]

자리 좌

자리, 깔개   영 seat 중 座 zuò 일 ザ(すわるところ)

座席(좌석) 앉은자리
座右(좌우) 座中(좌중) 座談(좌담)

亠 广 广 応 座 座

회의 흙 위에 앉아 있는 사람의 모습을 나타냄.

中 4급

朱 [木2, 총6획]
붉을 **주**

붉다(=紅)   영 red 중 朱 zhū 일 シュ(あけ)
朱丹(주단) 붉은색
朱明(주명) **朱木**(주목) **朱黃**(주황)

丿 匚 二 牛 朱 朱

지사 나무줄기에 횡목을 대어 나무를 자르는 모습을 나타냄.

高 4급

周 [口5, 총8획]
두루 **주**

두루, 널리   영 round 중 周 zhōu 일 シュウ(めぐる)
周郭(주곽) 주위의 윤곽
周年(주년) **周邊**(주변) **周到**(주도)

丿 冂 冂 月 用 周

형성 주변을 둘러쌓은 울타리를 나타냄.

中 4급

[言12, 총19획]
증거 **증**

증명하다   영 evidence 중 证 zhèng 일 証 ショウ(あかし)
證券(증권) 어음
證書(증서) **證人**(증인) **證言**(증언)

言 訂 訂 訡 證 證

형성 어떤 사실의 뒷받침이 되도록 말하는 것을 나타냄.

高 4급

[言7, 총14획]
기록할 **지**

기록하다, 적어 두다   영 record 중 志 zhì 일 シ(しるす)
誌面(지면) 잡지에 글이나 그림 등을 실리는 것
誌文(지문) **雜誌**(잡지) **書誌**(서지)

言 言 計 誌 誌 誌

형성 중요한 말을 마음에 담거나 기록하는 것을 나타냄.

高 4급

智 [日8, 총12획]
슬기 **지**

슬기, 지혜　　영 wisdom 중 智 zhì 일 チ(ちえ)

智略(지략) 슬기로운 계략
智勇(지용) **智慧**(지혜) **機智**(기지)

亠 矢 知 智 智 智

형성 입을 모아 재잘거리는 모습을 나타냄.

中 4급

持 [手6, 총9획]
가질 **지**

가지다, 지니다　　영 hold 중 持 chí 일 チ・ジ(もつ)

持久(지구) 오래 유지함
持論(지론) **持病**(지병) **持分**(지분)

扌 扌 挂 挂 持 持

형성 손을 가만히 쥐는 모습을 나타냄.

高 4급

[糸12, 총18획]
짤 **직**

짜다, 베를 짬　　영 weave 중 织 zhī 일 シキ・ショク(おる)

織機(직기) 베틀
織物(직물) **織造**(직조) **毛織**(모직)

糸 紵 縒 織 織 織

형성 실을 엮어서 옷감을 짠는 것을 나타냄.

中 4급

[皿9, 총14획]
다할 **진**

다하다, 정성　　영 exhaust 중 尽 jìn 일 尽 ジン(つまる)

盡力(진력) 온힘을 다함
盡心(진심) **未盡**(미진) **無盡**(무진)

聿 聿 肀 盡 盡 盡

형성 손에 들고 있는 붓에서 먹물이 떨어지는 모양을 나타냄.

4급 필수한자 | **181**

高 4급

[阜 7, 총10획]
진칠 **진**

진치다, 줄 영 make a camp 중 阵 zhèn 일 ジン(つらわる)

陣頭(진두) 진의 선두. 투쟁의 선두
陣法(진법) 陳腐(진부) 陳列(진열)

ㄱ ㄲ ㄲ 阿 阿 阿 陣

형성 흙을 담은 부대를 쌓아올려서 만든 진지의 모양을 나타냄.

高 4급

[玉 5, 총9획]
보배 **진**

보배(=寶) 영 precious 중 珍 zhēn 일 チン(めずらしい)

珍本(진본) 진기한 책
珍奇(진기) 珍品(진품) 珍味(진미)

ㄱ ㅜ ㅜ 王 珎 珍

형성 대단히 소중한 물건을 나타냄.

高 4급

[工 7, 총10획]
어긋날 **차**

다르다, 잘못 영 difference 중 差 chā 일 サ(さす)

差減(차감) 덜어냄
差別(차별) 差度(차도) 差益(차익)

ㄱ ㄱ ㄷ 芋 差 差

회의·형성 차이가 없이 고른 모양을 나타냄.

中 4급

[手 8, 총11획]
캘 **채**

캐다, 파냄 영 pick 중 采 cǎi 일 サイ(とる)

採鑛(채광) 광물을 캐어냄
採金(채금) 採卵(채란) 採集(채집)

ㅜ ㅜ ㅜ 扌 拧 採 採

지사 손끝으로 나무의 어린 싹을 따는 모습을 나타냄.

2단계

中 4급

[冂3, 총5획]
책 **책**

책, 칙서　　　영 book 중 册 cè 일 サツ(ほん)

册曆(책력) 책으로 된 역서
册房(책방)　册名(책명)　册欌(책장)

丨　冂　冂　冊　冊　冊

상형 대나무로 만든 책의 목간들을 끈으로 엮음을 나타냄.

中 4급

泉
[水5, 총9획]
샘, 돈 **천**

샘　　　영 spring 중 泉 quán 일 セン(いずみ)

泉路(천로) 저승으로 가는 길
泉石膏肓(천석고황)　溫泉(온천)　泉水畓(천수답)

冖　白　白　身　泉　泉

상형 샘에서 물이 솟아나는 모양을 나타냄.

高 4급

[广22, 총25획]
관청 **청**

관청, 관아　　　영 public office 중 厅 tīng 일 庁 チョウ

廳舍(청사) 관아(官衙)의 집
廳長(청장)　市廳(시청)　退廳(퇴청)

广　厂　盾　廎　廳　廳

형성 백성들의 하소연을 듣는 관청을 나타냄.

中 4급

[耳16, 총22획]
들을 **청**

듣다, 단정하다(=聞)　　　영 hear 중 听 tīng 일 チョウ(きく)

聽訟(청송) 재판하기 위하여 송사를 들음
聽力(청력)　聽覺(청각)　聽衆(청중)

耳　耳　耵　聴　聽　聽

형성 귀를 똑바로 세워 소리를 듣는 모습을 나타냄.

4급 필수한자 | **183**

中 4급

招 [手5, 총8획]
부를 **초**

부르다, 초래하다　영 call　중 招 zhāo　일 ショウ(まねく)

招來(초래) 불러서 옴
招請(초청)　**招聘**(초빙)　**招待**(초대)

扌 扌 扩 护 招 招

형성 손을 부드럽게 흔들어 부르는 모습을 나타냄.

中 4급

推 [手8, 총11획]
옮을 **추**/밀 **퇴**

옮다, 밀다　영 transfer　중 推 tuī　일 スイ(おす)

追窮(추궁) 끝까지 캐어서 따짐
推考(추고)　**推理**(추리)　**推算**(추산)

扌 扌 扩 扩 扩 推

형성 묵직한 무게나 큰 힘을 써서 미는 것을 나타냄.

高 4급

縮 [糸11, 총17획]
오그라들 **축**

줄어들다, 오그라들다　영 shrink　중 缩 suō　일 シュク(ちぢむ)

縮米(축미) 줄어든 쌀
縮小(축소)　**短縮**(단축)　**減縮**(감축)

糹 紵 紵 紵 縮 縮

형성 끈을 꽉 졸라매서 오그라뜨리는 모양을 나타냄.

高 4급

築 [竹10, 총16획]
쌓을 **축**

쌓다, 건축함　영 build　중 筑 zhù　일 チク(きづく)

築臺(축대) 대를 쌓음
築舍(축사)　**築城**(축성)　**築造**(축조)

竺 竺 筑 筑 筑 築

형성 막대기로 표면을 다져서 평평해진 땅모양을 나타냄.

中 4급

[尢9, 총12획]

이룰 **취**

나아가다(=進)　　　영 enter 중 就 jiù 일 ジュ(つく)

就世(취세) 세상과 교제함
就中(취중)　就業(취업)　就任(취임)

亨 京 京 䜣 就 就

회의 일정한 장소에서 오랫동안 머물음을 나타냄.

高 4급

[走8, 총15획]

달릴 **취**

달리다(=旨)　　　영 interest 중 趣 qù 일 シュ(おもむき)

趣舍(취사) 쓸 것은 쓰고 버릴 것은 버림
趣向(취향)　趣味(취미)　趣旨(취지)

走 走 赴 赳 趣 趣

형성 손가락을 구부려서 시간을 단축한다는 뜻을 나타냄.

高 4급

[尸12, 총15획]

층 **층**

층, 겹(=階)　　　영 storey 중 层 céng 일 ソウ(かさなる)

層階(층계) 층 사이를 오르내리는 계단
層層(층층)　層數(층수)　階層(계층)

尸 尸 屄 局 屆 層

형성 여러 단이 겹쳐있는 지붕의 모양을 나타냄.

中 4급

[齒0, 총15획]

이 **치**

이, 나이　　　영 tooth 중 齿 chǐ 일 歯シ(は)

齒德(치덕) 나이가 많고 덕이 높음
齒牙(치아)　齒科(치과)　齒痛(치통)

⺊ 屮 岺 峇 齒 齒

형성 음식물을 씹고 있는 이의 형상을 나타냄.

高 4급

寢 [宀11, 총14획] 잠잘 **침**

잠자다, 쉬다(↔起) 　영 sleep　중 寝 qǐn　일 シン(ねる)

寢牀(침상) 잠자리
寢臺(침대) 寢具(침구) 寢室(침실)

宀 宀 宀 宀 宀 寢 寢

형성 안방 깊숙한 곳에서 잠들어 있는 모습을 나타냄.

中 4급

針 [金2, 총10획] 바늘 **침**

바늘, 침　영 needle　중 针 zhēn　일 シン(はり)

針母(침모) 남의 집에서 바느질을 맡아하던 여인을 가리킴
方針(방침) 蜂針(봉침) 針葉樹(침엽수)

厶 牛 牟 金 金 針

형성 터진 곳을 그러모아 꿰매는 것을 나타냄.

高 4급

稱 [禾9, 총14획] 일컬을 **칭**

일컫다　영 call　중 称 chēng　일 称 ショウ(となえる)

稱量(칭량) 저울로 닮
稱名(칭명) 稱頌(칭송) 稱讚(칭찬)

禾 禾 秆 稻 稱 稱

형성 작물을 똑같은 양으로 재는 것을 나타냄.

高 4급

歎 [欠11, 총15획] 탄식할 **탄**

탄식하다, 노래하다　영 sigh　중 叹 tàn　일 タン(なげく)

歎服(탄복) 깊이 감탄하여 복종함
歎聲(탄성) 歎辭(탄사) 歎息(탄식)

苩 莒 䓕 䔒 歎 歎

회의 목이 말라 밖으로 한숨을 내쉼을 나타냄.

高 4급

彈
[弓 12, 총 15획]
탄환 **탄**

탄환, 탄알 　영 bullet 중 弹 dàn 일 弾 ダン(たま・はじく)

彈琴(탄금) 거문고를 탐
彈力(탄력) 彈劾(탄핵) 彈性(탄성)

`゛ 丆 彈 彈 彈 彈`

형성 부채질을 하듯 활줄을 튕겨서 소리를 내는 모습을 나타냄.

中 4급

脫
[肉 7, 총 11획]
벗을 **탈**

벗다, 벗기다 　영 slip off 중 脱 tuō 일 ダツ(ぬける)

脫却(탈각) 나쁜 상태에서 벗어남
脫穀(탈곡) 脫稿(탈고) 脫線(탈선)

`月 月 肸 胪 胪 脫`

형성 뼈만 남도록 살을 벗겨내는 것을 나타냄.

中 4급

探
[手 8, 총 11획]
찾을 **탐**

찾다, 뒤져서 가지다 　영 search 중 探 tàn 일 タン(さがす)

探査(탐사) 더듬어 살펴 조사함
探究(탐구) 探險(탐험) 探情(탐정)

`扌 扩 扩 押 押 探`

형성 화덕을 헤쳐서 숨어 있는 불을 찾는다는 뜻을 나타냄.

高 4급

擇
[手 13, 총 16획]
가릴 **택**

가리다 　영 select 중 择 zé 일 択 タク(えらぶ)

擇一(택일) 하나를 고름
擇吉(택길) 擇地(택지) 選擇(선택)

`扌 扩 押 押 擇 擇`

형성 물건을 많이 늘어놓는 중에서 골라내는 것을 나타냄.

高 4급

討
[言 3, 총10획]
칠 **토**

치다(=伐)   영 attack 중 讨 tǎo 일 トウ(うつ)

討索(토색) 벼슬아치 등이 재물을 강제로 청함
討賊(토적) 討論(토론) 討議(토의)

`一 = 言 言 討 討`

회의 구석구석까지 긁어모아 말로 추구함을 나타냄.

高 4급

痛
[疒 7, 총12획]
아플 **통**

아프다, 원통하다   영 painful 중 痛 tòng 일 ツウ(いたむ)

痛感(통감) 마음에 사무친 느낌
痛悔(통회) 痛哭(통곡) 痛歎(통탄)

`广 疒 疒 病 痛 痛`

형성 몸을 뚫어버릴 듯이 아픔이 몰아치는 통증을 나타냄.

中 4급

投
[手 4, 총7획]
던질 **투**

던지다, 내던지다   영 throw 중 投 tóu 일 トウ(なげる)

投光(투광) 조명기 따위로 빛을 내비침
投球(투구) 投稿(투고) 投網(투망)

`一 † 扌 扩 扨 投`

형성 조금 떨어진 맞은편에 맞도록 던지는 것을 나타냄.

高 4급

[鬥 10, 총20획]
싸움 **투**

싸움(=戰 =爭)   영 fight 중 斗 dòu 일 トウ(たたかう)

鬪犬(투견) 개싸움
鬪牛(투우) 鬪志(투지) 鬪士(투사)

`丨 F F 鬥 鬥 鬪`

형성 무기를 든 두 사람이 싸우는 모습을 나타냄.

2단계

高 4급

[水 6, 총 9획]

물갈래 **파**

물갈래, 가닥 영 branch 중 派 pài 일 ハ(わかれ)

派兵(파병) 군대를 외국에 주둔하게 함
派爭(파쟁) 派生(파생) 派閥(파벌)

氵 氵 汇 沠 派 派

형성 갈라져서 흐르는 물줄기의 모양을 나타냄.

中 4급

判
[刀 5, 총 7획]

뻐갤 **판**

판단하다, 가르다 영 judge 중 判 pàn 일 ハン(わける)

判讀(판독) 뜻을 판단하여 읽음
判決(판결) 判別(판별) 判明(판명)

ハ 丷 亠 亡 半 判 判

형성 칼로 나누듯이 옳고 그름을 명확하게 나누는 것을 나타냄.

中 4급

[竹 9, 총 15획]

책 **편**

책, 완결된 책 영 book 중 篇 piān 일 ヘン(まき)

篇次(편차) 서책을 분류할 때의 차례
篇籍(편적) 短篇(단편) 玉篇(옥편)

竺 竺 竺 笞 篇 篇

회의·형성 문자를 기록하는 평평한 죽간을 나타냄.

高 4급

[言 5, 총 12획]

평할 **평**

평론하다(=批) 영 evaluate 중 评 píng 일 ヒョウ

評論(평론) 사물의 가치나 시비를 논함
評傳(평전) 評價(평가) 評判(평판)

言 言 言 訒 評 評

형성 서로 동등하게 말을 주고받는 것을 나타냄.

中 4급

閉 [門 3, 총11획] 닫을 **폐**

닫다, 닫힘(↔開)　　　영 shut 중 闭 bì 일 ヘイ(とじる)

閉幕(폐막) 연극을 마치고 막을 내림
閉門(폐문) 閉講(폐강) 閉門(폐문)

丨 冂 門 門 閉 閉

상형 문을 닫아서 출입을 못하도록 한다는 뜻을 나타냄.

高 4급

胞 [肉 5, 총9획] 태보 **포**

태보, 세포　　　영 womb 중 胞 bāo 일 ホウ(えな·はら)

胞宮(포궁) 아기집
胞衣(포의) 胞子(포자) 同胞(동포)

형성 뱃속에 들어있는 태아의 모습을 나타냄.

高 4급

爆 [火 15, 총19획] 터질 **폭**

터지다, 불사르다　　　영 explode 중 爆 bào 일 バク(やく)

爆發(폭발) 화력으로 인하여 갑자기 터짐
爆笑(폭소) 爆破(폭파) 爆音(폭음)

炉 焊 煤 爆 爆 爆

형성 밖으로 불티가 튀어나오는 모양을 나타냄.

高 4급

標 [木 11, 총15획] 우듬지 **표**

표, 표시　　　영 mark 중 标 biāo 일 ヒョウ(しるし)

標語(표어) 슬로건
標注(표주) 標的(표적) 標榜(표방)

형성 나무로 만든 표식을 높이 내건 모양을 나타냄.

2단계

高 4급
疲 [疒5, 총10획]
피곤할 **피**

피곤하다, 지치다　　영 tired 중 疲 pí 일 ヒ(つからす)

疲困(피곤) 몸과 정신이 지쳐서 고달픔
疲勞(피로) 疲斃(피폐) 倦疲(권피)

广 疒 疒 疖 疲 疲

형성 병이 들어서 몸이 녹초가 되는 것을 나타냄.

高 4급
避 [辵13, 총17획]
피할 **피**

피하다, 떠나다(=逃)　　영 avoid 중 避 bì 일 ヒ(さける)

避亂(피란) 난리를 피함
避雷(피뢰) 避身(피신) 避妊(피임)

尸 居 㝵 辟 避 避

형성 좌우로 피하면서 도망치는 모습을 나타냄.

中 4급
閑 [門4, 총12획]
한가할 **한**

한가하다, 등한하다　　영 leisure 중 闲 xián 일 カン

閑邪(한사) 나쁜 마음이 생기지 않도록 막음
閑寂(한적) 閑暇(한가) 閑散(한산)

丨 丨 丨¹ 門 閒 閑

회의 문 입구를 나무로 가로막은 모양을 나타냄.

中 4급
恨 [心6, 총9획]
한할 **한**

한하다(=怨)　　영 deplore 중 恨 hèn 일 コン(うらむ)

恨死(한사) 한을 품고 죽음
痛恨(통한) 恨歎(한탄) 餘恨(여한)

忄 忄 忄 忄ᄀ 恨 恨 恨

형성 마음속에 원한을 품고 있는 것을 나타냄.

4급 필수한자 | **191**

高 4급

抗 [手4, 총7획]
막을 **항**

대항하다, 막다   영 resist 중 抗 kàng 일 コウ(てむかう)
抗拒(항거) 대항하여 버팀
抗力(항력) 抗體(항체) 抗議(항의)
一 亅 扌 扩 扩 抗
형성 꼿꼿하게 서서 저항하는 모습을 나타냄.

高 4급

核 [木6, 총10획]
씨 **핵**

씨, 알맹이   영 nucleus 중 核 hé 일 カク(さわ)
核心的(핵심적) 사물의 중심이 되는 부분
核武器(핵무기) 結核(결핵) 兔核(토핵)
木 朾 朽 杉 核 核
형성 열매의 중심이 되는 씨앗을 나타냄.

高 4급

憲 [心12, 총16획]
법 **헌**

법, 법규   영 law 중 宪 xiàn 일 ケン(のり)
憲法(헌법) 나라의 법률
憲度(헌도) 憲兵(헌병) 改憲(개헌)
宀 宁 宔 寓 憲 憲
형성 마음대로 행동하는 것을 억제하는 틀을 나타냄.

高 4급

[阜13, 총16획]
험할 **험**

험하다, 위태롭다   영 steep 중 险 xiǎn 일 ケン(けわしい)
險難(험난) 험하고 어려움
險路(험로) 險談(험담) 險峻(험준)
阝 阝 阾 阾 險 險
형성 깎아지른 것처럼 우뚝 솟아 있는 산의 형상을 나타냄.

2단계

高 4급

[革 0, 총9획]
가죽 **혁**

가죽, 피부　　　영 leather　중 革 gé　일 カク(かえる)

革帶(혁대) 가죽으로 만든 대
革命(혁명)　革罷(혁파)　革去(혁거)

一 十 廾 廾 甘 苩 苩 革

회의 느슨해진 동물 가죽을 잡아당겨 붙인 모습을 나타냄.

高 4급

[頁 14, 총23획]
나타날 **현**

나타나다(=現)　영 appear　중 显 xiǎn　일 顕ケン(あきらか)

顯考(현고) 망부의 경칭
顯貴(현귀)　顯著(현저)　發顯(발현)

昻 㬎 㬎 㬎 顯 顯

형성 밝은 곳으로 머리를 내미는 것을 나타냄.

中 4급

[刀 4, 총6획]
형벌 **형**

형벌, 형벌을 주다　영 punishment　중 刑 xíng　일 ケイ(のり)

刑期(형기) 형에 처하는 시기
刑典(형전)　刑罰(형벌)　刑事(형사)

一 二 チ 开 开 刑

형성 형틀에 묶고 징계하는 것을 나타냄.

高 4급

[心 11, 총15획]
슬기로울 **혜**

지혜, 슬기롭다　　　영 wait　중 慧 huì　일 ケイ(さとい)

慧劍(혜검) 지혜의 검
慧力(혜력)　慧眼(혜안)　知慧(지혜)

扌 圭 圭 彗 彗 慧 慧

형성 마음 씀이 세심하고 섬세한 것을 나타냄.

4급 필수한자 | **193**

中 4급

好 [女 3, 총 6획]
좋을 **호**

좋다, 좋아하다　　영 good 중 好 hǎo 일 コウ(よい)

好感(호감) 좋은 느낌
好機(호기) **好轉**(호전) **好況**(호황)

く ㄨ 女 女 好 好

회의 아이를 소중하게 안고 있는 여자의 모습을 나타냄.

中 4급

或 [戈 4, 총 8획]
혹 **혹**

혹, 혹은　　영 perhaps · if 중 或 huò 일 ワク(あるいは)

或問(혹문) 어떤 이가 묻는다는 식으로 설명하는 일
或說(혹설) **或是**(혹시) **或者**(혹자)

一 ァ ㄅ 式 或 或

회의 영역이 나누어진 구역을 무력으로 지키는 것을 나타냄.

中 4급

婚 [女 8, 총 11획]
혼인할 **혼**

혼인하다, 혼인　　영 marry 중 婚 hūn 일 コン

婚期(혼기) 혼인하기에 적당한 나이
婚配(혼배) **婚禮**(혼례) **婚需**(혼수)

女 女 妒 妒 娇 婚

형성 날이 어두워진 후에 결혼식을 올리는 모습을 나타냄.

中 4급

紅 [糸 3, 총 9획]
붉을 **홍**

붉다, 붉은 빛(=朱)　　영 red 중 红 hóng 일 コウ(べに)

紅寶石(홍보석) 홍옥. 루비를 말함
紅顔(홍안) **紅蓮**(홍련) **紅柿**(홍시)

ㄥ 幺 幺 糸 糹 紅

형성 工과 糸로 만들어짐을 나타냄.

中 4급

[艸8, 총12획]

빛날 **화**

빛나다, 꽃 　　　영 brilliant 중 华 huá 일 カ(はな)

華甲(화갑) 61세
華僑(화교) **華麗**(화려) **華奢**(화사)

艹 艼 芒 苎 苹 華 華

형성 가운데가 쏙 들어간 국화꽃의 형상을 나타냄.

中 4급

[欠18, 총22획]

기뻐할 **환**

기뻐하다(=喜) 　영 delight 중 欢 huān 일 歡 カン(よろこぶ)

歡談(환담) 정겹게 말을 주고받음
歡迎(환영) **歡聲**(환성) **歡待**(환대)

艹 苦 苩 藋 歡 歡

형성 왁자지껄 이야기하는 모습을 나타냄.

高 4급

[玉13, 총17획]

고리 **환**

고리, 두르다 　영 ring 중 环 huán 일 カン(たまき)

環境部(환경부) 행정 각부의 하나
環刀(환도) **花環**(화환) **玉環**(옥환)

玕 珥 琛 琛 環 環

형성 구슬을 엮어서 둥글게 고리로 만든 모양을 나타냄.

高 4급

[水5, 총8획]

하물며 **황**

하물며, 더구나 　영 much 중 况 kuàng 일 キョウ(いわんや)

現況(현황) 현재의 상황
況且(황차) **景況**(경황) **實況**(실황)

冫 冫 冴 沪 況 況

형성 물을 양이 전보다 많아진 상태를 나타냄.

4급

灰 [火2, 총6획]
재 **회**

재, 재가 되다　　　영 ashes　중 灰 huī　일 カイ(はい)

灰壁(회벽) 석회를 바른 벽
灰色(회색) 灰燼(회신) 石灰(석회)

一 ナ 大 大 灰 灰

회의 손으로 타고 남은 재를 끄집어 모으는 모습을 나타냄.

中 4급

候 [人8, 총10획]
철 **후**

철, 계절　　　영 season　중 候 hòu　일 コウ(うかがう)

候補(후보) 어떤 지위나 신분에 오르기를 바람
候鳥(후조) 氣候(기후) 問候(문후)

亻 亻 亻 俣 俣 候

형성 엿보거나 문안드리는 것을 나타냄.

中 4급

厚 [厂7, 총9획]
두터울 **후**

두텁다, 도탑다　　　영 thick　중 厚 hòu　일 コウ(あつい)

厚待(후대) 두터운 대우
厚德(후덕) 厚意(후의) 厚生(후생)

一 厂 厂 厚 厚 厚

형성 高자가 뒤집어져 아래로 쌓임을 나타냄.

高 4급

[手9, 총12획]
휘두를 **휘**

휘두르다, 지시하다　　　영 brandish　중 挥 huī　일 キ(ふるう)

揮毫(휘호) 붓을 휘두름. 글씨를 쓰거나 그림을 그림
揮場(휘장) 揮發(휘발) 指揮(지휘)

一 扌 扩 扪 挏 揮

형성 손을 원을 그리듯이 둥글게 휘두르는 모습을 나타냄.

2단계

中 4급

喜
[口 9, 총12획]
기쁠 **희**

기쁘다(↔悲 =歡)　영 delightful　중 喜 xǐ　일 キ(よろこぶ)

喜劇(희극) 익살과 풍자가 섞인 연극
喜報(희보)　**喜捨**(희사)　**喜悅**(희열)

一 十 吉 吉 吉 喜 喜

형성 맛있는 음식을 받아 들고 기뻐하는 모습을 나타냄.

中 4Ⅱ급

假
[人 9, 총11획]
거짓 **가**

거짓(↔眞)　영 false·pretend　중 假 jiǎ　일 仮 カ(かり)

假令(가령) 가정하여 말할 때 쓰는 말
假想(가상)　**假橋**(가교)　**假髮**(가발)

亻 亻 伊 伊 伊 假

형성 표면을 가리고 숨은 모습을 나타냄.

中 4Ⅱ급

街
[行 6, 총12획]
거리 **가**

거리, 시가　영 street　중 街 jiē　일 カイ(まち)

街路樹(가로수) 길거리에 심은 나무
十字路(십자로)　**街道**(가도)　**街頭**(가두)

彳 彳 徍 徍 街 街

형성 가로 세로로 나누어진 길을 나타냄.

中 4Ⅱ급

減
[水 9, 총12획]
덜 **감**

덜다　영 subtract　중 减 jiǎn　일 フツ(はらう)

減速(감속) 속도를 줄임
減壽(감수)　**減軍**(감군)　**減量**(감량)

氵 氵 浐 減 減 減

형성 물이 나오는 것을 막아 양을 줄이는 것을 나타냄.

4Ⅱ급 필수한자 | **197**

高 4Ⅱ급

監
[皿 9, 총14획]
볼 **감**

보다(=視) 영 oversee 중 监 jiān 일 カン(がみる)

監督(감독) 감시하여 단속함
監戒(감계) **監獄**(감옥) **監視**(감시)

厂 臣 臣' 臣' 監 監

회의 접시에 담긴 물에 얼굴을 비춰보는 것을 나타냄.

中 4Ⅱ급

甘
[甘 0, 총5획]
달 **감**

달다, 맛 좋다(↔苦) 영 sweet 중 甘 gān 일 カン(あまい)

甘露(감로) 단 이슬
甘味(감미) **甘瓜**(감과) **甘草**(감초)

一 十 廿 甘 甘

지사 음식물을 입 안에 넣고 맛본다는 뜻을 나타냄.

中 4Ⅱ급

講
[言 10, 총17획]
강론할 **강**

익히다, 강론하다 영 expound 중 讲 jiǎng 일 コウ(ならう)

講讀(강독) 글을 설명하여 가며 읽음
講師(강의) **講究**(강구) **講堂**(강당)

言 訁 訐 講 講 講

형성 상대방이 자기와 균형을 맞추는 모습을 나타냄.

高 4Ⅱ급

康
[广 8, 총11획]
편안할 **강**

편안하다, 화목하다(=健) 영 healthy 중 康 kāng 일 コウ

康衢煙月(강구연월) 태평성대
康衢(강구) **康建**(강건) **康寧**(강녕)

广 户 庐 庐 庚 康

회의·형성 단단한 곡물 껍데기를 나타냄.

2단계

中 4Ⅱ급

個
[人 8, 총 10획]
낱, 개 **개**

낱, 하나하나   영 piece 중 个 gè 일 カ·コ(ひとつ)

個個(개개) 하나 하나
個別(개별) **個當**(개당) **個性**(개성)

亻 仴 仴 個 個 個

형성 단단한 물건 하나하나를 나타냄.

高 4Ⅱ급

檢
[木 13, 총 17획]
조사할 **검**

조사하다   영 inspect 중 检 jiǎn 일 ケン(しらべる)

檢査(검사) 실상을 조사하여 시비나 우열을 가림
檢討(검토) **檢問**(검문) **檢擧**(검거)

木 札 松 檢 檢 檢

형성 나무 표찰을 모두 한군데 모아놓고 조사하는 것을 나타냄.

中 4Ⅱ급

潔
[水 12, 총 15획]
깨끗할 **결**

깨끗하다(=純)   영 clean 중 洁 jié 일 ケツ(いさぎよし)

潔白(결백) 마음이 깨끗함
潔素(결소) **潔癖**(결벽) **簡潔**(간결)

氵 沽 渵 渼 潔 潔

형성 더러운 것을 물로 씻어낸다는 뜻을 나타냄.

中 4Ⅱ급

慶
[心 11, 총 15획]
경사 **경**

경사   영 happy event 중 庆 qìng 일 ケイ(よろこぶ)

慶事(경사) 기쁜 일
慶祝(경축) **慶宴**(경연) **慶賀**(경하)

广 声 严 廡 庿 慶

형성 가까이 없는 것을 무리하게 바라는 마음을 나타냄.

高 4Ⅱ급

境
[土 11, 총14획]
지경 **경**

지경, 경계(=界) 영 boundary 중 境 jìng 일 キョウ(さかい)

境內(경내) 지경의 안
境外(경외) 境遇(경우) 境界(경계)

土 圹 圹 垆 境 境

형성 노래를 한 소절 부르고 단락 짓는다는 것을 나타냄.

中 4Ⅱ급

經
[糸 7, 총13획]
날, 길 **경**

경서, 날 영 warp 중 经 jīng 일 経ケイ・キョウ(たていと)

經國(경국) 나라를 경륜함
經年(경년) 經過(경과) 經歷(경력)

幺 糸 糸 紅 經 經

형성 날실이 바로 지나가는 것을 나타냄.

高 4Ⅱ급

[言 13, 총20획]
경계할 **경**

경계하다, 타이르다 영 warn 중 警 jǐng 일 ケイ(いましめる)

警覺(경각) 경계하여 깨닫게 하는 것
警世(경세) 警備(경비) 警告(경고)

艹 苟 苟 敬 警 警

형성 말을 하여 주의하여 경계시킨다는 뜻을 나타냄.

中 4Ⅱ급

[攴 5, 총9획]
연고 **고**

연고, 예 영 ancient 중 故 gù 일 コ(ふるい・ゆえに)

故友(고우) 옛친구
故居(고거) 故國(고국) 故事(고사)

十 古 古 扚 故 故

형성 오래 지나 이미 굳어진 일을 나타냄.

2단계

高 4Ⅱ급

[攴3, 총7획]

칠 **공**

치다(↔防 =擊)   영 attack 중 攻 gōng 일 コウ(せめる)

攻擊(공격) 적을 침

攻玉(공옥) 攻防(공방) 攻勢(공세)

一 T エ 工 巧 攻 攻

형성 위아래 구멍을 뚫음을 나타냄.

中 4Ⅱ급

[穴2, 총7획]

궁구할 **구**

궁구하다(=研)   영 study 중 究 jiū 일 キュウ(きわめる)

究竟(구경) 마침내, 필경

究極(구극) 究考(구고) 究竟願(구경원)

丶 丶 宀 宁 宍 究 究

형성 손이 구멍 속에 걸릴 때까지 찾아내는 것을 나타냄.

中 4Ⅱ급

[口2, 총5획]

글귀 **구**

글귀, 구절   영 phrase 중 句 jù 일 ク

句句節節(구구절절) 모든 구절

句讀(구두) 句節(구절) 文句(문구)

丿 勹 勺 句 句

형성 낫표로 작게 에워싼 말을 나타냄.

中 4Ⅱ급

[水2, 총7획]

구할 **구**

구하다, 찾다   영 obtain 중 求 qiú 일 キュウ(もとめる)

求乞(구걸) 남에게 곡식이나 물건을 얻기 위해 청을 하는 것

求賢(구현) 求明(구명) 求愛(구애)

一 十 十 才 求 求 求

상형 몸에 걸친 모피가 떨어지지 않게 단단히 쥔 모습을 나타냄.

高 4Ⅱ급

宮
[宀7, 총10획]
집 **궁**

집, 궁궐　　　　　영 palace　중 宫 gōng　일 キュウ(みや)

宮闕(궁궐) 임금이 거처하는 집
宮女(궁녀)　宮中(궁중)　宮合(궁합)

宀 宀 宁 宫 宫 宮

형성 건물이 안쪽까지 여러 개 있는 것을 나타냄.

中 4Ⅱ급

權
[木18, 총22획]
저울추 **권**

권세, 권력　　　　영 power　중 权 quán　일 權ケン·ゴン

權貴(권귀) 세도 있고 지위가 높음
權道(권도)　權能(권능)　權益(권익)

扌 杧 榊 梻 榊 權

형성 저울추를 가지고 균형을 잡는 것을 나타냄.

中 4Ⅱ급

極
[木9, 총13획]
다할 **극**

다하다(=端 =至)　　　영 utmost　중 极 jí　일 ゴク(むね)

極上(극상) 아주 좋음
極光(극광)　極烈(극렬)　極言(극언)

杧 杧 柯 極 極 極

형성 천장에서 바닥까지 떠받치고 있는 기둥을 나타냄.

中 4Ⅱ급

禁
[示8, 총13획]
금할 **금**

금하다, 꺼림　　　　영 forbid　중 禁 jìn　일 キン(きんずる)

禁食(금식) 종교상의 문제나 건강을 위해 일정기간 굶음
禁中(금중)　禁忌(금기)　禁物(금물)

† 木 林 埜 埜 禁

형성 신당 주변에 숲을 만들어 출입을 막음을 나타냄.

中 4Ⅱ급

[走 3, 총 10획]

일 **기**

일어나다(↔伏 ↔寢)　　영 rise 중 起 qǐ 일 キ(おきる)

起立(기립) 일어섬
起伏(기복)　**起床**(기상)　**起用**(기용)

土 キ 走 赴 起 起

회의 누워 있다가 일어섬을 나타냄.

高 4Ⅱ급

[口 13, 총 16획]

그릇 **기**

그릇, 재능이나 도량　　영 vessel 중 器 qì 일 キ(うつわ)

器量(기량) 재능
器物(기물)　**器具**(기구)　**器皿**(기명)

吅 吅 哭 哭 嚣 器

회의 여러 가지 그릇을 강조하기 위함을 나타냄.

中 4Ⅱ급

[日 9, 총 13획]

따뜻할 **난**

따뜻하다(↔寒)　　영 warm 중 暖 nuǎn 일 ダン(あたたか)

暖房(난방) 방을 따뜻하게 함
暖色(난색)　**暖帶**(난대)　**暖冬**(난동)

日 旷 旿 晬 暖 暖

형성 골고루 해가 비치는 것을 나타냄.

中 4Ⅱ급

[隹 11, 총 19획]

어려울 **난**

어렵다(↔易)　　영 difficult 중 难 nán 일 ナン(むずかしい)

難局(난국) 어지러운 판국
難堪(난감)　**難關**(난관)　**難民**(난민)

堇 茣 荲 艱 艱 難

형성 산불 등의 재난을 나타냄.

中 4Ⅱ급

怒
[心5, 총9획]
성낼 노

성내다, 성(↔喜)   영 angry 중 怒 nù 일 ド(いかる)

怒濤(노도) 무섭게 밀려오는 큰 물결
怒髮(노발) 怒氣(노기) 怒目(노목)

ㄠ ㄠ 女 奴 怒 怒

형성 마음이 격해져 화를 내는 모습을 나타냄.

高 4Ⅱ급

努
[力5, 총7획]
힘쓸 노

힘쓰다   영 endeavor 중 努 nǔ 일 ド(つとめる)

努力(노력) 힘을 다하고 애를 씀
努肉(노육) 努目(노목) 努力家(노력가)

ㄠ ㄠ 女 奴 努 努

형성 참을성을 가지고 힘쓰는 모습을 나타냄.

高 4Ⅱ급

檀
[木13, 총17획]
박달나무 단

박달나무, 향나무   영 birch 중 檀 tán 일 ダン(まゆみ)

檀君王儉(단군왕검) 한국 민족의 시조
檀木(단목) 檀君(단군) 檀紀(단기)

木 朾 柠 榁 檀 檀

회의·형성 나무가 굵고 묵직한 모습을 나타냄.

高 4Ⅱ급

斷
[斤14, 총18획]
끊을 단

끊다(↔續 =絶)   영 cut off 중 断 duàn 일 断 ダン(たつ)

斷交(단교) 교제를 끊음
斷念(단념) 斷水(단수) 斷乎(단호)

𢆶 𢇃 㡭 㡭 斷 斷

회의 도끼로 실타래를 싹둑 자르는 것을 나타냄.

2단계

中 4Ⅱ급

端
[立 9, 총14획]
바를 **단**

끝, 가(=極 =末)　　영 end　중 端 duān　일 タン(はし)

端緒(단서) 일의 시초
端雅(단아)　端正(단정)　端役(단역)

亠 立 並 並 端 端

형성 끝이 가지런하고 고른 것을 나타냄.

中 4Ⅱ급

單
[口 9, 총12획]
홑 **단**

홑, 하나(↔複)　　영 single　중 单 dān　일 単 タン(ひとえ)

單純(단순) 복잡하지 아니함
單身(단신)　單價(단가)　單獨(단독)

口 吅 吅 昌 置 單

회의 납작한 모양의 부채를 나타냄.

中 4Ⅱ급

[辵 9, 총13획]
통할 **달**

통달하다(=到)　영 succeed　중 达 dá　일 タツ(さとる・いたる)

達人(달인) 학문이나 기예 등에 뛰어난 사람
達觀(달관)　達辯(달변)　達成(달성)

士 圥 幸 幸 幸 達

형성 양이 자연스럽게 태어남을 나타냄.

高 4Ⅱ급

[手 13, 총16획]
멜 **담**

메다, 짊어지다　　영 bear　중 担 dān　일 担 タン(かつぐ)

擔當(담당) 일을 맡아봄
擔保(담보)　擔當(담당)　擔任(담임)

扌 扩 扩 扩 护 擔

형성 짐을 들어 올려 어깨에 떠메는 것을 나타냄.

高 4Ⅱ급

[黑 8, 총 20획]

무리 **당**

무리, 동아리(=徒)　영 company　중 党 dǎng　일 党 トウ

黨論(당론) 그 당파가 주장하는 의견

黨規(당규)　**黨內**(당내)　**黨權**(당권)

尚 尚 尚 尚 黨 黨

형성 속이 검은 사람들의 모임이라는 뜻을 나타냄.

高 4Ⅱ급

[巾 8, 총 11획]

띠 **대**

띠, 띠다　영 belt　중 带 dài　일 タイ (おび)

帶劍(대검) 칼을 참

帶同(대동)　**帶電**(대전)　**帶狀**(대상)

卌 卅 卅 卅 帶 帶

상형 다양한 물건을 허리에 매단 모습을 나타냄.

高 4Ⅱ급

[阜 9, 총 12획]

대 **대**

떼, 무리　영 band　중 队 duì　일 タイ

隊員(대원) 대를 구성(構成)하고 있는 사람

隊列(대열)　**隊長**(대장)　**部隊**(부대)

阝 阝 阝 阼 隊 隊

형성 한곳에 모여 있는 사람들의 집단을 나타냄.

高 4Ⅱ급

[寸 13, 총 16획]

이끌 **도**

이끌다, 인도하다　영 guide　중 导 dǎo　일 ドウ (みちびく)

導水路(도수로) 물을 끌어들이기 위하여 만든 수로

導入(도입)　**導水**(도수)　**導出**(도출)

首 首 道 道 導 導

형성 한 방향으로 이끌어 나가는 것을 나타냄.

2단계

高 4Ⅱ급

[毋4, 총8획]
독 **독**

독, 거북   영 poison, evil 중 毒 dú 일 ドク(どく)

毒舌(독설) 남을 사납게 비방하거나 매도하여 해치는 말
毒藥(독약) **毒草**(독초) **毒蟲**(독충)

十 キ 主 青 青 毒

형성 음란하게 풀이 우거져 있는 것을 뜻함.

高 4Ⅱ급

督
[目8, 총13획]
살펴볼 **독**

살펴보다   영 supervise 중 督 dū 일 トク(みる)

督勵(독려) 감독하며 격려함
督促(독촉) **督戰**(독전) **監督**(감독)

⺊ ㇏ 未 叔 叔 督

형성 감시하고 단속하는 것을 나타냄.

高 4Ⅱ급

[金6, 총14획]
구리 **동**

구리, 동화   영 copper 중 铜 tóng 일 ドウ(あかがね)

銅鑛(동광) 구리를 캐는 광산
銅錢(동전) **銅像**(동상) **銅線**(동선)

∠ 丶 仝 金 釦 銅

형성 부드러운 구멍을 뚫을 때 가장 좋은 금속이란 뜻을 나타냄.

中 4Ⅱ급

[斗0, 총4획]
말 **두**

말(용량의 단위)   영 measure 중 斗 dǒu 일 ト(ます)

斗極(두극) 북극성
斗起(두기) **斗頓**(두돈) **斗量**(두량)

丶 ⺀ 二 斗

상형 자루가 달린 국자를 나타냄.

中 4Ⅱ급

豆
[豆 0, 총 7획]
콩 두

콩, 팥   영 bean 중 豆 dòu 일 ゴ(さとる)

豆腐(두부) 콩으로 만든 식품의 한가지
大豆(대두) **豆類**(두류) **豆油**(두유)

一 ㄱ ㅎ 戸 戸 豆 豆

형성 굽이 높은 음식 담는 술잔을 나타냄.

中 4Ⅱ급

得
[彳 8, 총 11획]
얻을 득

얻다, 깨닫다(↔失)   영 get 중 得 dé 일 トク(える)

得男(득남) 아들을 낳음
得道(득도) **得勢**(득세) **得票**(득표)

彳 彳 彳 彳 得 得

형성 나가서 물건을 얻는 것을 나타냄.

中 4Ⅱ급

燈
[火 12, 총 16획]
등불 등

등잔, 등   영 lamp 중 灯 dēng 일 トウ(ひ)

燈下不明(등하불명) 등잔 밑이 어둡다는 뜻.
燈臺(등대) **燈油**(등유) **燈盞**(등잔)

丶 火 灯 灯 烃 燈

형성 높이 들어 올려 밖에 걸어놓은 등을 나타냄.

高 4Ⅱ급

羅
[网 14, 총 19획]
그물 라(나)

벌이다, 늘어서다   영 fowler's net 중 罗 luó 일 ラ

羅網(나망) 새 잡는 그물
羅城(나성) **新羅**(신라) **網羅**(망라)

罒 罖 罗 羅 羅 羅

회의 밧줄에 매단 그물을 치는 것을 나타냄.

2단계

高 4Ⅱ급

[鹿8, 총19획]

고울 **려(여)**

곱다, 빛나다   영 beautiful   중 丽 lì   일 レイ(うるわしい)

麗句(여구) 아름다운 글귀

麗代(여대) **華麗**(화려) **高麗**(고려)

严 严 严 严 麗 麗

형성 사슴뿔이 가지런히 놓인 모습을 나타냄.

中 4Ⅱ급

[辶7, 총11획]

이을 **련(연)**

잇다(=絡 =續)   영 connect   중 连 lián   일 レン(つらなる)

連帶(연대) 서로 연결함

連累(연루) **連結**(연결) **連絡**(연락)

亘 亘 車 車 連 連

회의 수레 여러 대가 잇달아 나아감을 나타냄.

中 4Ⅱ급

[刀4, 총6획]

벌일 **렬(열)**

벌이다, 늘어놓음   영 display   중 列 liè   일 レツ(つらねる)

列國(열국) 여러 나라

列島(열도) **列擧**(열거) **列車**(열차)

一 ア 歹 歹 列 列

형성 척추 등을 떼어놓는 것을 나타냄.

高 4Ⅱ급

[金8, 총16획]

기록할 **록(녹)**

기록하다, 베끼다   영 record   중 录 lù   일 ロク(しるす)

記錄(기록) 써서 남김

目錄(목록) **錄音**(녹음) **錄畫**(녹화)

鈩 鈩 鈩 銲 鋒 錄

형성 청동의 표면을 깎아 문자를 새긴다는 뜻을 나타냄.

中 4Ⅱ급

論
[言 8, 총15획]
의논할 **론(논)**

논의하다, 말하다(=議)　　영 discuss　중 论 lùn　일 ロン

論據(논거) 논의 또는 논설의 근거
論難(논란) 論理(논리) 論說(논설)

言 診 診 診 論 論

형성 말을 조리 있게 하는 것을 나타냄.

中 4Ⅱ급

留
[田 5, 총10획]
머무를 **류(유)**

머무르다(=停)　　영 stay　중 留 liú　일 リュウ(とめる)

留念(유념) 마음에 새기고 생각함
留任(유임) 留意(유의) 留學(유학)

丆 卯 卯 卯 留 留

형성 일정한 장소에 가두어 머물게 하는 것을 나타냄.

中 4Ⅱ급

律
[彳 6, 총9획]
법 **률(율)**

법, 법칙　　영 law　중 律 lǜ　일 りつ・りち

律客(율객) 음률에 밝은 사람
律師(율사) 律法(율법) 律動(율동)

彳 彳 伊 伊 律 律

형성 붓으로 행위의 규칙을 조목조목 씀을 나타냄.

中 4Ⅱ급

滿
[水 11, 총14획]
찰 **만**

차다, 넉넉하다(↔干)　　영 full　중 满 mǎn　일 満 マン(みちる)

滿朔(만삭) 아이 낳을 달이 참
滿山(만산) 滿開(만개) 滿喫(만끽)

氵 汼 泄 淅 滿 滿

형성 그릇에 물을 가득 채운 모양을 나타냄.

2단계

高 4Ⅱ급

脈
[肉 6, 총 10획]
맥 **맥**

맥, 물길   영 pulse 중 脉 mài 일 ミャク(すじ)

脈絡(맥락) 혈관
脈搏(맥박) 血脈(혈맥) 文脈(문맥)

月 月 肝 肝 胪 脈 脈

형성 몸의 중심 부분을 나누어 지나가는 혈관을 나타냄.

中 4Ⅱ급

毛
[毛 0, 총 4획]
털 **모**

털, 머리털(=髮)   영 hair 중 毛 máo 일 モウ(け)

毛孔(모공) 털구멍
毛髮(모발) 毛根(모근) 毛織(모직)

丿 二 三 毛

상형 가는 털을 나타냄.

高 4Ⅱ급

[牛 4, 총 8획]
칠 **목**

치다, 기르다   영 pasture 중 牧 mù 일 ボク(まき)

牧民(목민) 백성을 다스림
牧者(목자) 牧草(목초) 牧師(목사)

丿 匕 牛 牛 牧 牧

형성 소의 수를 늘리는 것을 나타냄.

中 4Ⅱ급

[止 4, 총 8획]
호반 **무**

호반   영 military 중 武 wǔ 일 ブ(たけしい)

武術(무술) 무도의 기술
武勇(무용) 武功(무공) 武器(무기)

一 二 丁 〒 正 武 武

회의 창을 들고 용감하게 나아가는 것을 나타냄.

4급 필수한자 | **211**

中 4Ⅱ급

務
[力9, 총11획]
힘 무

힘쓰다, 일   영exert 중务 wù 일ム(つとめる)

務望(무망) 간절히 바람
務實力行(무실역행) **服務**(복무) **業務**(업무)

矛 矜 矛 矜 務 務

형성 무리하게 참고 애쓰는 것을 나타냄.

中 4Ⅱ급

未
[木1, 총5획]
아닐 미

아니다, 못하다   영not 중未 wèi 일ミ·ビ(いまだ)

未納(미납) 아직 바치지 아니하거나 못함
未備(미비) **未開**(미개) **未達**(미달)

一 二 十 キ 未

상형 아직 덜 자란 나무의 끝 부분을 나타냄.

中 4Ⅱ급

味
[口5, 총8획]
맛 미

맛, 풍미(風味)   영taste 중味 wèi 일ミ(あじ)

味覺(미각) 맛을 아는 감각
味盲(미맹) **賞味**(상미) **興味**(흥미)

口 口' 口一 吁 吽 味

형성 분명하지 않은 미미한 감각을 맛본다는 뜻을 나타냄.

中 4Ⅱ급

密
[宀8, 총11획]
빽빽할 밀

빽빽하다, 자세하다   영dense 중密 mì 일ミツ(ひそか)

密使(밀사) 은밀하게 보내는 밀사
密室(밀실) **密告**(밀고) **密林**(밀림)

、 宀 宀 宓 宓 密

형성 너무 깊은 곳이라서 사람이 접근하기 어려움을 나타냄.

2단계

高 4Ⅱ급
博 [十10, 총12획]
넓을 **박**

넓다, 크다 영 extensive 중 博 bó 일 ハク(ひろい)

博覽(박람) 널리 견문함
博識(박식) **博士**(박사) **賭博**(도박)

十 忄 恒 博 博 博 博

형성 한데로 모아서 고르게 퍼지게 한다는 뜻을 나타냄.

中 4Ⅱ급
訪 [言4, 총11획]
찾을 **방**

찾다, 뵙다 영 visit 중 访 fǎng 일 ホウ(とう)

訪問(방문) 찾아봄
探訪(탐방) **訪韓**(방한) **巡訪**(순방)

丶 亠 言 訁 訪 訪

형성 여기저기 다니며 말로 찾아다니는 것을 나타냄.

中 4Ⅱ급
防 [阜4, 총7획]
둑 **방**

막다, 둑(↔攻) 영 block 중 防 fáng 일 ボウ(ふせぐ)

防空(방공) 공중으로 오는 적을 막아냄
防犯(방범) **防水**(방수) **防禦**(방어)

' ろ 阝 阝 阝 防 防

형성 흙을 좌우로 쌓아놓은 모습을 나타냄.

中 4Ⅱ급
房 [戶4, 총8획]
방 **방**

방, 곁방 영 room 중 房 fáng 일 ボウ(へや)

房宿(방수) 28수의 하나로 남쪽에 있는 별자리
房帳(방장) **房門**(방문) **庫房**(고방)

` 宀 宀 户 戶 戶 房 房

형성 몸채의 양쪽에 튀어나온 작은 방을 나타냄.

中 4Ⅱ급

拜
[手5, 총9획]
절 배

절, 절하다   영 bow 중 拜 bài 일 拜ハイ(おがむ)

拜見(배견) 귀인을 뵘
拜金(배금) 拜禮(배례) 拜上(배상)

二 手 手 手 拜 拜

회의 손가락을 몸 양 옆에 붙이고 깍지를 낀 채 절함을 나타냄.

高 4Ⅱ급

背
[肉5, 총9획]
등 배

등, 뒤   영 back 중 背 bèi 일 背ハイ(そむく)

背景(배경) 뒷면의 경치. 또는 뒤에서 도와주는 사람이나 세력
背信(배신) 背反(배반) 背囊(배낭)

丬 ㄅ 北 北 背 背

형성 등을 돌린다는 뜻을 나타냄.

高 4Ⅱ급

配
[酉3, 총10획]
짝 배

짝, 짝하다(↔集)   영 couple 중 配 pèi 일 配ハイ(くばる)

配慮(배려) 관심을 기울여 살핌
配所(배소) 配達(배달) 配匹(배필)

丙 丙 酉 酉 配 配

형성 매일같이 술통 옆에 붙어 있는 모습을 나타냄.

中 4Ⅱ급

伐
[人4, 총6획]
칠 벌

치다(징벌하다)   영 attack 중 伐 fá 일 伐バツ(うつ)

伐木(벌목) 나무를 벰
伐採(벌채) 伐草(벌초) 征伐(정벌)

丿 亻 亻 代 伐 伐

회의 날붙이로 사람의 목을 자르는 것을 나타냄.

2단계

高 4Ⅱ급

[网 9, 총14획]
벌 **벌**

벌주다, 벌(↔賞)　　　영 punish 중 罚 fá 일 バツ(つみ)

罰金(벌금) 벌로 내는 돈
罰酒(벌주)　**罰則**(벌칙)　**處罰**(처벌)

罒 罒 罒 罸 罰 罰

회의 죄를 꾸짖으려고 칼로 벌하는 것을 나타냄.

高 4Ⅱ급

[土 13, 총16획]
벽 **벽**

바람벽, 진터　　　영 wall 중 壁 bì 일 ヘキ(かべ)

壁壘(벽루) 성채
壁欌(벽장)　**壁報**(벽보)　**壁紙**(벽지)

尸 居 辟 辟 壁 壁

형성 평평한 흙벽을 나타냄.

高 4Ⅱ급

邊
[辶 15, 총19획]
가 **변**

가, 가장자리　　　영 border 중 边 biān 일 辺ヘン(ほとり)

邊利(변리) 이자
邊方(변방)　**邊境**(변경)　**周邊**(주변)

白 皀 息 息 臱 邊

형성 길이 끝날 때까지 걸어간 끝자락을 나타냄.

中 4Ⅱ급

[人 7, 총9획]
보전할 **보**

보호하다(=守)　　　영 keep 중 保 bǎo 일 ホウ(たもつ)

保姆(보모) 탁아 시설 등에서 어린이를 돌보는 여자
保身(보신)　**保健**(보건)　**保管**(보관)

亻 亻 亻 俨 仔 保

형성 갓난아기를 감싸서 보호하는 모습을 나타냄.

中 4II급

步 [止 3, 총7획]
걸을 보

걸음, 걷다 　　영 walk 중 步 bù 일 ホ·ブ(あるく)

步道(보도) 사람이 걸어 다니는 인도
步兵(보병) 步調(보조) 步行(보행)

丨 止 止 步 步 步 步

회의 오른발과 왼발을 번갈아 내딛는 모습을 나타냄.

中 4II급

寶 [宀 17, 총20획]
보배 보

보배(=珍) 　　영 treasure 중 宝 bǎo 일 宝 ホウ(たから)

寶鑑(보감) 훌륭한 거울
寶輦(보련) 寶物(보물) 寶石(보석)

宀 宀 宋 寍 寳 寶

형성 지붕 밑에 구슬과 그릇과 돈을 넣어둔 것을 나타냄.

中 4II급

報 [土 9, 총12획]
갚을 보

갚다, 보답(=告) 　　영 repay 중 报 bào 일 ホウ(むくいる)

報國(보국) 나라를 위해 충성함
報恩(보은) 報告(보고) 報答(보답)

㔾 幸 幸 郣 郣 報 報

형성 수갑 채운 죄인을 무릎 꿇게 한 후 보복함을 나타냄.

中 4II급

復 [彳 9, 총12획]
회복할 복 / 다시 부

다시, 회복하다(↔往) 　　영 restore 중 复 fù 일 フク(かえる)

復歸(복귀) 본래 대로 돌아감
復讐(복수) 復古(복고) 復舊(복구)

彳 彳 彳 彳 復 復

형성 같은 길을 되풀이해서 오는 것을 나타냄.

216 | 3-Step 왕초보 1800한자 – 2단계

高 4Ⅱ급

[刂9, 총11획]

버금 부

버금, 다음(=次) 영 second 중 副 fù 일 フク(そう·わける)

副應(부응) 무엇에 쫓아서 응함
副官(부관) 副木(부목) 副業(부업)

一 〒 咅 畐 副 副

형성 나중에 두 개로 나누어진 것이 한 쌍을 이룸을 나타냄.

高 4Ⅱ급

[广5, 총8획]

곳집 부

마을, 관청 영 warehouse 중 府 fǔ 일 フ(くら·やくしょ)

府庫(부고) 문서나 재화·기물 등을 넣어두는 곳
府君堂(부군당) 府君(부군) 府使(부사)

一 广 广 广 府 府

형성 빽빽하게 빈틈없이 물건을 넣어두는 곳을 나타냄.

中 4Ⅱ급

[女8, 총11획]

며느리 부

며느리, 아내(↔夫) 영 wife 중 妇 fù 일 フ(おんな)

婦女(부녀) 부인과 여자. 부녀자라고도 함
婦德(부덕) 婦人(부인) 子婦(자부)

女 女' 女⺕ 婦 婦 婦

회의 비를 들고 집안일을 하는 여성의 모습을 나타냄.

中 4Ⅱ급

[宀9, 총12획]

가멸 부

가멸(재산이 많다) 영 rich 중 富 fù 일 フ(とみ)

富國(부국) 재물이 풍부한 나라
富者(부자) 富強(부강) 富農(부농)

宀 宣 宣 富 富 富

형성 술이 가득 찬 항아리를 나타냄.

中 4Ⅱ급

佛 [人 5, 총7획]
부처 **불**

부처, 깨닫다(=寺) 영 buddha 중 佛 fó 일 フ・ブツ(ほとけ)

佛經(불경) 불교의 경전
佛書(불서) **佛家**(불가) **佛像**(불상)

亻 亻 伫 侉 佛 佛

형성 불(佛)자 하나로 부처를 나타냄.

中 4Ⅱ급

飛 [飛 0, 총9획]
날 **비**

날다, 날리다 영 fly 중 飞 fēi 일 ヒ(とぶ)

飛閣(비각) 높은 누각
飛報(비보) **飛上**(비상) **飛躍**(비약)

飞 飞 飞 飛 飛 飛

상형 새가 날아오르는 모습을 나타냄.

中 4Ⅱ급

非 [非 0, 총8획]
아닐 **비**

아니다, 거짓(↔是) 영 not 중 非 fēi 일 ヒ(あらず)

非經濟(비경제) 경제적이 아님
非番(비번) **非難**(비난) **非理**(비리)

丿 ㅋ ㅋ 키 非 非

지사 새의 날개가 나누어진 것을 나타냄.

中 4Ⅱ급

備 [人 10, 총12획]
갖출 **비**

갖추다(=具) 영 prepare 중 备 bèi 일 ビ(そなえる)

備忘錄(비망록) 잊지 않기 위하여 적어두는 기록
備置(비치) **備蓄**(비축) **備品**(비품)

亻 亻 俨 侑 備 備

형성 사람이 화살을 담은 전통을 지고 있는 모습을 나타냄.

中 4Ⅱ급

[心8, 총12획]
슬플 **비**

슬프다, 슬퍼하다(↔喜) 영 sad 중 悲 bēi 일 ヒ(かなしい)

悲歌(비가) 슬픈 노래
悲感(비감) 悲觀(비관) 悲劇(비극)

丿 ㅏ ㅑ 非 非 悲

형성 마음이 양쪽으로 갈라지는 것 같음을 나타냄.

中 4Ⅱ급

[貝4, 총11획]
가난할 **빈**

가난하다(↔富=窮) 영 poor 중 贫 pín 일 ヒン(まずしい)

貧者(빈자) 가난한 사람
貧弱(빈약) 貧困(빈곤) 貧國(빈국)

ㄅ 分 分 谷 貧 貧 貧

형성 돈이나 재화나 뿔뿔이 흩어져버리는 것을 나타냄.

中 4Ⅱ급

[巾7, 총10획]
스승 **사**

스승, 선생(↔弟) 영 teacher 중 师 shī 일 シ(せんせい)

師母(사모) 스승의 부인
師事(사사) 師道(사도) 師範(사범)

ㅏ ㅑ 白 白 師 師

형성 군사를 가르치는 사람이라는 뜻을 나타냄.

中 4Ⅱ급

[言10, 총17획]
사례할 **사**

사례하다, 사과하다 영 thank 중 谢 xiè 일 シャ(あやまる)

謝恩(사은) 은혜에 사례함
謝禮(사례) 謝過(사과) 謝意(사의)

言 言 訃 謝 謝 謝

형성 말로 긴장된 마음을 여유 있게 바꾸는 것을 나타냄.

4Ⅱ급 필수한자 | **219**

中 4Ⅱ급

舍
[舌 2, 총 8획]
집, 둘 **사**

집, 가옥(=屋 =宅)　　　영 house 중 舍 shě 일 シャ

舍兄(사형) 편지 등에서 형이 아우에게 이르는 말
舍叔(사숙)　舍監(사감)　舍利(사리)

스 스 全 全 全 舍 舍

회의 몸을 곧게 펴고 편안히 앉아 있는 모습을 나타냄.

中 4Ⅱ급

殺
[殳 7, 총 11획]
죽일 **살** / 감할 **쇄**

죽이다, 없애다　　　영 kill 중 杀 shā 일 サツ・サイ (ころす)

殺菌(살균) 병균을 죽임
殺人(살인)　殺氣(살기)　殺伐(살벌)

형성 이삭을 베어 껍질을 얇게 벗긴 것을 나타냄.

中 4Ⅱ급

想
[心 9, 총 13획]
생각 **상**

생각하다(=思)　　　영 think 중 想 xiǎng 일 ソウ (おもう)

想起(상기) 지난 일을 생각해냄
想思(상사)　想念(상념)　想定(상정)

十 木 机 相 相 想 想

형성 어떤 일에 대해 마음으로 생각함을 나타냄.

高 4Ⅱ급

床
[广 4, 총 7획]
상 **상**

평상, 잠자리　　　영 bed 중 床 chuáng 일 ショウ (とこ・ゆか)

床褓(상보) 상을 덮는 보자기
床石(상석)　冊床(책상)　溫床(온상)

형성 가늘고 긴 나무 침대를 나타냄.

2단계

中 4Ⅱ급

常
[巾 8, 총 11획]
항상 **상**

항상, 늘(↔班)　영 always　중 常 cháng　일 ジョウ(とこ)

常客(상객) 늘 찾아오는 손님. 단골손님
常途(상도)　常勤(상근)　常習(상습)

⺌ ⺌ 常 常 常 常 常

형성 오랜 시간, 또는 언제까지나 계속됨을 나타냄.

高 4Ⅱ급

狀
[犬 4, 총 8획]
형상 **상**/문서 **장**

형상, 모양　영 shape　중 狀 zhuàng　일 ジョウ

狀貌(상모) 얼굴의 생김새
狀態(상태)　狀啓(장계)　症狀(증상)

丨 丬 丬 爿 狀 狀

형성 형편을 나타냄.

中 4Ⅱ급

設
[言 4, 총 11획]
베풀 **설**

베풀다(=施)　영 establish　중 设 shè　일 セツ(もうける)

設令(설령) 그렇다 하더라도
設置(설치)　設計(설계)　設備(설비)

言 言 言 訒 設 設

회의 끌로 대강의 모양을 만드는 것을 나타냄.

中 4Ⅱ급

城
[土 7, 총 10획]
성 **성**

성, 재　영 castle　중 城 chéng　일 ジョウ(しろ)

城砦(성채) 성과 진지
城址(성지)　城郭(성곽)　城內(성내)

土 圵 圵 城 城 城

형성 사람들을 불러 모아 흙을 쌓아올리는 모습을 나타냄.

4Ⅱ급 필수한자 | **221**

中 4Ⅱ급

盛 [皿 6, 총 11획]
담을 **성**

성하다   영 prosperous   중 盛 shèng   일 セイ(さかり)

盛年(성년) 원기가 왕성한 젊은 나이
盛大(성대) 盛業(성업) 盛行(성행)

厂 厂 成 成 盛 盛

형성 그릇에 수북이 담겨진 것을 나타냄.

中 4Ⅱ급

聖 [耳 7, 총 13획]
성스러울 **성**

성인(聖人)   영 saint   중 圣 shèng   일 セイ(ひじり)

聖君(성군) 거룩한 임금
聖上(성상) 聖歌(성가) 聖經(성경)

耳 耶 耴 聖 聖 聖

형성 귀가 매우 밝아 신의 마음을 바로 안다는 뜻을 나타냄.

中 4Ⅱ급

聲 [耳 11, 총 17획]
소리 **성**

소리(=音)   영 voice   중 声 shēng   일 声 セイ(こえ)

聲價(성가) 명성과 평가
聲量(성량) 聲樂(성악) 聲優(성우)

声 声 殸 殸 聲 聲

형성 귓가에 울려 퍼지는 소리나 음성을 나타냄.

中 4Ⅱ급

誠 [言 7, 총 14획]
정성 **성**

정성, 진심(=精)   영 sincerity   중 诚 chéng   일 セイ(まこと)

誠金(성금) 정성으로 내는 돈
誠心(성심) 誠實(성실) 誠意(성의)

言 訂 訢 誠 誠 誠

형성 모자람이 없이 충분한 말이나 행동을 나타냄.

中 4Ⅱ급

星
[日 5, 총9획]
별 **성**

별, 세월   영 star 중 星 xīng 일 セイ・ショウ (ほし)

星群(성군) 별무리
星霜(성상) 星雲(성운) 晨星(신성)

日 日 旦 早 星 星 星

형성 반짝이는 세 개의 별과 새싹을 나타냄.

中 4Ⅱ급

稅
[禾 7, 총12획]
구실 **세**

구실, 징수(세금)   영 tax 중 税 shuì 일 ゼイ

稅金(세금) 조세로 바치는 돈
稅政(세정) 稅入(세입) 租稅(조세)

二 千 禾 税 税 税

형성 거두어들인 물건의 일부분을 빼앗는다는 뜻을 나타냄.

中 4Ⅱ급

細
[糸 5, 총11획]
가늘 **세**

가늘다, 잘다   영 thin 중 细 xì 일 サイ (ほそい)

細菌(세균) 박테리아
細密(세밀) 細工(세공) 細胞(세포)

幺 糸 紅 細 細 細

형성 가늘고 작은 것을 나타냄.

中 4Ⅱ급

勢
[力 11, 총13획]
기세 **세**

기세, 권세   영 force 중 势 shì 일 セイ (いきおい)

勢道家(세도가) 권세가 있는 집안
勢力(세력) 勢道(세도) 攻勢(공세)

土 幸 幸丸 執 執 勢

형성 적당히 사물을 억누르는 것을 나타냄.

4Ⅱ급 필수한자 | 223

中 4Ⅱ급

笑 [竹4, 총10획]
웃을 소

웃다, 웃음　　　영 laugh 중 笑 xiào 일 ショウ(わらう)

笑劇(소극) 크게 웃어댐
笑問(소문)　冷笑(냉소)　微笑(미소)

⺮ 笑 笑 笑 笑 笑

형성 입을 오므려 호호 하고 웃는 모습을 나타냄.

中 4Ⅱ급

素 [糸4, 총10획]
흴 소

희다, 바탕(=朴)　　　영 white 중 素 sù 일 ソ(しろい)

素飯(소반) 고기 없는 밥
素扇(소선)　素望(소망)　素描(소묘)

主 丰 耒 耒 素 素

회의 누에고치에서 한 줄기씩 빠져나가는 원사를 나타냄.

高 4Ⅱ급

[手8, 총11획]
쓸 소

쓸다, 없애다　　　영 sweep 중 扫 sǎo 일 ソウ(はく)

掃萬(소만) 모든 일을 제쳐놓음
掃除(소제)　掃蕩(소탕)　掃滅(소멸)

扌 扌 扫 扫 掃 掃

형성 손으로 비를 들고 청소하는 것을 나타냄.

中 4Ⅱ급

[糸15, 총21획]
이을 속

잇다(↔斷 =連)　영 continue 중 续 xù 일 続 ゾク(つづく)

續續(속속) 잇닿는 모양
續出(속출)　續開(속개)　續報(속보)

結 綪 綪 續 續 續

형성 끊어지지 않도록 실을 묶어 계속 베를 짠다는 뜻을 나타냄.

中 4Ⅱ급

俗 [人7, 총9획]
풍속 **속**

풍속, 풍습 영 custom 중 俗 sú 일 ゾク

俗界(속계) 속인들이 사는 세상
俗名(속명) 俗談(속담) 俗物(속물)

丿 亻 亻 亻 伙 伙 俗 俗

형성 대부분의 사람들이 하고 싶어 하는 매우 흔한 일을 나타냄.

中 4Ⅱ급

送 [辵6, 총10획]
보낼 **송**

보내다(↔迎) 영 send 중 送 sòng 일 ソウ(おくる)

送金(송금) 돈을 보냄
送年(송년) 送別(송별) 送信(송신)

八 ⺍ 并 关 送 送

형성 물건을 챙겨서 다른 곳으로 보낸다는 뜻을 나타냄.

中 4Ⅱ급

受 [又6, 총8획]
받을 **수**

받다(↔授) 영 receive 중 受 shòu 일 ジュ(うける)

受難(수난) 어려움을 당함
受納(수납) 受講(수강) 受諾(수락)

⺈ ⺈ 严 严 受 受

형성 손에서 손으로 건네지는 것을 받는 모양을 나타냄.

中 4Ⅱ급

收 [攴2, 총6획]
거둘 **수**

거두다(↔支) 영 gather 중 收 shōu 일 収 シュウ(おさめる)

收監(수감) 옥에 가둠
收支(수지) 收去(수거) 收金(수금)

丨 丬 丬 丬 收 收

형성 흩어져 있는 것을 하나로 끌어 모아 거둔다는 뜻을 나타냄.

中 4Ⅱ급

修 [人 8, 총 10획]
닦을 **수**

닦다, 익히다 　영 cultivate 　중 修 xiū 　일 シュウ(おさめる)

修德(수덕) 덕을 닦음
修道(수도) **修交**(수교) **修女**(수녀)

亻 亻 亻 修 修 修

형성 굴곡지거나 끊긴 곳이 없이 가늘고 긴 모양을 나타냄.

中 4Ⅱ급

授 [手 8, 총 11획]
줄 **수**

주다, 가르치다(↔受) 　영 give 　중 授 shòu 　일 ジュ(さずける)

授賞(수상) 상을 받음
授業(수업) **授賞**(수상) **授受**(수수)

扌 扌 扩 护 授 授

형성 건네주는 것을 직접 받는다는 뜻을 나타냄.

中 4Ⅱ급

[宀 3, 총 6획]
지킬 **수**

지키다(↔攻 =保) 　영 keep 　중 守 shǒu 　일 シュ(まもる)

守舊(수구) 종래의 관습이나 노선을 지킴
守身(수신) **守令**(수령) **守備**(수비)

丶 宀 宀 宁 守 守

회의 손으로 지붕 밑을 에워싸고 지킴을 나타냄.

中 4Ⅱ급

[糸 4, 총 10획]
생사 **순**

순수하다(=潔) 　영 pure 　중 纯 chún 　일 ジュン(きいと)

純潔(순결) 마음에 더러움이 없이 깨끗함
純金(순금) **純粹**(순수) **純眞**(순진)

幺 纟 糸 糸 純 純

형성 묵직하게 늘어진 명주실을 나타냄.

2단계

中 4Ⅱ급

[手4, 총8획]

받들 승

잇다(=繼)　　영 support　중 承 shéng　일 ショウ(うける)

承繼(승계) 뒤를 이음

承命(승명)　承諾(승낙)　承服(승복)

了 了 手 手 承 承

회의 사람이 무릎을 꿇고 양손으로 받드는 모양을 나타냄.

中 4Ⅱ급

[言6, 총13획]

시험할 시

시험하다(=驗)　　영 examine　중 试 shì　일 シ(こころみる)

試圖(시도) 시험 삼아 일을 도모함

試掘(시굴)　試食(시식)　試驗(시험)

言 言 訂 試 試 試

형성 사람이나 물건을 이용하여 일을 시킨다는 뜻을 나타냄.

中 4Ⅱ급

[寸3, 총6획]

절 시

절(=佛)　　영 temple　중 寺 sì　일 ジ(てら)

寺內(사내) 절 안

寺刹(사찰)　寺院(사원)　寺址(사지)

一 十 土 卄 寺 寺

형성 갖가지 일을 하는 관청이라는 뜻을 나타냄.

中 4Ⅱ급

[方5, 총9획]

베풀 시

베풀다, 주다(=設)　　영 give　중 施 shī　일 セ·シ(ほどこす)

施工(시공) 공사를 착수하여 시행함

施賞(시상)　施設(시설)　施政(시정)

亠 方 方 扩 扩 施 施

형성 빗줄기가 길게 뻗은 모양을 나타냄.

4Ⅱ급 필수한자 | **227**

中 4Ⅱ급

視
[見 5, 총12획]
볼 시

보다, 살피다(=監)　영 look at　중 视 shì　일 シ(みる)
視力(시력) 눈으로 물체를 보는 힘
視察(시찰)　視界(시계)　視線(시선)

ニ 亍 禾 市 神 視 視

형성 똑바로 시선을 돌리는 것을 나타냄.

中 4Ⅱ급

是
[日 5, 총9획]
옳을 시

이, 이것(↔非)　영 right　중 是 shì　일 ゼシ(ただしい·これ)
是非(시비) 옳고 그름
是是非非(시시비비)　是正(시정)　是認(시인)

日 旦 早 早 是 是

회의 정직하고 바르게 나아가는 것을 나타냄.

中 4Ⅱ급

詩
[言 6, 총13획]
시 시

시, 시경(詩經)　영 poetry　중 诗 shī　일 シ(からうた)
詩歌(시가) 시와 노래
詩伯(시백)　詩想(시상)　詩心(시심)

言 計 許 詩 詩 詩

형성 마음에 담은 것을 말로 나타냄을 나타냄.

高 4Ⅱ급

息
[心 6, 총10획]
숨쉴 식

숨쉬다, 쉬다　영 breathe　중 息 xī　일 ソク(いき)
息鄙(식비) 남에게 자기 딸을 이르는 말
息肩(식견)　子息(자식)　休息(휴식)

亻 冇 自 自 息 息

회의·형성 심장의 움직임에 따라 숨을 쉬는 모습을 나타냄.

中 4Ⅱ급

申
[田 0, 총5획]
납 **신**

납, 아홉째 지지(=告)　영 lead　중 申 shēn　일 シン(さる)

申時(신시) 12시의 아홉째. 오후 3시에서 5시 사이
申告(신고) 申請(신청) 追申(추신)

丨 冂 曰 甲 申

상형 획 스치는 번개를 나타냄.

中 4Ⅱ급

深
[水 8, 총11획]
깊을 **심**

깊다, 깊이　영 deep　중 深 shēn　일 シン(ふかい)

深刻(심각) 아주 깊고 절실함
深海(심해) 深度(심도) 深夜(심야)

氵 氵 氵 沉 涇 深 深

형성 물이 불어 깊어진 것을 나타냄.

中 4Ⅱ급

眼
[目 6, 총11획]
눈 **안**

눈, 눈알(=目)　영 eye　중 眼 yǎn　일 ガン(め)

眼鏡(안경) 눈을 보호하거나 시력을 돕는 기구
眼球(안구) 眼科(안과) 眼藥(안약)

目 目丿 目ヨ 眨 眼 眼

형성 가만히 바라보는 것을 나타냄.

中 4Ⅱ급

暗
[日 9, 총13획]
어두울 **암**

어둡다, 어리석다(↔明)　영 dark　중 暗 àn　일 アン(くらい)

暗君(암군) 무도하고 어리석은 군주
暗算(암산) 暗記(암기) 暗澹(암담)

日 日ˊ 日ˊ 旷 暗 暗

형성 햇볕이 없는 밤에 있는 모습을 나타냄.

高 4Ⅱ급

壓
[土 14, 총17획]
누를 **압**

누르다, 제지하다　　영 press　중 压 yā　일 圧アツ(おさえる)

壓卷(압권) 여럿 가운데 으뜸이 감

壓力(압력)　壓勝(압승)　壓倒(압도)

厂 厈 厍 厭 厭 壓

형성 흙을 가득 채운 후 위에서 누르는 모습을 나타냄.

中 4Ⅱ급

羊
[羊 0, 총6획]
양 **양**

양　　영 sheep　중 羊 yáng　일 ヨウ(つじ)

羊毛(양모) 양털

羊腸(양장)　羊肉(양육)　山羊(산양)

상형 양의 머리를 나타냄.

中 4Ⅱ급

餘
[食 7, 총16획]
남을 **여**

남다, 넉넉함　　영 remain　중 余 yú　일 余ヨ(あまる)

餘念(여념) 나머지 생각

餘力(여력)　餘談(여담)　餘恨(여한)

㇒ ㇑ 飠 飠 飠 飠 餘

형성 음식물이 남을 만큼 충분함을 나타냄.

中 4Ⅱ급

逆
[辵 6, 총10획]
거스를 **역**

거스르다(↔順)　　영 disobey　중 逆 nì　일 ギャク(さか)

逆流(역류) 물이 거슬러 흐름

逆謀(역모)　逆境(역경)　逆風(역풍)

형성 반대 방향으로 나아가는 것을 나타냄.

2단계

中 4Ⅱ급

研
[石 6, 총 11획]
갈 **연**

갈다, 연구하다(=究)   영 whet   중 研 yán   일 ケン(みがく)

研修(연수) 연구하고 수련함
研磨(연마) 研究(연구) 研修(연수)

石 石 矶 矶 矸 研

형성 울퉁불퉁한 돌을 갈아 매끈하게 만든 모습을 나타냄.

中 4Ⅱ급

煙
[火 9, 총 13획]
연기 **연**

연기, 그을음   영 smoke   중 烟 yān   일 エン(けむり)

煙景(연경) 봄 경치
煙霧(연무) 煙氣(연기) 禁煙(금연)

丶 火 炉 炳 炳 煙

형성 불에 타 연기 나는 것을 나타냄.

高 4Ⅱ급

演
[水 11, 총 14획]
흐를 **연**

펴다, 넓다   영 extend   중 演 yǎn   일 エン(のべる)

演技(연기) 배우가 무대에서 연출하여 보이는 말이나 행동
演說(연설) 演劇(연극) 演奏(연주)

氵 氵 浐 浐 演 演

형성 물이 길게 뿜어 나오는 모습을 나타냄.

中 4Ⅱ급

榮
[木 10, 총 14획]
영화 **영**

영화, 영화롭다   영 glory   중 荣 róng   일 栄エイ(さかえる)

榮轉(영전) 예전보다 더 높은 자리에 오름
榮進(영진) 榮光(영광) 榮達(영달)

丶 ⺍ 炏 𤇾 炏 榮

형성 나무 주위를 둘러싼 채 피어있는 꽃을 나타냄.

4Ⅱ급 필수한자 | **231**

中 4Ⅱ급

藝 [艸15, 총19획]
재주 **예**

재주, 기예(=技)　　　영 art 중 艺 yì 일 芸ゲイ(わざ)

藝人(예인) 배우처럼 기예를 업으로 하는 사람
藝能(예능)　**藝名**(예명)　**藝術**(예술)

艹　芋　薆　蓺　藝　藝

형성 손으로 풀을 집어 들어 땅에 심는 것을 나타냄.

中 4Ⅱ급

誤 [言7, 총14획]
그릇할 **오**

그르치다(↔正 =過)　영 mistake 중 误 wù 일 ゴ(あやまる)

誤信(오신) 잘못 믿음
誤謬(오류)　**誤答**(오답)　**誤解**(오해)

言　訂　誤　誤　誤　誤

형성 고개를 갸웃대며 구부리는 모습을 나타냄.

中 4Ⅱ급

玉 [玉0, 총5획]
구슬 **옥**

구슬(↔石)　　　영 jade · gem 중 玉 yù 일 ギョク(たま)

玉門(옥문) 옥으로 장식한 문
玉色(옥색)　**玉體**(옥체)　**玉篇**(옥편)

一　丁　干　王　玉

상형 대리석으로 만든 왕 자 모양을 보석을 나타냄.

中 4Ⅱ급

往 [彳5, 총8획]
갈 **왕**

가다(↔來 ↔復)　　영 go 중 往 wǎng 일 オウ(ゆく)

往年(왕년) 지나간 해
往事(왕사)　**往來**(왕래)　**往診**(왕진)

彳　彳　彳　行　往　往

형성 기세 좋게 점점 앞으로 나아감을 나타냄.

2단계

高 4Ⅱ급

[言 10, 총 17획]

노래 **요**

노래하다, 소문(=歌)　　영 song 중 谣 yáo 일 ク(くぎり)

謠言(요언) 뜬 소문

謠俗(요속)　**童謠**(동요)　**民謠**(민요)

言　診　診　諮　詺　謠

형성 가늘고 길게 읊어대는 모습을 나타냄.

高 4Ⅱ급

郵

[론 8, 총 11획]

역참 **우**

우편, 역　　영 post 중 邮 yóu 일 ユウ

郵票(우표) 편지에 붙이는 증표

郵政(우정)　**郵遞**(우체)　**軍郵**(군우)

亻　乒　乖　乖　乖3　郵

회의 우편중개소라는 표시를 나타냄.

中 4Ⅱ급

[口 10, 총 13획]

둥글 **원**

둥글다, 동그라미　　영 round 중 圆 yuán 일 圓エン(まる)

圓柱(원주) 둥근 기둥

圓卓(원탁)　**圓滿**(원만)　**圓心**(원심)

門　問　周　圓　圓　圓

형성 둥글게 둘러싼 것을 나타냄.

高 4Ⅱ급

[口 7, 총 10획]

수효 **원**

인원, 관원　　영 official 중 员 yuán 일 イン

員役(원역) 지방 관아의 이속

員數(원수)　**議員**(의원)　**職員**(직원)

口　口　口　吊　員　員

회의 세 발 솥이 하나로 합쳐진 모습을 나타냄.

4Ⅱ급 필수한자 | **233**

中 4Ⅱ급

爲
[爪 8, 총12획]
할 위

하다, 행하다   영 for 중 为 wèi 일 爲イ(なす·ため)

爲國(위국) 나라를 위함

爲己(위기) 爲民(위민) 爲始(위시)

′ ′ ′ ᅩ 爲 爲

상형 코끼리를 길들이는 것을 나타냄.

高 4Ⅱ급

衛
[行 10, 총16획]
지킬 위

지키다   영 keep 중 卫 wèi 일 ユイ(まもる)

衛兵(위병) 호위병

衛星(위성) 衛生(위생) 衛兵(위병)

彳 䘗 徣 徣 徫 衛

회의 바깥쪽을 빙글빙글 돌고 있는 것을 나타냄.

中 4Ⅱ급

肉
[肉 0, 총6획]
고기 육

고기, 살(=身)   영 meat 중 肉 ròu 일 ニク(しし)

育成(육성) 길러서 자라게 함

育兒(육아) 肉感(육감) 肉類(육류)

丨 冂 内 内 肉 肉

상형 주름이 잡힐 정도로 부드러운 살을 나타냄.

中 4Ⅱ급

恩
[心 6, 총10획]
은혜 은

은혜, 사랑하다(↔怨 =惠)   영 favor 중 恩 ēn 일 オン

恩功(은공) 은혜와 공

恩師(은사) 恩德(은덕) 恩人(은인)

冂 冈 肉 因 恩 恩

형성 진심으로 고마워하는 느낌을 나타냄.

2단계

中 4Ⅱ급

[阜8, 총11획]

응달 **음**

그늘, 음기(↔陽)　　영 shade　중 阴 yīn　일 陰イン(かげ)

陰氣(음기) 음랭한 기운

陰冷(음랭)　陰散(음산)　陰地(음지)

阝　阝ᐟ　阝仒　阝众　陰　陰

형성 컴컴하고 어두운 산그늘을 나타냄.

中 4Ⅱ급

[心13, 총17획]

응할 **응**

응하다, 승낙하다　　영 reply　중 应 yìng　일 応オウ(こたえる)

應急(응급) 급한 일에 응함

感應(감응)　應諾(응낙)　應試(응시)

广　庐　庐　雁　應　應

형성 마음으로 확실하게 받아냄을 나타냄.

中 4Ⅱ급

[言13, 총20획]

의논할 **의**

의논하다, 논쟁하다(=論)　　영 discuss　중 议 yì　일 ギ(はかる)

議事(의사) 일을 의논함

議案(의안)　議論(의논)　議席(의석)

言ᐟ　言϶　言϶　言϶　議　議

형성 매끄럽고 예의 바르게 말한다는 뜻을 나타냄.

中 4Ⅱ급

[羊7, 총13획]

옳을 **의**

옳다, 바르다　　영 righteous　중 义 yì　일 ギ(よし)

義擧(의거) 정의를 위해 일으키는 일. 의로운 거사

義理(의리)　義兵(의병)　義人(의인)

羊　羊ᐟ　羊ᐞ　義　義　義

회의 정리가 잘 되어 있어서 똑바르고 모양이 좋은 것을 나타냄.

4Ⅱ급 필수한자 | **235**

中 4Ⅱ급

移
[禾6, 총11획]
옮길 이

옮기다, 보내다　　　영 remove　중 移 yí　일 イ(うつす)

移管(이관) 관할을 옮김
移植(이식)　移動(이동)　移民(이민)

丿 二 千 禾 移 移

형성 옆쪽으로 벗어나 움직인다는 뜻을 나타냄.

中 4Ⅱ급

益
[皿5, 총10획]
더할 익

더하다(↔損)　　　영 increase　중 益 yì　일 エキ(ます)

益友(익우) 사귀어 도움이 되는 친구
益鳥(익조)　公益(공익)　利益(이익)

八 八 今 谷 益 益

회의 물이 접시에 가득 찬 상태를 나타냄.

中 4Ⅱ급

引
[弓1, 총4획]
당길 인

끌다, 당기다　　　영 pull　중 引 yǐn　일 イン(ひく)

引見(인견) 아랫사람을 불러들여 만나봄
引渡(인도)　引上(인상)　引下(인하)

フ 弓 弓 引

회의 활시위를 당기는 것을 나타냄.

中 4Ⅱ급

認
[言7, 총14획]
알 인

인정하다, 알다　　영 recognize　중 认 rèn　일 ニン(みとめる)

認可(인가) 인정하여 허가함
認容(인용)　認知(인지)　認准(인준)

言 訂 訒 認 認 認

형성 마음이나 말을 잊어버리지 않게 새겨둠을 나타냄.

2단계

中 4Ⅱ급

印
[卩4, 총6획]
도장 **인**

도장, 찍다 　　　　　영 seal 중 印 yìn 일 イン(しるし)

印象(인상) 사물을 보고들을 때에 마음에 와 닿는 느낌
印紙(인지) 印章(인장) 印朱(인주)

` 厂 F E 日 印

회의 사람이 손으로 꽉 누르고 있는 것을 나타냄.

中 4Ⅱ급

將
[寸8, 총11획]
장수 **장**

장수(↔兵 ↔卒) 　　영 general 중 将 jiàng 일 ショウ(はた)

將官(장관) 원수
將器(장기) 將校(장교) 將軍(장군)

丨 丬 丬 丬 將 將

형성 가장 긴 장지를 우두머리로 삼은 모습을 나타냄.

中 4Ⅱ급

[阜11, 총14획]
막을 **장**

길다, 오래다 　　영 obstruct 중 障 zhàng 일 ショウ(さわる)

障碍(장애) 자꾸만 가로막고 거치적거림
障壁(장벽) 障害(장해) 保障(보장)

丨 厂 F 乇 長 長

형성 바짝 가로막아 막는 것을 나타냄.

中 4Ⅱ급

[人5, 총7획]
낮을 **저**

낮다, 숙이다(↔高) 　　영 low 중 低 dī 일 テイ(ひくい)

低價(저가) 싼값. 낮은 가격
低級(저급) 低音(저음) 低溫(저온)

亻 亻 仁 伍 低 低

형성 키가 아주 작은 사람을 나타냄.

4Ⅱ급 필수한자 | **237**

中 4Ⅱ급

敵
[攴11, 총15획]
원수 **적**

원수, 적 영 enemy 중 敌 dí 일 テキ(あいて)

敵愾心(적개심) 적을 미워하여 싸우려는 마음
敵魁(적괴) 敵國(적국) 敵軍(적군)

㐅 亠 产 产 商 敵 敵

형성 얼굴을 정면으로 마주 대하는 일을 나타냄.

中 4Ⅱ급

田
[田 0, 총5획]
밭 **전**

밭, 경지 구획 이름 영 field 중 田 tián 일 デン(た)

田結(전결) 논밭의 조세
田獵(전렵) 田畓(전답) 田園(전원)

丨 冂 ⅿ 田 田

상형 사각으로 구획지어 놓은 논밭을 나타냄.

中 4Ⅱ급

[糸 6, 총12획]
끊을 **절**

끊다, 막다(=斷) 영 cut 중 绝 jué 일 ゼツ(たえる)

絕景(절경) 아주 훌륭한 정치
絕交(절교) 絕壁(절벽) 絕筆(절필)

糸 糹 絽 絽 絡 絕

형성 칼로 실을 싹둑 자르는 것을 나타냄.

中 4Ⅱ급

[手 8, 총11획]
사귈 **접**

사귀다, 접하다 영 associate 중 接 jiē 일 セツ(まじわる)

接口(접구) 음식을 조금 먹음
接近(접근) 接見(접견) 接骨(접골)

扌 扩 护 护 接 接

형성 남성 곁에서 시중을 드는 여성을 나타냄.

2단계

中 4Ⅱ급

精 [米 8, 총14획]

정미로울 **정**

정미하다, 찧다(=䆒)   영 minute 중 精 jīng 일 セイ

精潔(정결) 깨끗하고 조촐함
精勤(정근) 精巧(정교) 精氣(정기)

米 籵 籵 精 精 精

형성 더러운 것을 없앤 깨끗한 백미를 나타냄.

中 4Ⅱ급

政 [攴 5, 총9획]

정사 **정**

정사   영 politics 중 政 zhèng 일 セイ(まつりごと)

政權(정권) 정치를 행하는 권력
政令(정령) 政見(정견) 政府(정부)

一 T F 正 正 政 政

형성 체계를 바로 잡아 가다듬는 것을 나타냄.

高 4Ⅱ급

程 [禾 7, 총12획]

법 **정**

법도, 길이 단위   영 consider 중 程 chéng 일 テイ(ほど)

程度(정도) 알맞은 한도
程式(정식) 過程(과정) 日程(일정)

禾 禾 和 秤 程 程

형성 벼와 같은 곡류의 이삭의 길이를 나타냄.

高 4Ⅱ급

制 [刀 6, 총8획]

마를 **제**

법도, 억제하다   영 restrain 중 制 zhì 일 セイ

制度(제도) 제정된 법규
制令(제령) 制服(제복) 制止(제지)

一 午 矢 矢 制 制

회의 삐쳐 나온 부분을 정돈한다는 뜻을 나타냄.

中 4Ⅱ급

祭 [示6, 총11획]
제사 제

제사, 제사 지내다　영 sacrifice　중 祭 jì　일 サイ(まつり)

祭物(제물) 제수
(祭需)祭文(제문) 祭壇(제단) 祭禮(제례)

夕 歺 奴 叅 祭 祭

회의 제단이나 제물을 정결하게 하여 제사지냄을 나타냄.

高 4Ⅱ급

提 [手9, 총12획]
끌 제

끌다, 이끌다　영 draw　중 提 tí　일 テイ(ひっさげる)

提高(제고) 높임, 끌어올림
提起(제기) 提案(제안) 提出(제출)

扌 押 押 捍 捍 提

형성 똑바로 잡아당기는 모습을 나타냄.

高 4Ⅱ급

際 [阜11, 총14획]
사이 제

사이, 가　영 border　중 际 jì　일 サイ(きわ)

際限(제한) 끝이 되는 부분
際涯(제애) 交際(교제) 國際(국제)

阝 阝 阡 阡 阡 際 際

형성 벽과 벽이 너무 좁아 서로 닿는 부분을 나타냄.

中 4Ⅱ급

製 [衣8, 총14획]
지을 제

짓다, 만들다(=作 =造)　영 make　중 制 zhì　일 セイ(つくる)

製糖(제당) 설탕을 만듦
製本(제본) 製菓(제과) 製造(제조)

⺊ 串 制 制 製 製

형성 옷감을 잘라 옷 만드는 것을 나타냄.

2단계

中 4Ⅱ급

[阜 7, 총10획]

덜 제

덜다 　　　영 subtract·lessen 중 除 chú 일 ジョ(のぞく)

除名(제명) 명단에서 이름을 뺌.
除去(제거) 除毒(제독) 除外(제외)

阝 阝ᐟ 阹 阾 除 除

형성 방해가 되는 흙을 밀어내 없애는 것을 나타냄.

高 4Ⅱ급

[水 14, 총17획]

건널 제

건너다, 구제하다(=救)　　영 cross 중 济 jì 일 サイ(すます)

濟度(제도) 물을 건넘
濟衆(제중) 經濟(경제) 救濟(구제)

氵 浐 浐 浐 濟 濟

형성 강의 수량을 고르게 함을 나타냄.

中 4Ⅱ급

[辵 7, 총11획]

지을 조

짓다, 만듦(=製)　　영 make 중 造 zào 일 ソウ(つくる)

造林(조림) 나무를 심어 숲을 만듦
造作(조작) 造景(조경) 造花(조화)

丿 牛 告 告 造 造

형성 일정 지점까지 다다른 것을 나타냄.

中 4Ⅱ급

[鳥 0, 총11획]

새 조

새, 별 이름　　영 bird 중 鸟 niǎo 일 ショウ(かね)

鳥瞰圖(조감도) 높은 곳에서 아래를 내려다보듯 그린 그림
鳥媒(조매) 鳥獸(조수) 吉鳥(길조)

丿 厂 户 户 鳥 鳥

상형 기다란 꼬리를 늘어뜨린 새를 나타냄.

4Ⅱ급 필수한자 | **241**

中 4Ⅱ급

早 [日2, 총6획]
일찍 조

일찍, 새벽　　영 early　중 早 zǎo　일 ソウ·サツ(はやい)

早急(조급) 아주 서두름
早起(조기)　**早稻**(조도)　**早退**(조퇴)

丨 冂 日 日 旦 早

회의 상수리나무나 오리나무를 나타냄.

中 4Ⅱ급

助 [力5, 총7획]
도울 조

돕다, 도움　　영 help　중 助 zhù　일 ジョ(たすける)

助言(조언) 다른 사람에게 도움이 되는 말을 해주는 것
助手(조수)　**助長**(조장)　**補助**(보조)

丨 冂 月 且 盯 助

형성 물건을 쌓아올릴 때 옆에서 거든 사람을 나타냄.

中 4Ⅱ급

存 [子3, 총6획]
있을 존

있다(↔亡 =在)　　영 exist　중 存 cún　일 ゾン(ある)

存亡(존망) 생존과 멸망
存否(존부)　**存立**(존립)　**存在**(존재)

一 ナ 才 才 存 存

회의 남겨진 아기를 소중히 돌보고 있는 모습을 나타냄.

中 4Ⅱ급

尊 [寸9, 총12획]
높을 존

높다, 우러러보다(=重)　　영 high　중 尊 zūn　일 ソン(みこと)

尊敬(존경) 받들어 공경함
尊嚴(존엄)　**尊貴**(존귀)　**尊重**(존중)

伯 酋 酋 酋 尊 尊

회의 매끈하고 모양이 훌륭한 단지를 나타냄.

2단계

中 4Ⅱ급

[宀5, 총8획]

마루 **종**

마루, 일의 근원   영 ancestral   중 宗 zōng   일 ソウ(むね)

宗統(종통) 본가의 계통
宗兄(종형) 宗家(종가) 宗團(종단)
宀 宀 宀 宇 宗 宗

회의 조상의 제사를 모시는 본가의 건물을 나타냄.

中 4Ⅱ급

[走0, 총7획]

달릴 **주**

달리다, 뛰어감   영 run   중 走 zǒu   일 ソウ(はしる)

走狗(주구) 사냥개
走力(주력) 走行(주행) 走力(주력)
十 土 卡 卡 走 走

회의 손발을 움직이며 잰걸음으로 달리는 것을 나타냄.

中 4Ⅱ급

[竹0, 총6획]

대 **죽**

대나무, 피리   영 bamboo   중 竹 zhú   일 チク(たけ)

竹木(죽목) 대나무와 나무
竹簡(죽간) 竹刀(죽도) 竹筍(죽순)
丿 丿 ᄼ ᄽ ᄿ 竹

형성 두 그루의 대나무 가지를 나타냄.

高 4Ⅱ급

[水10, 총13획]

수준기 **준**

법, 법도   영 level   중 准 zhǔn   일 ジュン(みずもり)

準據(준거) 표준으로 삼음
準備(준비) 準用(준용) 準則(준칙)
氵 氵 氵 淮 凖 準

형성 평평한 사물의 기울음을 측정하는 모습을 나타냄.

中 4Ⅱ급

[血 6, 총 12획]
무리 **중**

무리, 많다　　영 multitude　중 众 zhòng　일 シュウ(むれ)

衆寡(중과) 많음과 적음
衆口(중구)　衆生(중생)　觀衆(관중)

丆 血 血 衆 衆 衆

회의 태양 아래를 걷고 있는 노예를 나타냄.

中 4Ⅱ급

增
[土 12, 총 15획]
불어날 **증**

더하다(↔減 =加)　영 increase　중 增 zēng　일 増 ゾウ(ます)

增强(증강) 늘이어 강하게 함
增員(증원)　增加(증가)　增車(증차)

土 圵 圹 垳 增 增

형성 겹겹으로 흙이 쌓여 있는 모습을 나타냄.

中 4Ⅱ급

[手 6, 총 9획]
손가락 **지**

손가락, 발가락　　영 finger　중 指 zhǐ　일 シ(ゆび)

指南車(지남차) 방향을 가리키는 기계를 단 수레
指導(지도)　指令(지령)　指向(지향)

扌 扩 扩 指 指 指

형성 손가락을 쭉 펴서 물건을 가리키는 것을 나타냄.

中 4Ⅱ급

[支 0, 총 4획]
가를 **지**

가지(↔收)　영 support · branch　중 支 zhī　일 シ(ささえる)

支離(지리) 이리저리 흩어짐
支拂(지불)　支局(지국)　支配(지배)

一 十 ナ 支

회의 대나무 가지를 잡고 떠받치는 모양을 나타냄.

2단계

中 4Ⅱ급
至 [至 0, 총6획]
이룰 **지**

이르다(=極)　　영 reach　중 至 zhì　일 シ(いたる)

至極(지극) 극진할 때까지 이름

至急(지급)　**至毒**(지독)　**至尊**(지존)

一 丆 즈 즈 至 至

지사 화살이 목적지에 도달함을 나타냄.

中 4Ⅱ급
志 [心 3, 총7획]
뜻 **지**

뜻, 의향(=意)　　영 intention　중 志 zhì　일 シ(こころす)

志略(지략) 뜻

志願(지원)　**志望**(지망)　**志士**(지사)

一 十 士 志 志 志 志

형성 목표를 향해 마음이 지향해 나아가는 모습을 나타냄.

高 4Ⅱ급
職 [耳 12, 총18획]
벼슬 **직**

벼슬, 구실　　영 position　중 职 zhí　일 ショク(つかさどる)

職分(직분) 직무상의 본분

職位(직위)　**職責**(직책)　**職場**(직장)

耳 耶 聍 職 職 職

형성 귀로 들어서 잘 분별해 내는 것을 나타냄.

中 4Ⅱ급
眞 [目 5, 총10획]
참 **진**

참, 진짜(↔假)　　영 true　중 真 zhēn　일 真 シン(まこと)

眞價(진가) 참된 값어치

眞談(진담)　**眞骨**(진골)　**眞理**(진리)

丶 匕 𠤎 𣅀 眞 眞

회의 그릇에 숟가락으로 무엇을 담는 모습을 나타냄.

4Ⅱ급 필수한자 | **245**

中 4Ⅱ급

進
[辵8, 총12획]
나아갈 **진**

나아가다(↔退 =就) 영 advance 중 进 jìn 일 シン(すすむ)

進擊(진격) 나아가서 적을 침
進路(진로) 進軍(진군) 進級(진급)

亻 亻 亻 亻 隹 進

형성 새가 빠르게 나는 형태를 나타냄.

中 4Ⅱ급

次
[欠2, 총6획]
버금 **차**

버금, 잇다(=副) 영 next 중 次 cì 일 ジ·シ(つぎ)

次期(차기) 다음 시기
次男(차남) 次官(차관) 次例(차례)

丶 冫 冫 冫 次 次

형성 나그네가 길을 가다가 짐을 내려 놓고 있는 모습을 나타냄.

高 4Ⅱ급

[言19, 총26획]
기릴 **찬**

기리다(=稱) 영 praise 중 赞 zàn 일 讚 サン(たたえる)

讚頌歌(찬송가) 찬송하는 노래
讚美(찬미) 讚辭(찬사) 讚揚(찬양)

言 診 誅 諧 譛 讚

형성 옆에서 칭찬하면서 말을 맞추는 것을 나타냄.

中 4Ⅱ급

[宀11, 총14획]
살필 **찰**

살피다, 알다 영 watch 중 察 chá 일 サツ

察色(찰색) 혈색을 살펴서 병을 진찰함
察知(찰지) 監察(감찰) 考察(고찰)

宀 宀 灾 灾 寮 察

형성 구석구석 집안을 깨끗하게 하는 것을 나타냄.

高 4Ⅱ급

[刀 10, 총12획]
비롯할 **창**

비롯하다 　영 begin　중 创 chuàng　일 ソウ(はじめる)

創立(창립) 처음으로 세움

創建(창건) **創軍**(창군) **創成**(창성)

ノ ㅅ 今 刍 倉 創

형성 물건을 만들 때 제일 먼저 칼집을 내는 것을 나타냄.

中 4Ⅱ급

[虍 5, 총11획]
머무를 **처**

곳, 장소(=所)　영 place　중 处 chù　일 処 ショ(おる)

處決(처결) 결정하여 처분함

處事(처사) **處女**(처녀) **處理**(처리)

⺊ ⺊ 广 虍 虎 處

회의 장소를 표현하는 것으로 여기에 있다는 의미를 나타냄.

中 4Ⅱ급

[言 8, 총15획]
청할 **청**

청하다, 원하다　영 request　중 请 qǐng　일 セイ(こう)

請暇(청가) 휴가를 청함

請負(청부) **請求**(청구) **請約**(청약)

言 計 請 請 請 請

형성 새까만 눈으로 앞쪽을 바라보는 것을 나타냄.

高 4Ⅱ급

[糸 11, 총17획]
거느릴 **총**

거느리다, 합하다　영 control　중 总 zǒng　일 総 ソウ(ふさ)

總角(총각) 아직 결혼하지 아니한 남자

總意(총의) **總販**(총판) **總務**(총무)

糸 糹 紣 絶 總 總

형성 여러 개의 올을 모아서 만든 술의 모양을 나타냄.

高 4 II급

銃
[金 6, 총14획]
총 **총**

총, 화총 영 gun 중 铳 chòng 일 ジュウ

銃彈(총탄) 총알
長銃(장총) 銃口(총구) 銃器(총기)

釒 釒 釒 釒 鉾 銃

형성 총알이 장진되어 있는 총을 나타냄.

高 4 II급

蓄
[艸 10, 총14획]
쌓을 **축**

쌓다(=積 =貯) 영 store 중 蓄 xù 일 チク(たくわえる)

蓄膿症(축농증) 콧속에 고름이 괴는 병
蓄財(축재) 蓄積(축적) 蓄電(축전)

형성 창고에 저장되어 있는 채소를 나타냄.

中 4 II급

蟲
[虫 12, 총18획]
벌레 **충**

벌레, 벌레 피해 영 insect 중 虫 chóng 일 虫 チュウ(むし)

幼蟲(유충) 애벌레
蟲齒(충치) 昆蟲(곤충) 寄生蟲(기생충)

口 中 虫 虫 蚰 蟲

회의 구더기가 많은 것을 나타냄.

中 4 II급

忠
[心 4, 총8획]
충성 **충**

충성, 진심 영 loyalty 중 忠 zhōng 일 チュウ(まごころ)

忠良(충량) 충성스럽고 선량함
忠臣(충신) 忠犬(충견) 忠僕(충복)

 丨 口 口 中 忠 忠

형성 모자람이 없을 정도로 속이 가득 차 있는 마음을 나타냄.

2단계

中 4Ⅱ급

[又6, 총8획]

취할 **취**

취하다, 가지다   영 take 중 取 gǔ 일 シュ(とる)

取得(취득) 손에 넣음

取妻(취처) **取捨**(취사) **取材**(취재)

一 厂 丅 丆 耳 耴 取 取

형성 싸움에서 승리한 증표로 귀를 자른 것을 나타냄.

高 4Ⅱ급

[水9, 총12획]

잴, 알 **측**

재다, 측량하다   영 measure 중 测 cè 일 ソク(はかる)

測量(측량) 다른 사람의 마음을 헤아림

測雨器(측우기) **測定**(측정) **推測**(추측)

氵 氵' 泂 泂 浿 測

형성 물의 깊이가 얼마인지 재는 것을 나타냄.

中 4Ⅱ급

[水5, 총8획]

다스릴 **치**

다스리다(=政)   영 govern 중 治 zhì 일 ジ(おさめる)

治世(치세) 세상을 다스림

治亂(치란) **治療**(치료) **治山**(치산)

氵 氵' 氵' 氵' 治 治

형성 수량을 조절하여 강의 홍수를 막는 것을 나타냄.

高 4Ⅱ급

[网8, 총13획]

둘 **치**

두다, 놓다   영 place 중 置 zhì 일 チ(おく)

置簿(치부) 금전의 출납을 적어놓은 장부

置簿(치부) **置重**(치중) **措置**(조치)

罒 罓 罜 罝 罥 置

형성 새잡는 그물이 똑바로 세워져 있는 것을 나타냄.

4Ⅱ급 필수한자 | **249**

高 4Ⅱ급

侵
[人 7, 총 9획]
침범할 **침**

침노하다, 침략　　영 invade 중 侵 qīn 일 シン(おかす)

侵攻(침공) 침입하여 공격함
侵犯(침범) 侵入(침입) 侵蝕(침식)

亻 亻 亻 侵 侵 侵

회의 깊이 들어가는 표현을 나타냄.

中 4Ⅱ급

快
[心 4, 총 7획]
쾌할 **쾌**

쾌하다　　영 cheerful 중 快 kuài 일 カイ(こころよい)

快感(쾌감) 상쾌한 느낌
快刀(쾌도) 快擧(쾌거) 快擲(쾌척)

丶 亻 忄 忄 快 快 快

형성 응어리를 풀어버리고 상쾌해진 마음의 상태를 나타냄.

高 4Ⅱ급

態
[心 10, 총 14획]
모양 **태**

모양, 생김새　　영 attitude 중 态 dài 일 タイ(さま)

態度(태도) 몸가짐
樣態(양태) 態勢(태세) 狀態(상태)

育 育 能 能 態 態

형성 마음의 상태가 어떠한지를 가리키는 것을 나타냄.

中 4Ⅱ급

統
[糸 6, 총 12획]
거느릴 **통**

거느리다　　영 command 중 统 tǒng 일 トウ(すべる)

統括(통괄) 낱낱이 한데 묶음
統帥(통수) 統監(통감) 統計(통계)

糸 糽 紌 紌 統 統

형성 한 가닥의 실로 꼬는 것을 나타냄.

2단계

中 4Ⅱ급

[辵 6, 총10획]
물러날 **퇴**

물러나다(↔進 =去) 영 retreat 중 退 tuì 일 タイ(しりぞく)

退却(퇴각) 뒤로 물러남

退社(퇴사) **退去**(퇴거) **退勤**(퇴근)

フ ヨ 月 月 艮 退

회의 뒷걸음쳐서 뒤로 물러나는 것을 나타냄.

中 4Ⅱ급

[水 5, 총8획]
물결 **파**

물결, 흐름 영 wave 중 波 bō 일 ハ(なみ)

波紋(파문) 수면에 이는 잔 물결

波動(파동) **波高**(파고) **波及**(파급)

氵 氵 氵 氵 波 波

회의·형성 물결이 물 위로 비스듬히 넘어 오는 것을 나타냄.

中 4Ⅱ급

[石 5, 총10획]
깨뜨릴 **파**

깨뜨리다, 부수다 영 break 중 破 pò 일 ハ(やぶる)

破鏡(파경) 깨어진 거울. 부부 사이가 금이 간 상태

破産(파산) **破壊**(파괴) **破損**(파손)

石 石 矿 矿 破 破

형성 얇은 돌 판을 잡아당겨 억지로 쪼아대는 모습을 나타냄.

中 4Ⅱ급

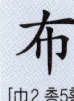
[巾 2, 총5획]
베, 돈 **포**

베, 피륙의 총칭 영 hemp 중 布 bù 일 フ·ホ(ぬの)

布告(포고) 일반인에게 널리 알림

布敎(포교) **布袋**(포대) **布石**(포석)

ノ ナ 才 右 布

형성 천이 넓게 펼쳐져 있는 것을 나타냄.

4Ⅱ급 필수한자 | **251**

高 4Ⅱ급

包
[勹3, 총5획]
쌀 **포**

싸다, 감싸   영 wrap 중 包 bāo 일 ホウ(つつむ)

包括(포괄) 여러 사물을 한데 묶음
包攝(포섭) **包含**(포함) **包袋**(포대)

丿 勹 勹 匂 包

상형 어머니 뱃속에 태아가 들어있는 것을 나타냄.

高 4Ⅱ급

砲
[石5, 총10획]
돌쇠뇌 **포**

돌쇠뇌, 대포   영 heavy gun 중 炮 pào 일 ホウ(おおつつ)

砲擊(포격) 대포를 쏘다
砲兵(포병) **砲彈**(포탄) **砲火**(포화)

형성 돌을 싸서 날리는 '포'를 뜻함.

中 4Ⅱ급

暴
[日11, 총15획]
사나울 **폭**/사나울 **포**

사납다, 세차다   영 wild 중 暴 bào 일 ボウ(あばれる)

暴虐(포학) 횡포하고 잔악함
暴君(포군) **暴擧**(폭거) **暴動**(폭동)

旦 昦 昗 異 暴 暴

형성 양손에 동물 뼈를 들고 햇살을 받고 있는 모습을 나타냄.

高 4Ⅱ급

票
[示6, 총11획]
불똥 **표**

표, 표하다   영 ticket 중 票 piào 일 ヒョウ

票決(표결) 투표로 결정함
票禽(표금) **改票**(개표) **投票**(투표)

형성 표찰이 펄럭이는 모양을 나타냄.

2단계

中 4Ⅱ급

[豆 11, 총18획]

풍년 **풍**

풍년(↔凶)   영 abundant 중 丰 fēng 일 豊 ホウ(ゆたか)

豊年(풍년) 농사가 잘된 해
豊滿(풍만) **豊美**(풍미) **物豊**(물풍)

日 曲 曲 曹 豊 豊 豊

형성 작물을 술잔 위에 넘쳐나게 쌓아놓은 모습을 나타냄.

中 4Ⅱ급

限

[阜 6, 총9획]

한정 **한**

한정, 한계   영 limit 중 限 xiàn 일 ゲン(きり・かぎる)

限界(한계) 땅의 경계
限度(한도) **限定**(한정) **制限**(제한)

阝 阝 阝 阝 阴 限 限

형성 앞으로 나오지 못하게 막아놓은 경계를 나타냄.

高 4Ⅱ급

[水 9, 총12획]

항구 **항**

항구, 배가 머무는 곳   영 port 중 港 gǎng 일 コウ(みなと)

港口(항구) 배가 드나드는 곳
港都(항도) **空港**(공항) **出港**(출항)

氵 汫 洪 洪 港 港

형성 마을길에 물이 합쳐져서 항구라는 뜻을 나타냄.

高 4Ⅱ급

[舟 4, 총10획]

건널 **항**

건너다, 배   영 across 중 航 háng 일 コウ(わたる)

航空(항공) 비행기나 비행선으로 공중을 비행함
航海(항해) **航速**(항속) **航路**(항로)

月 月 舟 舟 舟 航

형성 똑바로 지나가고 있는 배의 모양을 나타냄.

4Ⅱ급 필수한자 | **253**

中 4Ⅱ급

解 [角 6, 총13획] 풀 해

풀다, 풀어지다　　영 solve　중 解 jiě　일 解 カイ(とく)

解毒(해독) 독기를 풀어 없앰
解答(해답) 解明(해명) 解職(해직)

⺈ 角 角 角² 解² 解

형성 칼로 잘려진 소의 뿔을 나타냄.

中 4Ⅱ급

鄕 [邑 10, 총13획] 시골 향

시골(↔京)　　영 country　중 乡 xiāng　일 郷 キョウ(ふるさと)

鄕里(향리) 시골. 또는 고향
他鄕(타향) 鄕歌(향가) 鄕愁(향수)

형성 마을이 마주 보고 있는 모양을 나타냄.

中 4Ⅱ급

香 [香 0, 총9획] 향기 향

향기, 향기롭다　　영 fragrant　중 香 xiāng　일 ユウ(か)

香氣(향기) 향기로운 냄새
香水(향수) 香爐(향로) 香臭(향취)

一 千 禾 禾 香 香

회의 기장이라는 곡식을 삶을 때 풍기는 냄새를 나타냄.

中 4Ⅱ급

虛 [虍 6, 총12획] 빌 허

비다(↔實 =空)　　영 empty　중 虚 xū　일 虚 キョ(むなしい)

虛空(허공) 공중
虛誕(허탄) 虛構(허구) 虛脫(허탈)

형성 중앙이 움푹 파여서 아무 것도 없다는 것을 나타냄.

2단계

高 4Ⅱ급

[馬 13, 총 23획]

증험할 **험**

증험하다, 시험(=試)　　영 try 중 验 yàn 일 驗ケン(しるし)

驗決(험결) 조사하여 결정함

驗力(험력)　**經驗**(경험)　**試驗**(시험)

馬 馬 馿 驗 驗 驗

형성 말의 이름이라는 뜻을 나타냄.

中 4Ⅱ급

賢
[貝 8, 총 15획]

어질 **현**

어질다, 어진 사람　　영 wise 중 贤 xián 일 ケン(かしこい)

賢良(현량) 어질고 착함

賢明(현명)　**賢人**(현인)　**賢淑**(현숙)

ⱂ ⱂ ⱂ 臣 臤 臤 賢

형성 돈이 들어오고 나가는 것을 빈틈없이 하는 것을 나타냄.

中 4Ⅱ급

[血 0, 총 6획]

피 **혈**

피, 골육　　영 blood 중 血 xuě 일 ク ツ(ち)

血管(혈관) 핏줄

血氣(혈기)　**血淚**(혈루)　**血鬪**(혈투)

丿 亠 卢 冇 血 血

지사 치가 따끈따끈한 것을 나타냄.

中 4Ⅱ급

[十 6, 총 8획]

합할 **협**

화합하다(=和)　　영 harmony 중 协 xié 일 キョウ(かなう)

協同(협동) 여럿이 마음과 힘을 합하여 어떤 일을 함

協力(협력)　**協助**(협조)　**協商**(협상)

十 ⱡ ⱡⲕ ⱡⲕⲕ 協 協 協

형성 서로 모여 힘을 합하는 모습을 나타냄.

4Ⅱ급 필수한자 | **255**

中 4Ⅱ급

惠
[心8, 총12획]
은혜 **혜**

은혜, 혜택(=恩)　영 favor　중 惠 huì　일 ケイ·エ(めぐむ)

惠聲(혜성) 인자하다는 소문
惠示(혜시)　**惠澤**(혜택)　**惠存**(혜존)

一 戸 申 申 虫 惠 惠

회의 상대방의 부드러운 마음을 나타냄.

高 4Ⅱ급

護
[言14, 총21획]
보호할 **호**

보호하다, 지키다　영 protect　중 护 hù　일 ゴ(まもる)

護國(호국) 나라를 다른 나라의 침략으로부터 지킴
護身術(호신술)　**護送**(호송)　**護衛**(호위)

訂 訮 諩 諩 護 護

형성 다른 사람으로부터 피해를 보지 않도록 지킴을 나타냄.

中 4Ⅱ급

[口5, 총8획]
부를 **호**

부르다, 외치다　영 call　중 呼 hū　일 コ(よぶ)

呼戚(호척) 인척간의 척의(**戚誼**)를 대어 항렬을 찾아 부름
呼應(호응)　**呼價**(호가)　**呼客**(호객)

口 口' 口' 呼 呼 呼

형성 소리쳐서 상대를 부르는 모습을 나타냄.

中 4Ⅱ급

[戶0, 총4획]
지게 **호**

지게, 지게문　영 door　중 户 hù　일 コ(と)

戶口(호구) 호수와 인구
戶別(호별)　**戶當**(호당)　**戶主**(호주)

' ㄏ ㅏ 戶

상형 한 쪽 출입구의 모양을 나타냄.

2단계

中 4Ⅱ급

[水 8, 총11획]
섞을 **혼**

섞다, 섞임 　　　　　 영 mix 중 混 hùn 일 コン(まぜる)

混用(혼용) 섞어서 씀
混合(혼합)　混沌(혼돈)　混亂(혼란)

氵 氵ㄱ 氵ㄱ 混 混 混

형성 여러 가지 사물들이 뒤섞여 있는 모양을 나타냄.

中 4Ⅱ급

[貝 4, 총11획]
재화 **화**

물품(=財) 　　　　　 영 goods 중 货 huò 일 カ(たから・かね)

貨幣(화폐) 지불 수단으로 사용되는 매개체
貨物(화물)　貨主(화주)　貨車(화차)

亻 化 化 伫 貨 貨

형성 다른 물건들과 바꿀 수 있는 조개를 나타냄.

高 4Ⅱ급

確
[石 10, 총15획]
굳을 **확**

확실하다, 굳다 　　　 영 true 중 确 què 일 カク(たしか)

確答(확답) 확실한 대답
確實(확실)　確保(확보)　確定(확정)

石 矿 砂 砕 碎 確

형성 돌이 단단한 모양을 나타냄.

中 4Ⅱ급

[口 3, 총6획]
돌 **회**

돌다, 돌아오다 　　　 영 return 중 回 huí 일 回 カイ・エ(めぐる)

回甲(회갑) 나이 61세
回顧錄(회고록)　回軍(회군)　回答(회답)

丨 冂 冂 回 回 回

상형 이중으로 된 문이 빙빙 도는 모습을 나타냄.

高 4Ⅱ급

獲 [犬14, 총17획]
얻을 획

얻다, 손에 넣다   영 gain 중 获 huò 일 カク(える)

獲得(획득) 잡아들임
獲利(획리) 捕獲(포획) 生獲(생획)

犭 犭 犷 犷 獲 獲

형성 동물을 사냥하는데 짐승을 이용하는 것을 나타냄.

高 4Ⅱ급

吸 [口4, 총7획]
숨을 흡

숨 들이쉬다, 마시다   영 breath 중 吸 xī 일 キュウ(すう)

吸着(흡착) 달라붙음
吸血鬼(흡혈귀) 吸煙(흡연) 吸入(흡입)

丨 口 口 叨 叨 吸

상형 공기를 잔뜩 빨아들이는 모습을 나타냄.

中 4Ⅱ급

興 [臼10, 총16획]
일 흥

일어나다(↔亡)   영 flourish 중 兴 xīng 일 コウ(おこる)

興國(흥국) 나라를 흥하게 함
興起(흥기) 興亡(흥망) 興味(흥미)

钅 钅 铂 铂 興 興

회의 한꺼번에 힘을 모아서 들어 올리는 모습을 나타냄.

中 4Ⅱ급

希 [巾4, 총7획]
바랄 희

바라다(=望 =願)   영 hope 중 希 xī 일 キ(ねがう)

希求(희구) 원하고 바람
希望(희망) 希願(희원) 希冀(희기)

丿 ㄨ 产 产 希 希

회의 빈틈없이 막힌 장막 안에서 무슨 일을 정하는 것을 나타냄.

Part III

3-step
3단계

* 핵심한자 *

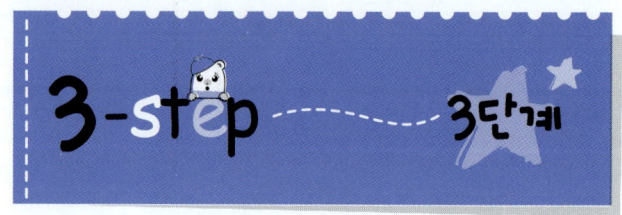

3-step 3단계

高 3급

架
[木 5, 총9획]
시렁 **가**

시렁, 횃대 영shelf 중架 jià 일カ(かかる)

架空(가공) 근거가 없음
架構(가구) 架橋(가교) 架臺(가대)

ㄱ 加 加 架 架 架

형성 기둥을 연결하는 막대를 가로로 얹어 놓은 것을 나타냄.

中 3Ⅱ급

佳
[人 6, 총8획]
아름다울 **가**

아름답다, 좋다 영beautiful 중佳 jiā 일カ

佳境(가경) 흥미로운 고비. 재미있는 판
佳人(가인) 佳景(가경) 佳約(가약)

亻 亻 佳 佳 佳 佳

형성 말쑥하고 잘 생긴 사람의 모양을 나타냄.

高 3급

却
[卩 5, 총7획]
물리칠 **각**

물리치다 영reject 중却 què 일キャク(しりぞける)

却望(각망) 뒤를 돌아다 봄
却說(각설) 却走(각주) 却下(각하)v

十 土 去 去 去 却 却

형성 무릎을 꿇은 채로 뒷걸음질 치는 모습을 나타냄.

中 3Ⅱ급

脚
[肉 7, 총 11획]
다리 **각**

다리, 물건 떠받치는 것　영 leg 중 脚 jiǎo 일 キャク(あし)

脚光(각광) 조명 장치의 하나
脚色(각색)　脚本(각본)　脚注(각주)

月　肝　胠　脏　胠　脚

형성 무릎으로부터 뒤쪽으로 구부러지는 다리라는 뜻을 나타냄.

高 3Ⅱ급

閣
[門 6, 총 14획]
문설주 **각**

누각, 다락집　영 pavilion 중 阁 gé 일 カク(たかどの)

閣道(각도) 다락집의 복도
閣議(각의)　閣令(각령)　閣僚(각료)

丨　卩　門　門　閃　閣

형성 버팀대로 문이 움직이지 않게 받쳐놓은 모양을 나타냄.

高 3Ⅱ급

肝
[肉 3, 총 7획]
간 **간**

간, 간장　영 liver 중 肝 gān 일 カン(きも)

肝膈(간격) 몸 속 깊이 있는 간장과 가로막
肝要(간요)　肝膽(간담)　肝癌(간암)

刀　月　月　月　肝　肝

형성 몸에서 중추적인 역할을 하는 간의 모습을 나타냄.

高 3Ⅱ급

懇
[心 13, 총 17획]
정성 **간**

간절하다, 간절히　영 sincerity 중 恳 kěn 일 コン(ねんごろ)

懇切(간절) 절실함
懇求(간구)　懇談(간담)　懇切(간절)

犭　犭　豸　豸　懇　懇

형성 깊숙이 마음에 뿌리 내린 것처럼 정성이 깊은 것을 나타냄.

高 3Ⅱ급

幹
[干 10, 총13획]

줄기 간

줄기, 기둥 　　　영 trunk　중 干 gàn　일 カン(みき)

幹部(간부) 조직에서 중심을 이루는 사람
幹枝(간지) 幹能(간릉) 幹部(간부)

十 古 占 卓 幹 幹 幹

형성 나무줄기가 굵고 튼튼한 것을 나타냄.

高 3급

姦
[女 6, 총9획]

간사할 간

간사하다, 속임 　　영 adultery　중 奸 jiān　일 カン(よこしま)

姦夫(간부) 간통한 사내
姦通(간통) 姦婦(간부) 姦淫(간음)

く 夕 女 姦 姦 姦

회의 여자 셋이 모여 있는 모양을 나타냄.

高 3Ⅱ급

刊
[刀 3, 총5획]

책 간

책 펴내다 　　영 carve·publish　중 刊 kān　일 カン(きざむ)

刊本(간본) 인쇄된 서책
刊印(간인) 刊刻(간각) 刊印(간인)

一 二 干 刊 刊

형성 나무에 글자를 쓴다는 뜻으로 책 만드는 일을 나타냄.

中 3급

渴
[水 9, 총12획]

목마를 갈

목마르다, 갈증 　　영 thirsty　중 渴 kě　일 カツ(かわく)

渴求(갈구) 애써 구함
渴症(갈증) 渴急(갈급) 渴望(갈망)

氵 氵 渇 渇 渇 渇

형성 메말라서 물이 흐르지 않는 것을 나타냄.

高 3Ⅱ급

鑑
[金14, 총22획]
거울 **감**

거울, 본보기   영 mirror 중 鉴 jiàn 일 カン(かがみ)

鑑別(감별) 감정하여 좋고 나쁨을 가림
鑑賞(감상) **鑑識**(감식) **鑑定**(감정)

金 鈩 鉀 鍏 鑑 鑑

형성 거울에 비추어 보는 것처럼 잘 살펴보는 것을 나타냄.

高 3Ⅱ급

綱
[糸8, 총14획]
벼리 **강**

벼리, 사물의 근본   영 outline 중 纲 gāng 일 コウ(つな)

綱領(강령) 일의 큰 줄거리
綱目(강목) **綱常**(강상) **綱要**(강요)

糸 紉 絅 網 網 綱

형성 튼튼한 밧줄을 나타냄.

高 3Ⅱ급

剛
[刀8, 총10획]
굳셀 **강**

굳세다, 굳다   영 firm 중 刚 gāng 일 ゴウ(つよい)

剛性(강성) 굳센 성질
剛直(강직) **剛健**(강건) **剛斷**(강단)

冂 門 門 門 岡 剛

형성 칼을 만드는 강철만큼이나 단단한 것을 나타냄.

高 3급

鋼
[金8, 총16획]
강철 **강**

강철, 강하다   영 steel 중 钢 gāng 일 コウ(はがね)

鋼板(강판) 강철판
鋼鐵(강철) **鋼管**(강관) **鋼線**(강선)

金 釘 釦 鋼 鋼 鋼

형성 쇠가 단단하고 굳센 것을 나타냄.

中 3급

皆 [白 4, 총 9획] 다 개

다, 모두   영 all 중 皆 jiē 일 カイ (みな)

皆無(개무) 전혀 없음
皆兵(개병) 皆納(개납) 皆勤(개근)

一 ㄅ 比 比 毕 皆 皆

회의 사람이 연이어서 늘어서 있는 것을 나타냄.

高 3급

蓋 [艸 10, 총 14획] 덮을 개

덮다, 덮어놓다   영 cover 중 盖 gài 일 ガイ (おおう)

蓋世(개세) 떨치는 힘이 세상(世上)을 뒤엎음
蓋瓦(개와) 蓋棺(개관) 蓋覆(개복)

艹 芐 苎 蓋 蓋 蓋

형성 틈이 없이 막힌 창고에서 돋아나는 풀인 곰팡이를 나타냄.

高 3급

慨 [心 11, 총 14획] 분개할 개

분개하다, 슬퍼하다   영 lament 중 慨 kǎi 일 ガイ (なげく)

慨嘆(개탄) 의분이 복받쳐 오름
慨然(개연) 慨世(개세) 慷慨(강개)

忄 忄 忄 忾 慨 慨

회의 가슴이 메어질 정도로 마음속에 뭔가가 꽉 찬 것을 나타냄.

高 3Ⅱ급

概 [木 11, 총 15획] 대개 개

대개, 대강   영 generally 중 概 gài 일 ガイ (おおむね)

槪要(개요) 대충 살펴 봄
槪括(개괄) 槪念(개념) 槪況(개황)

木 木 柝 柝 概 概

형성 곡식을 담고 평평하게 고르는 나무 막대기를 나타냄.

3단계

高 3Ⅱ급

[人 2, 총 4획]

끼일 **개**

끼이다, 굳다   영 between 중 介 jiè 일 カイ (はさまる)

介殼(개각) 조가비

介甲(개갑) 介馬(개마) 介意(개의)

ノ 人 介 介

회의 두 개 사이에 끼어 있는 모양을 나타냄.

高 3Ⅱ급

[足 5, 총 12획]

떨어질 **거**

떨어지다, 며느리발톱   영 distant 중 距 jù 일 キョ (へだたる)

距骨(거골) 복사뼈

距今(거금) 距離(거리) 距躍(거약)

ᄝ ᄝ ᄝ 距 距 距

형성 걸어갈 때 다리가 벌어지는 모양을 나타냄.

中 3Ⅱ급

[乙 10, 총 11획]

마를 **건**

마르다, 하늘   영 heaven 중 乾 qián 일 ケン (てん)

乾固(건고) 말라서 굳어짐

乾畓(건답) 乾坤(건곤) 乾期(건기)

一 十 古 卓 軋 乾

형성 높이 서있는 깃발처럼 태양이 솟아오르는 모양을 나타냄.

高 2급

[乙 2, 총 3획]

빌 **걸**

빌다, 청하다   영 beg 중 乞 qǐ 일 コツ (こう)

乞士(걸사) 중을 가리키는 말

乞食(걸식) 乞神(걸신) 乞人(걸인)

ノ 厂 乞

가차 구걸하는 사람을 나타냄.

3급 핵심한자 | **265**

高 3Ⅱ급

劍 [刀 13, 총15획]
칼 **검**

칼, 검 　　영 sword 　중 剑 jiàn 　일 ケン(つるぎ)

劍客(검객) 칼을 쓰는 사람
劍舞(검무) 劍道(검도) 劍舞(검무)

亽 亼 刕 刕 僉 劍

형성 양쪽 날이 날카롭게 서 있는 칼을 나타냄.

3급

憩 [心 12, 총16획]
쉴 **게**

쉬다, 숨을 돌림 　　영 rest 　중 息 xī 　일 ケイ(いこい)

休憩室(휴게실) 잠깐 들러 쉬게 베풀어 놓은 방(房)
憩潮(게조) 休憩(휴게) 流憩(유게)

千 舌 舌 刮 刮 憩

회의 두근거리는 가슴을 진정시켜 편하게 숨쉬는 것을 나타냄.

高 2급

隔 [阜 10, 총13획]
사이뜰 **격**

막히다, 사이 뜨다 　　영 separate 　중 隔 gé 　일 カク(へだたる)

隔年(격년) 해를 거름
隔世(격세) 隔離(격리) 隔意(격의)

阝 阝 阝 阝 阝 阝

형성 언덕으로 가로막혀 있는 것을 나타냄.

高 3급

絹 [糸 7, 총13획]
명주 **견**

비단, 명주 　　영 silk 　중 绢 juàn 　일 ケン(きぬ)

絹本(견본) 서화를 그리는 데 쓰는 비단 천
絹絲(견사) 絹毛(견모) 絹紡(견방)

幺 糸 糹 糸 絹 絹

형성 눈을 동그랗게 말고 있는 누에의 모습을 나타냄.

3단계

高 2급

[牛 7, 총11획]

끌 **견**

끌다, 끌어당기다   영 draw 중 牵 qiān 일 ケン

牽引(견인) 끌어당김
牽制(견제) **牽曳**(견예) **自牽**(자견)

亠 玄 玄 㚔 牽 牽 牽

형성 쇠코뚜레를 끌어 소를 앞으로 나아가게 하는 것을 나타냄.

高 3급

[辵 10, 총14획]

보낼 **견**

보내다, 파견하다   영 send 중 遣 qiǎn 일 ケン(つかわす)

牽引(견인) 끌어당김
牽制(견제) **牽曳**(견예) **自牽**(자견)

虫 虫 書 書 遣 遣

형성 두 손으로 여러 가지 물건들을 받들고 있는 모습을 나타냄.

高 3급

[肉 4, 총8획]

어깨 **견**

어깨, 견디다   영 shoulder 중 肩 jiān 일 ケン(かた)

肩胛(견갑) 어깨뼈가 있는 자리
肩骨(견골) **肩頭**(견두) **肩章**(견장)

丶 尸 亓 肩 肩 肩

회의 어깨의 높고 평평하게 뻗은 모습을 나타냄.

高 3급

[言 4, 총11획]

이별할 **결**

이별하다, 결정   영 part 중 诀 jue 일 ケツ(わかれる)

秘訣(비결) 남이 모르는, 자기만의 독특하고 효과적인 방법
訣別(결별) **訣宴**(결연) **訣要**(결요)

幺 糹 糸 紀 絹 絹

형성 '헤어지다'의 뜻을 나타냄.

高 3Ⅱ급

謙
[言 10, 총17획]
겸손할 **겸**

겸손하다　영 humble　중 谦 qiān　일 ケン(へりくだる)

謙遜(겸손) 남 앞에서 자신을 낮춤
謙讓(겸양)　謙稱(겸칭)　過謙(과겸)

言　計　詳　詳　謙　謙

형성 사양하면서 뒤로 물러나는 모습을 나타냄.

高 3Ⅱ급

兼
[八 8, 총10획]
겸할 **겸**

겸하다, 다하다　영 combine　중 兼 jiān　일 ケン(かねる)

兼業(겸업) 본업 이외에 하는 사업이나 일
兼床(겸상)　兼務(겸무)　兼備(겸비)

회의 한꺼번에 두 개의 물건을 가지고 있는 것을 나타냄.

高 3급

卿
[卩 10, 총12획]
벼슬 **경**

벼슬, 경　영 sir　중 卿 qīng　일 ケイ(くげ)

樞機卿(추기경) 로마 교황(敎皇)의 (最高) 고문
(顧問)上卿(상경)　卿相(경상)　公卿(공경)

ㄅ　ㄟ　卯　卵　卿　卿

회의 진수성찬을 차려놓고 마주앉아 연회를 즐김을 나타냄.

中 3급

庚
[广 5, 총8획]
일곱째천간 **경**

일곱째 천간, 별　영 correct　중 庚 gēng　일 コウ(かのえ)

庚方(경방) 24방위의 하나
庚帖(경첩)　庚伏(경복)　庚時(경시)

상형 절굿공이로 곡식을 찧는 것을 나타냄.

3단계

高 3Ⅱ급

頃
[頁2, 총11획]
잠깐 경

밭 넓이, 기울다 　　영recently 중顷 qǐng 일ケイ(ころ)

頃日(경일) 지나간 날이나 때
頃刻(경각) **頃步**(경보) **月頃**(월경)

一 匕 匕 匕 頃 頃

회의 비수 비(匕)와 머리 혈(頁).

中 3Ⅱ급

耕
[耒4, 총10획]
갈 경

갈다, 논밭을 갊 　　영plough 중耕 gēng 일コウ(たがやす)

耕耘(경운) 농사짓는 일
耕者(경자) **耕作**(경작) **耕田**(경전)

三 丰 耒 耒 耕 耕

회의 논·밭을 일구듯이 가로세로 선을 내는 것을 나타냄.

高 3급

徑
[彳7, 총10획]
지름길 경

지름길 　　영short cut 중径 gìng 일徑ケイ(てみち)

捷徑(첩경) 지름길
徑情直行(경정직행) **徑行**(경행)

彳 彳 徑 徑 徑 徑

형성 두 지점을 곧바로 이은 지름길을 나타냄.

高 3급

硬
[石7, 총12획]
굳을 경

굳다, 단단하다 　　영hard 중硬 yìng 일コウ(かたい)

硬度(경도) 물체의 단단함 정도
硬性(경성) **硬直**(경직) **硬質**(경질)

一 ア 石 硬 硬 硬

형성 긴장해서 돌처럼 딱딱하게 굳은 모습을 나타냄.

3급 핵심한자 | **269**

高 3급

竟 [立6, 총11획] 마칠 경

마치다, 끝남 영 finish 중 竟 jìng 일 キョウ(ついに)

畢竟(필경) 마침내
竟夕(경석) 竟夜(경야) 究竟(구경)

⺊ ⺊ 立 音 音 竟

회의 노래의 마지막이나 악장의 끝부분을 나타냄.

高 3Ⅱ급

啓 [口8, 총11획] 열 계

열다, 인도하다 영 open 중 启 qǐ 일 ケイ(ひらく)

啓告(계고) 아룀
啓奏(계주) 啓導(계도) 啓蒙(계몽)

⺈ ⺈ 户 户 改 啓

형성 문을 여는 것처럼 입을 열어 말하는 모습을 나타냄.

高 3Ⅱ급

械 [木7, 총11획] 형틀 계

기계, 기구 영 machine 중 械 xiè 일 カイ

械繫(계계) 죄인에게 형구를 채워 감옥에 집어넣음
器械(기계) 器械體操(기계체조) 兵械(병계)

木 木 朾 械 械 械

형성 장치가 달려 있는 도구를 나타냄.

高 3급

[木6, 총10획]
계수나무 계

계수나무, 월계수 영 cassia 중 桂 guì 일 ケイ(かつら)

桂樹(계수) 계수나무
桂皮(계피) 桂林(계림) 官桂(관계)

一 十 才 木 杧 桂

형성 냄새가 향기로운 품질이 좋은 나무를 나타냄.

3단계

高 2급

[糸 13, 총 19획]

맬 **계**

매다, 동여매다 영 tie 중 系 xì 일 ケイ(つなぐ)

繫累(계루) 이어 묶음
繫留(계류) **繫船**(계선) **連繫**(연계)

𢆯 𢆯 𣪠 𣪠 繫 繫

형성 힘을 주어 끈을 당겨서 꽉 졸라매는 것을 나타냄.

中 3Ⅱ급

[水 10, 총 13획]

시내 **계**

시내, 산골짜기 영 stream 중 溪 xī 일 ケイ(たに)

溪谷(계곡) 물이 흐르는 골짜기
深溪(심계) **溪流**(계류) **溪友**(계우)

氵 氵 氵 氵 溪 溪

형성 강이 가늘고 기다랗게 흐르는 모양을 나타냄.

高 3Ⅱ급

[大 6, 총 9획]

맺을 **계**

맺다, 계약서 영 bond 중 契 qì 일 ケイ(ちぎる)

契機(계기) 어떤 일이 되는 동기
契約(계약) **契員**(계원) **契約金**(계약금)

三 丰 初 初 契 契

형성 뼈나 나무에 약속한 내용을 칼로 새기는 것을 나타냄.

中 3급

[癶 4, 총 9획]

열째 **계**

열째 천간(天干), 월경 영 north 중 癸 guǐ 일 キ(みづのと)

癸方(계방) 24 방위의 하나
癸酉(계유) **癸未字**(계미자) **癸方**(계방)

ノ ⺡ 癶 癶 癸 癸

상형 끝이 세 갈래 또는 네 갈래로 되어 있는 창을 나타냄.

3급 핵심한자 | **271**

高 3Ⅱ급

姑

[女 5, 총8획]

시어미 고

시어미, 고모 영 mother in law 중 姑 gū 일 コ(しゆうとめ)

姑母(고모) 아버지의 누이

姑息(고식) 姑母(고모) 姑從(고종)

女 女 女 姑 姑 姑

회의·형성 나이 먹고 늙은 여자를 나타냄.

高 3Ⅱ급

鼓

[鼓 0, 총13획]

북 고

북, 북을 치다 영 drum 중 鼓 gǔ 일 コ(つづみ)

鼓角(고각) 북을 치고 호각을 붊

鼓舞(고무) 鼓手(고수) 鼓吹(고취)

士 吉 壴 壴 鼓 鼓

회의 손에 든 막대기로 두들기는 모습을 나타냄.

高 3급

枯

[木 5, 총9획]

마를 고

마르다, 야위다 영 wither 중 枯 kū 일 コ(からす)

枯葉(고엽) 시든 잎, 마른 잎

枯骨(고골) 枯渴(고갈) 枯木(고목)

一 十 木 木 枯 枯

형성 메말라서 단단하게 굳은 나무를 나타냄.

高 3급

顧

[頁 12, 총21획]

돌아볼 고

돌아보다, 도리어 영 look after 중 顾 gù 일 コ(かえりみる)

顧忌(고기) 뒷일을 염려하고 꺼림

顧慮(고려) 顧客(고객) 顧見(고견)

戶 戶 雇 雇 顧 顧

형성 앞쪽을 보지 않고 뒤쪽을 돌아보는 것을 나타냄.

高 3Ⅱ급

[禾10, 총15획]
볏집 고

볏짚, 초고　　　영straw　중稿 gǎo　일コウ(わら·したがき)

稿案(고안) 문서의 초안
稿草(고초)　稿料(고료)　稿本(고본)

二 禾 秆 秳 稿 稿

형성 종이를 만드는 재료라는 뜻으로 초고를 나타냄.

中 3Ⅱ급

[谷0, 총7획]
골 곡

골, 골짜기　　　영valley　중谷 gǔ　일コク(たに)

深山幽谷(심산유곡) 깊은 산과 그윽한 골짜기
谷泉(곡천)　谷澗(곡간)　谷水(곡수)

ノ 八 グ 父 谷 谷

회의 구멍으로 물이 갈라지면서 흘러나오는 모양을 나타냄.

高 3Ⅱ급

[口7, 총10획]
울 곡

소리 내어 울다, 곡하다　　　영weep　중哭 kū　일コク(なく)

哭聲(곡성) 크게 우는소리
哭班(곡반)　哭婢(곡비)　哭泣(곡읍)

口 吅 吅 哭 哭 哭

회의 크게 소리 내면서 우는 것을 나타냄.

中 3급

[土8, 총8획]
곤괘 곤

땅, 괘(卦) 이름　　　영earth　중坤 kūn　일コソ(つち)

坤位(곤위) 왕후의 지위
坤育(곤육)　坤卦(곤괘)　坤宮(곤궁)

土 圤 坩 坤 坤 坤

형성 위로 뻗지 못하고 땅 밑으로 파고 들어가는 것을 나타냄.

高 3Ⅱ급

恐 [心 6, 총10획] 두려울 **공**

두렵다　영 afraid　중 恐 kǒng　일 キョウ(おそろしい)

恐怖(공포) 두렵고 무서워함
恐喝(공갈)　恐龍(공룡)　恐慌(공황)

丁 丌 巩 巩 恐 恐

형성 구멍이 뚫린듯 마음을 관통해서 뚫려진 모습을 나타냄.

高 3Ⅱ급

貢 [貝 3, 총10획] 바칠 **공**

바치다, 천거하다　영 tribute　중 贡 gòng　일 コウ·ク(みつぐ)

貢物(공물) 백성이 궁에 바치는 토산물
貢納(공납)　貢緞(공단)　貢獻(공헌)

一 T 于 于 青 青 貢

형성 일을 해서 얻은 재산이나 물건을 바치는 것을 나타냄.

高 3Ⅱ급

恭 [心 6, 총10획] 공손할 **공**

공손하다　영 respectful　중 恭 gōng　일 キョウ(うやうやしい)

恭儉(공검) 공손하고 검소함
恭敬(공경)　恭待(공대)　恭遜(공손)

艹 艹 共 共 恭 恭

형성 윗사람에게 재물을 바칠 때 생기는 황송한 기분을 나타냄.

高 3Ⅱ급

供 [人 6, 총8획] 이바지할 **공**

이바지하다　영 offer　중 供 gōng　일 キョウ·ク(そなえる)

供給(공급) 수요에 따라 물건을 대어줌
提供(제공)　供與(공여)　供招(공초)

亻 亻 仁 件 供 供

형성 두 손으로 받들어 모두를 나타냄.

274 | 3-Step 왕초보 1800한자 - 3단계

3단계

3급

[瓜 0, 총5획]
오이 **과**

오이, 참외   영 cucumber 중 瓜 guā 일 カ(うり)

瓜時(과시) 관직을 바꾸거나 임기가 끝나는 시기
瓜年(과년) **瓜葛**(과갈) **木瓜**(모과)

丶 厂 瓜 瓜 瓜

상형 덩굴에 달려있는 오이의 형상을 나타냄.

고 3Ⅱ급

[宀 11, 총14획]
적을 **과**

적다, 약하다   영 few 중 寡 guǎ 일 カ(すない)

寡宅(과택) 홀어미
寡少(과소) **寡黙**(과묵) **寡婦**(과부)

宀 宀 宁 宣 寊 寡

회의 아이가 지붕 아래 홀로 남겨진 것을 나타냄.

고 3Ⅱ급

[言 6, 총13획]
자랑할 **과**

자랑하다, 자만함   영 pride 중 夸 kuā 일 コ(はこる)

誇矜(과긍) 자랑함
誇示(과시) **誇大**(과대) **誇張**(과장)

言 言 診 誇 誇 誇

형성 멀리 돌아가며 말하는 것을 나타냄.

고 3급

[邑 8, 총11획]
성곽 **곽**

둘레, 외성(外城)   영 outer wall 중 郭 guō 일 カク(くるわ)

外廓(외곽) 내성(內城)과 외성(外城)을 일컫는 말
郭公(곽공) **輪郭**(윤곽) **城郭**(성곽)

亠 亨 亨 享 郭 郭

형성 사방이 성으로 둘러싸인 마을을 나타냄.

高 3Ⅱ급

慣
[心11, 총14획]
버릇 관

버릇 영accustomed 중惯 guàn 일カン(なれる)

慣用(관용) 관습적으로 익힘
慣行(관행) **慣例**(관례) **慣性**(관성)

忄 忄” 忄⺌ 忄兽 慣 慣

형성 친숙하고 익숙한 것을 나타냄.

高 3Ⅱ급

館
[食8, 총17획]
객사 관

집 영lodge 중馆 guǎn 일館カン(たち・たて)

館長(관장) 학관(學館) 또는 도서관의 우두머리
館舍(관사) **館員**(관원) **館田**(관전)

ㅋ 刍 飠 館 館 館

형성 음식을 내서 손님을 접대하는 큰 집을 나타냄.

高 3Ⅱ급

冠
[冖7, 총9획]
갓 관

갓, 관 영crown 중官 guān 일カン(かんむり)

冠網(관망) 갓과 망건
冠絕(관절) **冠禮**(관례) **冠詞**(관사)

冖 ㄫ 冖 冠 冠 冠

형성 둥근 갓을 손으로 들어서 쓰는 모습을 나타냄.

高 3Ⅱ급

貫
[貝4, 총11획]
꿸 관

꿰다, 꿰뚫다 영pierce 중贯 guàn 일カン(つらぬく)

貫祿(관록) 인격에 따른 위엄
貫流(관류) **貫穿**(관천) **貫徹**(관철)

ㄴ ㄩ ㅁ 毌 毌 貫 貫

형성 두 개의 물건에 관통한 모습을 나타냄.

高 3Ⅱ급

[宀12, 총15획]

너그러울 **관**

너그럽다, 넓다 영 generous 중 宽 kuān 일 カン

寬大(관대) 너그럽고 도량이 큼

寬容(관용) **寬政**(관정) **寬厚**(관후)

宀 宀 宀 宀 寬 寬

형성 집안 여기저기를 큰 염소가 돌아다니는 모양을 나타냄.

高 2급

[犬4, 총7획]

미칠 **광**

미치다, 경솔하다 영 mad 중 狂 kuáng 일 キョウ(くるう)

狂氣(광기) 미친 증세

狂信(광신) **狂犬**(광견) **狂亂**(광란)

丿 丿 犭 犷 狂 狂

형성 미친 것처럼 제멋대로 하는 왕을 나타냄.

高 3급

[手8, 총11획]

걸, 말 **괘**

걸다, 걸쳐놓다 영 hang 중 挂 guà 일 ケ・カイ(かける)

掛念(괘념) 마음에 두고 잊지를 아니함

掛燈(괘등) **掛冠**(괘관) **掛圖**(괘도)

扌 扌 扗 抍 挂 掛

형성 매달린 모양이 八자 형태를 나타냄.

高 3급

[心10, 총13획]

부끄러워할 **괴**

부끄러워하다 영 bashful 중 愧 kuì 일 ゲ(はじる)

自愧(자괴) 스스로 부끄러워 함

愧色(괴색) **愧報**(괴란) **愧死**(괴사)

忄 忄 忄 忄 愧 愧

회의·형성 부끄럽고 창피스러운 모습을 나타냄.

高 3급

塊 [土 10, 총13획] 흙덩이 괴

흙덩이, 덩어리 영lump 중块 kuài 일カイ(つちくれ)

塊狀(괴상) 덩이 모양

塊莖(괴경) 塊根(괴근) 塊金(괴금)

十 土 圹 坤 塊 塊

형성 둥글게 뭉친 흙덩이를 나타냄.

高 3Ⅱ급

怪 [心 5, 총8획] 기이할 괴

괴이하다 영strange 중怪 guài 일カイ(あやしい)

怪奇(괴기) 괴상하고 기이함

怪談(괴담) 怪物(괴물) 怪疾(괴질)

忄 忄' 忄ㄱ 怊 怪 怪

형성 둥근 머리를 쑥 내민듯한 느낌을 나타냄.

高 3급

壞 [土 16, 총19획] 무너질 괴

무너지다 영collapse 중坏 huài 일カイ(やぶれる)

壞滅(괴멸) 파괴되어 멸망함

壞死(괴사) 壞落(괴락) 崩壞(붕괴)

圹 坤 坤 壇 壞 壞

형성 흙으로 쌓은 벽에 뚫은 둥근 구멍을 나타냄.

高 3급

郊 [邑 6, 총9획] 성밖 교

들, 전야(田野) 영suburb 중郊 jiāo 일コウ(はずれ)

近郊(근교) 도시에 가까운 주변

郊祀(교사) 郊迎(교영) 遠郊(원교)

亠 六 交 交' 交⻏ 郊

형성 왔다 갔다 할 수 있을 정도의 거리에 있는 마을을 나타냄.

高 3급

[矢12, 총17획]

바로잡을 교

바로잡다   영 reform 중 矯 jiāo 일 キョウ(ためる·なおす)

矯正(교정) 바로잡음
矯導(교도) **矯角**(교각) **奇矯**(기교)

矢 矢 矫 矫 矯 矯

형성 비틀어진 화살을 끼워서 바로잡는 나무를 나타냄.

高 3급

[工2, 총5획]

공교할 교

공교하다, 교묘하다   영 skilful 중 巧 qiǎo 일 コウ(たくみ)

巧妙(교묘) 썩 잘 되고 묘함
巧言(교언) **巧技**(교기) **巧妙**(교묘)

一 T 工 丂 巧

형성 작게 구부러져서 정교하게 세공된 것을 나타냄.

高 3Ⅱ급

[車6, 총13획]

견줄 교

비교하다, 견주다   영 compare 중 较 jiào 일 コウ(くらべる)

較略(교략) 대략, 줄거리
較量(교량) **較差**(교차) **較然**(교연)

F 百 車 軒 軒 較

형성 양쪽을 비교하고 견주어 보는 것을 나타냄.

中 3Ⅱ급

[丿2, 총3획]

오랠 구

오래다   영 long time 중 久 jiǔ 일 キユウ(ひさしい)

久遠(구원) 아득하고 오램
持久力(지구력) **久年**(구년) **久痢**(구리)

丿 ク 久

지사 노인의 등이 여기까지라고 가리킴을 나타냄.

高 3Ⅱ급

拘 [手5, 총8획]
잡을 **구**

잡다, 한정하다　　영 catch　중 拘 jū　일 コウ(かかわる)

拘禁(구금) 교도소 등에 잡아 가둠
拘留(구류) 拘束(구속) 拘礙(구애)

扌 扌 扪 扪 拘 拘

형성 좁은 틀에 가두어 버리는 것을 나타냄.

3급

鷗 [鳥11, 총22획]
갈매기 **구**

갈매기　　영 sea gull　중 鸥 ōu　일 없음

鷗鷺(구로) 갈매기와 해오라기
鷗汀(구정) 江鷗(강구) 色鷗(색구)

 區 區 區 鷗 鷗

형성 鳥 와 區 가 합쳐진 글자로 갈매기가 우는 소리를 나타냄.

高 3급

丘 [一4, 총5획]
언덕 **구**

언덕, 동산　　영 hill　중 丘 qiū　일 キュウ(おか)

丘陵(구릉) 언덕, 나직한 산(山)
丘木(구목) 丘壟(구롱) 三丘(삼구)

丿 ㄏ 斤 斤 丘

회의 주변이 높고 가운데가 움푹 들어간 분지를 나타냄.

高 3급

驅 [馬11, 총21획]
몰 **구**

몰다, 빨리 달리다　　영 drive　중 驱 qū　일 駆ク(かける)

驅迫(구박) 못 견디게 학대함
驅步(구보) 苟免(구면) 苟生(구생)

馬 馬 馬 駆 驅

형성 말이 달릴 때 몸이 구부려지는 것을 나타냄.

3단계

高 3급
懼
[心 18, 총21획]
두려워할 구

두려워하다, 겁이 나다 영 fear 중 惧 jù 일 ク・グ(おそれる)

疑懼心(의구심) 의심하고 두려워하는 마음

懼然(구연) 兢懼(긍구) 恐懼(공구)

忄 忄 忄 忄 忄 忄 懼

회의 주저하면서 눈을 두리번거리며 모습을 나타냄.

高 3급
苟
[艸 5, 총9획]
구차할 구

구차하다, 진실로 영 poor 중 苟 gǒu 일 コウ(いやしくも)

苟且(구차) 일시적으로 미봉하는 것

苟免(구면) 苟生(구생) 苟安(구안)

艹 艹 芍 芍 苟 苟

회의·형성 풀을 엮어서 둥근 모양으로 만든 것을 나타냄.

高 3급
狗
[犬 5, 총8획]
개 구

개, 작은 개 영 dog 중 狗 gǒu 일 ク(いぬ)

狗盜(구도) 작은 도둑(좀도둑)

狗肉(구육) 狗寶(구보) 狗蒸(구증)

犭 犭 犭 狗 狗 狗

회의·형성 개가 몸을 조그맣게 구부리고 있는 모습을 나타냄.

高 3급
俱
[人 8, 총10획]
함께 구

함께, 다 영 together 중 俱 jù 일 グ(ともに)

俱歿(구몰) 부모가 모두 죽음

俱發(구발) 俱存(구존) 俱現(구현)

亻 亻 们 俱 俱 俱

회의 여러 사람이 함께 모여서 통일된 행동을 하는 것을 나타냄.

3급 핵심한자 | **281**

高 3급

[龜 0, 총16획]
이름 **구/귀/균**

거북, 거북점　　영 tortoise　중 龟 guī　일 亀 キ(かめ)

龜鑑(귀감) 사물의 본보기
龜茲(구자)　龜頭(귀두)　龜裂(균열)

⺈ ⺈ ⺈ 龜 龜 龜

상형 거북이의 형상을 나타냄.

高 3Ⅱ급

[艸 8, 총12획]
국화 **국**

국화　　영 chrysanthemum　중 菊 jú　일 キク(きく)

菊月(국월) 음력 9월의 다른 칭호
菊花(국화)　菊水(국수)　白菊(백국)

⺾ ⺿ 芍 苟 菊 菊

형성 국화의 꽃잎이 둥글게 모여 있는 모양을 나타냄.

中 3Ⅱ급

[弓 0, 총3획]
활 **궁**

활, 활꼴　　영 bow　중 弓 gōng　일 キュウ(ゆみ)

弓弩(궁노) 활과 쇠뇌
弓師(궁사)　弓道(궁도)　弓矢(궁시)

⼸ ⼸ 弓

상형 활의 형상을 나타냄.

高 3Ⅱ급

[手 6, 총10획]
주먹 **권**

주먹, 주먹을 쥐다　　영 fist　중 拳 quán　일 ケン・ゲン(こぶし)

拳法(권법) 주먹으로 서로 치는 기술
拳術(권술)　拳銃(권총)　拳鬪(권투)

⺊ ⺊ 半 失 参 拳

회의·형성 손을 구부려 주먹을 쥐는 것을 나타냄.

3단계

高 3급

厥
[厂 10, 총 12획]
그 **궐**

그, 그 사람　　　영 that 중 厥 jué 일 ケツ(それ)

厥角(궐각) 이마를 땅에 대고 절을 함
厥女(궐녀)　厥冷(궐랭)　厥者(궐자)

厂 厂 厂 厈 厥 厥

회의·형성 움푹 파인 곳에 돌을 넣어 발사하는 석궁을 나타냄.

高 2급

軌
[車 2, 총 9획]
길 **궤**

궤도, 바퀴 굴대　　　영 track 중 轨 guǐ 일 キ(わだち)

軌道(궤도) 기차나 전동차의 길
軌範(궤범)　軌跡(궤적)　常軌(상궤)

一 ㄅ 亘 車 軌 軌

형성 수레가 굴러간 바퀴의 자국을 나타냄.

高 3Ⅱ급

[鬼 0, 총 10획]
귀신 **귀**

귀신, 도깨비　　　영 ghost 중 鬼 guǐ 일 キ(おに)

鬼面(귀면) 귀신의 얼굴을 상상하여 만든 탈
鬼門(귀문)　鬼才(귀재)　鬼神(귀신)

′ 宀 白 甪 鬼 鬼

회의 귀신이 무기를 들고 서 있는 형상을 나타냄.

高 3급

叫
[口 2, 총 5획]
부르짖을 **규**

부르짖다, 부르다　　　영 cry 중 叫 jiào 일 キュウ(さけぶ)

絶叫(절규) 힘을 다하여 부르짖음
叫呼(규호)　叫喚(규환)　叫聲(규성)

丨 冂 口 叭 叫

형성 목을 비틀어 짜내듯 소리치는 것을 나타냄.

高 2급

糾 [糸2, 총8획]
모을 규

살피다, 얽히다 영 entangled 중 纠 jiū 일 キユウ(ただす)

糾明(규명) 사리를 따져 밝힘
糾率(규솔) 糾彈(규탄) 糾合(규합)

⼃ ⼂ ⼳ ⼳ 糹 糸 糾 糾

형성 가는 실이 여러 갈래 모인 것을 나타냄.

3급

閨 [門6, 총14획]
도장방 규

안방, 규방(閨房) 영 boudoir 중 闺 guī 일 ケイ(ねや)

閨房(규방) 침실, 또는 안방
閨裏(규리) 閨秀(규수) 寒閨(한규)

⼁ ⼁ 門 門 閏 閨

회의 뾰족한 모양으로 튀어나온 옥그릇을 나타냄.

高 3급

菌 [艸8, 총12획]
버섯 균

버섯, 곰팡이 영 mushroom 중 菌 jūn 일 キン(きのこ)

病菌(병균) 병의 원인이 되는 균
菌絲(균사) 菌毒(균독) 菌傘(균산)

 芍 芮 菌 菌 菌

형성 외부와 차단된 창고 안에서 피어난 곰팡이를 나타냄.

高 3Ⅱ급

克 [儿5, 총7획]
이길 극

이기다, 능히 영 overcome 중 克 kè 일 コク(かつ)

克明(극명) 속속들이 밝힘
克服(극복) 克己(극기) 克家(극가)

 十 ナ 古 古 克

회의 머리에 크고 무거운 투구를 얹고 있는 모습을 나타냄.

3단계

高 3급

謹
[言 11, 총18획]
삼갈 근

삼가다, 조심하다 영respectful 중谨 jǐn 일キン(つつしむ)

謹嚴(근엄) 삼가고 엄숙함
謹愼(근신) 謹弔(근조) 謹呈(근정)

言 訸 諳 誰 謹 謹

형성 언행을 삼가서 행동거지가 얌전한 것을 나타냄.

3급

斤
[斤 0, 총4획]
도끼 근

도끼, 밝게 살피다 영pound, axe 중斤 jīn 일キン(おの)

斤兩(근량) 무게의 단위인 근과 냥을 아울러 이르는 말
斤量(근량) 斤數(근수) 斤重(근중)

´ ´ 斤 斤

상형 날선 도끼로 물건을 자르려는 형상을 본뜸.

3급

僅
[人 11, 총13획]
겨우 근

겨우, 조금 영recently 중仅 qǐng 일ケイ(ころ)

僅僅(근근) 매우 힘들고 어렵사리
僅少(근소) 僅僅扶持(근근부지)

亻 亻 俨 俨 俥 僅

형성 재주가 남만 못한 사람을 나타냄.

高 3Ⅱ급

錦
[金 8, 총16획]
비단 금

비단, 아름다운 것의 비유 영silk 중锦 jǐn 일キン(にしき)

錦繡江山(금수강산) 아름다운 우리나라의 산하
錦上添花(금상첨화) 錦衣(금의) 反錦(반금)

钅 金 釒 鈤 錦 錦

형성 황금실로 화려하게 짠 옷감을 나타냄.

高 3Ⅱ급

禽 [內 8, 총 13획]
날짐승 금

날짐승, 짐승 　　　영 birds 중 禽 qín 일 キン(とり)

禽獸(금수) 날짐승과 길짐승의 총칭
禽獲(금획)　禽鳥(금조)　寒禽(한금)

亽 今 含 肏 禽 禽 禽

회의·형성 동물을 도망가지 못하게 막고 있는 모양을 나타냄.

高 3Ⅱ급

琴 [玉 8, 총 12획]
거문고 금

거문고(한국의 현악기) 　　영 harp 중 琴 qín 일 キン(こと)

心琴(심금) 자극에 따라 미묘하게 움직이는 마음을 거문고

琴線(금선)　琴高(금고)　徽琴(휘금)

T 王 珏 珡 珡 琴

상형 거문고의 형상을 나타냄.

中 3Ⅱ급

及 [又 2, 총 4획]
미칠 급

미치다(↔落) 　　영 reach 중 及 jí 일 キュウ(および)

及其也(급기야) 마침내, 마지막에는
及落(급락)　及第(급제)　言及(언급)

ノ 丿 乃 及

회의 도망치는 사람의 등을 손으로 잡은 모습을 나타냄.

高 3급

[肉 4, 총 8획]
즐길 긍

즐기다, 기꺼이 　　영 enjoy 중 肯 kěn 일 コウ(うなずく)

肯諾(긍락) 기꺼이 승낙함
肯定(긍정)　肯志(긍지)　首肯(수긍)

丨 ㅏ 止 产 肯 肯

회의 받아 내거나 승인을 얻었다는 뜻을 나타냄.

3단계

高 3Ⅱ급

[田 10, 총15획]
경기 **기**

경기, 도성   영 suburbs 중 畿 jī 일 キ

畿檢(기백) 경기도 관찰사의 다른 이름
畿内(기내) 畿甸(기전) 畿湖(기호)

纟 纟纟 纟纟 畚 畿 畿

회의·형성 가깝고 손쉽게 얻을 수 봉토라는 뜻을 나타냄.

高 3Ⅱ급

企
[人 4, 총6획]
도모할 **기**

도모하다, 꾀함   영 scheme 중 企 qǐ 일 キ (くわだて)

企待(기대) 발돋음하여 기다림
企望(기망) 企圖(기도) 企劃(기획)

ノ 人 个 个 企 企

회의 발끝으로 서서 먼 곳을 바라보는 사람의 모습을 나타냄.

高 3급

[木 8, 총12획]
버릴 **기**

버리다, 내버림   영 abandon 중 弃 qì 일 キ (すてる)

棄權(기권) 권리를 포기함
棄世(기세) 棄却(기각) 遺棄(유기)

亠 亠 玄 㐬 棄 棄

형성 양손에 쓰레기로 쓰레기를 버리는 것을 나타냄

中 3급

[幺 9, 총12획]
기미 **기**

몇, 자주   영 some 중 几 jǐ 일 キ (いくばく)

幾回(기회) 몇 번
幾微(기미) 幾何(기하) 萬幾(만기)

纟纟 纟纟 纟纟 幾 幾 幾

회의 창을 가까이 겨누고 있는 것을 나타냄.

高 3급

欺 [欠8, 총12획]
속일 **기**

속이다, 거짓　　　　　영cheat 중欺 qī 일ギ(あざむく)

欺弄(기롱) 상대를 속이고 놀리는 것
欺瞞(기만) 欺罔(기망) 欺心(기심)

卄 廿 甘 其 欺 欺

형성 상대방으로부터 항복을 받아내는 모습을 나타냄.

高 3급

忌 [心3, 총7획]
꺼릴 **기**

꺼리다, 미워하다　　　　　영avoid 중忌 jì 일キ(いむ)

忌日(기일) 어버이가 죽은 날
忌故(기고) 忌中(기중) 忌避(기피)

一 フ 己 忌 忌 忌

형성 뭔가를 보고 깜짝 놀라면서 피하는 모습을 나타냄.

中 3Ⅱ급

[八6, 총8획]
그 **기**

그, 그것　　　　　영it 중其 qí 일キ(その)

其實(기실) 사실은
其間(기간) 其他(기타) 其人(기인)

一 十 卄 廿 甘 其 其

상형 대 위에 키를 얹어 놓은 모양을 나타냄.

高 3Ⅱ급

[示4, 총9획]
빌 **기**

빌다, 기도함　　　　　영pray 중祈 qí 일キ(いのる)

祈願(기원) 바라는 일이 이루어지기를 빎
祈願(기원) 祈禱(기도) 祈求(기구)

亍 禾 示 祈 祈 祈

형성 신에게 원하는 곳으로 가게 기도하는 모습을 나타냄.

高 3급

[食 2, 총 11획]

주릴 **기**

주리다, 굶주림   영 hunger 중 饥 jī 일 キ(うえる)

虛飢(허기) 몹시 배고픈 느낌
飢餓(기아)   飢饉(기근)   飢渴(기갈)

丿 ㄣ 乒 乒 食 飠 飢

형성 먹을 것이 떨어져서 거의 없음을 나타냄.

高 3급

[馬 8, 총 18획]

말탈 **기**

말 타다, 걸터앉다   영 stride 중 骑 qí 일 キ

騎馬(기마) 말을 탐
騎兵(기병)   騎士(기사)   騎手(기수)

馬 馬 騎 騎 騎 騎

형성 말에 올라타고 있는 모습을 나타냄.

高 3급

[豆 3, 총 10획]

어찌 **기/개**

어찌, 결코   영 how 중 岂 qǐ 일 キ(あに)

豈不(기불) 어찌 ~않으랴
豈敢(기감)   豈豫(기불)   豈弟(개제)

丶 ㄐ 屮 屮 豈 豈 豈

형성 크게 울리는 군악 소리를 나타냄.

高 3Ⅱ급

[糸 8, 총 14획]

굳게 **긴**

긴요하다, 급하다   영 urgent 중 紧 jǐn 일 キン(ひきしめる)

緊急(긴급) 일이 긴하고 급함
緊迫(긴박)   緊密(긴밀)   緊張(긴장)

厂 臣 臣 臤 緊 緊 緊

회의 실을 힘껏 당겨서 팽팽하게 죄는 것을 나타냄.

3급 핵심한자 | **289**

高 3급

那 [邑4, 총7획] 어찌 나

어찌, 어느　　　　　　　　영 how 중 那 nà 일 ナ

支那(지나) 중국
那邊(나변) 那間(나간) 那落(나락)

丆 刁 尹 尹 ヲ乃 那 那

형성 축 늘어진 귓불처럼 풍요로운 것을 나타냄.

高 3급

奈 [大5, 총8획] 어찌 나/내

어찌, 왜　　　　　　　　영 how 중 奈 nài 일 ナ(いかん)

奈何(내하) 어찌함, 어떻게
奈落(나락) 奈翁(나옹) 奈率(내솔)

大 太 太 本 本 奈 奈

형성 모과나무를 나타내는 글자로 의문의 뜻을 나타냄.

高 3Ⅱ급

[糸4, 총10획] 들일 납

들이다(↔出)　　　영 receive 중 纳 nà 일 ノウ(おさめる)

納吉(납길) 신랑집에서 신부집에 혼인날을 받아 보냄
納得(납득) 納付(납부) 納入(납입)

幺 幺 糸 紅 納 納

형성 작물을 거두어 창고에 넣는 것을 나타냄.

高 3급

[女7, 총10획] 아가씨 낭

각시, 아가씨　　　　　영 girl 중 娘 niáng 일 ロウ(むすめ)

娘子(낭자) 처녀, 궁녀, 처녀, 어머니
娘子(낭자) 娘娘(낭낭) 令娘(영랑)

女 女 女ᄏ 如 妒 娘 娘

형성 젊은 여인의 나긋나긋한 모습을 나타냄.

高 3Ⅱ급

耐 [而 3, 총9획]
견딜 **내**

견디다, 참음　　영 endure　중 耐 nài　일 タイ(たえる)

耐久性(내구성) 오랫동안 지속하거나 견디어 낼 수 있는 성질
耐熱(내열)　耐震(내진)　耐乏(내핍)

丁 丆 丙 而 耐 耐

형성 수염이 부드럽게 늘어진 모양을 나타냄.

中 3Ⅱ급

乃 [丿 1, 총2획]
이에 **내**

이에, 너　　영 namely　중 乃 nǎi　일 ナイ(すなわち)

乃父(내부) 너의 아비
乃者(내자)　乃祖(내조)　乃至(내지)

丿 乃

지사 구부러진 물건의 형상을 나타냄.

高 3Ⅱ급

寧 [宀 11, 총14획]
편안할 **녕(영)**

편안하다　　영 peaceful　중 宁 níng　일 ネイ(むしろ)

寧日(영일) 나날이 편안함
寧察(영찰)　晏寧(안녕)　丁寧(정녕)

宀 宀 宁 宵 窗 寧

형성 어떤 장소에 머무르면서 마음을 안정시키는 것을 나타냄.

高 3Ⅱ급

奴 [女 2, 총5획]
종 **노**

종, 사내종　　영 servant　중 奴 nú　일 ド(やつこ)

奴婢(노비) 사내종과 계집 종
奴僕(노복)　奴役(노역)　奴隷(노예)

乚 乂 女 奴 奴

회의 손을 써서 일을 하고 있는 여자 노예를 나타냄.

3급

濃 [水 13, 총16획] 짙을 농

짙다, 진하다 　영 thick　중 浓 nóng　일 ノウ(こい)

濃霧(농무) 짙은 안개
濃湯(농탕) 濃度(농도) 濃密(농밀)

氵 氵" 沪 沪 沪 濃

형성 물기가 묻어서 끈적거리는 모양을 나타냄.

高 3Ⅱ급

腦 [肉 9, 총13획] 뇌 뇌

뇌, 머릿골 　영 brain　중 脑 nǎo　일 ノウ(のう)

腦裏(뇌리) 머릿속
腦力(뇌력) 腦膜(뇌막) 腦死(뇌사)

胙 胙 胖 胶 腦 腦

형성 부드러운 주름이 잡혀있는 뇌의 형상을 나타냄.

高 3급

惱 [心 9, 총12획] 괴로워할 뇌

괴로워하다, 고민함 　영 vexed　중 恼 nǎo　일 ノウ(なやむ)

惱心(뇌심) 마음으로 괴로워함
惱殺(뇌쇄) 惱亂(뇌란) 惱神(뇌신)

忄 忄" 忄" 惚 惱 惱

형성 머리가 어지러운 것을 나타냄.

高 3급

泥 [水 5, 총8획] 진흙 니

진흙, 진창 　영 mud　중 泥 ní　일 デイ(どろ)

泥工(이공) 흙을 바르는 사람
泥金(이금) 泥丘(이구) 泥水(이수)

氵 氵 氵 沪 沪 泥

형성 물이 섞여서 끈적거리는 진흙의 모양을 나타냄.

高 3Ⅱ급

[艸6, 총10획]
차 다/차

차, 차나무　　　영 tea plant 중 茶 chá 일 チャ(ちゃのき)

茶道(다도) 차를 마시는 예법
茶果(다과) 茶食(다식) 綠茶(녹차)

亠 艹 艾 茏 苯 茶

형성 긴장된 마음을 풀어주는 풀을 나타냄.

中 3Ⅱ급

[丶3, 총4획]
붉을 단

붉다, 정성스럽다　　　영 red 중 丹 dān 일 タン(あか)

丹粧(단장) 화장. 얼굴을 곱게 꾸밈
丹田(단전) 丹書(단서) 丹心(단심)

丿 刀 刀 丹

지사 수은을 포함하고 있는 주사의 형상을 나타냄.

中 3Ⅱ급

[人5, 총7획]
다만 단

다만, 오직　　　영 only 중 但 dàn 일 タン・ダン(ただし)

但書(단서) 다만, 겨우, 오직, 한갓
但只(단지) 非但(비단) 但中星(단중성)

丿 亻 亻 仴 但 但

형성 旦과 人의 합자로서 다만 또는 단지라는 뜻을 나타냄.

高 3Ⅱ급

[日1, 총5획]
아침 단

아침, 일찍　　　영 morning 중 旦 dàn 일 タン

旦旦(단단) 공손하고 성실한 모양
旦望(단망) 旦暮(단모) 旦夕(단석)

丨 冂 曰 日 旦

지사 태양이 지평선으로 떠오르는 형상을 나타냄.

高 3Ⅱ급

淡 [水 8, 총 11획] 묽을 담

묽다, 연하다　　영 light　중 淡 dàn　일 タン(あわい)

淡淡(담담) 욕심이 없고 깨끗함
淡白(담백)　淡水(담수)　淡紅(담홍)

丶 氵 氵 氵 氵 淡 淡

형성 특별한 맛이 없는 농축액을 나타냄.

3급

潭 [水 12, 총 15획] 깊을 담

못, 소(沼)　　영 pool　중 潭 tán　일 タン(ふち)

潭府(담부) 깊은 못
潭水(담수)　潭潭(담담)　潭思(담사)

氵 氵 氵 潭 潭 潭

회의·형성 늪에 물이 깊이 괴어 있는 것을 나타냄.

高 3급

畓 [田 4, 총 9획] 논 답

논　　영 rice field　중 畓 duō　일 デン

畓穀(답곡) 밭에서 나는 곡식
畓農(답농)　畓穀(답곡)　畓土(답토)

丿 刀 水 水 畓 畓

회의 물이 담겨져 있는 밭을 나타냄.

高 3Ⅱ급

踏 [足 8, 총 15획] 밟을 답

밟다, 발판　　영 tread　중 踏 tà　일 トウ(ふむ)

踏橋(답교) 다리 밟기
踏步(답보)　踏査(답사)　踏襲(답습)

口 口 무 趵 跁 踏

형성 터덜터덜 걸어가는 모습을 나타냄.

3단계

高 3Ⅱ급

唐
[口 7, 총 10획]
당나라 **당**

당나라, 황당하다   영 dismay   중 唐 táng   일 トウ(にわか)

唐麪(당면) 감자 가루로 만든 국수
唐材(당재) 唐手(당수) 唐惶(당황)

亠 广 户 庐 庐 唐

형성 입을 크게 벌려 부자연스럽게 말하는 것을 나타냄.

高 3급

糖
[米 10, 총 16획]
사탕 **당**

엿, 사탕   영 sugar   중 糖 táng   일 トウ

糖尿病(당뇨병) 당뇨가 오래 계속되는 병
(病)糖分(당분) 糖蜜(당밀) 果糖(과당)

丷 米 籵 粐 糖 糖

형성 물기를 말려서 가루가 된 설탕을 나타냄.

高 3급

貸
[貝 5, 총 12획]
빌릴 **대**

빌리다, 차용하다   영 lend   중 贷 dài   일 タイ(かす)

貸家(대가) 셋집
貸付(대부) 貸與(대여) 貸出(대출)

亻 仁 代 代 侪 貸

형성 일시적으로 빌려줘서 소유자가 바뀌는 것을 나타냄.

高 3Ⅱ급

臺
[至 8, 총 14획]
대 **대**

돈대, 누각   영 height   중 台 tái   일 ダイ(だいうてな)

臺本(대본) 영화나 연극의 각본
臺帳(대장) 臺詞(대사) 臺地(대지)

士 吉 吉 흫 豪 臺

형성 흙을 높이 쌓아올려 사람이 올라올 수 있게 함을 나타냄.

高 3Ⅱ급

陶
[阜8, 총11획]
질그릇 **도**

질그릇　　영 earthenware 중 陶 táo 일 トウ(すえやの)

陶器(도기) 질그릇
陶然(도연)　陶藝(도예)　陶醉(도취)

丶 阝 阝 阡 陶 陶 陶

형성 외곽틀 속에 흙을 넣는 도자기 틀을 나타냄.

高 3급

[人8, 총10획]
넘어질 **도**

넘어지다, 넘어뜨리다　　영 fall 중 倒 dǎo 일 トウ(たおれる)

倒閣(도각) 내각을 거꾸러뜨림
倒立(도립)　倒産(도산)　倒錯(도착)

亻 亻 佲 佲 佲 倒

형성 활처럼 휘어진 몸이 땅에 닿는 것을 나타냄.

高 3급

跳
[足6, 총13획]
뛸 **도**

뛰다, 뛰어오르다　　영 jump 중 跳 tiào 일 チョウ(はねる)

跳躍(도약) 몸을 위로 솟구쳐 뛰는 것
跳梁(도량)　跳開橋(도개교)　高跳(고도)

口 푸 足 趵 跳 跳

형성 발로 땅을 박차면서 높이 뛰어오르는 모습을 나타냄.

高 3Ⅱ급

[辵7, 총11획]
길 **도**

길, 도로　　영 road 중 途 tú 일 ト・ズ(みち)

途上(도상) 길을 가고 있는 동안
途中(도중)　途上(도상)　前途(전도)

人 个 今 余 涂 途

형성 길고 곧게 뻗은 길을 나타냄.

高 2급

[土 10, 총13획]

진흙 도

진흙, 진창 　　　　　영 paint 중 涂 tú 일 ト(ぬる)

塗料(도료) 물감

塗褙(도배)　塗裝(도장)　塗飾(도식)

氵　氵　氵　涂　涂　塗　塗

형성 흙에 물이 섞인 진흙을 나타냄.

高 3급

[手 6, 총9획]

돋을 도

돋우다, 끌어내다 　　　영 incite 중 挑 tiāo 일 チョウ(いどむ)

挑發(도발) 싸움을 걺

挑戰(도전)　挑燈(도등)　挑出(도출)

亻　亻　扌　扌　扎　挑　挑

형성 서로 둘러붙어 있는 것을 뚝 떼어놓는 것을 나타냄.

高 3급

[水 9, 총12획]

건널 도

건너다, 지나가다 　　　영 cross over 중 渡 dù 일 ト(わたる)

渡日(도일) 일본으로 감

渡船(도선)　渡江(도강)　渡來(도래)

氵　氵　氵　氵　渡　渡

형성 한 걸음 두 걸음 걸어서 강을 건너는 모습을 나타냄.

高 3급

[木 6, 총10획]

복숭아나무 도

복숭아, 복숭아나무 　　영 peach 중 桃 táo 일 トウ(もも)

桃仁(도인) 복숭아씨

桃花粉(도화분)　桃園(도원)　桃花(도화)

十　木　木　杧　杦　桃　桃

형성 열매가 둘로 나뉘어져 있는 과일인 복숭아를 나타냄.

3급 핵심한자 | **297**

高 3급

稻
[禾10, 총15획]
벼 도

벼 영 rice plant 중 稻 dào 일 トウ(いね)

稻植(도식) 볏모를 심음
稻作(도작) 稻稷(도직) 水稻(수도)

二 禾 秆 秆 稻 稻

형성 절구로 빻으면 떡으로 만들 수 있는 곡식을 나타냄.

中 3Ⅱ급

刀
[刀0, 총2획]
칼 도

칼, 거룻배 영 knife 중 刀 dāo 일 トウ(かたな)

刀劍(도검)
刀工(도공) 刀圭(도규) 刀銘(도명)

フ 刀

회의 둘로 나누어 자르는 것을 나타냄.

高 3급

篤
[竹10, 총16획]
도타울 독

도탑다, 미쁘다 영 generous 중 笃 dǔ 일 トク(あつい)

篤老(독로) 매우 늙음
篤信(독신) 篤實(독실) 篤志(독지)

ᅡ 竹 竺 筥 篤 篤

형성 모자람 없이 자상한 것을 나타냄.

中 3급

獨
[犬13, 총16획]
홀로 독

홀로, 혼자(=孤) 영 alone 중 独 dú 일 独 ドク

獨立(독립) 혼자 섬
獨房(독방) 獨斷(독단) 獨島(독도)

犭 犭 狎 獨 獨 獨

형성 여러 마리의 개를 한 마리씩 따로 떼어 놓는 것을 나타냄.

3단계

高 3급

[攴8, 총12획]

도타울 **돈**

도탑다, 정성 　　　영 cordial 중 敦 dūn 일 トン(あつい)

敦篤(돈독) 인정이 두터움
敦諭(돈유)　**敦厚**(돈후)　**重厚**(중후)

亠 亠 亨 亨 享 享 敦

형성 망치로 두들기는 모습을 나타냄.

高 3급

豚

[豕4, 총11획]

돼지 **돈**

돼지, 새끼돼지 　　　영 pig 중 豚 tún 일 トン(ぶた)

豚肉(돈육) 돼지고기
豚犬(돈견)　**豚舍**(돈사)　**迷豚**(미돈)

刀 月 肝 肝 肟 豚

회의 키가 작고 뚱뚱하게 살찐 돼지를 나타냄.

高 3Ⅱ급

[穴4, 총9획]

갑자기 **돌**

부딪치다, 우뚝하다 　　　영 collide 중 突 tū 일 トツ(つく)

突擊(돌격) 돌진하여 공격함
突發(돌발)　**突出**(돌출)　**突風**(돌풍)

宀 宂 穴 空 突 突

회의 구멍 속에서 개가 튀어나오는 것을 나타냄.

3급

[木6, 총10획]

오동나무 **동**

오동나무 　　　영 valley·cave 중 桐 dòng 일 トウ(ほら)

桐梓(동재) 오동나무와 가래나무
桐油(동유)　**絲桐**(사동)　**油桐**(유동)

十 木 机 桐 桐 桐

형성 속이 텅텅 비어 있는 나무, 즉 오동나무를 나타냄.

3급 핵심한자 | **299**

高 3급

凍
[氵8, 총10획]
얼 **동**

얼다, 춥다   영 freeze 중 冻 dòng 일 トウ(こおる)

凍結(동결) 얼어붙음
凍死(동사) 凍傷(동상) 凍太(동태)

冫 冫 冫 冱 冱 冻 凍

형성 꽁꽁 얼어붙은 모양을 나타냄.

高 3급

鈍
[金 4, 총12획]
무딜 **둔**

둔하다, 무디다   영 dull 중 钝 dùn 일 ドン(にぶい)

鈍感(둔감) 감각이 무딤
鈍器(둔기) 鈍才(둔재) 鈍濁(둔탁)

丿 𠂉 钅 釒 鈍 鈍

형성 끝이 뭉뚝해서 뾰족하지 않은 것을 나타냄.

高 2급

屯
[屮1, 총4획]
진칠 **둔**

모이다, 진치다   영 assemble 중 屯 tún 일 トン

屯兵(둔병) 주둔한 군대
屯田(둔전) 屯聚(둔취) 屯監(둔감)

一 𠂆 屯 屯

회의 싹이 돋아나는 모양으로 어렵다는 것을 나타냄.

高 2급

[馬 10, 총20획]
오를 **등**

오르다, 뛰어오르다   영 ascend 중 腾 téng 일 トウ

騰貴(등귀) 물건값이 오름
昂騰(앙등) 騰落(등락) 騰空(등공)

月 𦙶 胖 朕 騰 騰

형성 역참에서 말을 갈아타는 것을 나타냄.

3단계

高 3Ⅱ급

[言 9, 총16획]

허락할 **락(낙)**

허락하다　　영 respond　중 诺 nuò　일 ダク(うべなう)

諾從(낙종) 응낙(應諾)하여 좇음
諾意(낙의)　諾否(낙부)　承諾(승낙)

言 言 許 許 許 諾

형성　상대의 청을 허락하는 말을 나타냄.

高 3Ⅱ급

[糸 6, 총12획]

맥락 **락(낙)**

잇다(=連)　　영 connect　중 络 luò　일 ラク(からまる)

絡車(낙거) 실을 감는 물레
絡絡(낙락)　絡蹄(낙제)　經絡(경락)

幺 乡 糸 紗 絞 絡

형성　실을 휘감기게 하여 양끝을 잇는 모습을 나타냄.

3급

[火 17, 총21획]

문드러질 **란(난)**

빛나다, 밝다　　영 be sore　중 烂 làn　일 ラン(ただれる)

能爛(능란) 익숙하고 솜씨 있음
爛漫(난만)　爛發(난발)　燦爛(찬란)

門 爛 爛 爛 爛 爛

회의·형성　불길이 밖으로 퍼지면서 흐트러지는 모양을 나타냄.

高 3Ⅱ급

[木 17, 총21획]

난간 **란(난)**

난간, 우리　　영 rail　중 栏 lán　일 ラン(てすり)

欄干(난간) 층계 등의 가장 자리를 일정한 높이로 막은 물건
欄外(난외)　交欄(교란)　本欄(본란)

木 栏 栏 欄 欄 欄

형성　문 입구에 가로놓인 나무 막대기를 나타냄.

高 3Ⅱ급

蘭 [艹 17, 총 21획]
난초 **란(난)**

난초, 얼룩　　영 orchid　중 兰 lán　일 ラン(あららぎ)

蘭草(난초) 난초과의 여러해살이 풀
蘭秋(난추)　蘭交(난교)　波蘭(파란)

艹 疒 門 門 蕑 蘭

형성 나쁜 기운을 막는 향초 하나를 나타냄.

3급

藍 [艹 14, 총 18획]
쪽 **람**

쪽(물감의 원료), 남빛　　영 indigo　중 蓝 lán　일 ラン(あい)

藍縷(남루) 누더기
藍靑(남청)　藍碧(남벽)　藍色(남색)

广 产 萨 藍 藍 藍

형성 옷감을 쪽빛으로 물들일 때 쓰이는 쪽을 나타냄.

高 3급

[水 14, 총 17획]
퍼질 **람**

넘치다, 지나치다　　영 over flow　중 滥 làn　일 ラン(あふれ)

濫用(남용) 함부로 마구 씀
濫作(남작)　濫發(남발)　濫觴(남상)

氵 沪 泙 泙 濫 濫

형성 물이 넘쳐서 경계를 넘는 것을 나타냄.

中 3Ⅱ급

[水 7, 총 10획]
물결 **랑(낭)**

물결, 파도　　영 wave　중 浪 làng　일 ロウ(なみ)

浪子(낭자) 도락에 빠지거나 방탕한 자
浪人(낭인)　浪漫(낭만)　浪費(낭비)

丶 氵 氵 汩 泊 浪

형성 맑은 물을 나타냄.

3단계

中 3Ⅱ급

郞
[邑 7, 총10획]
사내 **랑(낭)**

사내, 낭군　　　영 man 중 郎 láng 일 ロウ(おとこ)

新郎(신랑) 갓 결혼한 남자
郞君(낭군)　郞官(낭관)　兄郞(형랑)

⺈ ⺈ ⻖ 良 良 郞 郞

형성 좋은 남자 또는 좋은 사내라는 뜻을 나타냄.

高 3Ⅱ급

廊
[广 10, 총13획]
복도 **랑(낭)**

행랑, 복도　　　영 corridor 중 廊 láng 일 ロウ(ひさし)

廻廊(회랑) 정당(正堂)의 양 옆으로 있는 기다란 집채
廊屬(낭속)　廊下(낭하)　舍廊(사랑)

广 广 庐 庐 廊 廊

형성 집(广)과 낭(郞)을 합친 글자를 나타냄.

高 3급

[手 8, 총11획]
노략질할 **략(약)**

노략질하다　　　영 plunder 중 掠 luè 일 リャク(かすめる)

掠取(약취) 노략질하여 가짐
掠奪(약탈)　侵掠(침략)　擄掠(노략)

扌 扌 扩 扩 拧 掠

형성 손을 뻗어서 남의 것을 함부로 빼앗는 것을 나타냄.

中 3Ⅱ급

凉
[水 9, 총11획]
서늘할 **량(양)**

서늘하다　　　영 cool 중 凉 liáng 일 凉 リョウ(すずしい)

凉德(양덕) 엷은 인덕
凉秋(양추)　凉天(양천)　凉風(양풍)

氵 氵 氵 泞 泞 凉 凉

형성 차가운 물을 나타냄.

高 3급

諒
[言 8, 총15획]
믿을 **량(양)**

살피다　　　영 credible　중 谅 liàng　일 リョウ(あきらか)

諒知(양지) 살펴 앎
諒察(양찰)　體諒(체량)　深諒(심량)

亠 亠 言 言 訂 諒 諒

형성 상대방의 마음을 헤아려서 읽는다는 뜻을 나타냄.

高 3급

梁
[木 7, 총11획]
들보 **량(양)**

들보, 대들보　　영 beam　중 梁 liáng　일 リョウ(はり)

跳梁(도량) 함부로 날뜀
橋梁(교량)　木梁(목량)　退梁(퇴량)

氵 氿 汈 浬 梁 梁

회의 강의 양쪽에 기둥을 세워서 연결한 나무다리를 나타냄.

高 3Ⅱ급

勵
[力 15, 총17획]
힘쓸 **려(여)**

힘쓰다, 권장하다　영 encourage　중 励 lì　일 励レイ(はげむ)

激勵(격려) 말로써 상대를 응원함
勵節(여절)　刻苦勉勵(각고면려)　策勵(책려)

厂 厃 厇 厇 厲 勵

형성 힘을 많이 쓴다는 뜻을 나타냄.

高 3Ⅱ급

[日 12, 총16획]
책력 **력(역)**

책력, 운수　　영 calender　중 历 lì　일 レキ(こよみ)

曆數(역수) 책력을 만드는 법
曆年(역년)　曆法(역법)　曆學(역학)

厂 厇 厈 厤 厤 曆

형성 순서대로 날짜를 늘어놓은 모습을 나타냄.

304 | 3-Step 왕초보 1800한자 - 3단계

中 3Ⅱ급

力 [力 0, 총 2획]
힘 력(역)

힘, 힘쓰다   영 strength 중 力 lì 일 リョク・リキ(ちから)

力說(역설) 힘써 말함
力點(역점) 力道(역도) 力士(역사)

フ 力

상형 팔이 불거지는 모습을 나타냄.

高 3Ⅱ급

聯 [耳 11, 총 17획]
잇닿을 련(연)

잇닿다, 연잇다   영 abreast 중 联 lián 일 レン(つらなる)

聯句(연구) 한시에서 짝을 이룬 구
聯立(연립) 頸聯(경련) 關聯(관련)

F 耳 聯 聯 聯 聯

회의 적의 귀를 베어 끈으로 연결한 것을 나타냄.

高 3Ⅱ급

戀 [心 19, 총 23획]
생각할 련(연)

사모하다, 그리워하다   영 love 중 恋 liàn 일 恋 レン(こい)

戀慕(연모) 사랑하고 그리워함
戀情(연정) 戀人(연인) 戀歌(연가)

亠 言 結 結 戀 戀

형성 마음이 안정되지 않아 제대로 분간할 수 없음을 나타냄.

高 3Ⅱ급

鍊 [金 9, 총 17획]
불릴 련(연)

단련하다, 쇠 불리다   영 temper 중 錬 liàn 일 レン(ねる)

修鍊(수련) 갈고 닦음
鍊金(연금) 鍊磨(연마) 鍊武(연무)

ゝ 金 釕 鋼 鋪 鍊

형성 금속 중에 좋은 것과 나쁜 것을 선별함을 나타냄.

高 3급

憐 [心12, 총15획]
불쌍히 련(연)

불쌍히(어여삐) 여기다　영 pity　중 怜 lián　일 レン(あわれむ)

相憐(상련) 서로 가엾게 여겨 동정함
憐愍(연민)　哀憐(애련)　可憐(가련)

忄　忄ˊ　忄ˊ　忄ˋ　忴　憐

회의·형성 마음속에서 생각이 일어나는 것을 나타냄.

高 3급

劣 [力4, 총6획]
못날 렬(열)

용렬하다, 못나다　영 inferior　중 劣 liè　일 レツ(おとる)

劣等(열등) 낮은 등급
劣性(열성)　劣勢(열세)　劣惡(열악)

丨　丨丨　小　少　劣　劣

회의 힘이 약한 것을 나타냄.

高 3급

[衣6, 총12획]
찢을 렬(열)

찢다, 찢어지다　영 split　중 裂 liè　일 レツ(さく)

決裂(결렬) 여러 갈래로 찢어짐
分裂(분열)　裂傷(열상)　滅裂(멸렬)

歹　歹　列　列　裂　裂

형성 갈기갈기 찢어진 옷감을 나타냄.

高 3급

[广10, 총13획]
검소할 렴(염)

청렴하다, 맑다　영 upright　중 廉 lián　일 レン(かど)

廉價(염가) 싼값
廉夫(염부)　廉恥(염치)　廉探(염탐)

广　产　庐　彦　廉　廉

형성 집의 굽은 모퉁이를 나타내며 결백하다는 뜻을 나타냄.

高 2급

[犬 15, 총 18획]
사냥 **렵(엽)**

사냥하다, 사냥 영 hunting 중 猎 liè 일 リョウ(かり)

獵犬(엽견) 사냥개
獵奇(엽기) 獵銃(엽총) 狩獵(수렵)

丿 犭 犭 犭 獨 獵 獵

형성 개를 풀어서 사냥하는 것을 나타냄.

高 3Ⅱ급

[雨 16, 총 24획]
신령 **령(영)**

신령, 영혼 영 spirit 중 灵 líng 일 レイ(たま)

靈界(영계) 정신 세계
靈柩(영구) 亡靈(망령) 精靈(정령)

⼀ 雨 雨 雨 靈 靈

형성 신성한 신의 계시를 나타냄.

高 3급

[雨 5, 총 13획]
조용히 **령(영)**

떨어지다, 시들다 영 drizzle 중 零 líng 일 レイ(こぼれる)

零細(영세) 매우 적음
零細民(영세민) 丁零(정령) 凋零(조령)

⼀ 雨 雨 零 零 零

형성 令과 雨이 합쳐진 글자로 빗방울이 떨어지는 것을 나타냄.

高 2급

[隶 8, 총 16획]
종 **례(예)**

종, 노복 영 slave 중 隶 lì 일 レイ

隷書(예서) 글씨 서체의 하나
宮隷(궁례) 篆隷(전례) 臣隷(신례)

⼟ 耂 肀 肀 隶 隷

형성 신분이 천한 종을 나타냄.

3급 핵심한자 | **307**

中 3Ⅱ급

路 [足6, 총13획]
길 로(노)

길, 연줄(=道)   영road 중路 lù 일ロ(じ)

路面(노면) 길바닥

路邊(노변) 路幅(노폭) 路線(노선)

口 口 叧 呈 趵 路

형성 본래는 연락용 샛길을 가리켰으나 큰길로 바뀜을 나타냄.

中 3Ⅱ급

露 [雨12, 총20획]
이슬 로(노)

이슬, 은혜   영dew 중露 lù 일ロ(つゆ)

露骨(노골) 속마음을 드러냄

露積(노적) 露宿(노숙) 寒露(한로)

雨 雪 雷 霞 露 露

형성 그림자도 형체도 없는 이슬을 나타냄.

高 3Ⅱ급

爐 [火16, 총20획]
화로 로(노)

화로, 난로   영fireplace 중炉 lú 일炉ロ(いろり)

茶爐(다로) 차를 달이는 데에 쓰는 화로(火爐)

火爐(화로) 爐邊(노변) 脚爐(각로)

火 炉 炉 炉 爐 爐

형성 불을 피우는 풍로를 나타냄.

高 3급

복 록(녹)

녹(급료), 복(행복)   영fortune 중禄 lù 일ロク(さいわい)

國祿(국록) 나라에서 주는 급료

祿俸(녹봉) 俸祿(봉록) 祿米(녹미)

于 禾 禾 祚 祚 祿

형성 왕으로부터 받은 음식물을 나타냄.

3단계

高 3급

[鹿 0, 총11획]

사슴 **록**(녹)

사슴, 곳집   영 deer 중 鹿 lù 일 ロク(しか)

鹿角(녹각) 수사슴 뿔
鹿皮(녹비) 鹿茸(녹용) 鹿苑(녹원)

亠 广 庐 声 鹿 鹿

상형 사슴의 형상을 나타냄.

高 3Ⅱ급

[廾 4, 총7획]

희롱할 **롱**(농)

희롱하다, 놀다   영 mock 중 弄 lòng 일 ロウ(もてあそぶ)

弄假成眞(농가성진) 장난 삼아 한 일이 진짜처럼 됨
弄奸(농간) 弄談(농담) 弄調(농조)

一 二 T 王 王 弄

회의 두 손에 구슬을 가지고 장난치는 모양을 나타냄.

高 3Ⅱ급

[貝 9, 총16획]

힘 **뢰**

의지하다, 의뢰   영 trust to 중 赖 lài 일 頼 ライ(たのむ)

依賴(의뢰) 의지하고 힘입음
信賴(신뢰) 趨附依賴(추부의뢰) 所賴(소뢰)

口 束 剌 刺 賴 賴

형성 재화의 대차를 질질 끌어 남에게 맡기는 것을 나타냄.

高 3Ⅱ급

[雨 5, 총13획]

우레 **뢰**(뇌)

천둥, 우레   영 thunder 중 雷 léi 일 ライ(かみなり)

雷名(뇌명) 남의 이름을 높여 하는 말
雷神(뇌신) 雷聲(뇌성) 地雷(지뢰)

一 乖 雨 雨 雷 雷

형성 비올 때 천둥의 모습을 나타냄.

高 2급

僚 [人12, 총14획]
동료 **료(요)**

동료, 벼슬아치   영 comrade   중 僚 liáo   일 リョウ

僚官(요관) 속관, 또는 동료
僚船(요선) 閣僚(각료) 職僚(직료)

亻 亻 仸 仸 僇 僚

형성 서로 도우며 의지하는 동료라는 뜻을 나타냄.

高 3급

了 [亅1, 총2획]
마칠 **료(요)**

마치다, 깨닫다   영 finish   중 了 le   일 リョウ(おわる)

修了(수료) 학업을 마침
終了(종료) 了結(요결) 滿了(만료)

フ 了

상형 늘어진 것을 들어 올려서 짧게 만드는 것을 나타냄.

高 3급

[尸11, 총14획]
여러 **루(누)**

자주, 여러   영 frequently   중 屡 lǚ   일 ル(しばしば)

屢空(누공) 언제나 가난함
屢年(누년) 屢世(누세) 屢次(누차)

尸 尸 屋 屋 屢 屢

회의·형성 뒤를 이어서 연달아 일어나는 모습을 나타냄.

高 3급

[水8, 총11획]
눈물 **루(누)**

눈물, 눈물짓다   영 tears   중 泪 lèi   일 ルイ(なみだ)

落淚(낙루) 눈물이 방울방울 떨어짐
淚痕(누흔) 垂淚(수루) 鬼淚(귀루)

氵 氵 沪 沪 淚 淚

형성 눈에서 쥐어짜듯이 흐르는 눈물을 나타냄.

3단계

高 3급

漏
[水 11, 총14획]
샐 **루(누)**

새다, 빠뜨리다　　　　　영 leak 중 漏 lòu 일 ロ(もらす)

漏刻(누각) 물시계
漏電(누전) 脫漏(탈루) 刻漏(각루)

氵 氵 沪 渭 渭 漏 漏

형성 비가 새는 지붕을 나타냄.

高 3급

累
[糸 5, 총11획]
묶을 **루(누)**

여러, 자주　　　　　영 tie 중 累 lèi 일 ルイ(かさなる)

連累(연루) 남이 저지른 죄(罪)에 관련(關聯)되는 것
累卵(누란) 累代(누대) 緣累(연루)

口 曰 甲 累 累 累

형성 차례차례 연이어서 포개지는 것을 나타냄.

高 3Ⅱ급

樓
[木 11, 총15획]
다락 **루(누)**

다락, 다락집　　　　　영 loft 중 楼 lóu 일 楼 ロウ(たかどの)

樓臺(누대) 높은 건물
樓上(누상) 樓閣(누각) 望樓(망루)

木 朾 杼 桿 槯 樓

형성 나무 기둥 옆에 계속해 높이 쌓는 모습을 나타냄.

中 3Ⅱ급

倫
[人 8, 총10획]
인륜 **륜(윤)**

인륜, 윤리　　　　　영 morals 중 伦 lùn 일 リン(みち・たぐい)

倫理(윤리) 인륜 도덕의 원리
倫次(윤차) 不倫(불륜) 背倫(배륜)

亻 亻 伶 伶 倫 倫

형성 사람 사이의 관계가 잘 정돈된 모양을 나타냄.

高 3Ⅱ급

栗
[木 6, 총10획]
밤나무 **률(율)**

밤, 밤나무　　　　영 chestnut 중 栗 lì 일 リッ(くり)

栗然(율연) 몹시 두려워하는 모양
栗殼(율각)　栗園(율원)　栗谷(율곡)

一　一　西　西　亜　栗　栗

회의 다 익어서 벌어진 밤송이의 모양을 나타냄.

高 3Ⅱ급

隆
[阜 9, 총12획]
클 **륭(융)**

높다, 성하다　　　　영 eminent 중 隆 lóng 일 リュウ

隆盛(융성) 번영하고 성함
隆崇(융숭)　隆起(융기)　窿隆(와룡)

형성 내려오는 힘에 의해 위로 올라가는 것을 나타냄.

高 3Ⅱ급

陵
[阜 8, 총11획]
큰 **릉(능)**

언덕, 무덤　　　　영 hill 중 凌 líng 일 リョウ(みささぎ)

陵蔑(능멸) 깔봄
陵碑(능비)　陵谷(능곡)　陵園(능원)

형성 산줄기가 힘줄처럼 불거져 나온 것을 나타냄.

高 3급

梨
[木 7, 총11획]
배나무 **리(이)**

배, 배나무　　　　영 pear 중 梨 lí 일 リ(なし)

梨園(이원) 배나무 밭
梨花(이화)　棠梨(당리)　靑梨(청리)

회의 사각사각 잘 씹히는 열매를 나타냄.

3단계

高 3Ⅱ급

[尸12, 총15획]

밟을 **리(이)**

신발, 신다   영 shoes 중 履 lǚ 일 リ(くつ·ふむ)

履歷(이력) 지금까지의 학업이나 경력
履修(이수) 履行(이행) 麻履(마리)

尸 尸 屖 屚 屚 履

회의 사람이 배를 타고 또 발로 밟으며 걷는 모습을 나타냄.

高 3Ⅱ급

吏

[口3, 총6획]

벼슬아치 **리(이)**

관리, 관원   영 official 중 吏 lì 일 リ(つかさ)

吏道(이도) 관리로서 지켜야할 도리
吏房(이방) 貪官汚吏(탐관오리) 官吏(관리)

一 一 亓 亐 吏 吏

회의 일을 말끔하게 잘 정리하는 관리를 나타냄.

高 3Ⅱ급

[衣7, 총13획]

속, 안 **리(이)**

속, 내부   영 inside 중 裏 lǐ 일 リ(うら·うち)

裏面(이면) 속이나 안
裏書(이서) 腦裏(뇌리) 禁裏(금리)

亠 亡 吉 亩 裏 裏

형성 옷의 안감을 나타냄.

高 3급

[阜12, 총15획]

이웃 **린(인)**

이웃, 이웃하다   영 neighbor 중 邻 lín 일 リン(となる)

隣家(인가) 이웃집
隣近(인근) 隣接(인접) 隣徵(인징)

阝 阝 阡 阼 陟 隣

형성 집들의 불이 나란히 붙어서 빛을 내고 있는 것을 나타냄.

高 3Ⅱ급

臨
[臣 11, 총17획]
임할 림(임)

임하다, 미치다   영 confront 중 临 lín 일 リン(のぞむ)

臨檢(임검) 현장에 나가 조사함
臨迫(임박) 臨時(임시) 臨終(임종)

丁 千 臣 臣' 臨 臨

형성 아래 놓인 여러 가지 물건을 내려다보는 모습을 나타냄.

高 3급

磨
[石 11, 총16획]
갈 마

갈다, 숫돌에 갈다   영 whet 중 磨 mó 일 マ(みがく)

磨滅(마멸) 갈리어서 닳아 없어짐
磨石(마석) 磨耗(마모) 研磨(연마)

广 广 庐 麻 磨 磨

형성 돌들을 서로 맞대고 비비는 것을 나타냄.

高 3급

麻
[麻 0, 총11획]
삼 마

삼, 조칙   영 hemp 중 麻 má 일 マ(あさ)

麻藥(마약) 마취약
麻絲(마사) 麻雀(마작) 麻布(마포)

亠 广 广 庁 床 麻

회의 삼의 줄기에서 껍질을 벗겨내는 모양을 나타냄.

高 3Ⅱ급

幕
[巾 11, 총14획]
막 막

장막, 막   영 curtain 중 幕 mù 일 マク

幕間(막간) 연극에서 한 막이 끝나고 잠시 쉬는 사이
幕僚(막료) 幕舍(막사) 幕後(막후)

艹 艹 苜 莫 幕 幕

형성 물건을 덮어씌우는 것을 나타냄.

高 3Ⅱ급

[水 11, 총14획]

사막 **막**

사막, 아득하다   영 desert   중 漠 mò   일 バク(ひろい)

漠漠(막막) 소리가 들릴 듯 말 듯 멂
沙漠(사막) 漠然(막연) 索漠(삭막)

氵 氵 浐 洭 漠 漠

형성 숨어 있어 보이지 않는다는 뜻을 나타냄.

高 3급

[水 11, 총14획]

질펀할 **만**

질펀하다, 넘쳐흐르다   영 flood   중 漫 màn   일 マン(そぞろ)

漫漫(만만) 물이 넓고 끝없이 흐르는 모양
漫筆(만필) 漫談(만담) 漫畫(만화)

氵 沪 淠 渭 漫 漫

형성 물이 불어서 줄줄 흐르는 모양을 나타냄.

3급

[虫 19, 총25획]

오랑캐 **만**

오랑캐, 이민족   영 barbarous tribe   중 蛮 mán   일 蛮 バン

蠻勇(만용) 야만적인 용사
蠻行(만행) 蠻族(만족) 野蠻(야만)

言 結 絲 綿 蠻 蠻

형성 뱀의 형상처럼 이상한 모습의 인간을 나타냄.

中 3급

[日 7, 총11획]

저물 **만**

저물다, 저녁   영 late   중 晚 wǎn   일 バン(おくれる)

晚年(만년) 노후
晚學(만학) 晚秋(만추) 晚霜(만상)

丨 日 旷 晄 晬 晚

형성 해가 기울어 주변에 물건들을 겨우 볼 수 있는 때를 나타냄.

高 3급

慢
[心 11, 총14획]
게으를 **만**

게으르다, 느슨하다　영 idlle　중 慢 màn　일 マン(あなどる)

驕慢(교만) 잘난 체하고 뽐냄
慢遊(만유) 慢葉(만엽) 傲慢(오만)

忄 忄 忄 忄 忄 忄 忄 忄 忄 慢 慢 慢

형성 마음이 흐릿하고 정신상태가 해이해짐을 나타냄.

中 3급

忘
[心 3, 총7획]
잊을 **망**

잊다, 버리다　영 forget　중 忘 wàng　일 ボウ(わすれる)

忘却(망각) 잊음
健忘症(건망증) 忘恩(망은) 忘德(망덕)

丶 亠 亡 产 忘 忘 忘

형성 마음속에서 사라짐을 나타냄.

中 3급

忙
[心 3, 총6획]
바쁠 **망**

바쁘다, 조급하다　영 busy　중 忙 máng　일 ボウ(いそがしい)

忙殺(망쇄) 아주 바쁨
忙月(망월) 多忙(다망) 奔忙(분망)

丶 丶 忄 忄 忙 忙

형성 앞뒤를 분간하지 못한 정도로 바쁜 모습을 나타냄.

高 3급

[网 3, 총8획]
그물 **망**

없다, 그물　영 net　중 罔 wǎng　일 ホウ・モウ(なし)

罔罟(망고) 새와 짐승을 잡는 망과 그물
罔極(망극) 罔測(망측) 誣罔(무망)

冂 冂 冈 冈 罔 罔

형성 보이지 않도록 뒤집어씌우는 것을 나타냄.

3단계

高 3Ⅱ급

[女3, 총6획]

망령될 **망**

망령되다   영forget 중忘 wàng 일ボウ(わすれる)

妄動(망동) 함부로 행동함
妄發(망발) 妄信(망신) 妄言(망언)

、 ㅗ ㅛ 亡 安 妄

회의 여자에게 빠져 자신을 잃은 모습을 나타냄.

高 3Ⅱ급

[艸6, 총10획]

아득할 **망**

아득하다   영remote 중茫 máng 일ボウ(とおい)

茫茫大海(망망대해) 끝없이 펼쳐진 바다
茫漠(망막) 茫然(망연) 滄茫(창망)

艹 艹 艹 艹 茫 茫

회의·형성 보이는 것이 하나도 없다는 뜻을 나타냄.

高 3급

[土, 총10획]

묻을 **매**

묻다, 묻히다   영bury 중埋 mái 일マイ(うずめる)

埋沒(매몰) 파묻음
埋立(매립) 埋伏(매복) 生埋(생매)

土 圸 坦 坦 埋 埋

회의 土와 里가 합쳐진 글자로 흙 속에 묻는 것을 나타냄.

高 3Ⅱ급

[木7, 총11획]

매화나무 **매**

매화, 매화나무   영plum 중梅 méi 일バイ(うめ)

梅雨(매우) 매실이 익을 무렵에 내리는 비
梅醬(매장) 梅實(매실) 梅花(매화)

木 朳 朾 梅 梅 梅

형성 연달아 아이를 낳는 어머니(每)에 나무(木)를 더함을 나타냄.

3급 핵심한자 | **317**

高 3급

媒
[女 9, 총 12획]

중매 **매**

중매, 매개　영 match-making　중 媒 méi　일 バイ (なかだち)

媒子(매자) 중매인
媒婆(매파)　媒體(매체)　仲媒(중매)

女 女' 妒 妒 媒 媒

형성 남녀를 서로 소개해서 서로 친해지게 한다는 뜻을 나타냄.

中 3급

[麥 0, 총 11획]

보리 **맥**

보리, 메밀　영 barley　중 麦 mài　일 麦 バク (むぎ)

麥麴(맥국) 보리 기름
麥農(맥농)　麥芽(맥아)　麥酒(맥주)

    夾 夾 麥 麥

회의 보리밟기하는 모습을 나타냄.

高 3 II 급

盲
[目 3, 총 8획]

소경 **맹**

소경, 장님　영 blind　중 盲 máng　일 モウ (めくら)

盲目的(맹목적) 옳고 그름을 분별하지 못하고 행동하는 것
盲信(맹신)　盲兒(맹아)　盲腸(맹장)

亠 亡 盲 盲 盲

형성 눈이 보이지 않는 것을 나타냄.

高 3 II 급

[皿 8, 총 13획]

맹세 **맹**

맹세, 약속　영 oath　중 盟 méng　일 メイ (ちかう)

盟契(맹계) 굳은 언약
盟邦(맹방)　盟約(맹약)　盟兄(맹형)

明 明 明 盟 盟

형성 피를 접시에 담아 마시는 모습을 나타냄.

3단계

高 3Ⅱ급

孟
[子5, 총8획]
맏 **맹**

맏, 처음   영 first 중 孟 mèng 일 モウ(はじめ)

孟冬(맹동) 음력 10월의 별칭
孟夏(맹하) **孔孟**(공맹) **孟母**(맹모)

子 子 孟 孟 孟 孟

형성 기세 좋게 자라는 첫째를 나타냄.

高 3Ⅱ급

猛
[犬8, 총11획]
사나울 **맹**

사납다, 용감함   영 fierce 중 猛 měng 일 モウ(たけし)

猛犬(맹견) 사나운 개
猛虎(맹호) **猛烈**(맹렬) **猛獸**(맹수)

犭 犭 犵 猛 猛 猛

형성 아무리 붙들어 매 두어도 밖으로 뛰쳐 나가는 개를 나타냄.

中 3Ⅱ급

眠
[目5, 총10획]
잘, 쉴 **면**

잠자다, 졸다   영 sleep 중 眠 mián 일 ミン(ねむる)

眠睡(면수) 잠을 잠
冬眠(동면) **冬眠**(동면) **睡眠**(수면)

目 目 町 眠 眠 眠

형성 눈이 보이지 않는 상태가 되는 것을 나타냄.

高 3Ⅱ급

綿
[糸8, 총14획]
솜 **면**

솜, 풀솜   영 cotton 중 绵 mián 일 メン(わた)

綿綿(면면) 길이 이어진 모양
綿密(면밀) **綿絲**(면사) **綿球**(면구)

糸 糸' 約 綿 綿 綿

회의 흰 천을 만드는 가늘고 긴 실을 나타냄.

中 3급

[儿 5, 총 7획]
벗어날 **면**

면하다, 벗어나다 영 avoid 중 免 miǎn 일 メン(まぬかれる)

免喪(면상) 부모의 3년 상을 벗음
免除(면제) **免稅**(면세) **免役**(면역)

ㄱ ㄲ 勹 舟 孕 免

회의 태아가 어미의 자궁에서 힘들게 나오는 것을 나타냄.

高 3Ⅱ급

[水 10, 총 13획]
멸망할 **멸**

멸하다, 멸망하다(=亡) 영 ruin 중 灭 miè 일 メツ(ほろびる)

滅種(멸종) 종자가 모두 없어짐
滅菌(멸균) **滅亡**(멸망) **滅族**(멸족)

氵 氵 沪 派 滅 滅

형성 물을 뿌려 불 끄는 것을 나타냄.

高 3Ⅱ급

[金 6, 총 14획]
새길 **명**

새기다, 기록하다 영 engrave 중 铭 míng 일 メイ

銘心(명심) 마음에 새김
銘旌(명정) **銘記**(명기) **感銘**(감명)

ノ 厶 金 釒 鈬 銘

형성 금속판에 새긴 이름이나 글을 나타냄.

高 3급

[冖 8, 총 10획]
어두울 **명**

어둡다, 깊숙하다 영 dark 중 冥 míng 일 メイ(くらい)

冥冥(명명) 어두운 모양
冥途(명도) **冥福**(명복) **冥想**(명상)

冖 冖 冟 冝 冥 冥

회의 해가 가려져서 빛이 없는 상태를 나타냄.

高 3Ⅱ급

[豸 7, 총14획]

얼굴 **모**

모양, 얼굴 　영 appearance 중 貌 mào 일 ボウ(かたち)

美貌(미모) 아름다운 얼굴
外貌(외모) 　貌樣(모양) 　容貌(용모)

丶 ⺍ ⺺ ⺼ 豹 貌

회의·형성 사람이나 동물의 모습을 대략적으로 나타냄

高 3Ⅱ급

[心 11, 총15획]

그리워할 **모**

사모하다, 그리워하다 　영 longing 중 慕 mù 일 ボ(したう)

慕化(모화) 덕을 그리워함
慕愛(모애) 　慕華(모화) 　追慕(추모)

艹 苎 莫 莫 慕 慕

형성 가까이 없는 사람을 무리하게 바라는 마음을 나타냄.

中 3급

[日 11, 총15획]

저물 **모**

저물다, 해지다 　영 evening 중 暮 mù 일 ボ(くれる)

暮景(모경) 저녁 무렵의 경치
暮年(모년) 　暮色(모색) 　旦暮(단모)

艹 艹 苎 莫 莫 暮

회의 꼭꼭 숨어서 볼 수 없게 된 것을 나타냄.

高 3급

[力 11, 총13획]

모을 **모**

모으다, 모집 　영 collect 중 募 mù 일 ボ(つのる)

募集(모집) 사람을 모음
募金(모금) 　募兵(모병) 　募集(모집)

艹 苎 莒 莫 募 募

형성 가진 힘을 다하는 것을 나타냄.

高 2급

冒 [冂7, 총9획]
무릅쓸 모

가리다, 무릅쓰다　영 risk　중 冒 mào　일 ボウ(おかす)

冒瀆(모독) 더럽혀 욕되게 함
冒頭(모두) 冒險(모험) 侵冒(침모)

丨 冂 冂 冃 冐 冒 冒

회의 눈을 물건으로 가리는 것을 나타냄.

高 3급

某 [木5, 총9획]
아무 모

아무, 아무개　영 someone　중 某 mǒu　일 ボウ(それがし)

某年(모년) 어느 해
某某(모모) 某處(모처) 某側(모측)

회의 매실을 입 안에 머금고 있는 모습을 나타냄.

3급

矛 [矛0, 총5획]
창 모

창, 자루가 긴 창　영 spear　중 矛 máo　일 ム(ほこ)

矛盾(모순) 창과 방패
矛戟(모극) 戈矛(과모) 霜矛(상모)

㇇ ㇇ ㇇ 矛 矛

상형 창처럼 길고 날카로운 형태의 무기를 나타냄.

中 3II급

莫 [艸7, 총11획]
없을 모

없다, 멀다　영 not　중 莫 mò　일 バク(ない)

莫强(막강) 아주 강함
莫莫(막막) 莫大(막대) 莫論(막론)

회의 초원 수풀에 해가 가린 모습을 나타냄.

3단계

高 3Ⅱ급

謀
[言 9, 총 16획]

꾀할 **모**

꾀하다, 의논하다   영 plot 중 谋 móu 일 ボウ(はかる)

謀免(모면) 꾀를 써서 면함
謀事(모사) **謀議**(모의) **謀陷**(모함)

言 言 訂 訐 詳 謀

형성 돼지 뼈대를 나타냄.

高 3급

侮
[人 7, 총 9획]

업신여길 **모**

업신여기다, 앓다   영 despice 중 侮 wǔ 일 ブ(あなどる)

侮視(모시) 남을 업신여기거나 하찮게 여겨 무시함
侮蔑(모멸) **侮辱**(모욕) **受侮**(수모)

亻 亻 仁 仃 侮 侮 侮

형성 어두워서 보이지 않으므로 '업신여기다'의 뜻을 나타냄.

高 3Ⅱ급

睦
[目 8, 총 13획]

화목할 **목**

화목하다   영 frieddly 중 睦 mù 일 ボク(むつましい)

和睦(화목) 화기애애하여 분위기가 좋음
親睦(친목) **睦族**(목족) **敦睦**(돈목)

目 目＾ 旷 睦 睦 睦

형성 눈매가 부드럽고 친화력이 좋음을 나타냄.

3급

沐
[水 4, 총 7획]

머리감을 **목**

머리 감다, 씻다   영 wash 중 沐 mù 일 モク

沐浴(목욕) 머리를 감고 몸을 씻음
沐澡(목조) **沐間**(목간) **冥沐**(명목)

氵 氵 沪 汁 沐 沐

회의·형성 머리부터 물을 뒤집어쓰는 모양을 나타냄.

高 3Ⅱ급

沒 [水4, 총7획] 빠질 **몰**

빠지다   영 sink   중 没 mò   일 ボツ(しずむ·かくれる)

沒却(몰각) 무시해 버림
沒年(몰년) 沒頭(몰두) 沒入(몰입)

丶 氵 氵 沪 汐 没

형성 소용돌이치는 물속에 몸을 잠기게 함을 나타냄.

高 3Ⅱ급

蒙 [艸10, 총14획] 입을 **몽**

어리다, 어리석다   영 cover   중 蒙 méng   일 モウ(こうむる)

蒙古(몽고) 중국의 북쪽과 시베리아 사이에 있는 국가
蒙死(몽사) 蒙利(몽리) 啓蒙(계몽)

회의·형성 돼지 위에 덮개를 씌우는 것을 나타냄.

高 3Ⅱ급

夢 [夕11, 총14획] 꿈 **몽**

꿈, 꿈꾸다   영 dream   중 梦 mèng   일 ム(ゆめ)

夢寐(몽매) 꿈을 꾸는 동안
夢想(몽상) 蒙利(몽리) 夢塵(몽진)

형성 현실 세계에서 보지 못하는 꿈을 나타냄.

高 3급

苗 [艸5, 총9획] 모, 싹 **묘**

모, 곡식   영 sprout   중 苗 miáo   일 ビョウ(なえ)

苗木(묘목) 나무 모종
苗裔(묘예) 苗床(묘상) 苗板(묘판)

艹 丼 芇 苗 苗 苗

회의 풀들이 밭 한가운데 돋아 있는 것을 나타냄.

3단계

高 3급

[广 12, 총 15획]

사당 **묘**

사당, 위패 　　영 shrine 　중 庙 miào 　일 ビョウ(たまや)

廟堂(묘당) 종묘
廟室(묘실) 太廟(태묘) 廟廷(묘정)

一 广 广 庐 庙 廟

회의 해가 돋기 전에 참배하는 영묘라는 뜻을 나타냄.

中 3급

[卩 3, 총 5획]

넷째지지 **묘**

토끼, 넷째 지지 　　영 rabbit 　중 卯 mǎo 　일 ボウ(う)

卯生(묘생) 묘년(妙年)에 태어난 사람
卯日(묘일) 卯時(묘시) 卯酒(묘주)

丶 匚 卯 卯 卯

상형 문을 양쪽으로 밀어 붙이고 들어가는 모습을 나타냄.

高 3Ⅱ급

[貝 5, 총 12획]

바꿀 **무**

바꾸다, 무역하다 　　영 trade 　중 贸 mào 　일 ボウ(あきなう)

貿穀(무곡) 값이 오를 것으로 보고 곡식을 잔뜩 사들이는 사람
貿易(무역) 加貿(가무) 加工(가공)

丶 匚 匝 卯 留 貿

형성 억지로 열어 무리하게 이익을 얻으려는 것을 나타냄.

中 3급

[戈 1, 총 5획]

다섯째천간 **무**

다섯째 천간 　　중 戊 wù 　일 ボ(つちのえ)

戊夜(무야) 새벽 3시부터 5시 사이
戊戌酒(무술주) 戊辰(무진) 戊戌 (무술)

丿 厂 广 戊 戊

상형 한쪽에 날이 서있는 창을 잡고 있는 모습 나타냄.

3급 핵심한자 | **325**

高 3급

霧 [雨 11, 총19획]
안개 **무**

안개, 흐리다　　영 fog　중 雾 wù　일 ム・ブ(きり)

濃霧(농무) 짙은 안개
霧散(무산)　霧帶(무대)　雲霧(운무)

雲 雲 雰 雰 霧 霧

형성 안개가 덮이고 가리는 모양을 나타냄.

中 3Ⅱ급

茂 [艸 5, 총9획]
우거질 **무**

무성하다　　영 flourishing　중 茂 máo　일 モ(しげる)

茂盛(무성) 초목이 아주 잘 자라나 잎이 무성한 것을 나타냄
茂勳(무훈)　茂林(무림)　茂盛(무성)

형성 나뭇잎이 무성하게 덮여 있는 모습을 나타냄.

中 3급

墨 [土 12, 총15획]
먹 **묵**

먹, 형벌 이름　　영 ink　중 墨 mò　일 ボク(すみ)

墨家(묵가) 묵적의 학파
墨池(묵지)　墨客(묵객)　墨香(묵향)

罒 曰 里 黑 墨

형성 흙처럼 덩어리가 진 검은 물체를 나타냄.

中 3Ⅱ급

默 [黑 4, 총16획]
말없을 **묵**

잠잠하다, 어둡다　　영 quiet, still　중 默 mò　일 モク(しずか)

啞默(아묵) 입을 다물고 조용히 있음
默契(묵계)　默念(묵념)　默殺(묵살)

형성 개가 묵묵히 사람을 따라서 말없음을 뜻함.

中 3Ⅱ급

[糸 4, 총 10획]
무늬 **문**

무늬, 주름　　　　　　　영 pattern　중 纹 wén　일 モン(しわ)

波紋(파문) 어떠한 일이 다른 데에 미치는 영향을 비유함
紋樣(문양)　紋章(문장)　龍紋(용문)

幺 幺 牟 糸 紅 紋

형성 실 사(糸)와 무늬.

中 3Ⅱ급

[勹 2, 총 4획]
말 **물**

말다, 기(旗)　　　　　영 crud off　중 勿 wù　일 モツ・モチ(なかれ)

勿忘草(물망초) 지칫과에 딸린 여러해살이풀
勿失好機(물실호기)　勿論(물론) (물경)

丿 勹 勿 勿

상형 여러 색깔의 천을 고리에 끼어 나부끼게 한 깃발을 나타냄.

高 3급

[辵 6, 총 10획]
미혹할 **미**

미혹하다, 헷갈리다　영 confused　중 迷 mí　일 メイ(まよう)

迷宮(미궁) 쉽게 출구를 찾을 수 없음
迷路(미로)　迷兒(미아)　迷惑(미혹)

丷 丬 米 米 迷 迷

형성 나아갈 방향이 보이지 않아서 길을 헤매고 있는 것을 나타냄.

中 3급

[尸 4, 총 7획]
꼬리 **미**

꼬리, 교미하다(=末)　　　영 tail　중 尾 wěi　일 ビ(お)

尾骨(미골) 꽁지 뼈
尾行(미행)　後尾(후미)　尾宿(미수)

フ コ ア 尸 屋 屋 尾

회의 엉덩이 털을 나타냄.

3급 핵심한자 | **327**

高 3급

眉 [目 4, 총 9획] 눈썹 미

눈썹, 가   영 eyebrow 중 眉 méi 일 ビ·ミ (まゆ)

眉間(미간) 두 눈썹 사이
眉目秀麗(미목수려) 眉目(미목)

フ ア ア 尸 尸 眉 眉

상형 눈썹이 눈 위에 있는 형상을 나타냄.

高 3Ⅱ급

微 [彳 10, 총 13획] 작을 미

작다, 적다   영 tiny 중 微 wēi 일 ビ (かすか)

微功(미공) 작은 공로
微官(미관) 微動(미동) 微妙(미묘)

彳 彳 彳 彳 彳 微 微

형성 실끝이나 털끝처럼 눈에 잘 띄지 않는 것을 나타냄.

高 3급

敏 [攴 7, 총 11획] 재빠를 민

민첩하다, 재빠르다   영 quick 중 敏 mǐn 일 ビン (さとい)

敏活(민활) 재능이 날카롭고 매우 잘 돌아감
敏感(민감) 敏捷(민첩) 英敏(영민)

형성 나태해지지 않고 척척 일하는 것을 나타냄.

高 3급

憫 [心 12, 총 15획] 근심할 민

근심하다   영 pity 중 悯 mǐn 일 ビン (あわれむ)

憫忙(민망) 답답하고 딱하게 여김
憐憫(연민) 憫情(민정) 不憫(불민)

회의·형성 마음속에 담겨진 것까지 깊게 생각하는 것을 나타냄.

高 3급

[虫 8, 총 14획]

꿀 **밀**

꿀, 벌꿀   영 honey 중 蜜 mì 일 ミツ(みつ)

蜜柑(밀감) 귤나무
蜜蠟(밀랍) 蜜語(밀어) 蜜丸(밀환)

宀 宀 宓 宓 宻 蜜

회의·형성 벌집 속에 꿀이 가득 채워져 있는 것을 나타냄.

高 3Ⅱ급

[艸 13, 총 17획]

엷을 **박**

얇다, 엷다   영 thin 중 薄 báo 일 ハク(うすい)

薄俸(박봉) 적은 봉급
薄酒(박주) 薄待(박대) 薄福(박복)

艹 萡 蒲 蒲 薄 薄

형성 풀이나 나무가 작아서 땅에 붙어 있는 모습을 나타냄.

高 3Ⅱ급

[辵 5, 총 9획]

다그칠 **박**

핍박하다, 닥치다   영 urgency 중 迫 pò 일 ハク(せまる)

迫頭(박두) 가까워짐
迫頭(박두) 迫力(박력) 迫害(박해)

丿 冂 自 自 迫 迫

형성 틈이 없이 좁혀짐을 나타냄.

高 3급

[水 5, 총 8획]

배댈 **박**

배 대다, 묵다   영 anchor 중 泊 bó 일 ハク(とまる)

宿泊(숙박) 머물러 쉼
碇泊(정박) 民泊(민박) 落泊(낙박)

氵 氵 泊 泊 泊 泊

형성 물길이 얕은 곳에 배가 대어지는 것을 나타냄.

3급 핵심한자 | **329**

高 3Ⅱ급

般 [舟 4, 총10획]
돌 **반**

돌다, 옮기다   영 turn 중 般 bān 일 ジョ(ついで)

舟橋(주교) 배다리
舟師(주사) 彼此一般(피차일반)

丿 月 舟 舟 般 般

상형·형성 작은 배를 나타냄.

高 3급

盤 [皿 10, 총15획]
소반 **반**

소반, 쟁반   영 tray 중 盘 pán 일 バン(さら)

盤據(반거) 근거로 하여 지킴
盤溪曲徑(반계곡경) 盤石(반석)

丿 月 舟 舟 般 盤

형성 평평한 큰 접시를 나타냄.

高 3급

返 [辵 4, 총8획]
돌아올 **반**

돌아오다   영 return 중 返 fǎn 일 ヘン・ハン(かえす)

返還(반환) 되돌려 보냄
返納(반납) 返送(반송) 返品(반품)

厂 厃 反 辺 返 返

형성 반대쪽에서 다시 돌아오는 것을 나타냄.

高 2급

伴 [人 5, 총7획]
짝 **반**

짝, 동반자   영 companion 중 伴 bàn 일 ハン(ともなう)

伴侶(반려) 짝이 되는 친구
伴奏(반주) 伴行(반행) 伴寢(반침)

丿 亻 亻 伫 伴 伴

형성 사람이 함께 동반하는 것을 나타냄.

3단계

中 3급

[食 4, 총 13획]

밥 **반**

밥, 먹다　　영 boiled rice　중 饭 fàn　일 ハン(めし)

飯床器(반상기) 밥상 하나를 차리는 데 필요한 한 벌의 그릇
飯顆(반과)　**飯床**(반상)　**飯酒**(반주)

〃 亇 亇 飣 飯 飯

형성 이리저리 뿔뿔이 흩어지는 것을 나타냄.

高 3급

[又 7, 총 9획]

배반할 **반**

배반하다, 모반하다　영 rebel　중 叛 pàn　일 ハン(そむく)

叛軍(반군) 반란군
叛旗(반기)　**叛徒**(반도)　**叛亂**(반란)

⺍ 半 半 叛 叛 叛

회의·형성 패거리가 두 패로 나뉘는 것을 나타냄.

高 3급

[手 5, 총 8획]

뺄 **발**

빼다, 뽑다　영 pull out　중 拔 bá　일 バツ(ぬく)

拔群(발군) 여럿 가운데서 뛰어남
拔本(발본)　**拔萃**(발췌)　**拔擢**(발탁)

扌 扌 扩 圽 拔 拔

형성 쓸데없는 부분을 버리고 필요한 것만을 고르는 것을 나타냄.

高 3급

[艸 4, 총 8획]

꽃다울 **방**

꽃답다, 향기롭다　영 flowery　중 芳 fāng　일 ホウ(かんばしい)

芳年(방년) 여자(女子)의 20세 전후의 꽃다운 나이
芳樹(방수)　**芳名錄**(방명록)　**芳香**(방향)

⺾ 丼 艹 艼 芳 芳

형성 풀의 향기로운 냄새가 주변으로 퍼지는 것을 나타냄.

高 3급

邦
[邑4, 총7획]
나라 **방**

나라, 봉(封)하다 　　영 nation 중 邦 bāng 일 ホウ(くに)

異邦(이방) 다른 지방
邦畫(방화) 邦交(방교) 盟邦(맹방)

一 二 三 丰 邦 邦 邦

형성 땅을 삼각형 모양으로 돋우어 자기 땅이라고 표함을 나타냄.

高 3급

倣
[人8, 총10획]
본받을 **방**

본받다, 본뜨다 　　영 imitate 중 仿 fǎng 일 ホウ(ならう)

模倣(모방) 흉내를 냄
倣似(방사) 倣刻(방각) 倣效(방효)

亻 仆 仿 伤 倣 倣

형성 비슷한 것들을 늘어놓고 서로 비교하는 것을 나타냄.

高 3급

傍
[人10, 총12획]
곁, 방 **방**

곁, 옆 　　영 beside 중 傍 páng 일 ボウ(かたわら)

傍系(방계) 직계에서 갈라진 친척 부치
傍若無人(방약무인) 傍觀(방관) 傍證(방증)

형성 물건의 양쪽 또는 옆쪽이라는 뜻을 나타냄.

中 3급

[木4, 총8획]
잔 **배**

잔, 대접 　　영 cup 중 杯 bēi 일 ハイ(さかずき)

杯觴(배상) 나무 술잔
乾杯(건배) 苦杯(고배) 杯狀(배상)

一 十 木 木 杉 杯 杯

형성 술잔이 볼록하고 둥글게 부풀어 있는 모습을 나타냄.

3단계

高 3II급
培 [土8, 총11획]
북돋을 **배**

북돋우다, 가꾸다 영 nourish 중 培 péi 일 バイ(つちかう)

培養(배양) 생물의 발육을 위해 북돋아 줌
培養土(배양토) 培植(배식) 栽培(재배)

十 土 圹 圹 垃 培

형성 흙을 한곳으로 모아 올려 뿌리를 덮어준다는 뜻을 나타냄.

高 3II급
排 [手8, 총11획]
밀칠 **배**

물리치다, 늘어서다 영 reject 중 排 pái 일 ハイ(おす)

排尿(배뇨) 오줌을 눔
排擊(배격) 排球(배구) 排泄(배설)

扌 扌 扌 扌 排 排

형성 좌우로 밀어 문을 여는 것을 나타냄.

高 3II급
伯 [人5, 총7획]
맏 **백**

맏이(첫째), 큰아버지 영 elder 중 伯 bó 일 ハク

伯父(백부) 큰아버지
伯仲之間(백중지간) 伯母(백모) 伯仲(백중)

丿 亻 亻 亻 伯 伯 伯

형성 첫째, 즉 장자를 나타냄.

3급
柏 [木5, 총9획]
측백나무 **백**

측백나무, 잣나무 영 thuja 중 柏 bǎi 일 없음

柏子(백자) 잣
冬柏(동백) 柏木(백목) 柏子木(백자목)

木 木 朩 朳 柏 柏

회의·형성 동그랗고 작은 열매가 열리는 나무를 나타냄.

高 3II급

繁 [糸 11, 총 17획] 많을 **번**

번성하다, 많다   영 prosper 중 繁 fán 일 ハン(しげる)

繁多(번다) 번거롭게 많음
繁榮(번영) 繁盛(번성) 頻繁(빈번)

每 每ヶ 敏 敏 繁 繁

형성 자꾸 자라나서 무성해짐을 나타냄.

中 3II급

凡 [几 1, 총 3획] 무릇 **범**

무릇   영 common 중 凡 fán 일 ボン·ハン(およそ)

凡例(범례) 일러두기
凡常(범상) 凡失(범실) 凡人(범인)

丿 几 凡

상형 땅에서부터 하늘에 미친다는 데서 모두를 나타냄.

3급

汎 [水 3, 총 6획] 뜰 **범**

뜨다, 띄우다   영 float 중 汎 fàn 일 ハン(ひろい)

汎愛(범애) 널리 사랑함
泛濫(범람) 汎論(범론) 汎汎(범범)

丶 丶 氵 汜 汎 汎

형성 넓은 수면처럼 쫙 퍼지는 것을 나타냄.

高 3II급

碧 [石 9, 총 14획] 푸를 **벽**

푸르다, 푸른 옥돌   영 blue 중 碧 bì 일 ヘキ(あおい)

碧空(벽공) 푸른 하늘
碧溪(벽계) 碧眼(벽안) 碧海(벽해)

T 王 珀 珀 碧 碧

회의·형성 푸른빛이 도는 모습을 나타냄.

高 3급

[卜 2, 총4획]
조급할 **변**

조급하다, 법칙　　　영 hasty 중 卞 biān 일 ベン

卞急(변급) 참을성이 없고 급함
抗卞(항변)　卞和(변화)　抗卞調(항변조)

丶 亠 亣 卞

형성 양손으로 고깔을 쓰는 모양을 나타냄.

高 3급

[辛 9, 총14획]
분별할 **변**

분별하다　　　영 distinguish 중 辨 biàn 일 ベン(わきまえる)

辨理(변리) 판별하여 변리함
辨濟(변제)　辨明(변명)　辨償(변상)

亨 亨 亲 新 辨 辨

형성 두 사람의 언쟁을 딱 잘라서 중지시키는 모습을 나타냄.

高 3급

[立 5, 총10획]
아우를 **병**

아우르다　　　영 parallel 중 竝 bìng 일 並 ヘイ(ならべる)

竝立(병립) 나란히 섬
竝發(병발)　竝列(병렬)　竝設(병설)

亠 亢 立 立 竝 竝

회의 나란히 늘어선 사람의 모습을 나타냄.

中 3Ⅱ급

[一 4, 총5획]
남녘 **병**

셋째 천간, 남녘　　　영 south 중 丙 bǐng 일 ヘイ(ひのえ)

丙寅(병인) 60갑자의 셋째
丙座(병좌)　丙子胡亂(병자호란)　丙科(병과)

一 ㄇ 丙 丙 丙

회의 책상이나 사람의 발, 또는 물고기의 꼬리를 나타냄.

高 3급

屛
[尸 8, 총11획]
병풍 **병**

병풍, 울(담)   영 screen 중 屏 píng 일 ヘイ(へい)

屛去(병거) 물러남
屛居(병거) 屛風(병풍) 屛氣(병기)

尸 尸 尸 屛 屛 屛

회의·형성 출입하지 못하도록 빽빽하게 세워놓는 것을 나타냄.

高 3Ⅱ급

補
[衣 7, 총12획]
기울 **보**

옷을 깁다, 고치다   영 repair 중 补 pǔ 일 ホ(おぎなう)

補强(보강) 보충하여 더 강하게 함
補缺(보결) 補藥(보약) 補助(보조)

衤 衤 衤 袻 補 補

형성 천을 평평하게 펴서 구멍난 곳에 알맞게 붙임을 나타냄.

高 3급

譜
[言 13, 총20획]
족보 **보**

계보(족보), 적다   영 genealogy 중 谱 pǔ 일 フ(しるす)

年譜(연보) 해마다 일어난 일들을 적어놓은 책
系譜(계보) 譜錄(보록) 譜牒(보첩)

言 訁 訁 訃 譜 譜

형성 말을 평평한 곳에 일정하게 모습으로 적은 것을 나타냄.

高 3급

卜
[卜 0, 총2획]
점 **복**

점, 점치다   영 divine 중 卜 bǔ 일 ボク(うらなう)

卜居(복거) 살 곳을 정함
卜居(복거) 卜馬(복마) 卜債(복채)

丨 卜

상형 불에 태운 거북이 등껍질에 금이 생긴 형상을 나타냄.

3단계

高 3Ⅱ급

[肉9, 총13획]

배 **복**

배, 두텁다 영 belly 중 腹 fù 일 フク(はら)

腹稿(복고) 시문의 초고를 마음속으로 짜는 일
腹部(복부)　腹案(복안)　腹中(복중)

月　肛　肺　胪　腹　腹

형성 부풀어 오른 배를 나타냄.

高 3급

覆

[襾12, 총18획]

뒤집을복 **복**

엎다, 덮다 영 overturn 중 覆 fù 일 フク(おおう)

覆啓(복계) 회답을 올림
覆面(복면)　覆蓋(복개)　顚覆(전복)

覀　覀　覄　覆　覆　覆

형성 또 다시 하거나 거꾸로 뒤집는 것을 나타냄.

高 3급

[虫7, 총13획]

벌 **봉**

벌, 거스르다 영 bee 중 蜂 fēng 일 ホウ(はち)

蜂起(봉기) 벌떼처럼 일어남
蜂針(봉침)　蜂蝶(봉접)　養蜂(양봉)

虫　虫'　蚵　蜂　蜂　蜂

회의·형성 벌이 무리를 지어 날고 있는 것을 나타냄.

高 3급

[鳥3, 총14획]

봉새 **봉**

봉새(봉황의 수컷) 영 phoenix 중 凤 fèng 일 ホウ

鳳凰(봉황) 예로부터 중국(中國)의 전설에 나오는 상상(想像)의 새
鳳輦(봉련)　鳳車(봉차)　丹鳳(단봉)

几　凡　凧　鳳　鳳　鳳

회의·형성 큰 새와 바람에 펄럭이는 돛모양을 합친 것을 나타냄.

中 3Ⅱ급

逢 [辵7, 총11획]
만날 **봉**

만나다, 상봉하다 영 meet 중 逢 féng 일 ホウ(あう)

逢着(봉착) 만남
逢變(봉변) 逢迎(봉영) 相逢(상봉)

夂 冬 夆 夆 逢 逢

회의·형성 양쪽에서 마주 걸어와 만남을 나타냄.

高 3Ⅱ급

峯 [山7, 총10획]
봉우리 **봉**

산봉우리, 메(산) 영 peak 중 峰 fēng 일 ホウ(はち)

高峯(고봉) 높은 봉우리
峯巒(봉만) 峯嶂(봉장) 峯崖(봉애)

山 屮 岁 夆 峯 峯

형성 ∧ 형상으로 솟아오른 산을 나타냄.

高 3Ⅱ급

封 [寸6, 총9획]
봉할 **봉**

봉하다 영 seal up 중 封 fēng 일 ホウ·フウ(ほおずる)

封祿(봉록) 제후가 받는 봉미
封土(봉토) 封蠟(봉랍) 封墳(봉분)

土 圭 圭 圭 封 封

회의 흙을 쌓아올리는 모습을 나타냄.

中 3Ⅱ급

扶 [手4, 총7획]
도울 **부**

돕다, 부축하다 영 assist 중 扶 fú 일 フ(たすける)

扶養(부양) 혼자 살아갈 능력이 없는 사람의 생활을 돌봄
扶助(부조) 扶支(부지) 挾扶(협부)

亅 扌 扌 扌 扶 扶

형성 상대의 겨드랑이 밑에 손을 대고 떠받드는 모습을 나타냄.

高 3급

[貝8, 총15획]
구실 부

구실, 세금 거두다　　영 taxes 중 赋 fù 일 フ(みつぎ)

賦課(부과) 세금 등을 매김
賦金(부금)　賦與(부여)　賦役(부역)

貝　貝-　貝-　貶　賦　賦

형성 강제로 돈이나 물건을 빼앗는 것을 나타냄.

高 3급

[走2, 총9획]
나아갈 부

다다르다, 나아가다　　영 get to 중 赴 fù 일 フ(おもむく)

赴告(부고) 달려가 알림
赴役(부역)　赴任(부임)　赴援(부원)

土　+　走　走　赴　赴

형성 쓰러지고 부딪치면서 달려오는 것을 나타냄.

高 3급

[肉8, 총14획]
썩을 부

썩다, 썩히다　　영 rotten 중 腐 fǔ 일 フ(くさる)

腐爛(부란) 썩어 문드러짐
腐心(부심)　腐植(부식)　腐蝕(부식)

广　府　府　府　腐　腐

형성 형태가 변해서 찰싹 달라붙는 것을 나타냄.

3급

[肉11, 총15획]
살갗 부

살갗, 겉껍질　　영 skin 중 肤 fū 일 フ

氷膚(빙부) 얼음 같이 맑고 깨끗한 살결
膚淺(부천)　膚受(부수)　皮膚(피부)

广　府　府　膺　膚　膚

형성 내장을 싸서 보호하고 있는 살의 껍질을 나타냄.

高 3Ⅱ급

附 [阜5, 총8획] 붙을 부

뜨다, 띄우다   영attach 중附 fù 일フ(つく)

附加(부가) 덧붙임
附錄(부록) 赴役(부역) 赴任(부임)

阝 阝 阝 阡 附 附

형성 붙이다는 뜻으로 사용됨을 나타냄.

高 3Ⅱ급

付 [人3, 총5획] 줄 부

주다, 청하다   영give 중付 fù 일フ(つける)

付壁(부벽) 벽에 붙이는 글씨나 그림
付與(부여) 付託(부탁) 納付(납부)

丿 亻 什 付 付

회의 손을 뻗어 상대의 몸에 바짝 댐을 나타냄.

高 3Ⅱ급

簿 [竹13, 총19획] 장부 부

장부, 문서   영book-keeping 중簿 bù 일ボ(ちょうめん)

簿記(부기) 장부에 적음
名簿(명부) 簿錄(부록) 帳簿(장부)

氵 筥 簿 簿 簿 簿

형성 글을 새기던 나무 조각을 나타냄.

高 3Ⅱ급

符 [竹5, 총11획] 부신 부

부신(부절), 증거   영tally 중符 fú 일フ

符書(부서) 뒷세상에 나타날 일을 미리 적어놓은 글
符合(부합) 符籍(부적) 符合(부합)

⺮ 竻 符 符 符 符

형성 쪼갠 대나무를 다른 한쪽과 맞추어 본다는 뜻을 나타냄.

3단계

高 3Ⅱ급

[水7, 총10획]
뜰 **부**

건너다, 걸어서 돌아다니다 　영 float 　중 浮 fú 　일 フ(うかぶ)

浮袋(부대) 물고기의 장 부근에 있는 공기 주머니
浮說(부설) 　**浮橋**(부교) 　**浮動**(부동)

氵　氵　汀　浮　浮　浮

형성　엎드려 헤엄칠 때 물을 감싸 안는 모습을 나타냄.

高 3Ⅱ급

[大13, 총16획]
떨칠 **분**

떨치다, 힘쓰다 　영 rouse 　중 奋 fèn 　일 フン(ふるう)

奮激(분격) 세차게 발분함
奮起(분기) 　**奮發**(분발) 　**奮然**(분연)

ナ　大　ゲ　奞　奮　奮

회의　힘을 모아 힘껏 일하는 모습을 나타냄.

高 3Ⅱ급

[大5, 총8획]
달릴 **분**

달아나다, 달리다 　영 run away 　중 奔 bēn 　일 ホン(はしる)

奔忙(분망) 매우 부산하게 바쁨
奔走(분주) 　**奔散**(분산) 　**狂奔**(광분)

ナ　太　本　杢　奔　奔

형성　자리를 박차고 일어나 달리는 모습을 나타냄.

高 3Ⅱ급

[糸4, 총10획]
어지러울 **분**

어지럽다, 소란하다 　영 dizzy 　중 纷 pēn 　일 フン(まぎれる)

紛糾(분규) 문란하여 뒤엉킴
紛亂(분란) 　**紛失**(분실) 　**紛爭**(분쟁)

幺　幺　糸　紅　紛　紛

형성　실이 흐트러져 있는 모습을 나타냄.

3급 핵심한자 | **341**

高 3급

拂 [手5, 총8획] 떨 불

떨치다, 떨어뜨리다　영 remove　중 拂 fú　일 払 フツ(はらう)

拂拭(불식) 떨고 훔침
拂逆(불역)　拂下(불하)　拂去(불거)

扌 扩 扩 扫 拂 拂

형성 손을 좌우로 흔들어서 떨쳐버리는 것을 나타냄.

3급

弗 [弓2, 총5획] 아닐 불

아니다, 말다　영 not　중 弗 fú　일 フツ(あらず)

弗素(불소) 할로겐 원소의 하나
弗豫(불예)　弗貨(불화)　政府弗(정부불)

一 ㄱ 弓 弔 弗

지사 싫어서 뿌리치거나 안 된다고 뿌리치는 모습을 나타냄.

中 3급

朋 [月4, 총8획] 벗 붕

벗, 친구　영 friend　중 朋 péng　일 ホウ(とも)

朋友(붕우) 친구
朋執(붕집)　朋黨(붕당)　面朋(면붕)

刀 月 刖 朋 朋 朋

상형 두 개가 나란히 있음을 나타냄으로 친구의 뜻을 나타냄.

高 3급

崩 [山8, 총11획] 무너질 붕

산무너지다　영 collapse　중 崩 bēng　일 ホウ(くずれる)

崩御(붕어) 임금이 세상(世上)을 떠나는 것
崩頹(붕퇴)　崩落(붕락)　天崩(천붕)

山 冲 片 片 崩 崩

형성 양쪽으로 무너져 내리는 산의 모양을 나타냄.

高 3Ⅱ급

[女 3, 총 6획]

왕비 **비**

왕비, 짝(배필)　　　　　영 queen　중 妃 fēi　일 キ(きさき)

王妃(왕비) 왕의 부인
妃嬪(비빈)　妃殿下(비전하)　后妃(후비)

乚 丫 女 女 妇 妃

형성 혼인한 아내라는 뜻을 나타냄.

高 3Ⅱ급

[十 6, 총 8획]

낮을 **비**

낮다, 천하다　　　　　영 mean　중 卑 bēi　일 ヒ(いやしい)

卑怯(비겁) 용기가 없음. 겁이 많음
卑近(비근)　卑屈(비굴)　卑劣(비열)

丿 白 白 白 鱼 卑

회의 신분이 낮음을 나타냄.

高 3Ⅱ급

[女 8, 총 11획]

여종 **비**

계집종, 하녀　　　　　영 maid　중 秘 bì　일 ヒ(はしため)

婢僕(비복) 여자와 남종
婢夫(비부)　婢女(비녀)　從婢(종비)

女 妒 妒 婢 婢 婢

회의·형성 낮은 신분인 여자 하인을 나타냄.

高 3Ⅱ급

[肉 4, 총 8획]

살찔 **비**

살찌다, 기름지다　　　　　영 fat　중 肥 féi　일 ヒ(こえる)

肥鈍(비둔) 너무 살이 쪄 행동이 굼뜸
肥大(비대)　肥滿(비만)　肥沃(비옥)

丿 月 肌 肌 肥 肥

회의 몸이 점점 살이 붙어가는 것을 나타냄.

高 3급

賓 [貝7, 총14획] 손 빈

손, 손님 영 guest 중 宾 bīn 일 ヒン(まろうど)

賓客(빈객) 신분이 높은 지체 있는 손님
賓廳(빈청) 國賓(국빈) 貴賓(귀빈)

宀 宀 宀 宇 宙 賓

형성 선물을 들고 주인과 마주서서 말하고 있는 것을 나타냄.

高 3급

頻 [頁7, 총16획] 자주 빈

자주, 여러 번 영 frequently 중 频 pín 일 ヒン(しきりに)

頻度(빈도) 여러 번. 잦은 도수
頻蓄(빈축) 頻發(빈발) 頻繁(빈번)

止 步 步 步 頻 頻

회의 쉴 틈도 없이 일이 연달아서 일어나는 것을 나타냄.

高 3급

聘 [耳7, 총13획] 부를 빙

부르다, 초빙하다 영 invite 중 聘 pìn 일 ヘイ(めす)

聘母(빙모) 장모
聘丈(빙장) 聘家(빙가) 招聘(초빙)

耳 耵 耵 聘 聘 聘

회의·형성 물건을 내밀면서 상대방에게 뜻을 물어보는 것을 나타냄.

高 3급

斯 [斤8, 총12획] 이 사

이(이것), 어조사 영 this 중 斯 sī 일 シ(この)

斯界(사계) 이 방면
斯文(사문) 斯民(사민) 如斯(여사)

甘 其 其 斯 斯 斯

회의 날카로운 연장으로 키를 조각조각 쪼개는 것을 나타냄.

高 3Ⅱ급

[水 4, 총 7획]

모래 **사**

모래, 모래벌판   영 sand 중 沙 shā 일 サ(すな)

沙器(사기) 사기 그릇

沙鉢(사발) 沙工(사공) 沙果(사과)

丶 氵 氵 沙 沙 沙 沙

형성 물에 씻겨 작게 조각난 작은 모래라는 뜻을 나타냄.

高 3Ⅱ급

[邑 4, 총 7획]

간사할 **사**

간사하다   영 malicious 중 邪 xié 일 ジャ(よこしま)

破邪(파사) 사를 무찌름

邪敎(사교) 邪念(사념) 邪心(사심)

一 ㄷ 于 于 牙 邪 邪

형성 어긋나다는 뜻으로 사용됨을 나타냄.

中 3Ⅱ급

[己 0, 총 3획]

뱀 **사**

뱀, 여섯째 지지(地支)   영 snake 중 巳 sì 일 シ(み)

巳年(사년) 태세(太歲)의 지지가 사(巳)인 해

巳座(사좌) 巳時佛供(사시불공) 巳正(사정)

フ コ 巳

상형 웅크리고 앉아 있는 태아 모양을 나타냄.

高 3Ⅱ급

[言 5, 총 12획]

말, 글 **사**

말, 언어   영 word 중 词 cí 일 シ(ことば)

詞章(사장) 시가와 문장

詞伯(사백) 詞兄(사형) 詞緣(사연)

訁 訁 訁 訐 詞 詞 詞

형성 차례를 정하는 데 사용되는 아주 작은 단위를 나타냄.

高 3급

似
[人 5, 총7획]
같을 **사**

같다, 유사하다   영 same 중 似 sì 일 シ・ジ(にる)

近似(근사) 가까움

類似(유사) 似而非(사이비) 近似値(근사치)

亻 亻 仏 似 似 似

형성 솜씨 좋게 가공해서 실물과 똑같이 만드는 것을 나타냄.

高 3Ⅱ급

司
[口 2, 총5획]
맡을 **사**

맡다, 벼슬   영 manage 중 司 sī 일 シ

司徒(사도) 주(周)나라 때에 6경의 하나로 교육을 맡음

司直(사직) 司牧(사목) 司書(사서)

丁 큐 司 司 司

형성 좁은 일부분만을 담당하는 관리를 나타냄.

高 3급

詐
[言 5, 총12획]
속일 **사**

속이다, 거짓말하다   영 deceive 중 诈 zhà 일 サ(いつわる)

詐計(사계) 남을 속이려는 간사(奸邪)한 꾀

詐術(사술) 詐僞(사위) 巧詐(교사)

言 言 許 許 詐 詐

형성 의도적으로 거짓말하는 것을 나타냄.

高 3Ⅱ급

[示 3, 총8획]
제사 **사**

제사, 제사지내다   영 sacrifice 중 祀 sì 일 シ(まつる)

祀孫(사손) 조상의 제사를 받드는 자손

祀天(사천) 祀中(사중) 告祀(고사)

亍 亓 示 示 祀 祀

회의·형성 농사에 사용되는 구부러진 가래를 나타냄.

高 3급

[虫5, 총11획]

뱀 **사**

뱀, 자벌레　　　　영 snake 중 蛇 shé 일 ジャ(へび)

蛇蝎(사갈) 뱀과 전갈
毒蛇(독사)　蛇足(사족)　蛇尾(사미)

中　虫　虵　虻　蛇　蛇

형성 뱀의 모양을 나타냄.

高 3급

[斗7, 총11획]

비낄 **사**

비끼다, 기울다　　　　영 inclined 중 斜 xié 일 シャ(ななめ)

斜徑(사경) 비탈길
斜面(사면)　斜線(사선)　斜陽(사양)

／　夲　余　余　糸　斜

형성 국자를 기울여서 한쪽으로 모이게 하는 것을 나타냄.

高 3급

[手8, 총11획]

버릴 **사**

버리다, 베풀다　　　　영 throw 중 舍 shě 일 シャ(すてる)

用捨(용사) 취하여 씀과 내어버림
捨身(사신)　取捨(취사)　捨象(사상)

扌　扒　拧　拎　拎　捨

형성 손에 힘을 풀어서 쥐고 있던 물건을 놓은 것을 나타냄.

高 3급

[貝8, 총15획]

줄 **사**

주다, 하사하다　　　　영 bestow 중 赐 cì 일 シ(たまわる)

賜藥(사약) 죄인에게 독약을 내려 죽게 함
賜姓(사성)　賜給(사급)　膳賜(선사)

目　貝　貝丶　貝丿　賜　賜

형성 상대방에게 돈이나 재산을 내미는 모습을 나타냄.

高 3급

削 [刀7, 총9획] 깎을 **삭**

깎다, 범하다   영 cut 중 削 xiāo 일 サク (けずる)

削減(삭감) 깎아서 줄임
削減(삭감) 削髮(삭발) 削除(삭제)

丷 亻 斗 肖 肖 肖 削

형성 칼을 써서 잘 써는 것을 나타냄.

高 3급

朔 [月6, 총10획] 초하루 **삭**

초하루, 정삭(正朔)   영 north 중 朔 shuò 일 サク (ついたち)

朔望(삭망) 초하루와 보름
朔方(삭방) 朔祭(삭제) 朔風(삭풍)

丷 丷 丿 屰 朔 朔

회의 달이 한 바퀴 둔 후 원래 자리로 돌아오는 것을 나타냄.

高 3급

索 [糸4, 총10획] 동아줄 **삭/색**

동아줄, 꼬다   영 large rope 중 索 suǒ 일 サク (なわ)

索居(삭거) 무리와 떨어져 쓸쓸히 있음
索道(삭도) 索引(색인) 索出(색출)

一 十 亠 安 索 索

회의 물건에 매어서 잡아당기는 밧줄을 나타냄.

3급

[酉7, 총14획] 초 **산**

초, 식초   영 acid 중 酸 suān 일 サン (す)

酸性(산성) 산이 가지는 성질
酸度(산도) 酸素(산소) 酸化(산화)

一 冂 丙 酉 酢 酸

형성 시큼한 맛이 나는 액체를 나타냄.

3단계

3Ⅱ급

森
[木8, 총12획]
나무 삼

수풀, 나무가 빽빽하다 　영forest 중森 sēn 일シン(もり)

森嚴(삼엄) 조용하고 엄숙한 모양
森列(삼렬) **森林**(삼림) **陰森**(음삼)

一 木 朩 杰 森 森 森

회의 나무가 서로 뒤얽혀 있는 모습을 나타냄.

高 3Ⅱ급

像
[人12, 총14획]
형상 상

형상, 모습 　영figure 중像 xiáng 일ゾウ(かたち)

像形(상형) 어떤 물건의 모양을 본뜸
臥像(와상) **像膜**(상막) **畫像**(화상)

亻 亻 伫 俜 像 像

형성 큰 코끼리가 눈에도 잘 띄는 것을 나타냄.

中 3Ⅱ급

尙
[小5, 총8획]
오히려 상

오히려, 바라다 　영rather 중尚 shuàng 일ショウ(なお)

尙今(상금) 이제까지
尙武(상무) **嘉尙**(가상) **尙存**(상존)

丨 丨 尙 尙 尙 尙

회의 창에서 공기가 위쪽으로 나가는 모습을 나타냄.

中 3Ⅱ급

喪
[口9, 총12획]
복 상

복(服)입다, 죽다 영mourning 중丧 sǎng 일ソウ(うしなう)

喪家(상가) 초상집
喪失(상실) **喪輿**(상여) **喪主**(상주)

一 亠 亞 亞 喪 喪

형성 각자 분리된 채 어디로 가는 것을 나타냄.

高 3급

償 [人 15, 총 17획]
갚을 **상**

갚다, 보상함　영 repay　중 偿 cháng　일 ショウ(つぐなう)

償復(상복) 물어서 갚아 줌
償債(상채)　償還(상환)　補償(보상)

亻 亻" 伫 僧 僧 償

형성 공을 세운 사람에게 재물로 보상한다는 뜻을 나타냄.

高 3급

桑 [木 6, 총 10획]
뽕나무 **상**

뽕나무, 뽕잎 따다　영 mulberry　중 桑 sāng　일 ソウ(くわ)

桑葉(상엽) 뽕나무 잎
桑梓(상재)　桑碧(상벽)　扶桑(부상)

又 叒 叒 桒 桑 桑

회의 가지에 세 가닥의 잎이 달려 있는 모양을 나타냄.

高 3급

祥 [示 6, 총 11획]
상서로울 **상**

상서롭다, 복　영 lucky　중 祥 xiáng　일 ショウ(めでたい)

祥草(상초) 상서로운 풀
祥兆(상조)　尙存(상존)　祥瑞(상서)

禾 秆 秆 栏 栏 祥

형성 선량한 모습으로 나타나는 신의 형상을 나타냄.

高 3급

嘗 [口 11, 총 14획]
맛볼 **상**

맛보다, 먹다　영 taste　중 尝 cháng　일 ショウ(なめる·かつて)

嘗味(상미) 맛을 봄
嘗試(상시)　嘗藥(상약)　奉嘗(봉상)

⺍ 尚 尚 嘗 嘗 嘗

회의·형성 혀 위에 음식을 올려놓고 맛을 보는 모습을 나타냄.

高 3Ⅱ급

[言 6, 총13획]
자세할 **상**

자세하다   영 detail 중 详 xiáng 일 ショウ(くわしい)

詳報(상보) 상세하게 알림
詳述(상술) 詳細(상세) 未詳(미상)

言 訁 訁 訁 訊 詳 詳

형성 구석구석까지 모두 미치는 것을 나타냄.

中 3Ⅱ급

[雨 9, 총17획]
서리 **상**

서리, 해   영 frost 중 偿 shuāng 일 ソウ(しも)

霜菊(상국) 서리가 내릴 때 피는 국화
霜降(상강) 霜雪(상설) 秋霜(추상)

宀 兩 雷 雷 霜 霜

형성 하나씩 갈라져 서 있는 서릿발을 나타냄.

高 3Ⅱ급

[衣 8, 총14획]
치마 **상**

치마, 낮에 입는 옷   영 skirt 중 裳 cháng 일 ショウ(も)

衣裳(의상) 옷, 모든 옷
紅裳(홍상) 衣裳(의상) 黃裳(황상)

尚 堂 学 学 学 裳

형성 천으로 만든 긴 치마를 나타냄.

高 3급

[土 10, 총13획]
변방 **새/색**

변방, 변경   영 block 중 塞 sài 일 サイ(とりで)

塞外(새외) 성채의 바깥
邊塞(변새) 要塞(요새) 壅塞(옹색)

宀 宀 宀 宐 実 塞

회의·형성 기와와 흙을 차곡차곡 빈틈없이 쌓은 모양을 나타냄.

中 3급

暑 [日 9, 총13획]
더울 서

덥다, 무더움　　　영 hot　중 暑 shǔ　일 ショ(あつい)

暑氣(서기) 더운 기운
暑月(서월)　暴暑(폭서)　避暑地(피서지)

日 旦 토 昇 昇 暑

형성 태양 빛을 받아서 뜨거워지는 것을 나타냄.

高 3급

敍 [攴 7, 총11획]
차례 서

차례, 펴다　　　영 order　중 叙 xù　일 叙 ジュツ(のべる)

敍論(서론) 순서를 따라 논함
敍任(서임)　敍述(서술)　敍勳(서훈)

형성 순서를 정해서 차례대로 조금씩 말하는 것을 나타냄.

高 3급

庶 [广 8, 총11획]
뭇 서

여러, 뭇　　　영 multitude　중 庶 shù　일 ショ(もろもろ)

庶幾(서기) 희망함
庶母(서모)　庶民(서민)　庶子(서자)

亠 广 户 庐 庐 庶

회의 불을 피워서 집안의 공기를 따뜻하게 함을 나타냄.

高 3Ⅱ급

恕 [心 6, 총10획]
용서할 서

용서하다, 어질다　　　영 pardon　중 恕 shù　일 ジョ(ゆるす)

容恕(용서) 허물을 이해하고 헤아려 줌
恕宥(서유)　恕容(서용)　憐恕(연서)

회의·형성 상대방과 자신을 동등하게 본다는 뜻을 나타냄.

高 3Ⅱ급

署
[网 9, 총14획]
나눌 **서**

관청, 부서 　　　영 office　중 署 shǔ　일 ショ

署押(서압) 서명 날인
署員(서원)　署名(서명)　署長(서장)

罒 罒 罒 罥 署 署

형성 일정한 테두리 속에 사람을 가둔다는 뜻을 나타냄.

高 3Ⅱ급

緒
[糸 9, 총15획]
실마리 **서**

실마리, 시작 　　　영 clue　중 绪 xù　일 ショ(お)

緒論(서론) 본론에 들어가기 전의 서두에 펴는 논설
緒言(서언)　緒戰(서전)　緒風(서풍)

糸 紅 紗 紗 緒 緒

형성 실패에 감아둔 실의 끄트럭을 나타냄.

高 2급

[言 7, 총14획]
맹세할 **서**

맹세하다, 약속 　　　영 oath　중 誓 shì　일 セイ(ちかう)

誓約(서약) 맹세하여 약속함
誓言(서언)　誓願(서원)　誓文(서문)

扌 扩 折 折 誓 誓

형성 말로 약속을 정하는 것을 나타냄.

高 3Ⅱ급

[彳 7, 총10획]
천천할 **서**

천천히, 느릿하게 　　　영 slow　중 徐 xú　일 ジョ(おもむろ)

徐來(서래) 천천히 옴
徐徐(서서)　徐行(서행)　安徐(안서)

彳 彳 彶 徐 徐 徐

형성 천천히 걷는 것을 나타냄.

高 2급

逝 [辵7, 총11획]
갈 **서**

가다, 시간이 가다   영 pass away 중 逝 shì 일 セイ(ゆく)

逝去(서거) 세상을 떠남
急逝(급서) 連繫(연계) 逝去(서거)

亻 扌 扩 折 浙 逝

형성 영원하게 가다, 즉 죽음을 나타냄.

中 3급

昔 [日4, 총8획]
예 **석**

예, 옛날   영 past·ancient 중 昔 xī 일 セキ(むかし)

昔人(석인) 옛 사람
昔日(석일) 昔年(석년) 今昔(금석)

一 十 廾 昔 昔 昔

회의 해가 포개진 모양으로 거듭된 옛날을 나타냄.

高 3급

析 [木4, 총8획]
가를 **석**

가리다, 쪼개다   영 dividet 중 析 xī 일 セキ(わける)

析出(석출) 분석(分析)하여 냄
析別(석별) 解析(해석) 蕩析(탕석)

一 十 才 扩 析 析

회의 도끼로 나무를 잘게 쪼개는 것을 나타냄.

高 3Ⅱ급

[釆13, 총20획]
풀 **석**

풀다, 풀어내다   영 release 중 释 shì 일 釈シャク

釋門(석문) 불문
釋放(석방) 釋迦(석가) 解釋(해석)

釆 釆' 釋 釋 釋 釋

형성 얽힌 것을 술술 풀어내어 순서대로 잇는다는 뜻을 나타냄.

3단계

中 3Ⅱ급

惜
[心8, 총11획]
아낄 **석**

아끼다　　　　영 grudge　중 惜 xī　일 セキ(おしむ)

惜命(석명) 목숨을 아낌
惜別(석별) 惜敗(석패) 哀惜(애석)

忄 忄 忄 忄 忄 惜 惜

형성 마음속에 오래 남아 생각이 더해짐을 나타냄.

高 3Ⅱ급

旋
[方7, 총11획]
돌 **선**

돌다, 돌리다　　　영 round　중 旋 xuán　일 セン(めぐる)

旋流(선류) 빙 돌아서 흐름
旋毛(선모) 旋律(선율) 旋風(선풍)

方 方 方 旂 旋 旋

회의 깃발이 펄럭펄럭 날리는 것을 나타냄.

高 3급

禪
[示12, 총17획]
봉선 **선**

고요하다　　　영 abdicate　중 禅 chán　일 ゼン(ゆずる)

禪家(선가) 참선하는 사람
禪僧(선승) 禪房(선방) 禪師(선사)

禾 禾 禾 禪 禪 禪

형성 제단 위에서 하늘에 제사지내는 것을 나타냄.

高 2급

攝
[手18, 총21획]
당길 **섭**

당기다, 쥐다　　　영 pull　중 摄 shè　일 セツ(とる)

攝生(섭생) 음식과 운동을 조절하여 건강관리를 잘함
攝政(섭정) 攝理(섭리) 攝氏(섭씨)

扌 扌 押 押 攝 攝

형성 손으로 옷자락을 걷어 올려 잡는다는 뜻을 나타냄.

3급

涉 [水7, 총10획]
건널 **섭**

떠들다, 시끄럽다   영 cross 중 涉 shè 일 ショウ(わたる)

渡涉(도섭) 일을 보기 위해 건넘
涉獵(섭렵) 涉外(섭외) 干涉(간섭)

氵 汁 汁 沚 涉 涉

회의 맞은쪽 기슭을 향해서 강을 건너는 모습을 나타냄.

高 3Ⅱ급

訴 [言5, 총12획]
하소연할 **소**

하소연하다, 송사   영 appeal 중 诉 sù 일 ソ(うったえる)

訴訟(소송) 송사
訴冤(소원) 訴狀(소장) 訴追(소추)

言 訁 訂 訢 訴 訴

형성 일을 말로써 거역하여 막음을 나타냄.

高 3급

[疋7, 총12획]
트일 **소**

트이다, 트다   영 sparse 중 疏 shū 일 コツ(たちまち)

疏食(소사) 채식과 곡식
疏惡(소악) 疏開(소개) 疏遠(소원)

フ マ 疋 正 疏 疏

회의·형성 줄줄 흘러나가는 모양이 거칠 것이 없음을 나타냄.

高 3Ⅱ급

[艸16, 총20획]
차조기 **소**

깨어나다, 회생하다   영 revive 중 苏 sū 일 ソ·ス(よみがえる)

蘇復(소복) 오랜 병상에서 일어나 예전처럼 원기가 회복됨
蘇子(소자) 蘇生(소생) 蘇鐵(소철)

艹 甞 蓐 蘇 薛 蘇

회의·형성 이파리와 이파리 사이가 성긴 식물을 나타냄.

3단계

高 3급

召
[口 2, 총5획]
부를 소

부르다, 부름 　　영 call 　중 召 zhào 　일 ショウ(めす)

召命(소명) 어떤 일을 처리하도록 특별한 부름을 받음

召命(소명)　召集(소집)　召喚(소환)

フ 刀 刀 召 召

형성 입으로 상대방을 소리쳐 부르는 모습을 나타냄.

高 3급

蔬
[艸 12, 총16획]
나물 소

나물(푸성귀), 채소 　영 vegetable 　중 蔬 shū 　일 ソ(あおもの)

蔬飯(소반) 변변치 못한 음식

蔬食(소식)　菜蔬(채소)　香蔬(향소)

艹 艿 䓖 萨 蓝 蔬

회의·형성 모든 채소류를 나타냄.

高 3급

燒
[火 12, 총16획]
사를 소

불사르다, 불태움 　영 burn 　중 烧 shāo 　일 ショウ(やく)

燒却(소각) 태워버림

燒殺(소살)　燒失(소실)　燒酒(소주)

火 炷 烆 烤 燒 燒

형성 흙이 쌓여서 높은 곳에 불이 붙은 모양을 나타냄.

高 3급

昭
[日 5, 총9획]
밝을 소

밝다, 밝히다 　영 bright 　중 昭 zhāo 　일 ショウ

昭昭(소소) 사리(事理)가 환하고 뚜렷함

昭格署(소격서)　昭明(소명)　昭詳(소상)

刀 日 日刀 日刀 昭 昭

형성 빙 둘러 구석구석을 빛으로 비추는 것을 나타냄.

3급 핵심한자 | **357**

高 3급

騷 [馬 13, 총 20획]
떠들 **소**

떠들다, 소란   영 noisy 중 骚 sāo 일 ソウ(さわぐ)

騷客(소객) 시인, 또는 글을 쓰는 사람
騷動(소동) 騷亂(소란) 騷擾(소요)

馬 馬 馲 駬 駬 騷 騷

형성 초조한 말이 말굽으로 땅을 차는 모습을 나타냄.

高 3급

粟 [米 6, 총 12획]
조 **속**

조, 벼   영 millet 중 粟 sù 일 ゾク(あわ)

粟米(속미) 조와 쌀
粟膚(속부) 粟殼(속각) 粟粒(속립)

회의 조그맣고 드문드문 열리는 곡식을 나타냄.

高 3Ⅱ급

率 [玄 6, 총 11획]
거느릴 **솔**

비율, 거느리다   영 have 중 率 shuài 일 リツ(ひきいる)

率先(솔선) 남보다 앞장을 섬
率家(솔가) 率丁(솔정) 統率(통솔)

亠 玄 玆 玆 率 率

상형 실 보푸라기를 뜯어내고 남은 실을 한데 묶은 모습을 나타냄.

高 3급

訟 [言 4, 총 11획]
송사할 **송**

송사하다, 시비하다   영 sue 중 讼 sòng 일 ショウ

訟辭(송사) 소송하는 것
獄訟(옥송) 訴訟(소송) 訟庭(송정)

형성 솔직하게 말을 나누거나 서로 통한다는 의미를 나타냄.

高 3급

[言 7, 총14획]

욀 **송**

외다, 암송하다　영 recite　중 诵 sòng　일 ショウ(そらんずる)

誦當(송경) 불교의 경전을 욈
誦讀(송독)　**誦呪**(송주)　**誦唱**(송창)

言 訂 訂 訢 誦 誦

회의·형성 막대로 넓은 판자를 뚫어 관통시키는 것을 나타냄.

高 3Ⅱ급

[刀 6, 총8획]

인쇄할 **쇄**

인쇄하다, 쓸다　영 print　중 刷 shuā　일 サツ(する)

印刷所(인쇄소) 인쇄 설비를 갖추고 인쇄를 하는 곳
刷新(쇄신)　**刷子**(쇄자)　**刷掃**(쇄소)

' 尸 吊 吊 刷 刷

형성 칼로 글자를 새겨 인쇄하는 것을 뜻함.

高 3급

[金 10, 총18획]

쇠사슬 **쇄**

쇠사슬, 자물쇠　영 chain　중 锁 suǒ　일 サ(くさり)

連鎖(연쇄) 두 쪽을 맞걸어서 매는 사슬
鎖國(쇄국)　**鎖陽**(쇄양)　**封鎖**(봉쇄)

钅 金 釒 釒 鎖 鎖

형성 쇠를 이어서 만든 쇠사슬을 나타냄.

高 3Ⅱ급

[衣 9, 총10획]

쇠할 **쇠**

쇠하다　영 decline　중 衰 shuāi　일 スイ(おとろえる)

衰亡(쇠망) 쇠하여 망함
衰落(쇠락)　**衰弱**(쇠약)　**衰殘**(쇠잔)

亠 亠 亠 疼 衰 衰

상형 우비로 쓰는 도롱이의 축 처진 모양을 나타냄.

高 3Ⅱ급

隨 [阜13, 총16획]
따를 수

따르다, 거느리다　　영 follow　중 随 suí　일 ズイ(したがう)

隨伴(수반) 따름
隨時(수시)　隨筆(수필)　隨行(수행)

阝ᐟ 阝┷ 隋 隋 隨 隨

형성 사태가 멈추지 않음을 나타냄.

高 3급

睡 [目8, 총13획]
졸, 잠 수

졸음, 자다　　영 sleep　중 睡 shuì　일 スイ(ねむる)

寢睡(침수) 수면(睡眠)을 높이어 이르는 말
睡眠(수면)　睡寢(수침)　睡魔(수마)

目 目ᐟ 盱 昿 睡 睡

형성 자꾸만 눈꺼풀이 처져서 조는 것을 나타냄.

中 3급

雖 [隹9, 총17획]
비록 수

비록, 만일　　영 even if　중 虽 suī　일 スイ(いえども)

雖然(수연) 그렇지만, 비록 ~라 하더라도
雖設(수설)　雖曰不可(수왈불가)

吕 虽 虽ᐟ 虽ᐞ 虽隹 雖

형성 벌레와 새의 모양을 나타냄.

中 3급

誰 [言8, 총15획]
누구 수

누구, 묻다　　영 who　중 谁 shéi　일 スイ(だれ)

誰昔(수석) 옛날
誰某(수모)　誰何(수하)　誰怨誰咎(수원수구)

言 訁ᐟ 訐 誀 誰 誰

형성 누구라는 뜻을 나타냄.

高 3Ⅱ급

[車 9, 총 16획]

나를 **수**

보내다, 알리다 　　영 transport 　중 输 shū 　일 輸ユ(いたす)

輸送(수송) 사람이나 물건을 실어보냄

輸出(수출) **輸入**(수입) **贏輸**(영수)

亘 車 軩 軩 輪 輪

형성 물건을 일정 장소에서 다른 곳으로 옮긴다는 뜻을 나타냄.

中 3Ⅱ급

[士 11, 총 14획]

목숨 **수**

목숨, 나이 　　영 longevity 　중 寿 shòu 　일 ジュ(ことぶき)

壽命(수명) 생물의 살아있는 연한

壽筵(수연) **壽宴**(수연) **壽石**(수석)

耂 耂 耂 耂 耂 壽 壽

형성 구부정하게 노인이 됨을 나타냄.

高 3Ⅱ급

[雨 6, 총 14획]

구할 **수**

구하다, 쓰다 　　영 demand 　중 需 xū 　일 ジュ

需給(수급) 수요와 공급

需要(수요) **需用**(수용) **特需**(특수)

⼀ 雨 雨 雲 需 需

형성 은근히 기다리고 바란다는 뜻을 나타냄.

高 3급

[辵 9, 총 13획]

드디어 **수**

이루다, 드디어 　　영 at last 　중 遂 suì 　일 スイ(とげる)

未遂(미수) 아직 완성하지 못함

完遂(완수) **遂成**(수성) **遂行**(수행)

⼋ ⼋ 㐃 㒸 㒸 遂

형성 마침내 또는 드디어 라는 뜻을 나타냄.

中 3Ⅱ급

愁
[心 9, 총13획]
시름 **수**

근심하다, 시름 영 grieve 중 愁 chóu 일 シュウ(うれえる)

愁心(수심) 근심스러운 마음
愁色(수색) 哀愁(애수) 鄕愁(향수)

千 禾 利 秋 愁 愁

형성 바짝 긴장한 정신 상태를 나타냄.

中 3급

須
[頁 3, 총12획]
모름지기 **수**

모름지기, 수염 영 should 중 须 xū 일 シュ(すべからく)

必須(필수) 꼭 필요로 함
須髮(수발) 須髮(수발) 須菩提(수보리)

彡 犭 沪 須 須 須

회의 턱에 난 수염을 나타냄.

高 3Ⅱ급

獸
[犬 15, 총19획]
짐승 **수**

짐승, 길짐승 영 beast 중 兽 shòu 일 ジュウ(けもの)

獸心(수심) 짐승의 마음
獸醫(수의) 禽獸(금수) 猛獸(맹수)

吅 留 罟 罳 獸 獸

형성 우리에 가둬둔 동물을 나타냄.

高 2급

搜
[手 10, 총13획]
찾을 **수**

찾다, 많다 영 search 중 搜 sōu 일 ソウ(さがす)

搜査(수사) 찾아 조사함
搜索(수색) 搜求(수구) 徧搜(변수)

扌 扌 扌 扌 押 搜

형성 손으로 더듬어 무언가를 찾아내는 것을 나타냄.

高 2급

[土5, 총8획]

드리울 **수**

드리우다 영 hang down 중 垂 chuí 일 スイ(たれる)

垂成(수성) 일이 거의 이루어짐
垂簾(수렴) 垂楊(수양) 垂直(수직)

丿 二 千 壬 乒 垂 垂 垂

형성 초목의 잎이나 꽃이 늘어진 모양을 나타냄.

高 3II급

[巾6, 총9획]

장수 **수**

장수, 우두머리 영 general 중 帅 shuài 일 スイ(ひきいる)

統帥權(통수권) 병력을 지휘 감독할 수 있는 권리
帥旗(수기) 總帥(총수) 銳帥(예수)

ᄼ ᄼ 白 白 帥 帥

형성 깃발을 앞세우고 길을 인도하는 것을 나타냄.

高 3II급

[歹6, 총10획]

죽일 **수**

다르다, 죽이다 영 different 중 殊 shū 일 シュ(ことに)

殊常(수상) 보통과 다름
殊勝(수승) 殊勳(수훈) 殊鄕(수향)

歹 歹 歽 殊 殊 殊

형성 사람을 동강내서 죽이는 특별한 형벌을 나타냄.

高 3급

[囗2, 총5획]

가둘 **수**

가두다, 갇히다 영 imprison 중 囚 qiú 일 シュウ(とらわれる)

囚徒(수도) 징역에 처한 죄인
囚役(수역) 囚衣(수의) 囚人(수인)

丨 冂 冈 囚 囚

회의 울타리 속에 사람을 가두는 것을 나타냄.

中 3Ⅱ급

淑
[水 8, 총 11획]
착할 **숙**

맑다, 착하다　　영 pure　중 淑 shū　일 シュク (よし・しとやか)

淑女(숙녀) 선량하고 부덕 있는 여인
淑淸(숙청)　貞淑(정숙)　淑明(숙명)

氵　氵　汁　沫　沫　淑　淑

형성 아담하고 조용하며 물처럼 맑은 모습을 나타냄.

高 3Ⅱ급

熟
[火 11, 총 15획]
익을 **숙**

익다, 익숙하다　　영 ripe　중 熟 shú　일 ジュク (みのる)

熟客(숙객) 단골 손님
熟卵(숙란)　熟達(숙달)　熟眠(숙면)

亠　亨　亨　孰　孰　熟

형성 불에 무언가를 붙여 부드럽게 만드는 것을 나타냄.

高 3급

孰
[子 8, 총 11획]
누구 **숙**

누구, 어느　　영 who　중 孰 shú　일 ジュク (いずれ)

孰哉(숙재) 누구이겠느냐?
孰若(숙약)　孰能禦之(숙능어지)　孰知(숙지)

亠　亨　亨　亨　孰　孰

회의 무언가 선택을 요구하는 의문의 뜻을 나타냄.

高 3Ⅱ급

旬
[日 2, 총 6획]
열흘 **순**

열흘, 열 번　　영 decade　중 旬 xún　일 ジュン

旬刊(순간) 열흘에 한 번 간행함
旬年(순년)　旬葬(순장)　旬間(순간)

丿　勹　勹　旬　旬　旬

회의 1에서 10까지 한 바퀴 도는 회수를 나타냄.

3단계

高 3Ⅱ급

巡
[巛 4, 총 7획]
돌 **순**

돌다, 순행하다   영 round 중 巡 xún 일 ジュン(めぐる)

巡檢(순검) 순회하여 점검함
巡警(순경) 巡訪(순방) 巡査(순사)

丶 巜 巛 巛 巡 巡

형성 움푹하게 패인 곳을 따라 강물이 흘러 내려감을 나타냄.

高 3급

脣
[肉 7, 총 11획]
입술 **순**

입술, 가   영 lips 중 唇 chún 일 シユン

口脣(구순) 입과 입술
脣音(순음) 丹脣(단순) 脣亡齒寒(순망치한)

厂 厃 厇 辰 脣 脣

형성 입술이 부드럽게 떨리는 것을 나타냄.

高 3급

循
[彳 9, 총 12획]
좇을 **순**

돌다, 좇다   영 round 중 循 xún 일 シュン(めぐる)

循俗(순속) 풍속을 좇음
循行(순행) 循吏(순리) 循次(순차)

彳 彴 彴 循 循 循

형성 다른 것에 의지해서 바짝 붙어 가는 것을 나타냄.

高 3급

殉
[歹 6, 총 10획]
따라 **순**

따라죽다   영 self immolation 중 殉 xùn 일 ジュン(したがう)

殉敎(순교) 자신이 믿는 종교를 위하여 목숨을 바침
殉死(순사) 殉節(순절) 殉職(순직)

丆 歹 歹 歹 殉 殉

형성 신하가 왕을 위해 따라 죽는 것을 나타냄.

3급 핵심한자 | **365**

3급

盾 [目 4, 총9획]
방패 **순**

방패, 피하다　　　영 shield　중 盾 dùn　일 ジユン(たて)

矛盾(모순) 창과 방패
盾戈(순과)　戟盾(극순)　戈盾(과순)

厂 厂 厂 厂 盾 盾

상형 칼이나 화살 등을 방어하기 위해 방패를 나타냄.

高 3Ⅱ급

瞬 [目 12, 총17획]
눈깜박일 **순**

눈 깜짝하다　　　영 in a wink　중 瞬 shùn　일 シユン(またたく)

瞬間(순간) 눈 깜짝할 사이
瞬息間(순식간)　一瞬(일순)　轉瞬(전순)

目 盰 睁 睁 瞬 瞬

형성 눈동자를 재빠르게 움직이는 것을 나타냄.

中 3급

[戈 2, 총6획]
개 **술**

개(犬), 열한째 지지　　　영 dog　중 戌 xū　일 ジユツ(いぬ)

戌年(술년) 태세의 지지가 술(戌)이 되는 해
戌時(술시)　戌正(술정)　庚戌(경술)

丿 厂 戊 戊 戌 戌

회의 날있는 연장으로 베어서 농작물을 수확함을 나타냄.

高 3Ⅱ급

[辵 5, 총9획]
지을 **술**

짓다, 책 쓰다　　　영 write　중 述 shù　일 ジョ(のべる)

著述(저술) 글을 지음
述懷(술회)　述部(술부)　陳述(진술)

十 朮 朮 朮 沭 述

형성 순서를 벗어나지 않고 따라감을 나타냄.

3단계

高 3급

[水 14, 총 17획]

축축할 **습**

젖다, 축축하다   영 wet 중 湿 shī 일 湿シツ(しめる)

濕氣(습기) 축축한 기운
濕疹(습진) 濕度(습도) 濕性(습성)

氵 氵 濕 濕 濕 濕

형성 실이 물에 젖어서 축축한 모습을 나타냄.

中 3Ⅱ급

[手 6, 총 9획]

주울 **습/십**

줍다, 습득하다   영 pick up 중 拾 shí 일 シュウ(ひろう)

拾得(습득) 주움
拾遺(습유) 收拾(수습) 拾萬(십만)

一 十 扌 扌 抃 拾

형성 물건을 주워 모은다는 뜻을 나타냄.

中 3급

[十 2, 총 4획]

되 **승**

되(홉의 열 배)   영 measure 중 升 shēng 일 ショウ(ます)

升鑑(승감) 편지에 받는 사람 이름 아래에 쓰는 존칭어
升斗(승두) 升堂入室(승당입실)

ノ 二 チ 升

지사 곡식의 양을 재는 모양을 나타냄.

中 3Ⅱ급

[丿 9, 총 10획]

탈, 대 **승**

타다, 오르다   영 ride 중 乘 chéng 일 乗ジョウ(のる)

乘機(승기) 기회를 탐
乘馬(승마) 乘客(승객) 乘車券(승차권)

二 千 千 千 乖 乘 乘

회의 사람이 나무 위에 올라가 있는 모습을 나타냄.

3급 핵심한자 | **367**

高 3Ⅱ급

昇 [日 4, 총8획] 오를 **승**

오르다, 해돋다 　　영 rise　중 昇 shēng　일 ショウ(のぼる)

昇天(승천) 하늘에 오름
昇格(승격) 昇段(승단) 昇進(승진)

丨 日 旦 昪 昇 昇

형성 해가 떠오르는 모습을 나타냄.

高 3Ⅱ급

僧 [人 12, 총14획] 중 **승**

중, 승려 　　영 monk　중 僧 sēng　일 ソウ·ゾウ(ぼうず)

僧伽(승가) 많은 중
僧軍(승군) 僧侶(승려) 僧舞(승무)

亻 伫 伫 僖 僧 僧

형성 인도의 범어로 스님을 나타냄.

高 3Ⅱ급

侍 [人 6, 총8획] 모실 **시**

모시다, 받들다 　　영 serve　중 侍 shì　일 シ·ジ(はべる)

侍醫(시의) 궁 안에 있으면서 임금의 시중을 드는 의원
侍童(시동) 侍女(시녀) 侍郎(시랑)

亻 亻 伫 侍 侍 侍

형성 높은 신분의 사람을 시중드는 사람을 나타냄.

高 2급

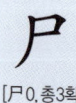
[尸 0, 총3획]
주검 **시**

영 corpse　중 尸 shī　일 シ

三尸(삼시) 사람의 몸 안에 있다는 게 세 마리의 벌레
尸毘王(시비왕) 傳尸(전시) 尸子(시자)

상형 사람이 반드시 누워 있는 형상을 나타냄.

高 3급

[矢 0, 총5획]

화살 시

화살, 벌여 놓다 　　영 arrow 중 矢 shǐ 일 シ(や)

矢言(시언) 맹세하는 말
矢心(시심)　矢石(시석)　嚆矢(효시)

丿 厂 匚 矢 矢

형성 화살이 정확히 맞는 것처럼 잘 알아맞힌다는 뜻을 나타냄.

高 3Ⅱ급

[食 5, 총14획]

꾸밀 식

꾸미다, 덮다 　　영 decorate 중 饰 shì 일 ソウ(よそおう)

修飾語(수식어) 꾸미는 말
粧飾(장식)　室內裝飾(실내장식)　飾言(식언)

ケ 今 育 飭 飾 飾

형성 손질해서 깨끗하게 단장해놓은 것을 나타냄.

中 3급

[辛 0, 총7획]

매울 신

맵다, 괴롭다 　　영 hot 중 辛 xīn 일 シン(かのと・からい)

辛苦(신고) 맵고 씀
辛味(신미)　辛勝(신승)　辛辣(신랄)

丶 亠 立 立 辛 辛

회의 날이 선 연장에 찔리는 듯한 통증을 나타냄.

高 3급

[日 7, 총11획]

새벽 신

새벽, 이른 아침 　　영 daybreak 중 晨 chén 일 シン(あした)

晨起(신기) 아침에 일어남
晨省(신성)　晨風(신풍)　淸晨(청신)

日 尸 尸 昗 晨 晨

회의·형성 생기가 넘치는 아침의 뜻을 나타냄.

高 3Ⅱ급

愼 [心 10, 총13획]
삼갈 **신**

삼가다, 조심하다 　영 careful 　중 慎 shèn 　일 シン(つつしむ)

愼重(신중) 경솔하지 않음

愼攝(신섭)　愼重(신중)　愼人(신인)

丶 忄 忄 忄 忄 愼 愼 愼

형성　마음이 빈틈없이 골고루 미침을 나타냄.

高 3급

伸 [人 5, 총7획]
펼 **신**

펴다, 늘이다 　영 extend 　중 伸 shēn 　일 シン(のびる)

追伸(추신) 편지의 말미에 덧붙여 쓰는 말

伸縮(신축)　伸長(신장)　伸寃(신원)

亻 亻 亻 亻 伊 伸

형성　번개가 뻗어나는 모양처럼 늘어나는 것을 나타냄.

中 3Ⅱ급

甚 [甘 4, 총9획]
심할 **심**

심하다, 더욱 　영 severe 　중 甚 shén 　일 ジン(はなはだ)

甚難(심난) 매우 어려움

甚深(심심)　激甚(격심)　極甚(극심)

一 十 甘 甘 甚 甚

형성　맛있는 음식을 먹는 것을 나타냄.

高 3Ⅱ급

살필 **심**

살피다 　영 deliberate 　중 审 shěn 　일 シン(つまびらか)

審美(심미) 미와 추를 살펴 미의 본질을 규명함

審問(심문)　審査(심사)　審判(심판)

宀 宀 宷 宷 宷 審

회의　집안에 흩어진 쌀알을 조심스럽게 찾음을 나타냄.

3단계

高 3급

尋 [寸9, 총12획]
찾을 **심**

찾다, 찾아보다   영 search 중 寻 xún 일 ジン(ひろ)

尋訪(심방) 찾아봄
尋常(심상) **尋問**(심문) **推尋**(추심)

ㅋ ㅋ 尹 尋 尋 尋

형성 양손으로 벌려 길이를 측정하는 모습을 나타냄.

高 3Ⅱ급

雙 [隹10, 총18획]
쌍 **쌍**

쌍, 한 쌍   영 pair 중 双 shuāng 일 双(ふた)

雙肩(쌍견) 좌우 어깨
雙方(쌍방) **雙劍**(쌍검) **雙龍**(쌍룡)

ㅑ 隹 䧮 雔 雙 雙

회의 새 두 마리를 양손에 쥐고 있는 모습을 나타냄.

中 3Ⅱ급

我 [戈3, 총7획]
나 **아**

나, 나의   영 I·we 중 我 wǒ 일 ガ(わ·われ)

我國(아국) 우리 나라
我輩(아배) **我軍**(아군) **我執**(아집)

ㅡ 千 千 手 我 我 我

상형 톱날처럼 까칠까칠한 창의 모습을 나타냄.

高 3급

芽 [艸4, 총8획]
싹 **아**

싹, 싹이 트다   영 sprout 중 芽 yá 일 ガ(め)

發芽(발아) 싹이 남
萌芽(맹아) **芽椄**(아접) **胚芽**(배아)

丷 丱 丱 芒 芽 芽

형성 두 포기의 풀이 서로 맞물리고 꼬여 있는 모습을 나타냄.

高 3Ⅱ급

雅
[隹4, 총12획]
바를 **아**

우아하다, 고상함　　영 straight　중 雅 yǎ　일 ガ(みやびやか)

雅淡(아담) 우아하고 산뜻함
雅量(아량)　雅語(아어)　雅趣(아취)

一 厂 亓 牙 邪 邪 雅

형성 떼까마귀를 나타냄.

高 3급

牙
[牙0, 총4획]
어금니 **아**

어금니, 송곳니　　영 molar　중 牙 yá　일 ガ(きば)

牙器(아기) 상아로 만든 그릇
牙彫(아조)　牙城(아성)　牙箏(아쟁)

一 二 于 牙

상형 두 개가 서로 맞물려 있는 모양을 나타냄.

3Ⅱ급

阿
[阜5, 총8획]
언덕 **아**

언덕, 구릉　　영 hill　중 阿 ē　일 ア(おか)

阿膠(아교) 갖풀
阿丘(아구)　阿附(아부)　阿諂(아첨)

' 阝 阝 阿 阿 阿

형성 갈고리 모양으로 파인 땅을 나타냄.

高 3Ⅱ급

亞
[二6, 총8획]
버금 **아**

버금, 아시아의 약칭　　영 next　중 亚 yù　일 亜 ア

亞聖(아성) 성인의 다음 가는 대현
인亞流(아류)　亞鉛(아연)　東南亞(동남아)

一 厂 丏 丏 聶 亞

상형 땅을 네모나게 판 토대 또는 바닥에 쌓은 물건을 나타냄.

3단계

高 3급

餓 [食7, 총16획]
주릴 **아**

주리다, 굶기다 　　영 hungry 중 饿 è 일 ガ(うえる)

餓倒(아도) 배고파 쓰러짐
餓死(아사) 餓鬼(아귀) 飢餓(기아)

𩙿 𩙿 𩙿 飥 餓 餓

형성 앙상하게 몸이 마른 모습을 나타냄.

高 3급

岳 [山5, 총8획]
큰 **악**

큰 산, 장인 　　영 great mountain 중 岳 yuè 일 ガク(おか)

岳母(악모) 장모
岳父(악부) 岳公(악공) 山岳(산악)

⼂ ⼂ ⼂ 岳 岳 岳

지사 단단한 바위가 많이 모여 있는 산을 나타냄.

高 3급

雁 [隹4, 총12획]
기러기 **안**

기러기 　　영 wild goose 중 雁 yàn 일 ガン(かり)

雁毛(안모) 기러기털
雁行(안행) 家雁(가안) 雁門紫塞(안문자색)

⼚ ⼚ 厈 厍 厍 雁

형성 예의바른 새로서 날 때는 '人'처럼 나는 모양을 나타냄.

中 3Ⅱ급

顔 [頁9, 총18획]
얼굴 **안**

얼굴, 낯빛 　　영 face 중 颜 yán 일 ガン(かお)

顔面(안면) 얼굴
顔色(안색) 強顔(강안) 顔色(안색)

⼂ 产 彦 彦 顔 顔

형성 이목구비가 뚜렷하고 잘 생긴 남자를 나타냄.

高 3Ⅱ급

岸 [山5, 총8획]
언덕 **안**

언덕, 물가의 낭떠러지　영 desk　중 案 àn　일 アン(つくえ)

海岸(해안) 바닷가
沿岸(연안)　岸畔(안반)　岸壁(안벽)

山　屵　屵　屵　岸　岸

형성 깎아지른 절벽에 잇닿아 있는 물가를 나타냄.

高 3급

謁 [言9, 총16획]
뵐 **알**

뵈다, 아뢰다　영 visit　중 谒 yè　일 エツ(まみえる)

謁見(알현) 귀인이나 군왕을 찾아 뵙는 일
謁廟(알묘)　謁告(알고)　拜謁(배알)

言　訶　詞　謁　謁　謁

형성 윗사람의 길을 막고 말하는 뜻을 나타냄.

中 3Ⅱ급

[山20, 총23획]
바위 **암**

바위, 가파르다　영 rock　중 岩 yán　일 岩 ガン(いわ)

巖穴(암혈) 바위굴
巖盤(암반)　巖壁(암벽)　巖山(암산)

屵　屵　崖　巖　巖　巖

회의·형성 단단한 바위를 나타냄.

高 3급

[手5, 총8획]
누를 **압**

누르다, 수결　영 press　중 押 yā　일 オウ(おす)

押捺(압날) 도장을 찍음
押釘(압정)　押留(압류)　押送(압송)

一　才　扌　押　押　押

형성 손에 강한 힘을 주어 누르는 것을 나타냄.

高 3Ⅱ급

[大 2, 총 5획]

가운데 **앙**

가운데, 중앙   영 center 중 央 yāng 일 オウ(なかば)

中央(중앙) 한가운데
未央宮(미앙궁) 震央(진앙) 中央部(중앙부)

丨 冂 冂 央 央

회의 한가운데 정중앙을 나타냄.

中 3Ⅱ급

[人 4, 총 6획]

우러를 **앙**

우러르다   영 respect 중 仰 yǎng 일 ギョウ(あおぐ)

仰望(앙망) 우러러 바란다는 의미
仰慕(앙모) 仰祝(앙축) 崇仰(숭앙)

丿 亻 亻 仆 仰 仰

형성 우러러보는 것을 나타냄.

中 3Ⅱ급

[口 6, 총 9획]

슬플 **애**

슬프다, 슬픔   영 sad 중 哀 āi 일 アイ(あわれ)

哀憐(애련) 가엾고 애처롭게 여김
哀惜(애석) 哀悼(애도) 哀痛(애통)

亠 亡 古 古 亨 亨 哀

형성 가슴속에 슬픔을 억누르고 한숨을 내쉬는 것을 나타냄.

高 3급

[水 8, 총 11획]

물가 **애**

물가, 끝   영 shore 중 涯 yá 일 ガイ(はて)

生涯(생애) 일평생
際涯(제애) 涯角(애각) 境涯(경애)

氵 氵 氵 汀 汀 涯 涯

형성 벼랑에 닿은 물의 뜻으로 물가를 나타냄.

高 3급

厄 [厂2, 총4획] 재앙 액

재앙, 불행한 일   영 calamity   중 厄 è   일 ユウ(うれえる)

厄年(액년) 운수가 사나운 해
厄運(액운)   厄難(액난)   災厄(재액)

一 厂 厄 厄

회의 벼랑 끝에 서있듯 어려움에 처한 사람의 모습을 나타냄.

中 3급

也 [乙2, 총3획] 잇기 야

잇기, 어조사   영 also   중 也 yě   일 ヤ(なり)

焉哉乎也(언제호야) 천자문의 맨 끝 귀
及其也(급기야)   言則是也(언즉시야)

乛 廾 也

상형 뱀이나 전갈처럼 길다란 형상을 나타냄.

中 3Ⅱ급

若 [艹5, 총9획] 같을 야

같다, 이와 같은   영 like   중 若 ruò   일 ジャク(なんじ)

若干(약간) 얼마 되지 아니함
般若(반야)   萬若(만약)   若何(약하)

十 艹 艹 芢 若 若

회의 머리털을 빗어 내리고 있는 여인의 모습을 나타냄.

高 3급

耶 [耳3, 총9획] 어조사 야

어조사, 그런가   영 particle   중 耶 yē   일 ヤ

間或(간혹) 어쩌다가, 가끔
耶孃(야양)   耶蘇(야소)   或也(혹야)

一 T F 王 耳 耶 耶

형성 阝(邑)과 牙가 합쳐진 글자로 의문의 뜻을 나타냄.

高 3급

躍 [足14, 총21획]

뛸 **약**

뛰다, 뛰어오르다   영 lead 중 跃 yuè 일 ヤク(おどる)

跳躍(도약) 뛰어 오름
躍進(약진) 躍動(약동) 活躍(활약)

ㅁ ㅁ ㅁ^{??} 跘 跘 躍

형성 높이 뛰어 오르는 것을 나타냄.

高 3Ⅱ급

壤 [土17, 총20획]

흙, 땅 **양**

흙, 땅   영 soil 중 壤 yǎng 일 ジョウ(つち)

土壤(토양) 땅
壤土(양토) 平壤(평양) 擊壤(격양)

圹 圹 坤 壿 壤 壤

형성 흙을 수없이 뒤섞어서 부드럽게 만든다는 것을 나타냄.

高 3급

楊 [木9, 총13획]

버드나무 **양**

버들, 버드나무   영 willow 중 杨 yáng 일 ヨウ(やなぎ)

楊枝(양지) 버들가지, 또는 이쑤시개
楊梅瘡(양매창) 楊柳(양류) 楊州(양주)

十 木 杞 枵 楊 楊

회의·형성 위로 길게 뻗어 있는 버드나무를 나타냄.

中 3Ⅱ급

讓 [言17, 총24획]

사양할 **양**

사양하다   영 concede 중 让 ràng 일 ジョウ(ゆずる)

讓渡(양도) 권리 등을 다른 사람에게 넘겨 줌
讓與(양여) 讓步(양보) 謙讓(겸양)

言 謙 譚 譲 譲 讓

형성 다른 사람 사이에 끼어 드는 것을 나타냄.

中 3Ⅱ급

揚
[手9, 총12획]
오를 **양**

오르다, 날다　　　영 raise 중 扬 yáng 일 ヨウ(あがる)

揚名(양명) 이름을 드날림
揚揚(양양) 浮揚(부양) 抑揚(억양)

扌 扩 护 押 捐 揚

형성 힘차게 뛰어 오름을 나타냄.

中 3급

於
[方4, 총8획]
어조사 **어**

어조사 어　　　영 in·particle 중 於 yú 일 オ(おいて)

於焉間(어언간) 어느덧
於中間(어중간) 於焉間(어언간) 於焉(어언)

丶 亠 方 方 於 於

회의 까마귀가 우는 소리를 나타냄.

高 3Ⅱ급

御
[彳8, 총11획]
어거할 **어**

어거하다, 모시다　　　영 drive 중 御 yù 일 ゴ(お)

御駕(어가) 임금이 타는 수레
御命(어명) 御殿(어전) 御宮(어궁)

彳 彳 彳 徍 徍 御 御

회의 단단한 것을 작게 빻은 것을 나타냄.

中 3Ⅱ급

[心13, 총16획]
생각할 **억**

생각하다, 추억하다　　　영 recall 중 忆 yì 일 オク(おもう)

追憶(추억) 지난 일을 생각함
憶昔(억석) 記憶(기억) 憶測(억측)

忄 忄 忓 憶 憶 憶

형성 이 일 저 일을 생각한다는 뜻을 나타냄.

3단계

高 3Ⅱ급

[手4, 총7획]

누를 **억**

누르다　　　　　　영 restrain 중 抑 yì 일 ヨク(おさえる)

抑留(억류) 억지로 머무르게 함
抑壓(억압)　抑揚(억양)　抑止(억지)

丨 扌 扌 ず 扚 扚 抑

형성 위쪽에서 꽉 누르고 있는 모습을 나타냄.

高 3급

[火7, 총11획]

어찌 **언**

어찌, 이에　　　　영 why 중 焉 yān 일 エン(いずくんぞ)

焉敢(언감) 어찌 감히 하지 못함을 뜻함
於焉(어언)　於赤(어적)　於半(어반)

丆 īF 正 正 焉 焉

상형 황금빛의 봉황의 모습을 나타냄.

高 3급

[車10, 총17획]

수레 **여**

수레, 가마　　　　영 palankeen 중 与 yú 일 ヨ(こし)

輿論(여론) 여러 사람의 공통된 의견
輿馬(여마)　輿駕(여가)　輿望(여망)

ſ 乍 恆 恆 輿 輿

회의·형성 수레의 사람이 타는 곳이나 물건을 싣는 곳을 나타냄.

高 3급

[亅3, 총4획]

나, 줄 **여**

나(1인칭), 주다　　영 give 중 予 yǔ 일 ヨ(われ)

予奪(여탈) 주는 것과 빼앗는 것
予曰(여왈)　欲取先予(욕취선여)　分予(분여)

フ マ 子 予

상형 베틀의 북을 왼쪽에서 오른쪽으로 미는 것을 나타냄.

3급 핵심한자 | **379**

中 3급

汝
[水3, 총6획]
너 **여**

너(2인칭 대명사), 강 이름 　영 you　중 汝 rǔ　일 ジョ(なんじ)

汝等(여등) 너희
汝曹(여조)　汝輩(여배)　爾汝(이여)

丶丶氵氵汝汝汝

형성 상대방을 지칭하는 이인칭을 나타냄.

中 3급

余
[人5, 총7획]
나 **여**

나, 여분　　　　　영 more　중 余 yú　일 ヨ(われ・あまり)

余等(여등) 우리들
余輩(여배)　余月(여월)　宜寧余(의령여)

형성 여유 있으며 충분해서 남음이 있는 것을 나타냄.

中 3Ⅱ급

亦
[亠4, 총6획]
또 **역**

또, 또한　　　　　영 also　중 亦 yì　일 エキ・ヤク(また)

亦是(역시) 마찬가지로
此亦(차역)　亦然(역연)　亦可(역가)

丶一亠亣亦亦

회의 겨드랑이에 양손을 끼고 있는 모습을 나타냄.

高 3급

疫
[疒4, 총9획]
염병 **역**

전염병, 돌림병　영 pestilence　중 疫 yì　일 エキ(はやりやみ)

疫鬼(역귀) 전염병을 퍼뜨리는 귀신
疫病(역병)　疫疾(역질)　免疫(면역)

广疒疒疒疫疫

형성 몸에 나쁜 영향을 주는 병을 나타냄.

380 | 3-Step 왕초보 1800한자 - 3단계

高 3Ⅱ급

[言13, 총20획]

통변할 **역**

번역하다, 통역하다　영 interpret　중 译 yì　일 訳ヤク(わけ)

譯者(역자) 필자
譯註(역주)　譯官(역관)　翻譯(번역)

言　訳　訳　譯　譯　譯

형성 말을 차례대로 나열하여 연결함을 나타냄.

高 3Ⅱ급

[馬13, 총23획]

역참 **역**

역참, 역말　영 station　중 驿 yì　일 駅エキ(うまや)

驛馬(역마) 역참에서 쓰는 말
驛館(역관)　驛舍(역사)　驛前(역전)

馬　馬　駅　驛　驛　驛

형성 차례차례 탈 것으로 연결되는 역을 나타냄.

高 3Ⅱ급

[彳4, 총7획]

부릴 **역**

부리다, 부역　영 work　중 役 yì　일 エキ・ヤク(つかう)

役夫夢(역부몽) 낮에는 인부가 밤에는 왕후가 된다는 뜻
役軍(역군)　役割(역할)　懲役(징역)

丿　彳　彳　役　役　役

회의 멀리 나가 일하는 것을 나타냄.

高 3급

[艸11, 총15획]

연밥 **연**

연꽃, 연밥　영 lotus　중 莲 lián　일 シン(はす)

蓮實(연실) 연밥
蓮座(연좌)　蓮根(연근)　蓮塘(연당)

艹　艹　芢　莑　蓮　蓮

회의·형성 포기가 연이어 이어지면서 자라는 것을 나타냄.

高 3Ⅱ급

沿 [水 5, 총 8획]
따를 **연**

따르다   영 fellow 중 沿 yán 일 エン(そう)

沿線(연선) 철도 선로에 준한 곳
沿海(연해) 沿道(연도) 沿邊(연변)

氵 氵 沇 沿 沿 沿

형성 물이 홈을 따라 낮은 곳으로 흘러내림을 나타냄.

高 3급

燕 [火 12, 총 16획]
제비 **연**

제비, 잔치   영 swallow 중 燕 yàn 일 エン(つばめ)

燕息(연식) 하는 일없이 집에 한가히 있음
燕尾服(연미복) 燕賀(연하) 毛燕(모연)

 燕

상형 꼬리가 둘로 갈라진 제비의 형상을 나타냄.

高 3Ⅱ급

宴 [宀 7, 총 10획]
잔치 **연**

잔치, 즐기다   영 banquet 중 宴 yàn 일 エン(うたげ)

宴席(연석) 연회를 베푼 자리
宴息(연식) 宴會(연회) 宴享(연향)

宀 宀 宀 官 宴 宴 宴

형성 집안에 앉아 편히 쉼을 나타냄.

3급

硯 [石 7, 총 12획]
벼루 **연**

벼루, 돌   영 ink slab 중 硯 yàn 일 ケン(すずり)

硯滴(연적) 벼룻물을 담는 조그만 용기
筆硯(필연) 紙筆硯墨(지필연묵) 同硯(동연)

 硯

형성 石과 見이 합쳐진 글자로 먹을 가는 벼루를 나타냄.

高 3Ⅱ급

[車4, 총11획]
연할 **연**

연하다, 부드럽다　　영 soft 중 软 ruǎn 일 ナン(やわらかい)

軟骨(연골) 물렁뼈
軟性(연성)　**軟**柿(연시)　**軟**弱(연약)

一 亓 車 車 軟 軟

형성 바퀴를 천천히 움직여 부딪힘이 없는 것을 나타냄.

高 3급

[門7, 총15획]
검열할 **열**

살펴보다, 검열하다　　영 inspect 중 阅 yuè 일 エツ

閱覽(열람) 살펴서 봄
檢**閱**(검열)　**閱**兵(열병)　教**閱**(교열)

丨 阝 門 閂 閔 閱

형성 문의 옆에 마차와 말을 세워놓고 헤아림을 나타냄.

中 3Ⅱ급

[心7, 총10획]
기쁠 **열**

기쁘다　　영 joyful·pleased 중 悦 yuè 일 エツ(よろこぶ)

喜**悅**(희열) 기쁨
悅樂(열락)　**悅**樂(열락)　法**悅**(법열)

丶 忄 忄 悙 悦 悅

형성 마음속의 응어리가 풀리는 모습을 나타냄.

高 3급

[鹵13, 총24획]
소금 **염**

소금, 절이다　　영 salt 중 盐 yán 일 塩エン(しお)

鹽分(염분) 소금기
鹽水(염수)　**鹽**拂(염불)　**鹽**藏(염장)

医 医ˊ 醯 醯 臨 鹽

형성 소금 덩어리가 담겨져 있는 접시의 모양을 나타냄.

中 3급

炎 [火 4, 총8획] 불꽃 **염**

불꽃, 불타다   영 flame   중 炎 yán   일 エン (やむ・もえる)

炎上(염상) 불꽃이 타오름
炎暑(염서)   肝炎(간염)   庚炎(경염)

丶 ゛ ヅ 火 炏 炎

회의 불이 왕성하게 타오르는 모양을 나타냄.

高 3Ⅱ급

染 [木 5, 총9획] 물들일 **염**

물들이다, 물들다   영 dye   중 染 rǎn   일 セン (そめる)

染色(염색) 천 등에 물을 들임
染料(염료)   汚染(오염)   傳染(전염)

氵 氿 氿 染 染 染

회의 나무로 만든 그릇에 염색물을 넣고 염색함을 나타냄.

高 3Ⅱ급

影 [彡 12, 총15획] 그림자 **영**

그림자, 모양   영 shadow   중 影 yǐng   일 エイ (かげ)

影國(영국) 그림자처럼 붙어 있는 나라. 속국
影像(영상)   影幀(영정)   影響(영향)

日 景 景 景 影 影

형성 빛에 의해 밝음과 어둠의 경계가 생김을 나타냄.

高 3급

詠 [言 5, 총12획] 읊을 **영**

읊다, 노래하다   영 recite   중 咏 yǒng   일 エイ (よむ)

詠嘆(영탄) 소리를 길게 끌며 탄식함
詠詩(영시)   詠唱(영창)   吟詠(음영)

言 言 訂 訪 詠 詠

형성 길게 끌면서 소리를 읊는 모습을 나타냄.

高 3급

泳 [水 5, 총8획]

헤엄칠 **영**

헤엄치다, 헤엄   영 swim 중 泳 yǒng 일 エイ(およぐ)

遊泳(유영) 헤엄치고 돌아다님

水泳(수영) **泳法**(영법) **泳脚**(영각)

氵 氵 汀 汀 沕 泳 泳

형성 물위에 계속해서 오래 떠 있는 것을 나타냄.

高 3급

銳 [金 7, 총15획]

날카로울 **예**

날카롭다, 창 끝   영 sharp 중 锐 ruì 일 エイ(するどい)

銳利(예리) 날카로움

銳角(예각) **銳敏**(예민) **銳鋒**(예봉)

牟 숲 金 金 鈩 銳

형성 뾰족하게 깎아서 날카롭게 만든 창끝을 나타냄.

高 3Ⅱ급

譽 [言 14, 총21획]

기릴 **예**

명예, 영예   영 fame 중 誉 yù 일 ヨ(ほまれ)

榮譽(영예) 자랑스러움

譽聞(예문) **榮譽**(영예) **出藍之譽**(출람지예)

ᄐ 胊 朗 與 與 譽

형성 여러 사람이 손을 들고 말로 칭찬하는 것을 나타냄.

高 3급

傲 [人 11, 총13획]

거만할 **오**

거만하다, 깔보다   영 haughty 중 傲 ào 일 ゴウ(おごる)

傲氣(오기) 오만스러운 분기

傲慢(오만) **傲然**(오연) **簡傲**(간오)

伫 伫 伟 侼 傲 傲

회의·형성 어디에 얽매이지 않고 자유롭게 나다니는 것을 나타냄.

中 3Ⅱ급

悟
[心 7, 총10획]
깨달을 **오**

깨닫다, 슬기롭다　　영 awake 중 悟 wù 일 ゴ(さとる)

大悟(대오) 크게 깨달음
悟道(오도)　悟入(오입)　覺悟(각오)

忄 忄 忻 怃 悟 悟

형성 마음이 한곳에 모여 어떤 점에 일치감을 나타냄.

高 3급

汚
[水 3, 총6획]
더러울 **오**

더럽다, 더럽히다　　영 dirty 중 污 wū 일 オ(けがす·よごす)

汚物(오물) 더럽고 지저분한 물건
汚染(오염)　汚辱(오욕)　汚點(오점)

丶 冫 氵 汙 汚 汚

형성 샘의 물이 더러워진 것을 나타냄.

中 3Ⅱ급

烏
[火 6, 총10획]
까마귀 **오**

까마귀, 검다　　영 crow 중 乌 wū 일 ウ(からす)

烏骨鷄(오골계) 살, 가죽, 뼈가 모두 암자색의 닭
烏飛梨落(오비이락)　烏梅(오매)　織烏(직오)

丿 丆 户 户 烏 烏

상형 까마귀의 형상을 나타냄.

3급

梧
[木 7, 총11획]
벽오동나무 **오**

벽오동나무　　영 paulownia 중 梧 wú 일 ゴ(あおぎり)

梧桐(오동) 벽오동나무
梧月(오월)　梧下(오하)　支梧(지오)

木 朴 杆 栢 栢 梧

회의·형성 막대를 서로 맞물리게 해서 받친 모양을 나타냄.

高 3급

娛
[女 7, 총 10획]
즐길 **오**

즐거워하다, 즐겁다   영 amuse 중 娱 yú 일 ゴ(たのしむ)

娛樂(오락) 놀이를 즐김
娛遊(오유) 戲娛(희오) 歡娛(환오)

女 女` 妈 娛 娛 娛

형성 여자와 더불어 떠들고 즐기는 것을 나타냄.

高 3급

嗚
[口 10, 총 13획]
탄식소리 **오**

탄식하다, 노랫소리   영 alas 중 呜 wū 일 オウ(ああ)

嗚咽(오열) 목이 메어 욺
嗚呼(오호) 嗚泣(오읍) 噫嗚(희오)

ロ ロ` ロʼ ロʼ 嗚 嗚

형성 까마귀의 울음소리가 깍깍 하는 것을 나타냄.

中 3급

吾
[口 4, 총 7획]
나 **오**

나, 우리   영 I 중 吾 wú 일 ゴ(われ)

吾等(오등) 우리들
吾家(오가) 吾人(오인) 枝吾(지오)

一 丆 五 五 吾 吾

형성 口와 五가 합쳐진 글자로 口가 뜻을 五가 음을 나타냄.

高 3Ⅱ급

獄
[犬 11, 총 14획]
옥 **옥**

감옥, 판결   영 prison 중 狱 yù 일 ゴク(ひとや)

獄中書信(옥중서신) 감옥에서 쓴 편지
獄苦(옥고) 獄舍(옥사) 獄死(옥사)

犭 犭 犴 獄 獄 獄

회의 개 두 마리가 논쟁을 벌임을 나타냄.

高 3급

翁 [羽4, 총10획]
늘은이 **옹**

늙은이   영 old man   중 翁 wēng   일 オウ(おきな)

翁嫗(옹구) 늙은 남녀
翁主(옹주) 翁壻(옹서) 家翁(가옹)

八 公 公 公 翁 翁

형성 새의 목덜미에 난 털을 나타냄.

高 2급

擁 [手13, 총16획]
안을 **옹**

안다, 품다   영 embrace   중 拥 yōng   일 ヨウ

擁立(옹립) 돌보아 제구실을 하게 함
擁壁(옹벽) 擁衛(옹위) 擁護(옹호)

扌 扩 扩 择 择 擁

형성 손으로 덮어 가리고 꼭 껴안는다는 뜻을 나타냄.

中 3급

[瓦0, 총5획]
기와 **와**

기와, 질그릇   영 tile   중 瓦 wǎ   일 ガ(かわら)

瓦家(와가) 기와집
瓦片(와편) 瓦當(와당) 瓦解(와해)

一 厂 瓦 瓦 瓦

상형 기와가 서로 엇갈려 겹쳐 있는 모양을 나타냄.

中 3급

[臣2, 총8획]
누울 **와**

눕다, 누워 자다   영 down   중 卧 wò   일 ガ(ふす)

臥龍(와룡) 엎드려 있는 용
臥病(와병) 臥床(와상) 臥瓜(와과)

丁 丆 壬 臣 卧 臥

회의 엎드려서 몸이 둥글게 구부려져 있는 모습을 나타냄.

高 3급

[糸 9, 총15획]

느릴 **완**

느리다, 느슨하다 　영 slow 　중 缓 huǎn 　일 カン(ゆるい)

緩急(완급) 느려짐과 바쁨
緩慢(완만) 緩衝(완충) 緩和(완화)

糸 紆 紓 絹 絹 緩

형성 묶여져 있는 실을 느슨해지도록 푸는 것을 나타냄.

中 3급

[日 0, 총4획]

가로 **왈**

가로되, 이르다 　영 speak 　중 曰 yuē 　일 エツ(いわく)

曰可曰否(왈가왈부) 어떤 일에 대하여 옳으니 그르니 함
曰若(왈약)　曰牌(왈패)　或曰(혹왈)

丨 冂 日 曰

상형 말을 하는 입의 형상을 나타냄.

高 3급

[田 4, 총9획]

두려워할 **외**

두려워하다, 꺼리다 　영 fear 　중 畏 wèi 　일 イ(おそれる)

畏敬(외경) 어려워하고 공경함
畏懼(외구)　畏友(외우)　畏兄(외형)

丨 冂 日 田 甼 畏

회의 머리가 큰 도깨비가 몽둥이로 위협하는 모습을 나타냄.

高 3급

[肉 9, 총13획]

허리 **요**

허리, 밑둥치 　영 waist 　중 腰 yāo 　일 ヨウ(こし)

腰劍(요검) 검을 허리에 참
腰刀(요도)　腰帶(요대)　腰折(요절)

月 胪 胪 胛 腰 腰

형성 가느다란 허리의 모습을 나타냄.

3급 핵심한자 | **389**

高 3급

搖
[手10, 총13획]
흔들릴 **요**

흔들다, 흔들리다　　영 shake　중 摇 yáo　일 ヨウ(ゆる)

搖動(요동) 흔들림
搖鈴(요령) 搖亂(요란) 搖籃(요람)

扌 扩 扩 挦 搾 搖

형성 손으로 잡아서 이리저리 흔드는 것을 나타냄.

高 3급

遙
[辵10, 총14획]
멀 **요**

멀다, 아득하다　　영 distant　중 遥 yáo　일 ヨウ(はるか)

遙遠(요원) 아득히 멂
遙望(요망) 遙昔(요석) 逍遙(소요)

형성 길이 좁고 길게 이어져 있는 것을 나타냄.

中 3Ⅱ급

浴
[水7, 총10획]
목욕할 **욕**

목욕하다, 목욕　　영 bathe　중 浴 yù　일 ヨク(あびる)

浴室(욕실) 목욕을 하는 시설이 되어 있는 방
浴湯(욕탕) 浴槽(욕조) 沐浴(목욕)

氵 氵 氵 浐 浴 浴

형성 움푹 패인 곳에 물이 스며듦을 나타냄.

高 3Ⅱ급

慾
[心11, 총15획]
욕심 **욕**

욕심, 욕심내다　　영 greed　중 欲 yù　일 ヨク(むさぼる)

慾念(욕념) 욕심이 가득한 생각
慾望(욕망) 慾心(욕심) 貪慾(탐욕)

회의·형성 마음이 빈듯하여 채우고 싶음을 나타냄.

高 3II급

[辰3, 총10획]
욕될 **욕**

욕되다   영 disgrace 중 辱 rǔ 일 ジョク(はずかしめる)

辱說(욕설) 상스러운 말
侮辱(모욕) 汚辱(오욕) 意欲(의욕)

厂 厈 辰 辰 辱 辱

회의 부드럽게 하는 것을 나타냄.

中 3II급

[欠7, 총11획]
하고자할 **욕**

하고자 하다, 바라다   영 desire 중 欲 yù 일 ヨク(ほつする)

欲界(욕계) 욕심이 많은 세계
欲求(욕구) 欲情(욕정) 欲巧反拙(욕교반졸)

夂 谷 谷 欲 欲 欲

형성 마음속의 부족한 것을 채우고 싶은 기분을 나타냄.

中 3II급

[宀7, 총10획]
얼굴 **용**

얼굴, 모양   영 face 중 容 róng 일 ヨウ(いれる)

容共(용공) 공산주의. 공산세력의 정책을 받아들이는 일
容量(용량) 容恕(용서) 寬容(관용)

丶 宀 宀 灾 容 容

회의 집 가운데 움푹 패인 곳에 물이 들어가는 것을 나타냄.

高 3급

[广8, 총11획]
쓸 **용**

쓰다   영 common 중 庸 yōng 일 ヨウ(つね・もちいる)

庸劣(용렬) 어리석고 둔함
庸人(용인) 庸言(용언) 中庸(중용)

广 庁 庐 庐 庸 庸

회의·형성 손에 든 막대로 양끝을 꿰뚫는 것을 나타냄.

高 3Ⅱ급

偶
[人 9, 총11획]
짝 **우**

짝, 배필　　　　영 couple　중 偶 ŏu　일 グウ(たまたま)

偶發的(우발적) 우연히
偶發(우발)　偶像(우상)　偶然(우연)

伹 伹 偁 偶 偶 偶

형성 흉내를 잘 내는 원숭이를 나타냄.

中 3급

又
[又 0, 총2획]
거듭 **우**

또, 거듭　　　　영 and · again　중 又 yòu　일 ユウ(また)

又重之(우중지) 더욱이
又況(우황)　又賴(우뢰)　一又(일우)

フ 又

상형 두 팔을 뻗어서 바깥쪽에서 감싸는 형상을 나타냄.

中 3급

尤
[尢 1, 총4획]
더욱 **우**

더욱, 특히　　　　영 more over　중 尤 yóu　일 ユウ(もっとも)

尤妙(우묘) 아주 이상함
尤甚(우심)　尤物(우물)　尤妙(우묘)

一 ナ 尢 尤

회의 생각지도 못한 실패 또는 재앙이 닥치는 것을 나타냄.

高 3Ⅱ급

愚
[心 9, 총13획]

어리석다, 우직하다　　　　영 foolish　중 愚 yú　일 グ(おろか)

愚見(우견) 자신의 생각을 겸손하게 나타내는 말
愚鈍(우둔)　暗愚(암우)　凡愚(범우)

日 旵 禺 禺 愚 愚

형성 어리석고 바보스러움을 나타냄.

中 3Ⅱ급

[心11, 총15획]
근심 **우**

근심, 근심하다　　　영 anxiety　중 忧 yōu　일 ユウ(うい)

憂國(우국) 나라를 걱정함
憂慮(우려)　憂鬱(우울)　憂患(우환)

一　百　百　百　恵　夢　憂

형성 마음이 우울해 발길이 마음대로 떨어지지 않음을 나타냄.

中 3Ⅱ급

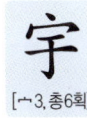

[宀3, 총6획]
집 **우**

집, 지붕　　　영 house　중 宇 yǔ　일 ウ(いえ)

宇宙(우주) 온 세계를 둘러싸고 있는 공간
宇宙論(우주론)　宇宙船(우주선)　器宇(기우)

丶　丶　宀　宇　宇　宇

형성 크고 둥근 지붕을 나타냄.

高 3급

[羽0, 총6획]
깃, 새 **우**

깃, 날개　　　영 wing　중 宇 yǔ　일 ウ(はね・は)

雨士(우사) 도사
羽毛(우모)　羽扇(우선)　羽翼(우익)

丿　刁　ヲ　羽　羽　羽

상형 새의 두 날개의 형상을 나타냄.

中 3급

[二1, 총3획]
어조사 **우**

어조사, 가다　　　영 particle　중 于 yú　일 ウ

于今(우금) 지금까지
于歸(우귀)　于先(우선)　單于(선우)

一　二　于

지사 양끝이 고정된 대나무를 굽힌 모양을 나타냄.

3급 핵심한자 | 393

高 3II급

韻 [音 10, 총 19획] 운 운

운, 운치   영 rhyme 중 陨 yùn 일 イン(ひびき)

韻律(운율) 시문의 음성적 형식
韻致(운치) **韻文**(운문) **韻律**(운율)

音 音 韵 韵 韻 韻

형성 둥글둥글하고 매끈한 소리를 나타냄.

中 3급

云 [二 2, 총 4획] 이를 운

이르다, 말하다   영 say 중 云 yún 일 ウン(いう)

或云(혹운) 어떠한 사람이 말하는 바
云爲(운위) **云云**(운운) **紛云**(분운)

一 二 乞 云

상형 입 속에 숨을 물고 우물거리는 모습을 나타냄.

高 3II급

越 [走 5, 총 12획] 넘을 월

넘다, 넘기다   영 ovepass 중 越 yuè 일 エツ(こす)

越權(월권) 자기 직권의 범위를 넘는 것
越等(월등) **越南**(월남) **越冬**(월동)

走 走 走 起 越 越

형성 우묵한 곳을 뛰어넘는 것을 나타냄.

高 3급

緯 [糸 9, 총 15획] 씨 위

씨(씨실), 씨줄   영 woof 중 纬 wěi 일 イ(よこいと)

緯度(위도) 씨줄
緯線(위선) **緯兵**(위병) **經緯**(경위)

糸 紆 紆 緯 緯 緯

형성 날줄의 좌우를 왔다 갔다 하는 씨실을 나타냄.

3단계

高 3급

[肉 5, 총 9획]
밥통 **위**

밥통, 위　　　　영 stomach 중 胃 wèi 일 イ(いぶくろ)

胃液(위액) 위에서 분비되는 소화액
胃腸(위장)　胃壁(위벽)　胃炎(위염)

口 田 田 胃 胃 胃

회의 음식을 담는 둥그렇게 생긴 위의 모양을 나타냄.

高 3급
僞
[人 12, 총 14획]
거짓 **위**

거짓, 허위　　　　영 false 중 伪 wěi 일 ギ(いつわる)

僞善(위선) 본심이 아닌 거짓으로 하는 선행
僞作(위작)　僞裝(위장)　僞造(위조)

亻 伫 伫 伪 僞 僞

형성 일부러 태도를 바꾸는 사람을 나타냄.

高 3Ⅱ급

[言 9, 총 16획]
이를 **위**

이르다, 고하다　　　영 speak of 중 谓 wèi 일 ゴ(あやまる)

所謂(소위) 그래서, 그런 까닭으로
可謂(가위)　或謂(혹위)　云謂(운위)

言 訂 謂 謂 謂 謂

회의·형성 무언가를 둘러싸고 있는 모습을 나타냄.

高 3급

[辵 9, 총 13획]
어길 **위**

어기다, 잘못　　　　영 violate 중 违 wéi 일 イ(ちがえる)

違法(위법) 법을 어김
違約(위약)　違憲(위헌)　違和(위화)

土 告 查 查 韋 違

형성 발을 교대로 내밀면서 앞으로 나아감을 나타냄.

3급 핵심한자 | **395**

高 3급

愈 [心8, 총12획] 나을 유

낫다, 더욱   영 be better 중 愈 yù 일 ユ(いよいよ)

愈愈(유유) 자꾸 더해 가는 모습
韓愈(한유) 愈出愈怪(유출유괴) 痊愈(전유)

入 亼 俞 俞 愈 愈

회의 기분이 좋아지고 마음이 후련해지는 것을 나타냄.

高 3Ⅱ급

維 [糸8, 총14획] 밧줄 유

매다, 묶다   영 tie 중 维 wéi 일 イ(つなぐ)

維新(유신) 세상일이 바뀌어 새로워짐
維舟(유주) 維持(유지) 纖維(섬유)

糸 紀 紆 紆 維 維

형성 밧줄이 아래로 길게 늘어져 있는 모양을 나타냄.

中 3Ⅱ급

幼 [幺2, 총5획] 어릴 유

어리다   영 young 중 幼 yòu 일 ヨウ(おさない)

幼年(유년) 나이가 어림
幼主(유주) 幼兒(유아) 幼蟲(유충)

乙 幺 幺 幻 幼

형성 힘이 없는 어린아기를 나타냄.

中 3Ⅱ급

오히려 유

오히려, 원숭이   영 yet·rather 중 犹 yóu 일 ユウ(なお)

猶與(유여) 의심하고 망설임
猶爲(유위) 猶豫(유예) 猶鬪(유투)

犭 犭 狆 猶 猶 猶

형성 개가 몸을 길게 늘어뜨린 모습을 나타냄.

3단계

中 3급

[酉 0, 총7획]

닭 유

닭, 열째 지지   영 cock 중 酉 yǒu 일 ユウ(とり)

酉時(유시) 하오 5시부터 7시까지의 시각

酉方(유방) 酉年(유년) 乙酉(을유)

一 丆 丏 丙 西 酉 酉

상형 술두루미의 모양을 나타냄.

中 3Ⅱ급

[木 5, 총9획]

부드러울 유

부드럽다, 순하다   영 soft 중 柔 róu 일 ジュウ(やわらか)

柔順(유순) 성질이 부드럽고 온순함

柔軟(유연) 柔道(유도) 柔順(유순)

フ マ 予 予 柔 柔

형성 탄력성이 좋은 나무를 나타냄.

高 3급

[心 8, 총11획]

생각할 유

생각하다, 오직   영 consider·think 중 惟 wéi 일 イ·ユイ

思惟(사유) 마음으로 생각함

惟獨(유독) 惟靜(유정) 恭惟(공유)

丶 忄 忄 忄 忄 惟

형성 한 가지에 대해서 골똘하게 생각하고 있는 것을 나타냄.

高 3Ⅱ급

[言 7, 총14획]

꾈 유

꾀다, 꾐   영 tempt 중 诱 yòu 일 ユウ(さそう)

誘拐(유괴) 꾀어냄

誘導(유도) 誘引(유인) 誘惑(유혹)

言 訁 訅 訮 誘 誘

형성 상대를 그럴듯한 말을 써서 꾀어내는 것을 나타냄.

中 3급

唯
[口 8, 총 11획]
오직 유

오직, 이   영 only 중 唯 wéi 일 イ・ユイ(ただ)

唯物(유물) 물질만이 존재한다고 보는 일
唯唯(유유) 唯一(유일) 諾唯(낙유)

口 口' 叩 吖 吖 唯 唯

형성 隹와 口가 합해진 글자로 누구라는 뜻을 나타냄.

高 3Ⅱ급

悠
[心 7, 총 11획]
멀 유

멀다, 아득하다   영 distant 중 悠 yōu 일 ユウ(とおい)

悠久(유구) 아득하고 오램
悠長(유장) 悠然(유연) 悠忽(유홀)

亻 亻 亻攵 攸 悠 悠

형성 사물이 길게 이어져 있는 모습을 나타냄.

高 3Ⅱ급

幽

[幺 6, 총 9획]
그윽할 유

그윽하다, 깊다   영 secluded 중 幽 yōu 일 ユウ

幽界(유계) 저승
幽昧(유매) 幽谷(유곡) 幽靈(유령)

｜ 丨 幺 쑈 䶒 幽

형성 어두컴컴한 산 속을 나타냄.

高 3Ⅱ급

裕

[衣 7, 총 12획]
넉넉할 유

넉넉하다, 너그럽다   영 enough 중 裕 yú 일 ユウ

裕寬(유관) 너그러움
裕福(유복) 富裕(부유) 豊裕(풍유)

ㅜ ㅜ ネ ネ 衤 裕 裕

형성 입고 있는 옷의 품이 넉넉해 있음을 나타냄.

高 3급

閏
[門 4, 총12획]
윤달 윤

윤달, 윤년　영 leap month 중 闰 rùn 일 ジュン(うるう)

閏年(윤년) 윤달이 드는 해
閏位(윤위)　閏月(윤월)　閏朔(윤삭)

｜ ｆ Ｐ 門 閏 閏

회의 달력에서 빼친 날은 왕이 문밖에 나오지 않음을 나타냄.

高 3Ⅱ급

潤
[水 12, 총15획]
젖을 윤

윤택하다, 젖다　영 enrich 중 润 rùn 일 ジュン(うるおう)

潤色(윤색) 이미 다된 물건에 광택을 냄
潤氣(윤기)　潤文(윤문)　潤澤(윤택)

氵 沪 沪 浔 潤 潤

형성 문 안쪽으로 들어가서 쉬고 있는 왕의 모습을 나타냄.

中 3Ⅱ급

乙
[乙 0, 총1획]
새 을

새, 제비　영 bird 중 乙 yǐ 일 オツ(きのと)

乙科(을과) 성적에 따라 나눈 둘째
乙種(을종)　甲男乙女(갑남을녀)

乙

상형 끝 쪽이 막혀서 뻗지 못하고 눌린 모양을 나타냄.

高 3급

淫
[水 8, 총11획]
음란할 음

음란하다, 음탕하다　영 obscene 중 淫 yín 일 イン(みだら)

淫樂(음락) 음란한 쾌락
淫慾(음욕)　淫貪(음탐)　淫蕩(음탕)

氵 氵 汙 浮 淫 淫

회의·형성 임신한 여인을 건드려 사련에 빠졌음을 나타냄.

中 3급

吟 [口4, 총7획]
읊을 음

읊다, 읊조림　　영 recite 중 吟 yín 일 ギン(くちずさむ)

吟味(음미) 시나 노래를 읊어 그 맛을 봄
吟諷(음풍) 吟唱(음창) 呻吟(신음)

丶 口 미 미' 미人 吟 吟

(형성) 입 사이로 우물우물거리며 작은 소리냄을 나타냄.

中 3급

泣 [水5, 총8획]
울 읍

울다, 울음　　영 weep 중 泣 qì 일 リユウ(なく)

泣諫(읍간) 울면서 간함
泣訴(읍소) 感泣(감읍) 哭泣(곡읍)

氵 氵' 氵' 氵'' 泣 泣

(형성) 숨을 가쁘게 몰아쉬면서 흐느껴 우는 모습을 나타냄.

高 2급

[冫14, 총16획]
엉길 응

엉기다, 모으다　　영 congeal 중 凝 lèi 일 エツ(けみする)

凝結(응결) 엉기어 뭉침
凝固(응고) 凝視(응시) 凝縮(응축)

冫 冫' 凇 凇 凝 凝

(형성) 물이 얼어서 변하여 엉긴다는 뜻을 나타냄.

高 3급

[宀5, 총8획]
마땅할 의

마땅하다, 옳다　　영 suitable 중 宜 yí 일 ギ

宜當(의당) 마땅히
宜當事(의당사) 宜合(의합) 便宜(편의)

宀 宀 宁 宁 宜 宜

(회의) 한 곳에 집을 짓고 머물러 사는 것을 나타냄.

3단계

中 3급

[矢 2, 총 7획]

어조사 의

어조사   영 particle 중 矣 yǐ 일 イ(じとじ)

萬事休矣(만사휴의) 모든 것이 끝이 남
六矣廛(육의전) 矣乎(의호) 矣夫(의부)

ㄥ ㄥ ㅿ ㅾ 矣 矣

상형 화살이 한 곳에 멈추는 것으로 과거라는 뜻을 나타냄.

中 3급

己

[己 0, 총 3획]

그칠 이

이미, 벌써   영 already 중 已 yǐ 일 イ(すでに)

已甚(이심) 아주 심함
已往(이왕) 已發之矢(이발지시)

ㄱ ㄱ 已

상형 농기구인 구부러진 가래의 형상을 나타냄.

3급

[貝 5, 총 12획]

두 이

두, 둘   영 two 중 贰 èr 일 弐 ニ(ふたつ)

貳車(이거) 여벌로 따르는 수레
貳心(이심) 貳師(이사) 携貳(휴이)

二 亍 亐 貢 貳 貳

형성 막대 두 개가 나란히 놓인 모양을 나타냄.

高 3급

[大 3, 총 6획]

오랑캐 이

오랑캐, 동방종족   영 barbarian 중 夷 yí 일 イ(えびす)

夷滅(이멸) 멸망시킴
夷狄(이적) 夷則(이칙) 東夷(동이)

一 ᄀ ᄃ 弓 夷 夷

회의 몸집과 키가 작다는 뜻을 나타냄.

3급 핵심한자 | **401**

中 3급

而 [而 0, 총 6획]
말, 너 **이**

말 잇다 (~와 같다) 영 and 중 而 ér 일 ジ(しかして)

而今以後(이금이후) 앞으로 이후
而立(이립) 似而非(사이비) 博而不精(박이부정)

一 ア 厂 丙 而 而

상형 부드러운 턱수염을 나타냄.

高 3Ⅱ급

翼 [羽 11, 총 17획]
날개 **익**

날개, 깃 영 wing 중 翼 yì 일 ヨク(つばさ)

翼戴(익대) 곁에서 도와줌
翼室(익실) 翼果(익과) 比翼(비익)

ㄱㄱㄱ 羽 習 翌 翌 翼 翼 翼

형성 양쪽의 날개, 즉 한 쌍의 날개를 나타냄.

3급

[刀 1, 총 3획]
칼날 **인**

칼날, 칼에 베다 영 blade 중 刃 rèn 일 ジン(は)

霜刃(상인) 서릿발 같은 칼날
兵刃(병인) 刃創(인창) 凶刃(흉인)

フ 刀 刃

지사 날이 날카롭게 서도록 칼을 잘 벼리는 것을 나타냄.

中 3Ⅱ급

忍 [心 3, 총 7획]
참을 **인**

참다, 견디다 영 bear 중 忍 rěn 일 ニン(しのぶ)

忍苦(인고) 고통을 참음
不忍(불인) 忍耐(인내) 忍受(인수)

フ 刀 刃 刃 忍 忍 忍

형성 마음이 강하게 벼린 칼날처럼 굳센 것을 나타냄.

3단계

高 3급

姻
[女 6, 총 9획]

혼인 **인**

혼인, 결혼하다 　영 marriage 중 姻 yīn 일 イン(よめいり)

姻婭(인아) 일가
姻戚(인척)　姻叔(인숙)　婚姻(혼인)

女　妁　奶　姆　姻　姻

형성 여자가 남자의 집에 의지하게 되는 것을 나타냄.

中 3급

寅
[宀 8, 총 11획]

셋째지지 **인**

범, 셋째 지지 　영 eastern 중 寅 yín 일 イン(とら)

寅時(인시) 새벽 3시부터 5시 사이
寅念(인념)　寅年(인년)　寅生(인생)

宀　宀　宙　寅　寅　寅

회의 휘어 있는 화살을 양손으로 곧게 펴는 것을 나타냄.

高 3Ⅱ급

逸
[辶 8, 총 12획]

숨을 **일**

잃다, 숨다 　영 lose 중 逸 yì 일 イツ(はやる)

逸脫(일탈) 벗어남
逸話(일화)　逸走(일주)　逸品(일품)

ㄅ　ㄊ　ㄌ　免　免　逸

회의 살짝 빠져서 달아나 버리는 토끼를 나타냄.

3급

壹
[士 9, 총 12획]

한 **일**

한, 하나 　영 one 중 壹 yī 일 壱 イチ(ひとつ)

壹是(일시) 모두
均壹(균일)　壹用之(일용지)　壹意(일의)

士　吉　吉　吉　壹　壹

형성 술이 가득 든 항아리의 마개를 꼭 막은 모양을 나타냄.

中 3Ⅱ급

壬 [士1, 총4획]
북방 **임**

아홉째 천간　　영 north　중 壬 rén　일 ジン·ニン(みずのえ)

壬方(임방) 서쪽에서 약간 북쪽에 가까운 방위
壬申(임신)　壬辰倭亂(임진왜란)　壬年(임년)

丿 二 千 壬

상형 베틀에서 날실을 감는 축(軸)의 모양을 나타냄.

高 3급

賃 [貝6, 총13획]
품팔이 **임**

품팔다, 품삯　　영 wages　중 赁 lìn　일 チン(やとう)

賃貸(임대) 삯을 받고 빌려줌
賃借(임차)　賃金(임금)　勞賃(노임)

형성 돈을 들여 사람을 고용하는 것을 나타냄.

高 3급

紫 [糸5, 총11획]
자주빛 **자**

자줏빛(보랏빛), 색깔　　영 purple　중 紫 zǐ　일 シ(むらさき)

紫色(자색) 보라색
紫水晶(자수정)　紫桃(자도)　紫朱(자주)

此 紫 紫 紫 紫 紫

형성 염색할 때 파랑이 뒤죽박죽 섞여서 내는 자줏빛을 나타냄.

中 3Ⅱ급

慈 [心9, 총13획]
사랑 **자**

사랑하다, 어머니　　영 mercy　중 慈 eí　일 ジ(いつくしむ)

慈堂(자당) 남의 어머니에 대한 높임말
慈悲(자비)　慈善(자선)　慈愛(자애)

회의 축하 선물을 보내듯이 마음으로 기뻐하는 모습을 나타냄.

3단계

高 3급

[玄 5, 총 10획]

이 **자**

이, 여기   영 this 중 兹 zī 일 シ·ジ(ここ)

來兹(내자) 올해의 바로 다음 해
今兹(금자) 龜兹(구자) 兹宮(자궁)

亠 亣 玄 玆 玆 兹

회의 검다는 뜻의 玄이 두께 합쳐서 검다는 것을 나타냄.

3급

[隹 5, 총 13획]

암컷 **자**

암컷, 여성   영 female 중 雌 cí 일 シ(めす)

雌伏(자복) 복종하고 따름
雌雄(자웅) 雌性(자성) 雄雌(웅자)

止 此 圵 雌 雌 雌

형성 날개를 겹쳐서 꽁지를 감추는 새의 암컷을 나타냄.

高 3급

[心 6, 총 10획]

방자할 **자**

방자하다, 방종하다   영 arrogant 중 恣 zì 일 シ(ほしいまま)

恣意(자의) 멋대로 함
恣行(자행) 恣女(자녀) 忌恣(기자)

冫 冫 次 次 恣 恣

회의·형성 방자하기 이를 데 없는 건방진 마음을 나타냄.

高 3급

[刀 6, 총 8획]

찌를 **자/척/라**

찌르다, 가시   영 pierce 중 刺 cì 일 シ·セキ(さす)

刺戟(자극) 정신을 흥분시키는 일
刺殺(자살) 刺繡(자수) 刺殺(척살)

一 冂 市 束 刺 刺

형성 날카로운 가시에 찔리듯이 칼로 찌르는 것을 나타냄.

3급 핵심한자 | **405**

高 3급

酌
[酉 3, 총10획]
술따를 **작**

따르다, 술   영 pour out 중 酌 zhuó 일 シャク(くむ)

酌婦(작부) 술집에서 술을 따르며 생활하는 여인

獨酌(독작) 酌處(작처) 酌定(작정)

冂 丙 丙 酉 酌 酌

형성 술을 따라서 마시는 것을 나타냄.

高 3급

爵
[爪 14, 총18획]
잔 **작**

잔, 작위   영 wine cup 중 爵 jué 일 シャク

爵祿(작록) 작위와 봉록

爵帖(작첩) 爵位(작위) 爵名(작명)

상형 왕이 상으로 내린 참새 모양의 술잔을 나타냄.

高 3Ⅱ급

暫
[日 11, 총15획]
잠깐 **잠**

잠깐, 잠시   영 moment 중 暂 zàn 일 ザン(しばらく)

暫時(잠시) 잠깐 동안

暫定的(잠정적) 暫時(잠시) 暫許(잠허)

亘 車 斬 斬 暫 暫

형성 일하는 중간에 끼어 있는 짧은 시간을 나타냄.

高 3급

蠶
[虫 18, 총24획]
누에 **잠**

누에, 누에치다   영 silkworm 중 蚕 cán 일 サン(かいこ)

蠶桑(잠상) 뽕나무를 재배하고 누에를 침

蠶食(잠식) 蠶箔(잠박) 蠶絲(잠사)

형성 벌레가 뽕나무 사이에 숨어 있는 것을 나타냄.

3단계

3Ⅱ급
潛 [水12, 총15획] 잠길 **잠**

잠기다, 감추다   영 sink   중 潜 qián   일 潜 セン(ひそむ)

潛伏(잠복) 드러나지 않게 숨어 있음
潛水(잠수) 潛影(잠영) 潛入(잠입)

氵 氵 浐 浐 潜 潜

형성 물속으로 들어가서 잠수하고 있는 모습을 나타냄.

高 3급

[爿13, 총17획] 담 **장**

담, 토담   영 wall   중 墙 qiáng   일 ショウ

牆內(장내) 담 안
牆外漢(장외한) 牆籬(장리) 肩牆(견장)

丬 爿 爿 牆 牆 牆

회의·형성 가늘고 길게 둘러진 담의 모양을 나타냄.

高 3Ⅱ급

[艸14, 총18획] 감출 **장**

감추다, 곳집   영 conceal   중 藏 zàng   일 ソウ(くら)

藏書(장서) 책을 간직해 둠
藏府(장부) 藏置(장치) 藏書(장서)

艹 艹 芹 藏 藏 藏

형성 건초를 넣어두는 곳간을 나타냄.

高 3Ⅱ급

[艸7, 총11획] 엄숙할 **장**

장중하다   영 solemn   중 庄 zhuāng   일 庄 ソウ(おごそか)

莊園(장원) 별장과 거기에 딸린 동산
莊園(장원) 莊重(장중) 莊園(장원)

艹 艹 艹 莊 莊 莊

형성 높게 우거져 있는 풀의 모양을 나타냄.

高 3II급
葬
[艸9, 총13획]
장사지낼 장

장사지내다　영 hold a funeral　중 葬 zàng　일 ウ(ほうむる)

假埋葬(가매장) 시체를 임시로 묻음
葬禮(장례)　**葬事**(장사)　**葬地**(장지)

艹 艹 艺 莁 菀 葬

회의 풀덤불 속에 시체를 놓다, 장사지내다를 뜻함.

高 3II급
粧
[米6, 총12획]
단장할 장

단장하다　영 adorn　중 粧 zhuāng　일 ショウ(よそおう)

粧鏡(장경) 화장용 거울
粧刀(장도)　**粧飾**(장식)　**粧曆**(장력)

丷 半 米 籽 籽 粧

형성 쌀을 빻아 만든 쌀가루 분으로 예쁘게 꾸미는 것을 나타냄.

高 3II급
臟
[肉18, 총22획]
오장 장

오장(五臟), 내장　영 viscera　중 脏 zàng　일 ゾウ

臟器(장기) 내장의 여러 기관
臟腑(장부)　**臟法**(장법)　**心臟**(심장)

月 𦙄 臓 臟 臟 臟

형성 영양분을 보관해 두는 몸속의 장소를 나타냄.

中 3II급
丈
[一2, 총3획]
어른 장

어른, 남자　영 elder　중 丈 zhàng　일 ジョウ(たけ)

丈夫(장부) 성인 남자
丈人(장인)　**丈母**(장모)　**丈夫**(장부)

一 ナ 丈

회의 열을 나타내는 十과 손의 뜻을 나타내는 又자를 나타냄.

408 | 3-Step 왕초보 1800한자 – 3단계

高 3Ⅱ급

[手8, 총12획]

손바닥 **장**

손바닥   영 palm   중 掌 zhǎng   일 ショウ(たなごころ)

掌骨(장골) 손바닥을 형성하는 다섯 가지의 뼈
掌上(장상) 掌匣(장갑) 掌握(장악)

丨 ⺍ 尚 尚 堂 掌

형성 손이 펴진 모양, 즉 손바닥의 모양을 나타냄.

高 3Ⅱ급

[衣6, 총12획]

마를 **재**

마름질하다, 헝겊   영 cut off   중 裁 cái   일 サイ(さばく)

裁可(재가) 안건을 재량하여 승인함
裁斷(재단) 裁量(재량) 裁判(재판)

一 圭 쿃 载 裁 裁

형성 옷을 만들기 위해 베나 비단을 자르는 것을 나타냄.

高 3Ⅱ급

[車6, 총13획]

실을 **재**

싣다, 타다   영 load   중 载 zài   일 サイ(のせる)

記載(기재) 기록함
揭載(게재) 載貨(재화) 揭載(게재)

一 亩 車 載 載 載

형성 수레의 짐이 떨어지지 않게 누르고 있음을 나타냄.

中 3급

[口6, 총9획]

어조사 **재**

어조사, 재앙   영 particle   중 哉 zāi   일 サイ(かな)

哉生明(재생명) 음력 초사흘
善哉(선재) 快哉(쾌재) 嗚呼痛哉(오호통재)

一 ਖ਼ 告 哉 哉 哉

형성 글의 단락을 나타냄.

中 3Ⅱ급

栽
[木6, 총10획]
심을 **재**

심다, 묘목　　　　　　　　　영 plant　중 栽 zāi　일 サイ

栽培(재배) 심어서 가꿈
栽植(재식)　盆栽(분재)　植栽(식재)

㇐ 丰 耒 栽 栽 栽

형성 필요 없는 가지와 잎을 베어버리는 것을 나타냄.

高 3Ⅱ급

宰
[宀7, 총10획]
재상 **재**

재상, 벼슬아치　　영 prime minister　중 宰 zǎi　일 ヨウ(いだく)

宰夫(재부) 재상
宰殺(재살)　宰相(재상)　名宰(명재)

宀 宁 宆 宆 宰 宰

형성 집안이나 관청을 다스리는 우두머리의 모습을 나타냄.

高 3Ⅱ급

抵
[手5, 총8획]
거스를 **저**

막다, 거스르다　　　　　　　영 resist　중 抵 dǐ　일 テイ

抵當(저당) 채무의 담보물
抵死(저사)　抵觸(저촉)　抵抗(저항)

扌 扩 扩 扩 抵 抵

형성 손으로 밀어 젖히는 것을 나타냄.

中 3Ⅱ급

著
[艸9, 총13획]
지을 **저**

짓다, 드러나다　　　영 write　중 著 zhuó　일 チョ(あらわす)

著名(저명) 이름이 남
著書(저서)　著述(저술)　著者(저자)

艹 艹 芏 荖 莙 著

형성 많은 것을 기록해 두는 것을 나타냄.

3단계

高 3급

[水11, 총14획]

물방울 적

물방울, 방울져 떨어짐　영 drop　중 滴 dī　일 テキ(したたり)

滴水(적수) 물방울
滴瀝(적력)　硯滴(연적)　滴定(적정)

氵 氵 汀 渧 渧 滴 滴

형성 한 방울씩 뚝뚝 떨어지는 물방울의 모양을 나타냄.

高 3Ⅱ급

[宀8, 총11획]

고요할 적

고요하다, 쓸쓸함　영 quiet　중 寂 jì　일 セキ(さびしい)

寂滅(적멸) 사라져 없어짐
寂靜(적정)　寂寞(적막)　寂然(적연)

宀 宀 宀 宋 宋 寂 寂

형성 집안에서 들리는 사람들의 소리가 작고 여린 것을 나타냄.

3Ⅱ급

[足11, 총18획]

자취 적

자취, 자국　영 trace　중 蹟 jī　일 セキ

筆蹟(필적) 필체의 자취
奇蹟(기적)　史蹟(사적)　舊蹟(구적)

足 足⁺ 跲 跲 蹟 蹟

형성 足과 責을 합친 것으로 자취를 나타냄.

高 3Ⅱ급

[手11, 총14획]

딸 적

따다, 요점 따다　영 pick　중 摘 zhāi　일 テキ(つむ)

摘句(적구) 중요한 글귀를 뽑아냄
摘發(적발)　敵軍(적군)　敵意(적의)

扌 扩 扩 挤 摘 摘

형성 여러 개의 손가락이 한 곳에 조이는 것을 나타냄.

3II급

笛
[竹 5, 총11획]
피리 적

피리, 취악기   영 flute 중 笛 dí 일 テキ(ふえ)

玉笛(옥적) 옥으로 만든 피리
鼓笛隊(고적대) 笛聲(적성) 胡笛(호적)

` ^ ^^ 竹 竺 笛 笛 笛

형성 대나무 통에서 소리가 흘러나오는 것을 나타냄.

高 3II급

跡
[足 6, 총13획]
발자취 적

자취, 발자취   영 traces 중 跡 jì 일 セキ(あと)

足跡(족적) 어떤 여정을 지나온 흔적
史跡(사적) 潛跡(잠적) 足球(족구)

ロ 무 무 趴 跡 跡

형성 발자국이 걸어가는 폭으로 나있는 것을 나타냄.

高 2급

殿
[殳 9, 총13획]
대궐 전

대궐, 전각   영 palace 중 殿 diàn 일 デン(との)

殿閣(전각) 임금이 사는 집
大雄殿(대웅전) 殿堂(전당) 殿下(전하)

` 尸 尸 屈 展 厩 殿

형성 화려한 옷 입고 몸을 펴서 웅장한 대궐을 나타냄.

高 2급

[穴 17, 총22획]
훔칠 절

훔치다, 도둑   영 steal 중 窃 qiè 일 セツ(ひそか)

竊念(절념) 몰래 혼자 생각함
竊盜(절도) 竊取(절취) 竊發(절발)

宀 宆 窀 窈 竊 竊

회의 움에 있는 곡식을 벌레가 몰래 훔쳐먹는다는 뜻을 나타냄.

高 3Ⅱ급

[水 11, 총14획]

점점 **점**

점점, 차츰   영 gradually 중 店 jiàn 일 ゼン

漸移(점이) 서서히 옮아감
漸次(점차) 漸滅(점멸) 漸漸(점점)

氵 冫 津 漸 漸 漸

형성 깊이 베어진 틈으로 물이 스며든 것을 나타냄.

高 3급

[虫 9, 총15획]

나비 **접**

나비   영 butterfly 중 蝶 dié 일 チョウ

胡蝶(호접) 나비
蝶夢(접몽) 蝶泳(접영) 蝶兒(접아)

虫 虫 虰 蜡 蝉 蝶

형성 나뭇잎처럼 얇은 벌레가 나는 것을 나타냄.

中 3Ⅱ급

[水 8, 총11획]

깨끗할 **정**

깨끗하다   영 clean 중 净 jìng 일 浄 セイ・ジョウ(きよい)

淨潔(정결) 깨끗함
淨財(정재) 淨化(정화) 不淨(부정)

氵 氵 汃 淨 淨 淨

형성 氵와 爭을 합친 것으로 물이 깨끗한 것을 나타냄.

中 3Ⅱ급

[彳 5, 총8획]

갈, 칠 **정**

치다, 취하다   영 attack 중 征 zhēng 일 セイ(うつ・ゆく)

征途(정도) 여행을 하는 길
征服(정복) 征討(정토) 征夫(정부)

彳 彳 彳 彷 征 征

형성 바르게 걸어가는 모양을 나타냄.

高 3Ⅱ급

廷
[廴 4, 총7획]
조정 정

조정, 뜰 　영 court 중 廷 tíng 일 テイ(やくしょ)

廷論(정론) 조정의 논의
廷臣(정신) 開廷(개정) 廷爭(정쟁)

二 𠂇 𡈼 𡈼 廷 廷

형성 멀리까지 평평하게 펼쳐진 것을 나타냄.

中 3Ⅱ급

頂
[頁 2, 총11획]
정수리 정

정수리, 머리 　영 summit 중 顶 dǐng 일 チョウ(いただき)

頂上(정상) 산꼭대기
頂點(정점) 山頂(산정) 天頂(천정)

丁 𠄌 顶 顶 頂 頂

형성 몸의 중앙선과 직각이 되는 머리의 꼭대기 부분을 나타냄.

中 3Ⅱ급

[貝 2, 총9획]
곧을 정

곧다, 바르다 　영 virtuous 중 贞 zhēng 일 テイ(ただしい)

貞淑(정숙) 여자로서 행실이 곧고 고움
貞潔(정결) 貞節(정절) 貞操(정조)

丶 𠂉 𠂇 肖 貞 貞

형성 점을 쳐서 신의 뜻을 제대로 맞추는 것을 나타냄.

中 3Ⅱ급

井
[二 2, 총4획]
우물 정

우물, 정자 　영 well 중 井 jǐng 일 セイ(いど)

井然(정연) 구획이 반듯하게 정돈된 모습
井間(정간) 井華水(정화수) 井田(정전)

一 二 𠀉 井

상형 사각의 틀처럼 판 우물의 모양을 나타냄.

3단계

高 3급

訂
[言2, 총9획]
바로잡을 정

바로잡다, 고치다   영 correction 중 订 dìng 일 テイ

訂正(정정) 바로 잡음
校訂(교정) 訂約(정약) 改訂(개정)

亠 亠 言 言 訂 訂

형성 바르게 정한다는 뜻을 나타냄.

高 3Ⅱ급

亭
[亠7, 총9획]
정자 정

정자, 역말   영 arbour 중 亭 tíng 일 テイ(あずまや)

亭子(정자) 산수가 좋은 곳에 지은 아담한 건물
江亭(강정) 亭子(정자) 亭育(정육)

亠 亠 古 古 亭 亭

형성 건물이 땅 위로 높게 솟아 있는 모양을 나타냄.

中 3Ⅱ급

諸
[言9, 총16획]
모든 제

모든, 여러   영 all 중 诸 zhū 일 ショ(もろもろ)

諸具(제구) 여러 도구
諸君(제군) 諸般(제반) 諸子(제자)

言 詰 諸 諸 諸 諸

형성 장작을 모아 불을 지핀다는 의미를 나타냄.

高 3급

堤
[土9, 총12획]
방죽 제

방죽, 둑   영 dike 중 堤 dī 일 テイ(つつみ)

堤防(제방) 수해 예방을 위해 토석으로 쌓은 둑
堤塘(제당) 堤堰(제언) 堰堤(언제)

土 坦 坦 堤 堤 堤

형성 강을 따라 흙을 길게 쌓아올린 것을 나타냄.

高 3Ⅱ급

齊 [齊 0, 총14획]
가지런할 제

가지런하다　영 arrange　중 齐 qí　일 齊セイ(ひとしい)

齊家(제가) 집안을 바로 다스리는 일
齊唱(제창) 齊眉(제미) 齊刀(제도)

亠 亠 𤉪 𠫓 𠫓 齊 齊

상형 세 개의 마름모꼴이 나란히 있는 모양을 나타냄.

高 3급

燥 [火 13, 총17획]
마를 조

영 dry　중 燥 zào　일 ソウ(かわく)

燥急(조급) 초조(焦燥)하고 급함
燥渴(조갈) 燥涸(조학) 乾燥(건조)

火 炉 炉 焯 焯 燥

형성 겉으로만 불이 타오르는 모양을 나타냄.

高 3급

弔 [弓 1, 총4획]
조상할 조

조상하다　영 condole　중 吊 diào　일 吊チョウ(とむらう)

弔客(조객) 조상하는 사람
弔意(조의) 弔旗(조기) 弔喪(조상)

회의 막대에 휘감긴 덩굴이 축 늘어져 있는 모양을 나타냄.

高 3급

租 [禾 5, 총10획]
구실 조

구실, 조세　영 tribute　중 租 zū　일 ソ(みつぎ)

租界(조계) 중국의 개항 도시에 있었던 외국인 지역
租借(조차) 租稅(조세) 免租(면조)

二 千 禾 和 租 租

형성 거두어들인 곡물에 세금을 부과하는 것을 나타냄.

• 3단계

中 3Ⅱ급

[儿4, 총6획]
조짐 **조**

조짐, 점 영 omen 중 兆 zhào 일 チョウ(きざす)

兆民(조민) 많은 백성
兆域(조역) 吉兆(길조) 亡兆(망조)

丿 丿 丬 兆 兆 兆

상형 거북이의 등에 불로 달군 쇠로 금을 새긴 것을 나타냄.

高 3Ⅱ급

[火9, 총13획]
비출 **조**

비추다, 비치다 영 illumine 중 照 zhào 일 ショウ(てる)

照臨(조림) 해와 달이 위에서 사방을 비추는 것
照明(조명) 照準(조준) 照亮(조량)

丨 日 日丆 日刀 昭 照

형성 불 위에 빛이 비추는 것을 나타냄.

高 3급

[手5, 총8획]
못날 **졸**

졸하다(옹졸), 못나다 영 stupid 중 拙 zhuō 일 ソツ(まずい)

拙稿(졸고) 졸렬하게 쓴 원고
拙工(졸공) 拙劣(졸렬) 拙速(졸속)

扌 扌 扚 扚 拙 拙

형성 기준에 비해 뒤떨어진 것을 나타냄.

高 3Ⅱ급

[糸11, 총17획]
세로 **종**

세로, 남북 영 vertical 중 纵 zòng 일 ジュウ(たて)

縱斷(종단) 세로로 자름
縱隊(종대) 縱的(종적) 縱走(종주)

糸 糸 紵 絆 縱 縱

형성 세로로 이어진 끈의 모양을 나타냄.

中 3급

左
[工 2, 총 5획]
왼 **좌**

왼쪽, 왼손 　　　　영 left 중 左 zuǒ 일 サ(ひだり)

左記(좌기) 왼쪽에 적음
左邊(좌변) **左傾**(좌경) **左右**(좌우)

一 ナ 方 左 左

형성 물건을 만들 때 왼손이 보조해주는 것을 나타냄.

高 3급

佐
[人 5, 총 7획]
도울 **좌**

돕다, 도움 　　　　영 assist 중 佐 zuǒ 일 サ(たすける)

輔佐官(보좌관) 곁에서 돕는 관리
佐平(좌평) **輔佐**(보좌) **反佐**(반좌)

亻 亻 仁 佐 佐 佐

형성 왼쪽에서 거드는 사람을 나타냄.

中 3Ⅱ급

坐
[土 4, 총 7획]
앉을 **좌**

앉다, 무릎 꿇다 　　　영 sit 중 坐 zuò 일 ザ(すわる)

坐像(좌상) 앉아있는 형상
坐禪(좌선) **坐視**(좌시) **坐向**(좌향)

， ⺍ ⺍ 坐 坐 坐

회의 땅 위에 사람이 앉아있는 모습을 나타냄.

高 3급

株
[木 6, 총 10획]
그루 **주**

그루, 나무줄기의 밑동 　영 stump 중 株 zhū 일 シユ(かぶ)

株金(주금) 주식에 대한 출자금
株價(주가) **株券**(주권) **株式**(주식)

木 木 杧 杵 株 株

형성 나무를 베어내고 남은 그루터기를 나타냄.

高 2급

鑄 [金14, 총22획] 쇠 주

쇠를 부어 만들다　영 cast　중 铸 zhù　일 チュウ(いる)

鑄造(주조) 쇠를 녹여 기물을 만듦
鑄貨(주화)　鑄物(주물)　鑄字(주자)

金 針 鋳 鋳 鑄 鑄

형성 물처럼 녹은 쇳물을 거푸집에 붓는 것을 나타냄.

中 3급

酒 [酉3, 총10획] 술 주

술, 물　영 wine　중 酒 jiǔ　일 シユ(さけ)

酒色(주색) 술과 여색. 얼굴에 나타난 술기운
酒肴(주효)　酒幕(주막)　酒店(주점)

氵 氵 沂 洒 洒 酒

형성 단지에 있는 즙을 짜서 술을 담그는 것을 나타냄.

高 3Ⅱ급

柱 [木5, 총9획] 기둥 주

기둥, 한 집안　영 pillar　중 柱 zhù　일 チュウ(はしら)

柱石(주석) 기둥과 주춧돌
柱礎(주초)　角柱(각주)　四柱(사주)

十 十 木 木 杧 柱

형성 나무가 한 곳에 서 있는 모양을 나타냄.

高 3Ⅱ급

洲 [水6, 총9획] 섬 주

섬　영 island　중 洲 zhōu　일 ス(す)

亞洲(아주) 아시아 주
三角洲(삼각주)　洲嶼(주서)　滿洲(만주)

氵 氵 汄 汌 洲 洲

회의·형성 모래톱의 주위를 강물이 둘러싸고 있는 모양을 나타냄.

中 3II급

宙 [宀5, 총8획] 집 주

집, 주거　　　영 house　중 宙 zhòu　일 チュウ

宇宙食(우주식) 우주를 여행할 때 먹는 특별한 음식
宇宙游泳(우주유영)　**宇宙船**(우주선)

丶 宀 宀 宁 宙 宙 宙

형성 땅이 하늘을 지붕처럼 떠받들고 있는 모양을 나타냄.

高 2급

奏 [大6, 총9획] 아뢸 주

아뢰다, 아뢰는 글　영 inform　중 奏 zòu　일 ソウ(かなでる)

奏達(주달) 임금에게 아룀
奏樂(주악)　**奏請**(주청)　**獨奏**(독주)

一 二 三 夫 夫 夫 表 奏 奏

회의 손을 들어 받치거나 엎드려 아뢰는 모양을 나타냄.

高 2급

珠 [玉6, 총10획] 구슬 주

구슬, 진주나 보석 따위　영 pearl　중 珠 zhū　일 シュ(たま)

珠算(주산) 주판으로 하는 계산
珠玉(주옥)　**念珠**(염주)　**蚌珠**(방주)

一 Ŧ 王 王' 玗 珒 珠 珠

형성 구슬을 엮어서 만든 발을 나타냄.

高 3급

俊 [人7, 총9획] 준걸 준

준걸, 준수하다　영 superior　중 俊 jùn　일 シユン(さといも)

俊德(준덕) 덕이 높은 선비
俊傑(준걸)　**俊秀**(준수)　**俊才**(준재)

亻 亻 仆 佟 俊 俊

형성 특출하게 눈에 띄는 사람을 나타냄.

高 3급

[辵12, 총16획]
좇을 **준**

좇다, 순종함 　　　　　　　　　　영 follow 중 遵 zūn 일 ジュン

遵守(준수) 좇아 지킴
遵法(준법) 遵行(준행) 恪遵(각준)

㠯 酋 酋 酋 尊 遵

형성 온순하게 따라 가는 것을 나타냄.

高 3급

[人4, 총6획]
버금 **중**

버금, 둘째 　　　　　　　　　　　영 next 중 仲 zhòng 일 チュウ(なか)

仲介(중개) 두 사람 사이에서 일을 추진하는 것
仲秋(중추) 仲裁(중재) 伯仲(백중)

丿 亻 亻 仍 伊 仲

형성 정 가운데를 나타냄.

中 3Ⅱ급

[卩7, 총9획]
곧 **즉**

곧, 즉시 　　　　　　　　　　　　영 namely 중 即 jí 일 即ソク

卽刻(즉각) 바로 그때
卽決(즉결) 卽席(즉석) 卽位(즉위)

ᄼ 白 皀 皀 卽 卽

형성 사람이 풍성하게 쌓인 음식 옆에 앉아 있는 모습을 나타냄.

高 3Ⅱ급

[疒5, 총10획]
증세 **증**

증세, 병 　　　　　　　　　　　　영 sympton 중 症 zhèng 일 ショウ(しるし)

症狀(증상) 병을 앓는 모양
痛症(통증) 症勢(증세) 症情(증정)

疒 疒 疔 疖 症 症

형성 병이 심해서 겉으로 드러나는 것을 나타냄.

高 3Ⅱ급

[心12, 총15획]
미워할 **증**

미워하다, 증오함　　영 hate　중 憎 zēng　일 ゾウ(にくむ)

憎惡(증오) 미워함

愛憎(애증) **憎念**(증념) **可憎**(가증)

忄　忄　忄　忄　忄　憎

형성 작고 사소한 것들이 마음에 차곡차곡 쌓이는 것을 나타냄.

中 3Ⅱ급

[日8, 총12획]
일찍 **증**

일찍, 지난날　　영 once　중 症 céng　일 ソウ(かつて)

曾經(증경) 이전에 겪음

曾孫(증손) **曾祖**(증조) **未曾有**(미증유)

八　今　今　命　曾　曾

상형 곡식을 쪄내는 시루의 모양을 나타냄.

高 3급

[貝12, 총19획]
보낼 **증**

보내다, 주다　　영 send　중 赠 zèng　일 ゾウ(おくる)

贈與(증여) 거저 남에게 줌

贈呈(증정) **寄贈**(기증) **贈進**(증진)

月　目　貝　貝　贈　贈

형성 상대방이 가진 재물 위에 더 높이 쌓는 것을 나타냄.

高 3Ⅱ급

[艸10, 총14획]
찔 **증**

찌다, 일하다(=烝)　　영 steam　중 蒸 zhēng　일 ジョウ(むす)

蒸氣(증기) 수증기

蒸發(증발) **蒸發**(증발) **蒸溜**(증류)

艹　芓　芧　茊　茏　蒸

형성 불의 기운이 공중으로 높이 올라가는 것을 나타냄.

中 3급

가지 **枝**
[木4, 총8획]

가지, 팔다리   영 branch 중 枝 zhī 일 シ(えだ)

枝道(지도) 갈림길
枝吾(지오) 枝葉(지엽) 枝指(지지)

十 才 木 木 杪 杪 枝 枝

형성 줄기에서 갈려져 나온 가느다란 가지를 나타냄.

中 3Ⅱ급

갈, 이 **之**
[ノ3, 총4획]

가다, 걸어가다   영 go 중 之 zhī 일 シ(ゆく・これ)

之東之西(지동지서) 동·서쪽으로 갈까를 망설이는 것
江湖之樂(강호지락) 隔世之感(격세지감)

丶 ㇀ 之 之

상형 경계선을 넘어 앞으로 나아가는 발의 모양을 나타냄.

中 3급

다만 **只**
[口2, 총5획]

다만, 단지   영 only 중 只 zhī 일 シ(ただ)

只今(지금) 이제, 시방
但只(단지) 只管(지관) 唐只(당지)

丨 口 口 口 只

상형 말이 끝나고 숨을 고르는 모습으로 단지라는 뜻을 나타냄.

高 3Ⅱ급

못 **池**
[水3, 총6획]

못, 해자(垓字)   영 pond 중 池 zhī 일 チ(いけ)

池魚(지어) 못에 사는 물고기
池塘(지당) 池魚籠鳥(지어농조) 池上(지상)

丶 ㇀ 氵 汩 池 池

형성 연못이 옆으로 길게 퍼져 있는 것을 나타냄.

高 3급

[辵12, 총16획]
늦을 **지**

늦다, 더딤 영 late 중 迟 chí 일 チ(おくれる)

遲滯(지체) 꾸물거리고 늦음
遲刻(지각) 遲延(지연) 遲鈍(지둔)

尸 尸 屄 屄 犀 遲

형성 걸음이 느려서 좀처럼 앞으로 나아가지 못함을 나타냄.

高 3Ⅱ급

陳
[阜8, 총11획]
늘어놓을 **진**

늘어놓다 영 arrange 중 陈 zhén 일 チン(つらねる)

陳腐(진부) 오래 되어 □음
陳述(진술) 陳言(진언) 陳列(진열)

丨 刂 阝 阾 陣 陳

형성 흙담긴 부대가 평평한 모양으로 늘어져 있음을 나타냄.

高 2급

[雨7, 총15획]
벼락 **진**

진동하다, 울리다 영 shake 중 震 zhèn 일 シン(ふるう)

震恐(진공) 무서워함
震懼(진구) 震怒(진노) 震度(진도)

宀 垂 垂 震 震 震

형성 천지를 진동하게 하는 천둥을 나타냄.

高 3Ⅱ급

[手7, 총10획]
떨칠 **진**

떨치다 영 tremble 중 振 zhèn 일 シン(ふるう)

振動(진동) 흔들리어 움직임
振貸法(진대법) 振男(진남) 堅振(견진)

扌 扩 护 振 振 振

형성 손이 떨고 움직이는 것을 나타냄.

3단계

高 3Ⅱ급

[金 10, 총 18획]

진압할 **진**

진압하다 　영 suppress 중 鎭 zhèn 일 チン(しずまる)

鎭山(진산) 도성이나 마을을 진호하는 산
鎭痛(진통) 鎭壓(진압) 鎭定(진정)

金 釒 鈩 鉑 鎖 鎮 鎭

형성 속이 꽉 차서 무게가 나가는 금속을 나타냄.

中 3Ⅱ급

[辰 0, 총 7획]

별, 때 **진/신**

별, 별 이름 　영 star 중 辰 chén 일 シン(ほしのな)

辰星(진성) 수성을 달리 부르는 말
辰宿(진수) 日辰(일진) 壬辰倭亂(임진왜란)

一 厂 厂 厂 匠 辰 辰

상형 고둥이 껍질에서 발을 내밀고 있는 모습을 나타냄.

高 3Ⅱ급

[禾 5, 총 10획]

차례 **질**

차례, 차례를 세우다 　영 order 중 秩 zhì 일 チツ(ついで)

秩祿(질록) 녹봉
秩序(질서) 秩廳(질청) 品秩(품질)

千 禾 禾 秆 秩 秩

형성 벼가 빈틈없이 촘촘하게 쌓여져 있는 것을 나타냄.

高 3Ⅱ급

[疒 5, 총 10획]

병 **질**

병, 질병 　영 disease 중 疾 jí 일 シツ(やまい)

疾苦(질고) 고통스러워함
疾病(질병) 疾視(질시) 疾走(질주)

广 疒 疒 疟 疾 疾

형성 화살처럼 병이 빠르게 진행되는 것을 나타냄.

3급 핵심한자 | **425**

高 3급

姪 [女6, 총9획]
조카 **질**

조카, 조카딸   영 niece 중 姪 zhí 일 テツ(めい.おい)

姪女(질녀) 조카딸
姪婦(질부) 姪孫(질손) 妻姪(처질)

女 女' 女주 女至 女至 姪

회의·형성 혈연관계에서 제일 끝에 위치하는 사람을 나타냄.

中 3Ⅱ급

執 [土8, 총11획]
잡을 **집**

잡다, 지킴   영 catch 중 执 zhí 일 シュウ(とる)

執政(집정) 국정을 집행함
執拗(집요) 執權(집권) 執念(집념)

 幸 剚 執 執

형성 수갑 찬 사람이 무릎을 꿇고 있는 것을 나타냄.

高 3Ⅱ급

徵 [彳12, 총15획]
부를 **징**

부르다   영 levy·call 중 徵 zhēng 일 チョウ(しるし)

徵納(징납) 세금을 거두어 나라에 바침
徵發(징발) 徵兵(징병) 徵收(징수)

彳 彳' 彳" 徵 徵 徵

형성 왕이 좋은 인재를 찾아서 벼슬을 내리는 것을 나타냄.

高 3급

懲 [心15, 총19획]
혼날 **징**

징계하다, 혼나다   영 punish 중 惩 chéng 일 チョウ(こらす)

懲罰(징벌) 징계하고 벌함
懲惡(징악) 懲戒(징계) 懲役(징역)

 徵 徵 徵 懲

형성 마음가짐이 나쁜 것을 탓한다는 뜻을 나타냄.

3단계

中 3급

[一 4, 총 5획]

또 **차**

또, 만일   영 also 중 且 qiě 일 シャ(かつ)

且問**且**答(차문차답) 한편 묻고 한편 대답함
且說(차설)　重**且**大(중차대)　苟**且**(구차)

丨 冂 月 且 且

상형 물건이 여러 겹으로 겹쳐져 놓인 모습을 나타냄.

中 3Ⅱ급

此

[止 2, 총 6획]

곳 **차** / 이 **이**

이, 이와 같은   영 this 중 此 cǐ 일 シ(これ)

此際(차제) 이때에
此期(차기)　**此**際(차제)　**此**後(차후)

丨 卜 ㅏ 止 ㅄ 此

회의 걸어가는 모양으로 어긋나게 이어진 발자국을 나타냄.

中 3급

[人 8, 총 10획]

빌 **차**

빌리다, 빌려 옴   영 borrow 중 借 jiè 일 シャク(かりる)

借款(차관) 외국에서 돈을 빌림
借問(차문)　**借**名(차명)　**借**入(차입)

亻 亻 伊 伊 借 借

형성 다른 사람으로부터 돈이나 물건을 빌리는 것을 나타냄.

高 3급

[手 7, 총 10획]

잡을 **착**

잡다, 쥐다   영 seize 중 捉 zhuō 일 ソク・サク(とらえる)

捕**捉**(포착) 잡아냄
捉送(착송)　**捉**囚(착수)　活**捉**(활착)

扌 扩 护 押 捉 捉

회의·형성 손을 뻗치면서 바짝 따라 붙는 것을 나타냄.

3급 핵심한자 | **427**

高 3급

錯 [金8, 총16획]
섞일 **착**

섞이다, 어긋나다　영 error　중 错 cuò　일 サク・ソ (まじる)

錯誤(착오) 착각으로 인한 잘못
錯雜(착잡)　**錯覺**(착각)　**錯亂**(착란)

金 金 鉗 鉗 錯 錯

형성 잘못 겹치면 고르지 못하고 까칠한 모습을 나타냄.

高 3Ⅱ급

贊 [貝12, 총19획]
도울 **찬**

찬성하다, 찬양하다　영 assist　중 赞 zàn　일 贊 サン (ほめる)

贊同(찬동) 다른 사람의 의견에 동의함
贊否(찬부)　**贊反**(찬반)　**贊成**(찬성)

형성 신에게 제물을 바칠 때 옆에서 도와주는 사람을 나타냄.

高 3급

慚 [心11, 총14획]
부끄러울 **참**

부끄럽다, 부끄러움　영 shame　중 惭 cán　일 ザン (はじる)

無慚(무참) 말할 수 없이 부끄러움
慚愧(참괴)　**駭慚**(해참)

丶 忄 忄 忄 慚 慚

회의·형성 마음이 상처가 난 것처럼 아픈 느낌을 나타냄.

高 3급

慘 [心11, 총14획]
참혹할 **참**

참혹하다, 무자비함　영 misery　중 惨 cǎn　일 サン (いたむ)

慘劇(참극) 참혹하게 벌어진 일
慘憺(참담)　**慘變**(참변)　**慘事**(참사)

형성 사무칠 정도로 마음이 괴로운 것을 나타냄.

3단계

高 3급

[日 10, 총14획]
펼 **창**

화창하다, 펴다 　영 bright 　중 畅 chàng 　일 チョウ(のびる)

和暢(화창) 날씨가 바람이 온화하고 맑음
暢達(창달)　**暢懷**(창회)　**暢樂**(창락)

申 申' 申' 申' 畼 暢

형성 길게 뻗어 있음을 나타냄.

中 3Ⅱ급

[日 4, 총8획]
창성 **창**

창성하다 　영 prosper 　중 昌 chāng 　일 ショウ(さかん)

隆昌(융창) 융성하고 번창함
昌盛(창성)　**繁昌**(번창)　**昌王**(창왕)

丿 冂 冂 日 昌 昌

회의 높이 솟아 오른 태양을 나타냄.

高 3Ⅱ급

[人 8, 총10획]
곳집 **창**

곳집, 창고 　영 warehouse 　중 仓 cāng 　일 ソウ(くら)

倉庫(창고) 물건을 저장해 두는 곳
倉卒(창졸)　**倉廩**(창름)　**營倉**(영창)

人 今 今 今 令 倉 倉

회의 거두어들인 곡물을 저장해두는 창고를 나타냄.

高 3Ⅱ급

[艸 10, 총14획]
푸를 **창**

푸르다, 푸른빛 　영 blue 　중 苍 cāng 　일 ソウ(あお)

蒼民(창민) 백성
蒼空(창공)　**蒼白**(창백)　**蒼顔**(창안)

艹 艹 艹 苙 荅 蒼

회의·형성 곳간에 쌓아 둔 풀의 빛깔을 나타냄.

3급 핵심한자 | **429**

3급

滄
[水10, 총13획]
찰 **창**

푸르다, 차다　　　영 blue　중 沧 cāng　일 ソウ

滄海(창해) 넓고 큰 바다
滄波(창파)　滄茫(창망)　滄浪(창랑)

氵 氵 氵 氵 氵 滄 滄

형성 바닷속 깊은 곳의 빛깔 맑은 물이 차다는 것을 나타냄.

高 3급

債
[人11, 총13획]
빚 **채**

빚, 청산되지 않는 대차　영 debt　중 债 zhài　일 サイ (かり)

負債(부채) 갚아야 할 빚
債務(채무)　債務者(채무자)　債券(채권)

亻 亻 亻 亻 債 債

형성 돈을 빌려주고 빌려받는 행위가 발생하는 것을 나타냄.

高 3Ⅱ급

彩
[彡8, 총11획]
채색 **채**

채색　　　영 color　중 彩 cǎi　일 サイ (つや・いろどり)

彩料(채료) 물감
彩色(채색)　彩畵(채화)　多彩(다채)

亠 亠 爫 采 采 彩

형성 몇 가지 색을 골라서 섞는 것을 나타냄.

中 3Ⅱ급

[艸8, 총12획]
나물 **채**

나물, 푸성귀　영 vegetables　중 菜 cài　일 サイ (な)

菜根(채근) 채소의 뿌리
菜單(채단)　菜蔬(채소)　菜食(채식)

艹 艹 艹 菜 菜 菜

형성 손으로 풀을 꺾는 것을 나타냄.

高 3Ⅱ급

策
[竹 6, 총 12획]
꾀 **책**

꾀, 꾀함　　　영 plan 중 策 cè 일 サク (はかりごと)

策動(책동) 은밀히 꾀를 써서 행동함
策命(책명) 策略(책략) 策定(책정)

` ` 竹 竹 竺 笁 筈 第 策

형성 전략을 대나무 조각에 적어서 전하는 것을 나타냄.

3급

[心 8, 총 11획]
슬퍼할 **처**

슬퍼하다, 애처롭다　　　영 sad 중 悽 qī 일 セイ (いたむ)

悽然(처연) 슬퍼하는 모습
悽慘(처참) 悽絕(처절) 悽悽(처처)

丶 忄 忄 忄 忄 悽 悽

형성 마음이 쓸쓸하거나 아픔을 나타냄.

中 3Ⅱ급

妻
[女 5, 총 8획]
아내 **처**

아내, 시집보내다　　　영 wife 중 妻 qī 일 サイ (つま)

妻男(처남) 아내의 남자 형제
妻山(처산) 妻家(처가) 妻弟(처제)

一 丶 ヨ ヨ 耳 聿 妻

형성 아내가 남편과 어깨를 나란히 하고 있는 모습을 나타냄.

高 3급

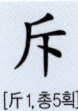
[斤 1, 총 5획]
물리칠 **척**

물리치다, 쫓다　　　영 refuse 중 斥 chì 일 セキ (しりぞける)

斥候(척후) 몰래 적의 형편(形便)을 살핌
斥邪(척사) 斥黜(척출) 斥和(척화)

' 厂 斤 斥 斥

형성 도끼로 때려 부수는 모양을 나타냄.

高 3Ⅱ급

戚
[戈7, 총11획]
겨레 **척**

겨레, 친족 영 relative 중 戚 qī 일 セキ(みうち)

戚黨(척당) 외척과 척족
戚分(척분) 親戚(친척) 戚臣(척신)

厂 厈 厗 戚 戚 戚

회의·형성 작은 손도끼의 이름을 나타냄.

中 3Ⅱ급

尺
[尸1, 총4획]
자 **척**

자, 길이의 단위 영 ruler 중 尺 chǐ 일 シャク(ものさし)

尺牘(척독) 서로 떨어져 있는 상대에게 소식을 전하는 글
尺數(척수) 尺貫法(척관법) 尺度(척도)

フ ユ 尸 尺

지사 손으로 길이를 재는 것을 나타냄.

高 3Ⅱ급

拓
[手5, 총8획]
넓힐 **척/탁**

넓히다, 열다 영 develop 중 拓 tuò 일 タク·セキ(ひらく)

拓殖(척식) 땅을 개척하여 백성을 이주시킴
拓地(척지) 開拓(개척) 拓本(탁본)

扌 扌 扩 扩 拓 拓

형성 扌와 石이 합쳐진 것으로 손으로 밀고 여는 것을 나타냄.

高 3Ⅱ급

[足8, 총15획]
밟을 **천**

밟다, 발로 누름 영 tread 중 践 jiàn 일 セン(ふむ)

實踐(실천) 실행에 옮김
踐祚(천조) 踐履(천리) 句踐(구천)

足 趺 跱 踐 踐 踐

형성 양쪽 발을 맞추어 한걸음 한걸음 나아가는 것을 나타냄.

3단계

高 3급

[辵11, 총15획]
옮길 천

옮기다, 천도 영 move 중 迁 qiān 일 セン(うつる)

遷都(천도) 도읍을 옮김
遷動(천동) 遷延(천연) 遷職(천직)

西 西 襾 粟 粟 遷

형성 집은 그대로 두고 살던 사람만 빠져나간 모습을 나타냄.

高 3급

[艸13, 총17획]
천거할 천

천거하다 영 recommend 중 荐 jiàn 일 セン(すすめる)

薦擧(천거) 사람을 추천함
薦望(천망) 自薦(자천) 公薦(공천)

产 芦 芹 芦 薦 薦

형성 사슴처럼 생긴 동물이 풀을 뜯어 먹는 것을 나타냄.

中 3Ⅱ급

[水8, 총11획]
얕을 천

얕다 영 shallow 중 浅 qiǎn 일 浅 セン(あさい)

淺紅(천홍) 엷은 분홍
淺薄(천박) 寡聞淺識(과문천식)

氵 氵 汐 浅 浅 淺

형성 물이 아주 적게 흐르는 것을 나타냄.

高 3Ⅱ급

[貝8, 총15획]
천할 천

천하다, 값이 싸다 영 humble 중 贱 jiàn 일 セン(いやしい)

賤待(천대) 업신여기어 푸대접을 함
賤民(천민) 賤視(천시) 賤職(천직)

貝 貝 貯 賎 賎 賤

형성 돈이 아주 적은 것을 나타냄.

高 3Ⅱ급

哲 [口 7, 총 10획]
밝을 **철**

밝다   영 wisdom 중 哲 zhé 일 テツ

哲理(철리) 현묘한 이치
哲人(철인) 哲學(철학) 先哲(선철)

扌 扌 扩 折 折 哲 哲

형성 누구라도 납득할 정도로 행동이 훌륭한 것을 나타냄.

高 3Ⅱ급

徹 [彳 12, 총 15획]
통할 **철**

통하다, 달하다   영 penetrate 중 彻 chè 일 テツ(とおる)

徹頭徹尾(철두철미) 처음부터 끝까지
徹夜(철야) 徹底(철저) 冷徹(냉철)

彳 彳 彳 犭 徉 徹

회의 슬그머니 빠져나오는 것을 나타냄.

高 3급

더할 **첨**

더하다, 보탬   영 add 중 尖 tiān 일 テン(そえる)

添加(첨가) 덧붙임
添附(첨부) 添削(첨삭) 添盞(첨잔)

氵 氵 沃 添 添 添

형성 어떤 물건의 겉면에 물을 덧뿌리는 것을 나타냄.

高 3급

뾰족할 **첨**

뾰족하다   영 sharp 중 尖 jiān 일 セン(とがる)

尖端(첨단) 물건의 뾰족한 끝
尖利(첨리) 尖兵(첨병) 尖銳(첨예)

丿 丨 小 尐 尖 尖

회의 아래는 크지만 위쪽 끝부분은 뾰족한 모습을 나타냄.

高 3급

妾
[女 5, 총 8획]
첩 **첩**

첩, 측실(側室) 영 concubine 중 妾 qiè 일 ショウ (めかけ)

妾子(첩자) 첩의 자식(子息)
妾室(첩실) 妾子(첩자) 愛妾(애첩)

亠 十 立 产 安 妾 妾

회의 남자에게 시중드는 여자 노예를 나타냄.

中 3급

晴
[日 8, 총 12획]
갤 **청**

개다 영 clear 중 晴 qíng 일 セイ (はれる)

晴明(청명) 하늘이 개어 맑음
晴雨(청우) 晴曇(청담) 快晴(쾌청)

日 日⁺ 晖 晴 晴 晴

형성 맑게 갠 날의 태양을 나타냄.

高 2급

逮
[辶 8, 총 12획]
잡을 **체**

쫓다, 잡다 영 seize 중 逮 dǎi 일 タイ

逮捕(체포) 죄인을 뒤쫓아 가서 잡음
逮夜(체야) 逮鞠(체국) 被逮(피체)

ㄱ ㅋ ㅋ 聿 隶 逮

형성 뒤따라가서 잡는 것을 나타냄.

高 3급

替
[日 8, 총 12획]
바꿀 **체**

바꾸다, 갚 영 change 중 替 tì 일 タイ (かえる)

替番(체번) 순번의 차례로 갈아듦
替送(체송) 替直(체직) 交替(교체)

二 夫 扶 扶 替 替

형성 한 사람에서 다른 사람으로 바뀌는 것을 나타냄.

高 2급

滯
[水11, 총14획]
막힐 **체**

막히다, 오래다   영 stuck 중 滯 zhì 일 タイ(とどこおる)

滯納(체납) 세금이나 요금 등을 기일 안에 못냄
滯留(체류) 滯拂(체불) 滯症(체증)

氵 氵 汁 滞 滞 滞 滯

형성 물에 엉겨서 굳어진 모양을 나타냄.

高 3급

[辵10, 총14획]
갈마들 **체**

갈마들다   영 replace 중 递 dì 일 テイ(かける)

遞信(체신) 우편이나 전신, 전화 등의 일을 통틀어 이르는 말
遞減(체감) 遞增(체증) 遞信部(체신부)

厂 广 庐 庐 虒 遞

형성 번갈아 나아가다, 차례로 전하여 보내다를 뜻함.

高 3급

抄
[手4, 총7획]
가릴 **초**

가리다, 뽑아 적음   영 copy out 중 抄 chāo 일 ショウ

抄掠(초략) 억지로 빼앗음
抄錄(초록) 抄本(초본) 抄譯(초역)

二 千 禾 利 秒 秒

형성 바람처럼 표면을 스쳐가는 모습을 나타냄.

高 2급

秒
[禾4, 총9획]
시간 **초**

분초(단위), 까끄라기   영 second 중 秒 miǎo 일 ビョウ

秒針(초침) 시계의 초를 가리키는 바늘
秒速(초속) 秒針(초침) 閏秒(윤초)

二 千 禾 利 秒 秒

형성 대단히 작고 세밀한 것을 나타냄.

3단계

高 3Ⅱ급

礎
[石 13, 총18획]
주춧돌 초

주춧돌, 초석 　영 foundation 중 础 chǔ 일 ソ(いしずえ)

礎石(초석) 주춧돌
礎業(초업) 基礎(기초) 柱礎(주초)

石 矿 砂 砷 礎 礎

형성 처음에 놓는 주춧돌을 나타냄.

高 3Ⅱ급

超
[走 5, 총12획]
넘을 초

뛰어넘다, 넘다 　영 leap 중 超 chāo 일 チョウ(こえる)

超過(초과) 한도를 넘음
超然(초연) 超越(초월) 超人(초인)

土 耂 走 起 超 超

형성 훌쩍 뛰어서 방해물을 넘는 것을 나타냄.

高 3Ⅱ급

肖
[肉 3, 총7획]
닮을 초/소

닮다, 본받다 　영 be like 중 肖 xiào 일 ショウ(にる)

肖像畵(초상화) 사람 얼굴을 그림·사진으로 나타내는 것
肖像(초상) 不肖(불초) 酷肖(혹초)

丨 丿 小 肖 肖 肖

형성 실물과 똑같은 모양으로 깎아 만드는 것을 나타냄.

高 3급

燭
[火 13, 총17획]
촛불 촉

촛불, 초 　영 candle 중 烛 zhú 일 ショク(ともしび)

燭光(촉광) 등불빛
燭察(촉찰) 燭臺(촉대) 燭數(촉수)

火 灯 灯 炯 燭 燭

회의·형성 불이 얌전하게 타오르고 있는 모습을 나타냄.

3급 핵심한자 | **437**

高 3Ⅱ급

促 [人7, 총9획]
재촉할 **촉**

재촉하다, 독촉함 　영 urge 중 促 cù 일 ソク(うながす)

促迫(촉박) 약속한 기간 등이 닥쳐 몹시 급함
促數(촉삭)　促求(촉구)　促成(촉성)

亻 亻' 亻口 亻曰 亻`甲 亻曰 促

형성 최대한 움츠리고 있는 모습을 나타냄.

高 3Ⅱ급

觸 [角13, 총20획]
닿을 **촉**

닿다, 부딪히다 　영 touch 중 触 zhù 일 触 ショク(ふれる)

觸角(촉각) 곤충류의 더듬이
觸診(촉진)　觸感(촉감)　觸發(촉발)

角 角⺀ 角⺈ 觕 觸 觸

형성 뽕나무에 붙어 있는 벌레를 만지는 것을 나타냄.

高 3급

聰 [耳11, 총17획]
귀 **총**

귀가 밝다, 총명하다 　영 clever 중 聪 cōng 일 ソウ(さとい)

聰明(총명) 귀가 잘 들리고 눈이 잘 보임
聰敏(총민)　聰氣(총기)　聰敏(총민)

耳 耳` 耵 聅 聰 聰

형성 귀로 잘 들을 수 있는 것을 나타냄.

高 3Ⅱ급

催 [人11, 총13획]
재촉할 **최**

재촉하다, 닥쳐오다 　영 pressing 중 催 cuī 일 サイ(もよおす)

催促(최촉) 재촉하고 서둠
催告(최고)　催眠(최면)　主催(주최)

亻 亻⺊ 亻⺊ 亻凷 亻隹 催

형성 다른 사람을 때로 부추기는 것을 나타냄.

3단계

高 3급

[手 5, 총 8획]

뺄 **추**

뽑다, 빼다   영 abstract 중 抽 chōu 일 チュウ(ぬく)

抽出(추출) 뽑아냄
抽籤(추첨) **抽象**(추상) **抽身**(추신)

扌 扌 扣 扚 抽 抽

형성 손으로 가느다란 부분을 질질 끌어내는 것을 나타냄.

高 3급

[酉 10, 총 17획]

더러울 **추**

더럽다, 추하다   영 ugly 중 丑 chǒu 일 シュウ(みにくい)

醜女(추녀) 얼굴이 못생긴 여자
醜惡(추악) **醜聞**(추문) **醜雜**(추잡)

冂 丙 酉 酉 醜 醜

형성 술을 거르고 남은 지게미를 나타냄.

中 3Ⅱ급

[辵 6, 총 10획]

쫓을 **추**

따르다, 좇다   영 pursue 중 追 zhuī 일 ツイ(おう)

追加(추가) 나중에 더하여 보탬
追念(추념) **追擊**(추격) **追放**(추방)

亻 亻 亻 亻 亻 追

형성 사람의 뒤를 좇아가는 것을 나타냄.

中 3급

[一 3, 총 4획]

소 **축**

소, 둘째 지지   영 cattle 중 丑 chǒu 일 チュウ(うし)

丑年(축년) 태세의 지지가 축(丑)으로 시작되는 해
丑時(축시) **丑方**(축방) **癸丑**(계축)

フ 刀 刃 丑

지사 손가락을 구부려 물건을 집는 모양을 나타냄.

高 3급

畜 [田5, 총10획]
쌓을 **축**

가축, 모으다 　영 cattle 중 畜 chù 일 チク(たくわえる)

畜舍(축사) 가축을 기르는 건물
畜産(축산) **畜生**(축생) **家畜**(가축)

亠 玄 玄 斉 斉 畜

회의 영양이 풍부한 검은색의 흙을 나타냄.

高 3급

逐 [辶7, 총11획]
쫓을 **축**

쫓다, 물리치다 　영 expel 중 逐 zhú 일 チク(おう)

逐鬼(축귀) 귀신을 쫓음
逐客(축객) **逐條**(축조) **逐出**(축출)

一 丂 豖 豖 涿 逐

회의 빙 둘러싸고 멧돼지를 사냥하는 모습을 나타냄.

高 3 II 급

衝 [行9, 총15획]
찌를 **충**

찌르다, 뚫다 　영 pierce 중 冲 chōng 일 ショウ(つく)

衝激(충격) 서로 세차게 부딪침
衝擊(충격) **衝突**(충돌) **衝動**(충동)

彳 衎 徆 衝 衝 衝

형성 서로 뚫어버릴 것처럼 심하게 맞부딪치는 것을 나타냄.

中 3 II 급

吹 [口4, 총7획]
불 **취**

불다, 충동하다 　영 blow 중 吹 chuī 일 スイ(ふく)

吹毛求疵(취모구자) 흉터를 찾으려고 털을 헤친다는 의미
吹入(취입) **鼓吹**(고취) **吹打**(취타)

丨 口 口 吖 吖 吹 吹

회의 몸을 굽혀서 입김을 토해내는 모습을 나타냄.

高 3급

臭
[自 4, 총 10획]
냄새 **취**

냄새, 냄새나다 영 stinking 중 臭 chòu 일 シュウ(くさい)

臭氣(취기) 고약한 냄새
臭味(취미) 家畜(가축) 牧畜(목축)

白 自 自 臭 臭 臭

회의 어렴풋한 냄새도 잘 맡는 개의 코를 나타냄.

高 3Ⅱ급

醉
[酉 8, 총 15획]
취할 **취**

취하다, 취기 영 drunk 중 醉 zuì 일 スイ(よう)

醉客(취객) 술에 취한 사람
醉氣(취기) 醉死(취사) 心醉(심취)

冂 西 酉 酊 醉 醉

형성 술을 없어질 때까지 마셔서 흠뻑 취하는 것을 나타냄.

高 3Ⅱ급

側
[人 9, 총 11획]
곁 **측**

곁, 옆 영 side 중 侧 cè 일 ソク(かたはら)

側近(측근) 매우 가까운 곳
側面(측면) 側傍(측방) 南側(남측)

亻 亻 侣 俱 側 側

형성 똑같지 않고 한쪽에 달라붙거나 기우는 것을 나타냄.

高 3Ⅱ급

値
[人 8, 총 10획]
값 **치**

값, 가치 영 value · price 중 值 zhí 일 チ(ね·あたい)

高値(고치) 높은 가격
價値(가치) 値遇(치우) 同値(동치)

亻 亻 佔 佔 値 値

형성 물건에 값어치에 적절한 돈의 양을 나타냄.

高 3Ⅱ급

恥
[心 6, 총 10획]

부끄러워할 **치**

부끄럽다 영 shame 중 耻 chǐ 일 チ(はじ)

恥部(치부) 부끄러운 부분

國恥(국치) 恥事(치사) 恥辱(치욕)

一 丆 F E 耳 耻 恥

형성 마음이 조금씩 위축되는 것을 나타냄.

3Ⅱ급

稚
[禾 8, 총 13획]

어릴 **치**

어리다, 만생종 영 young 중 稚 zhì 일 チ(おさない)

稚氣(치기) 어린이 같은 기분이나 감정

稚魚(치어) 稚拙(치졸) 稚心(치심)

千 禾 利 秆 秆 稚

형성 볍씨나 새처럼 작은 것을 나타냄.

中 3급

則
[刀 7, 총 9획]

곧, 법 **칙**/곧 **즉**

법칙, 규칙 영 rule 중 则 zé 일 ソク(のり)

原則(원칙) 정해놓은 기준

則效(칙효) 校則(교칙) 規則(규칙)

丨 冂 目 貝 貝 則

회의 모든 사람이 좇아야 하는 도리를 나타냄.

高 3급

漆
[水 11, 총 14획]

옻 **칠**

옻, 옻칠하다 영 lacquer 중 漆 qī 일 シツ(うるし)

漆夜(칠야) 아주 캄캄한 밤

漆板(칠판) 漆器(칠기) 漆木(칠목)

氵 沙 沐 泰 漆 漆

형성 풀잎에서 물방울이 굴러 떨어지는 모습을 나타냄.

3단계

高 3Ⅱ급

[水 4, 총 7획]

잠길 **침**

잠기다, 가라앉다   영 sink 중 沈 shěn 일 チン(しずむ)

沈默(침묵) 말을 하지 아니함

沈淪(침륜) 沈澱(침전) 沈着(침착)

氵氵氵氵沙沙沈

형성 무게를 무겁게 해서 가라앉히는 것을 나타냄.

高 3급

[木 4, 총 8획]

베개 **침**

베개, 베개를 베다   영 pillow 중 枕 zhěn 일 チン(まくら)

枕頭(침두) 베갯머리

枕席(침석) 枕木(침목) 衾枕(금침)

一 十 木 杧 杧 枕

회의·형성 나무로 만든 베개를 나타냄.

高 3급

[水 7, 총 10획]

담글 **침**

잠기다, 적시다   영 soak 중 浸 jìn 일 シン(ひたす)

浸水(침수) 홍수로 인하여 논이나 밭 등이 물에 잠김

浸透(침투) 浸入(침입) 浸漬(침지)

氵氵氵浐浐浸浸

형성 빈틈없이 구석구석에 물이 스며드는 것을 나타냄.

高 3Ⅱ급

[女 4, 총 7획]

평온할 **타**

온당하다, 평온하다   영 serene 중 妥 tuǒ 일 ダ(おだやか)

妥結(타결) 서로가 좋도록 일을 마무리 지음

妥當(타당) 妥協(타협) 妥當(타당)

一 ´ ´´ ´´´ 妥 妥

회의 몹시 화가 난 여자를 토닥여서 달래는 것을 나타냄.

高 3급

墮 [土12, 총15획]
떨어질 **타**

떨어지다, 무너지다　영 fall　중 堕 duò　일 ダ(おちる)

<u>墮</u>落(타락) 생활을 망침. 떨어짐
解<u>墮</u>(해타)　<u>墮</u>漏(타루)　失<u>墮</u>(실타)

阝 阝[⺆] 阼 陏 陏 墮

형성 쌓아올린 흙이 무너져 내리는 것을 나타냄.

3급

琢 [玉8, 총12획]
쫄 **탁**

쪼다, 옥을 다듬다　영 chisel　중 琢 zhuó　일 タク(みがく)

切磋<u>琢</u>磨(절차탁마) 학문이나 덕행을 갈고 닦음.
<u>琢</u>磨(탁마)　<u>琢</u>美(탁미)　磨<u>琢</u>(마탁)

王 王' 玛 玛 琢 琢

형성 옥을 쪼아서 다듬는 것을 나타냄.

高 3급

濁 [水13, 총16획]
흐릴 **탁**

흐리다, 흐리게 하다　영 cloudy　중 浊 zhuó　일 ダク(にごる)

<u>濁</u>音(탁음) 흐린 소리
<u>濁</u>水(탁수)　<u>濁</u>酒(탁주)　<u>濁</u>流(탁류)

氵 氵丆 泗 渭 濁 濁

형성 진흙이 섞여서 물이 흐려지는 것을 나타냄.

高 3급

托 [手3, 총6획]
밀 **탁**

받치다, 의지하다　영 push　중 托 tuō　일 タク(よる)

囑<u>托</u>(촉탁) 어떤 일을 처리하기 위하여 위임함
<u>托</u>故(탁고)　<u>托</u>鉢(탁발)　<u>托</u>子(탁자)

一 十 扌 扌' 托 托

회의·형성 가만히 앉아서 안정하도록 하는 것을 나타냄.

3단계

高 3급

[水 14, 총 17획]

씻을 **탁**

씻다, 헹구다   영 wash 중 濯 zhuó 일 タク(すすぐ)

洗濯(세탁) 옷가지 등속을 빠는 것
洗濯所(세탁소) 濯足(탁족) 濯靈(탁령)

氵 氵 渭 渭 渭 濯

형성 물에서 끌어 올려 잘 닦는 모습을 나타냄.

高 2급

[言 7, 총 14획]

태어날 **탄**

태어나다, 탄생함   영 born 중 诞 dàn 일 タン

誕生(탄생) 태어남
誕辰(탄신) 誕降(탄강) 矜誕(긍탄)

言 訁 訂 誣 誕 誕

형성 일부러 잡아 늘어트려서 과대하게 말하는 것을 나타냄.

高 3급

[大 11, 총 14획]

빼앗을 **탈**

빼앗다, 훔치다(↔與)   영 rob 중 夺 duó 일 ダツ(うばう)

奪氣(탈기) 기운을 빼앗음
奪還(탈환) 奪取(탈취) 奪回(탈회)

大 木 本 查 奞 奪

회의 다른 사람의 겨드랑이에 있는 새를 잡아챔을 나타냄.

高 3급

[貝 4, 총 11획]

탐할 **탐**

탐내다   영 covet 중 贪 tān 일 タン(むさぼる)

貪官汚吏(탐관오리) 욕심이 많은 부정한 관리
貪民(탐민) 貪慾(탐욕) 貪政(탐정)

人 今 今 貪 貪 貪

회의 돈과 재물을 많이 모은 것을 나타냄.

高 3Ⅱ급

塔
[土 10, 총13획]
탑, 절 **탑**

탑, 탑파(塔婆)　　　영 tower 중 贪 tǎ 일 トウ(とう)

塔頭(탑두) 탑 머리
寺塔(사탑)　金塔(금탑)　塔誌(탑지)

土 𡈼 𡈼 㙮 㙮 塔

형성 탑의 높은 모양을 나타냄.

高 3급

湯
[水 9, 총12획]
끓일 **탕**

끓이다, 끓인 물　　　영 hot water 중 汤 tāng 일 トウ(ゆ)

冷湯(냉탕) 찬물이 있는 곳
藥湯器(약탕기)　湯藥(탕약)　湯劑(탕제)

氵 氵 氵 湯 湯 湯

형성 따뜻한 물에서 김이 모락모락 오르는 모습을 나타냄.

中 3Ⅱ급

[水 5, 총10획]
클 **태**

크다, 매우 큼　　　영 great 중 太 tài 일 タイ(やすい)

泰斗(태두) 태산북두의 준말. 어떤 분야에 뛰어난 사람
泰山峻嶺(태산준령)　泰山(태산)

三 丰 夫 表 泰 泰

형성 양손에 가득 물을 담아서 흘려보내는 모습을 나타냄.

高 3Ⅱ급

[歹 5, 총9획]
위태할 **태**

위태롭다, 의심하다　　　영 danger 중 殆 dài 일 タイ(あやうい)

危殆(위태) 위험에 처함
殆無(태무)　殆半(태반)　不殆(불태)

歹 歹 歹 殆 殆 殆

회의·형성 움직이면 위험한 상태를 나타냄.

3단계

高 3급

[心 5, 총9획]

게으를 **태**

게으르다　　　　영 lazy 중 怠 dài 일 タイ(おこたる)

怠慢(태만) 일을 게을리 함

怠慢(태만)　怠業(태업)　倦怠(권태)

ノ ム 台 台 台 怠 怠

형성 긴장이 풀리고 마음이 해이해진 모습을 나타냄.

高 3Ⅱ급

[水 13, 총16획]

못 **택**

못, 늪　　　　영 pond 중 泽 zé 일 沢タク(さわ)

澤畔(택반) 늪 가

澤雨(택우)　光澤(광택)　澤瀉(택사)

氵 氵 澤 澤 澤 澤

형성 늪에 물과 초지가 연달아 이어져있는 것을 나타냄.

高 3급

[口 3, 총6획]

토할 **토**

토하다, 뱉어내다　　　　영 vomit 중 吐 tǔ 일 ト(はく)

吐氣(토기) 억눌린 기분을 토해냄

吐露(토로)　吐絲(토사)　吐逆(토역)

丨 口 口 口 吽 吐

형성 속이 가득 차서 입을 통해서 밖으로 토해내는 것을 나타냄.

3Ⅱ급

[儿 6, 총8획]

토끼 **토**

토끼, 달(月)의 이칭　　　　영 rabbit 중 兔 tù 일 ト(うさぎ)

兔脣(토순) 찢어진 입술

兔影(토영)　兔山高(토산고)　兔死狗烹(토사구팽)

丿 ⼉ 刍 岛 免 兎 兔

상형 토끼의 형상을 나타냄.

高 3급

透 [辵7, 총11획] 통할 투

통하다, 환하다   영 transparent 중 透 tòu 일 トウ(すく)

透明(투명) 속까지 훤히 보임
透視(투시) 透寫(투사) 明透(명투)

二 千 禾 禿 秀 透

형성 눈에 보이지 않게 빠져나간다는 뜻을 나타냄.

高 3급

[网10, 총15획] 그만둘 파

파하다, 그만두다   영 cease 중 罢 bà 일 ヒ(やめる)

罷免(파면) 직무를 해면함
罷業(파업) 罷場(파장) 罷職(파직)

罒 罗 罗 胃 胃 罷 罷

회의 힘이 센 사람이 그물에 걸려든 모양을 나타냄.

高 3급

頗 [頁5, 총14획] 자못 파

자못, 조금   영 partial 중 颇 pō 일 ハ(すこぶる)

偏頗(편파) 한쪽으로 치우침
頗多(파다) 阿諛偏頗(아유편파)

广 皮 皮 皰 頗 頗

회의·형성 한쪽으로 머리가 기우뚱하게 기울어진 모습을 나타냄.

高 2급

[手4, 총7획] 잡을 파

잡다, 쥠   영 catch 중 把 bǎ 일 ハ

把杯(파배) 손잡이가 달린 술잔
把守(파수) 把握(파악) 把持(파지)

亅 扌 扌 扣 扣 把

형성 손으로 어떤 물건을 쥐는 것을 나타냄.

3단계

高 3급

[手12, 총15획]

뿌릴 **파**

씨뿌리다, 퍼뜨리다　　영 sow　중 播 bō　일 ハ(たねまき)

播多(파다) 소문이 널리 퍼짐
種播(종파)　播種(파종)　播遷(파천)

扌 扩 扩 押 播 播

회의·형성 손으로 넓게 흩뿌리는 것을 나타냄.

高 3급

[貝4, 총11획]

팔 **판**

팔다, 매매함　　영 sell　중 贩 fàn　일 ハン(うる)

販賣(판매) 물건을 팖
販禁(판금)　販路(판로)　販促(판촉)

日 貝 貝 貯 販 販

형성 넓게 물건을 펼쳐놓고 파는 것을 나타냄.

高 3Ⅱ급

[片4, 총8획]

널 **판**

판목, 널　　영 block　중 判 bǎn　일 ハン(ふだ)

版局(판국) 벌어진 일의 형편이나 판세
版權(판권)　版畫(판화)　版面(판면)

丿 片 片 片 版 版

형성 나무토막을 잘라 겉면이 평평하게 만든 것을 나타냄.

中 3급

[貝0, 총7획]

조개 **패**

조개, 소라　　영 shell　중 贝 bèi　일 ハイ

貝殼(패각) 조개 껍데기
貝物(패물)　貝類(패류)　貝塚(패총)

丨 冂 冂 月 目 貝

상형 껍질이 양쪽으로 갈라지는 조개의 형상을 나타냄.

3급 핵심한자 | **449**

高 3급

幣
[巾12, 총15획]
비단 **폐**

폐백, 비단　　　영 silk　중 币 bì　일 ヘイ(おりもの・ぜに)

幣物(폐물) 선사하는 물건
幣邦(폐방)　**幣帛**(폐백)　**貨幣**(화폐)

형성 비단을 선물로 주기 위해서 평평하게 자른 것을 나타냄.

高 3급

遍
[辶9, 총13획]
두루 **편**

두루　　　영 all over　중 遍 biàn　일 ヘン(あまねく)

遍在(편재) 두루 존재함
遍歷(편력)　**遍觀**(편관)　**一遍**(일편)

형성 이리저리 돌아다니는 모습을 나타냄.

高 3급

編
[糸9, 총15획]
엮을 **편**

엮다, 모으다　　　영 weave　중 编 biān　일 ヘン(あむ)

編物(편물) 뜨개질로 만든 물건
編成(편성)　**編纂**(편찬)　**編綴**(편철)

糸　紆　紓　絠　編　編

형성 평평한 대나무 조각을 나란히 펼쳐서 엮는 것을 나타냄.

中 3Ⅱ급

片
[片0, 총4획]
조각 **편**

조각, 토막　　　영 splinter　중 片 piàn　일 ヘン(かた)

片道(편도) 가고 오는 길
片面(편면)　**破片**(파편)　**片紙**(편지)

지사 반으로 쪼갠 나무 조각을 나타냄.

3단계

高 3Ⅱ급

弊
[廾12, 총15획]

해어질 **폐**

해지다, 폐단   영 wear out 중 弊 bì 일 ヘイ

弊家(폐가) 자기 집의 겸칭
弊習(폐습) 弊端(폐단) 弊風(폐풍)

𠂉 𛁸 肀 敝 敝 弊

형성 좌우로 찢어서 쓸모없도록 만들어버리는 것을 나타냄.

高 3급

蔽
[艸12, 총16획]

가릴 **폐**

가리다, 덮다   영 cover 중 蔽 bì 일 ヘイ(おおう)

蔽塞(폐색) 다른 사람의 눈을 가림
隱蔽(은폐) 蔽目(폐목) 蔽身(폐신)

艹 𦱤 苩 莆 蔽 蔽

형성 풀이 넓게 퍼져서 물건을 가리는 것을 나타냄.

高 3급

廢
[广12, 총15획]

폐할 **폐**

폐하다   영 abandon 중 废 fèi 일 廃ハイ(やめる・すたれる)

廢家(폐가) 사람이 살지 않고 버린 집
廢棄(폐기) 廢水(폐수) 廢車(폐차)

广 庐 废 㢠 廢 廢

형성 집이 둘로 갈라져서 쓸 수 없게 되어버린 것을 나타냄.

高 3Ⅱ급

肺
[肉4, 총8획]

허파 **폐**

허파, 부아   영 lungs 중 肺 fèi 일 肺ハイ(はい)

肺炎(폐렴) 폐에 염증을 일으키는 병
肺病(폐병) 肺腑(폐부) 鐵肺(철폐)

月 𣍝 肀 肺 肺 肺

형성 심장이 열리고 닫히면서 호흡하는 것을 나타냄.

高 3급

飽
[食 5, 총 14획]
배부를 포

배부르다, 물림 　　영 satiated　중 饱 bǎo　일 ホウ(あきる)

飽滿(포만) 음식을 먹어 배가 부른 모습
飽聞(포문) 飽食(포식) 飽和(포화)

勹 夕 自 飠 飽 飽 飽

형성 음식을 먹어서 배가 뚱뚱하게 부풀어 오른 모습을 나타냄.

中 3급

抱
[手 5, 총 8획]
안을 포

안다, 껴안다 　　영 embrace　중 抱 bào　일 ホウ(かかえる)

抱負(포부) 안고 업고 하는 것
抱卵(포란) 抱擁(포옹) 抱主(포주)

扌 扌 打 扚 抱 抱

형성 팔로 싸듯이 껴안는 모습을 나타냄.

高 3급

捕
[手 7, 총 10획]
잡을 포

잡다, 사로잡음 　　영 catch　중 捕 bǔ　일 ホ(とらえる)

捕盜(포도) 도둑을 잡음
捕殺(포살) 捕捉(포착) 捕獲(포획)

扌 扌 打 挦 捕 捕

형성 손을 뻗어서 상대방에게 붙이는 것을 나타냄.

高 3Ⅱ급

浦
[水 7, 총 10획]
개 포

갯가, 개펄 　　영 seacast　중 浦 pǔ　일 ホ(うら)

浦口(포구) 갯가
浦田(포전) 浦村(포촌) 浦稅(포세)

氵 氵 沪 泸 浦 浦

형성 육지에 미처 닿지 않은 가까운 물가를 나타냄.

高 3급

幅 [巾9, 총12획]
폭 **폭**

폭, 너비　　　영 width 중 幅 fù 일 フク(はば)

幅廣(폭광) 한 폭의 너비
幅跳(폭도)　幅員(폭원)　路幅(노폭)

巾 忄 忄 帕 幅 幅

형성 천의 한쪽 끝을 나타냄.

高 3급

漂 [水11, 총14획]
떠돌 **표**

떠돌다, 유랑　　　영 wander 중 漂 piāo 일 ヒョウ(ただよう)

漂流(표류) 마냥 물에 떠내려감
漂母(표모)　漂白(표백)　漂泊(표박)

氵 氵 沪 沪 漂 漂

형성 물의 표면으로 가볍게 떠오르는 모습을 나타냄.

3Ⅱ급

楓 [木9, 총13획]
단풍나무 **풍**

단풍나무　　　영 maple 중 枫 fēng 일 フウ(かえで)

楓林(풍림) 단풍나무 숲
楓葉(풍엽)　丹楓(단풍)　楓嶽(풍악)

木 朾 朾 枫 楓 楓

형성 얇은 날개가 달린 열매가 바람따라 날리는 것을 나타냄.

中 3Ⅱ급

彼 [彳5, 총8획]
저, 그 **피**

저, 저기　　　영 that 중 彼 bǐ 일 ヒ(かれ)

彼我(피아) 그와 나
彼我間(피아간)　彼岸(피안)　於此彼(어차피)

彳 彳 彳 彼 彼 彼

형성 본래의 길에서 갈라져나온 먼 곳을 나타냄.

中 3Ⅱ급

皮 [皮 0, 총5획]
가죽 피

가죽, 생가죽　　　　영 skin 중 皮 pí 일 ヒ(かわ)

皮帶(피대) 가죽띠
皮相(피상) 皮革(피혁) 去皮(거피)

丿 厂 广 皮 皮

회의 손으로 가죽을 당겨서 뒤집어쓰는 것을 나타냄.

高 3Ⅱ급

被 [衣 5, 총10획]
이불 피

입다, 이불　　　　영 quilt 중 被 bèi 일 ヒ(こうむる)

被擊(피격) 습격을 받음
被禽(피금) 被告(피고) 被拉(피랍)

ㅜ ㅜ 衤 衫 衫 被 被

형성 옷을 끌어당겨서 입는 것을 나타냄.

中 3급

[匚 2, 총4획]
필, 짝 필

짝, 필(옷감)　　　　영 partner 중 匹 pǐ 일 ヒツ(ひき・たぐい)

匹馬(필마) 한 필의 말
匹敵(필적) 匹夫(필부) 配匹(배필)

一 厂 兀 匹

회의 두 개의 물건이 한 쌍을 이루는 것을 나타냄.

高 3Ⅱ급

[田 6, 총11획]
마칠 필

마치다, 다하다　　　　영 finish 중 毕 bì 일 ヒツ(おわる)

檢查畢(검사필) 검사를 마침
畢業(필업) 畢竟(필경) 畢生(필생)

日 日 昌 昌 畢 畢

형성 짐승이나 새가 도망가지 못하게 가두는 그물을 나타냄.

3단계

中 3Ⅱ급

何 [人 5, 총 7획]
어찌 하

어찌, 무엇   영 how 중 何 hé 일 カ・グ(した)

何故(하고) 어째서, 무슨 연유로
何如間(하여간) 何必(하필) 如何(여하)

丿 亻 亻 仁 仃 何 何

형성 어깨에 짐을 지고 있는 사람의 모습을 나타냄.

中 3Ⅱ급

賀 [貝 5, 총 12획]
하례할 하

하례하다   영 congratulate 중 贺 hè 일 ガ(いわう)

賀客(하객) 축하하는 손님
賀正(하정) 賀禮(하례) 賀宴(하연)

加 カロ 智 智 賀 賀

형성 선물을 주면서 상대방을 축하하는 것을 나타냄.

高 3급

荷 [艸 7, 총 11획]
연, 멜 하

메다, 어깨에 걸메다   영 load 중 荷 hé 일 カ(はす)

荷役(하역) 짐을 싣고 내림
荷電(하전) 荷重(하중) 荷物(하물)

艹 艹 艹 芢 荷 荷

형성 연잎 위에 풀을 올려놓은 모습을 나타냄.

高 3Ⅱ급

鶴 [鳥 10, 총 21획]
학 학

두루미, 학   영 crane 중 鹤 hè 일 カク(つる)

鶴髮(학발) 흰머리
鶴首(학수) 鶴帶(학대) 鶴企(학기)

雀 雀 鶴 鶴 鶴 鶴

형성 몸이 흰 새를 나타냄.

高 3급

旱 [日 3, 총 7획] 가물 한

가물다, 가뭄   영 drought 중 旱 hàn 일 カン(ひでり)

旱害(한해) 가뭄으로 인한 재앙

旱害地(한해지) 旱魃(한발) 旱災(한재)

丨 丆 冂 日 旦 𠀉 旱

형성 해가 쨍쨍 내리쬐고 마른다는 뜻을 나타냄.

高 3급

汗 [水 3, 총 6획] 땀 한

땀, 땀을 흘리다   영 sweat 중 汗 hán 일 カン(あせ)

汗衫(한삼) 땀받이 옷

汗蒸(한증) 汗馬(한마) 發汗(발한)

丶 冫 氵 汓 汗 汗

형성 몸에서 물이 흐르는 것을 나타냄.

高 3Ⅱ급

割 [刀 10, 총 12획] 나눌 할

나누다, 쪼갬   영 divide 중 割 gē 일 カツ(わる)

割據(할거) 땅을 나누어 차지하고 막아 지킴

割當(할당) 割腹(할복) 割愛(할애)

宀 宀 宔 宔 害 割

형성 칼로 가르는 것을 나타냄.

高 3Ⅱ급

陷 [阜 8, 총 11획] 빠질 함

빠지다, 가라앉다   영 fall 중 陷 xiàn 일 カン(おちいる)

陷穽(함정) 짐승 등을 잡기 위해 파놓은 구덩이

陷落(함락) 陷沒(함몰) 陷中(함중)

阝 阝 阣 陷 陷 陷

형성 흙구덩이에 빠진 것을 나타냄.

高 3급

[口 6, 총 9획]
다 **함**

다, 모두   영 all 중 咸 xián 일 カン(みな)

咸服(함복) 모두 복종함
咸營(함영) 咸池(함지) 阮咸(완함)

丿 厂 后 咸 咸 咸

회의 날이 있는 무기를 사용해서 입을 막는 것을 나타냄.

高 3Ⅱ급

[口 4, 총 7획]
머금을 **함**

머금다, 다물다   영 contain 중 含 hán 일 ガン(ふくめる)

含笑(함소) 웃음을 머금음
含垢(함구) 含量(함량) 含有(함유)

丿 人 亽 今 今 含 含

형성 입 속에 넣어서 감추는 것 나타냄.

高 3급

[己 6, 총 9획]
거리 **항**

거리, 통로나 복도   영 street 중 巷 xiàng 일 コウ(ちまた)

巷謠(항요) 거리에서 유행하는 노래
巷談(항담) 巷間(항간) 巷說(항설)

一 卄 丗 共 恭 巷

형성 사람들이 거주하는 마을에서 공공용으로 통로를 나타냄.

高 3Ⅱ급

[頁 3, 총 12획]
목, 클 **항**

항목, 목덜미   영 nape 중 项 xiàng 일 ケツ(ページ)

項領(항령) 큰 목
項目(항목) 項鎖(항쇄) 事項(사항)

工 巧 項 項 項 項

형성 머리와 몸을 해주는 머리 뒤쪽, 목덜미를 나타냄.

中 3Ⅱ급

恒
[心 6, 총 9획]
항상 **항**

항상, 늘　　　　　　영 constant 중 恒 héng 일 コウ(つね)

恒久(항구) 변함없이 오램
恒常(항상)　**恒星**(항성)　**永恒**(영항)

忄 忄 忄 恒 恒 恒

형성 마음이 느슨해지거나 변하지 않은 것을 나타냄.

中 3급

亥
[亠 4, 총 6획]
돼지 **해**

돼지, 열두째 지지　　　영 pig 중 亥 hài 일 ガイ(い)

亥年(해년) 태세의 지지가 해로 되는 해
亥時(해시)　**亥日**(해일)　**乙亥**(을해)

丶 亠 亥 亥 亥 亥

상형 동물 뼈대의 형상을 나타냄.

高 3급

奚
[大 7, 총 10획]
어찌 **해**

어찌, 어찌 ~하랴　　영 slave 중 奚 xī 일 カイ(ともに)

奚琴(해금) 악기 이름
奚奴(해노)　**奚琴**(해금)　**殺奚**(살해)

형성 노예가 밧줄에 묶여 있는 것을 나타냄.

高 3급

該
[言 6, 총 13획]
그 **해**

갖추다, 겸하다　　　　영 equip 중 该 gāi 일 ガイ(あたる)

該敏(해민) 영리함
該博(해박)　**該當**(해당)　**該洞**(해동)

言 訁 訏 該 該 該

형성 돼지 몸속에 있는 뼈대를 나타냄.

高 3급

[亠6, 총8획]

누릴 향

누리다, 드리다   영 enjoy 중 享 xiǎng 일 キョウ

享年(향년) 한평생 누린 나이

享樂(향락) 享有(향유) 宴享(연향)

亠 亠 亠 宣 享 享

회의 남북으로 빠져나갈 수 있도록 축조된 성곽을 나타냄.

高 3Ⅱ급

[音13, 총22획]

울림 향

울리다, 명성   영 echo 중 响 xiǎng 일 キョウ(ひびく)

響箭(향전) 우는 화살

響應(향응) 響巖(향암) 音響(음향)

乡 絅 鄉 響 響 響

형성 소리가 공기를 타고 흐르는 것을 나타냄.

高 3Ⅱ급

[犬16, 총20획]

바칠 헌

바치다   영 dedicate 중 献 xiàn 일 献 ケン(たてまつる)

獻物(헌물) 물건을 바침

獻金(헌금) 獻血(헌혈) 獻花(헌화)

广 卢 虍 虘 獻 獻

형성 그릇에 동물의 고기를 담아 바치는 것을 나타냄.

高 3급

[車3, 총10획]

처마 헌

추녀, 처마   영 eaves 중 轩 xuān 일 ケン(のき)

軒號(헌호) 남의 당호를 높이어 일컫는 말

軒擧(헌거) 東軒(동헌) 軒軒丈夫(헌헌장부)

一 亠 百 車 軒 軒

형성 높은 벼슬아치가 사는 집을 나타냄.

高 3급

縣
[糸10, 총16획]
골, 달 **현**

고을, 매달다 　영 town 중 县 xiàn 일 ケン(あがた)

州縣(주현) 주와 현
郡縣(군현)　縣監(현감)　縣官(현관)

日 県 県 県 縣 縣

형성 마을이나 고을이 중앙정부와 연결되어지는 것을 나타냄.

高 3Ⅱ급

玄
[玄 0, 총5획]
검을 **현**

검다, 검은빛 　영 black 중 玄 xuán 일 ゲン

玄琴(현금) 거문고
玄妙(현묘)　玄關(현관)　玄米(현미)

丶 亠 亡 玄 玄

회의 길게 늘어뜨린 가는 실의 끝부분이 보이는 것을 나타냄.

高 3Ⅱ급

[心16, 총20획]
매달 **현**

매달다, 달아 맴 　영 hang 중 悬 xuán 일 ケ·ケン(かかる)

懸隔(현격) 동떨어짐
懸燈(현등)　懸案(현안)　懸板(현판)

県 県 県 縣 縣 懸

형성 정해지지 않고 동떨어져 있는 것을 나타냄.

高 3급

[糸5, 총11획]
악기줄 **현**

악기줄, 현악기 　영 string 중 弦 xián 일 ゲン

絃琴(현금) 거문고
絃樂(현악)　絃樂器(현악기)　絶絃(절현)

幺 糸 紅 紋 絃 絃

회의·형성 허공에 매달려 있는 가느다란 실을 나타냄.

3급

弦 [弓5, 총8획]
활시위 현

활시위, 초승달 영string 중弦 xián 일ゲン(つるいと)
弦管(현관) 거문고와 피리
弦矢(현시) 弦月(현월) 弦壺(현호)
` ユ 引 引 引 引 弦 弦 `
형성 활줄을 나타냄.

고 3급

穴 [穴0, 총5획]
구멍 혈

구멍, 구덩이 영hole 중穴 xué 일ケツ(あな)
穴居(혈거) 흙이나 바위의 굴 속에서 삶
穴深(혈심) 穴見(혈견) 經穴(경혈)
` 、 ハ 宀 宍 穴 `
형성 흙을 파서 만든 동굴을 나타냄.

고 2급

싫어할 혐
[女10, 총13획]

싫어하다, 미워함 영dislike 중嫌 xián 일ハ(とる)
嫌忌(혐기) 꺼리며 싫어함
嫌惡(혐오) 嫌疑(혐의) 嫌惡(혐오)
` 女 女 女 妒 婷 婷 嫌 `
형성 여자가 싫어하는 모습을 나타냄.

고 3Ⅱ급

겨드랑이 협
[肉6, 총10획]

으르다, 위협하다 영menace 중胁 xié 일キョウ(おどかす)
脅迫(협박) 으르면서 몹시 위협함
脅杖(협장) 威脅(위협) 脅威(협위)
` フ カ 办 脅 脅 脅 `
형성 양쪽에서 조이면서 위협하는 것을 나타냄.

3급 핵심한자 | **461**

高 3급

亨
[亠5, 총7획]
형통할 **형**

형통하다   영 go well   중 亨 hēng   일 キョウ(とおる)

亨通(형통) 온갖 일이 뜻과 같이 잘 되어 감

亨通(형통) **亨運**(형운) **亨熟**(형숙)

회의 재물의 향기가 신에게 닿는다는 뜻을 나타냄.

高 2급

衡
[行10, 총16획]
저울대 **형**

저울대, 저울   영 scale beam   중 衡 héng   일 コウ(はかり)

衡平(형평) 평균

銓衡(전형) **衡陽**(형양) **均衡**(균형)

형성 소뿔에 뿔 나무에서 변하여 천칭의 저울대를 나타냄.

高 3급

螢
[虫10, 총16획]
개똥벌레 **형**

개똥벌레   영 firefly   중 萤 yíng   일 蛍ケイ(ほたる)

螢光(형광) 반딧불의 불빛

螢石(형석) **螢光燈**(형광등) **囊螢**(낭형)

* ⺍ ⺣ 螢 螢 螢

형성 꼬리부분에서 빛을 내는 곤충을 나타냄.

高 3급

兮
[八2, 총4획]
어조사 **혜**

강조, 감탄의 어조사   영 particle   중 兮 xī   일 ケイ

實兮歌(실혜가) 신라(新羅) 가요의 하나

兮也(혜야) **寂兮寥兮**(적혜요혜)

회의 숨이 차서 목까지 올라오는 것을 나타냄.

3단계

高 3Ⅱ급

豪
[豕7, 총14획]

호걸 **호**

호걸, 호방하다 　영 hero 　중 豪 háo 　일 ゴウ(つよい・おおきい)

豪民(호민) 세력이 있는 백성
豪言(호언) **豪傑**(호걸) **豪氣**(호기)

一 亠 亨 亨 豪 豪

형성 길게 두드러진 돼지의 갈기를 나타냄.

高 3급

互
[二2, 총4획]

서로 **호**

서로, 함께 　　　영 mutually 　중 互 hù 　일 ゴ(たがいに)

互先(호선) 같은 자격을 지닌 사람 사이에서 뽑음
互讓(호양) **互角**(호각) **互稱**(호칭)

一 丁 互 互

상형 막대 두 개를 서로 어긋나게 맞댄 나타냄.

中 3Ⅱ급

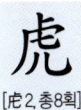

虎
[虍2, 총8획]

범 **호**

범, 용맹스럽다 　　　영 tiger 　중 虎 hǔ 　일 コ(とら)

虎尾(호미) 호랑이의 꼬리
虎皮(호피) **虎口**(호구) **虎叱**(호질)

丨 ト 厂 卢 虎 虎

상형 호랑이의 형상을 나타냄.

高 3Ⅱ급

浩
[水7, 총10획]

넓을 **호**

넓다, 크다 　　　영 wide 　중 浩 hào 　일 コウ(ひろい)

浩浩湯湯(호호탕탕) 넓고 큰 모양
浩瀚(호한) **浩氣**(호기) **浩然**(호연)

氵 氵 浩 浩 浩 浩

형성 물이 크고 광활한 모양을 나타냄.

高 3Ⅱ급

胡
[肉5, 총9획]
오랑캐 호

오랑캐, 멀다 　　영savage 중胡 hú 일コ·ウ·ゴ(えびす)

胡亂(호란) 오랑캐들이 일으킨 난리
胡壽(호수) 胡桃(호도) 東胡(동호)

十 十 古 古 胡 胡

형성 표면을 넓게 가리는 모양을 나타냄.

中 3급

乎
[丿4, 총5획]
온 호

온, 그런가 　　영particle 중乎 hū 일コ(か)

確乎(확호) 든든하게
斷乎(단호) 福輕乎羽(복경호우) 嗟乎(차호)

丿 ㆍ ㆍ 丂 乎

지사 소리가 훨씬 높아진 것을 나타냄.

高 3급

[毛7, 총11획]
가는털 호

가는 털, 아주 가늘다 　　영fine hair 중毫 háo 일ゴウ

毫端(호단) 붓의 끝
毫髮(호발) 秋毫不犯(추호불범)

亠 古 亨 亮 毫 毫

회의·형성 가늘고 부드러운 털을 나타냄.

高 3Ⅱ급

[心8, 총12획]
미혹할 혹

미혹하다, 빠지다 　　영bewitch 중惑 huò 일ワク(まどう)

惑世誣民(혹세무민) 세상을 어지럽게 함
惑星(혹성) 惑道(혹도) 不惑(불혹)

一 戸 或 或 或 惑

형성 좁은 곳에 갇혀서 어찌할지 몰라 하는 마음을 나타냄.

高 3Ⅱ급

[鬼 4, 총14획]
넋 **혼**

넋, 혼 영soul 중魂 hún 일コン(たましい)

魂怯(혼겁) 혼이 빠지게 겁을 냄
魂膽(혼담) 魂靈(혼령) 魂殿(혼전)

云 丞 魂 魂 魂 魂

형성 연기가 자욱한 곳에 머무는 영혼을 나타냄.

高 3급

[日 4, 총8획]
어두울 **혼**

어둡다, 혼미하다 영dark 중昏 hūn 일コン(くらい)

昏君(혼군) 우매한 군주
昏亂(혼란) 昏迷(혼미) 昏睡(혼수)

一 匚 斤 氏 昏 昏

회의 사물을 볼 수 없을 정도로 어두운 밤을 나타냄.

高 3Ⅱ급

[心 4, 총8획]
문득 **홀**

문득, 소홀히 하다 영suddenly 중忽 hū 일ソ(うとし)

忽待(홀대) 소홀히 하는 대접
忽視(홀시) 忽然(홀연) 疎忽(소홀)

丿 勹 勹 勿 忽 忽

회의·형성 그냥 지나쳐버리는 마음을 나타냄.

高 3급

[弓 2, 총5획]
넓을 **홍**

넓다, 넓히다 영extensive 중弘 hóng 일グ·コウ(ひろい)

弘簡(홍간) 도량이 크고 넓음
弘謀(홍모) 弘報(홍보) 弘益(홍익)

フ 弓 弓 弘 弘

형성 활시위를 최대한 당긴다는 뜻을 나타냄.

高 3Ⅱ급

洪 [水 6, 총 9획]
큰물 **홍**

넓다, 크다 　영 broad 　중 洪 hóng 　일 コウ(おおみず)

洪福(홍복) 큰 복
洪水(홍수) 　洪魚(홍어) 　洪範(홍범)

氵 氵 洪 洪 洪 洪

형성 共과 氵를 합쳐진 글자로 크다는 것을 나타냄.

高 3급

鴻 [鳥 6, 총 17획]
큰기러기 **홍**

기러기, 큰기러기 　영 big goose 　중 鸿 hóng 　일 コウ

鴻毛(홍모) 기러기 털
鴻鵠之志(홍곡지지) 　鴻雁(홍안) 　鴻爪(홍조)

氵 氵 沪 沪 鴻 鴻

형성 鳥와 江이 합쳐진 글자로 큰 물새라는 뜻을 나타냄.

中 3Ⅱ급

[示 9, 총 14획]
재난 **화**

재앙, 재난 　영 disaster 　중 祸 huò 　일 カ(わざわい)

禍源(화원) 재앙의 근원
禍福(화복) 　禍根(화근) 　禍難(화난)

禾 衦 衦 衦 禍 禍

형성 신이 내린 재앙으로 함정에 빠져버리는 것을 나타냄.

高 3급

[禾 0, 총 5획]
벼 **화**

벼, 곡물 　영 rice plant 　중 禾 hé 　일 カ(いね)

禾稈(화간) 볏집
禾苗(화묘) 　禾穀(화곡) 　禾主(화주)

一 二 千 千 禾

상형 곡식의 이삭이 늘어진 형상을 나타냄.

高 3급

擴
[手15, 총18획]
넓힐 **확**

넓히다, 늘리다　영 expand　중 扩 kuò　일 拡 カク(ひろげる)

擴大(확대) 늘려서 크게 함
擴散(확산) 擴張(확장) 擴充(확충)

扌 扩 护 擴 擴 擴

형성 손을 이용해서 넓게 펼치는 것을 나타냄.

高 3급

穫
[禾14, 총19획]
벼벨 **확**

거두다, 벼 베다　영 harvest　중 获 huò　일 カク(かる)

收穫(수확) 거둬들임
多收穫(다수확) 穫稻(확도) 刈穫(예확)

禾 秆 秤 稚 穫 穫

형성 곡식을 수확해서 거두어들이는 것을 나타냄.

高 3급

丸
[丶2, 총3획]
알 **환**

알, 둥글다　영 pill　중 丸 wán　일 ガン(たま)

丸藥(환약) 작고 둥글게 빚은 알약
丸劑(환제) 丸衣(환의) 烏丸(오환)

丿 九 丸

회의 사람이 벼랑 아래 웅크리고 있는 모습을 나타냄.

高 3Ⅱ급

還
[辵13, 총17획]
돌아올 **환**

돌아오다, 물러나다　영 return　중 还 huán　일 カン(かえる)

還鄕(환향) 고향으로 되돌아감
還元(환원) 還都(환도) 還生(환생)

罒 罒 罒 睘 睘 還

형성 되돌아서 처음으로 다시 오는 것을 나타냄.

高 3Ⅱ급

換
[手9, 총12획]
바꿀 **환**

바꾸다　영exchange　중换 huàn　일カン(とりかえる)

換率(환율) 두 나라 화폐간의 교환 비율
換氣(환기) 換物(환물) 換錢(환전)

扌 扩 护 换 换 换

형성 안에 든 것을 빼서 바꾸어버리는 것을 나타냄.

中 3Ⅱ급

皇
[白4, 총9획]
임금 **황**

임금　영emperor　중皇 kuáng　일コウ(きみ)

皇考(황고) 돌아간 아버지의 존칭
皇恩(황은) 皇妃(황비) 皇室(황실)

丿 冂 白 白 皇 皇

형성 가장 처음의 왕을 나타냄.

高 3급

荒
[艸6, 총10획]
거칠 **황**

거칠다, 망치다　영rough　중荒 huāng　일コウ(あれる)

荒年(황년) 흉년
荒廢(황폐) 荒涼(황량) 荒野(황야)

艹 艿 芏 芒 芹 荒

형성 아무것도 없이 헛헛한 것을 나타냄.

高 3Ⅱ급

[心16, 총19획]
품을 **회**

품다, 품안　영cherish　중怀 huái　일カイ(なつかしい)

懷古談(회고담) 옛일을 돌이켜 말을 함
懷柔(회유) 懷疑(회의) 懷抱(회포)

忄 忙 怀 怀 懷 懷

형성 소중하게 마음에 담아 두고 간직하는 것을 나타냄.

3단계

高 3Ⅱ급

悔
[心7, 총10획]
뉘우칠 **회**

뉘우치다　　　　　영 regret 중 悔 huī 일 カイ(くやむ)

悔改(회개) 예전의 잘못을 뉘우침
悔心(회심)　**悔恨**(회한)　**痛悔**(통회)

忄 忙 忙 怖 悔 悔

형성 마음이 어둡고 기분이 몹시 언짢은 것을 나타냄.

高 3Ⅱ급

劃
[刀12, 총14획]
그을 **획**

긋다, 나누다　　　영 draw 중 划 huà 일 カク·カッ

劃期的(획기적) 한 시기를 그을만함
劃然(획연)　**劃數**(획수)　**劃策**(획책)

회의·형성 붓으로 그어서 구분 짓는 것을 나타냄.

高 3Ⅱ급

橫
[木12, 총16획]
가로 **횡**

가로, 동서　　　　영 width 중 横 héng 일 オウ(よこ)

橫斷(횡단) 가로 끊음
橫隊(횡대)　**橫領**(횡령)　**橫步**(횡보)

十 木 杧 栌 横 横

형성 널리 펼쳐진 나무를 조립하여 만든 틀을 나타냄.

高 3급

曉
[日12, 총16획]
새벽 **효**

새벽, 밝다　　　　영 dawn 중 晓 xiǎo 일 ギョウ(あかつき)

曉星(효성) 새벽에 보이는 별
曉得(효득)　**曉習**(효습)　**曉鐘**(효종)

日 日⁺ 睦 睦 暁 曉

형성 동쪽 하늘이 밝아오는 것을 나타냄.

3급 핵심한자 | **469**

3급

喉
[口 9, 총12획]
목구멍 **후**

목구멍, 목   영 throat 중 喉 hóu 일 コウ(のど)

喉頭(후두) 목의 위 끝 부분
喉舌(후설) 喉頭炎(후두염) 斥喉(척후)

口 叭 吁 咛 喉 喉

형성 몸속으로 통하는 목구멍을 나타냄.

高 3급

侯
[人 7, 총9획]
제후 **후**

제후, 후작   영 feudal lord 중 侯 hóu 일 コウ

侯爵(후작) 고려 때의 벼슬 이름
侯伯(후백) 封侯(봉후) 節侯(절후)

亻 伫 伫 仨 侯 侯

회의 신분이 고귀한 신하에게 부여하는 지위를 나타냄.

高 3급

毀
[殳 9, 총13획]
헐 **훼**

헐다, 깨뜨리다   영 destroy 중 毁 huǐ 일 キ(やぶれる)

毀慕(훼모) 죽은 사람을 너무 괴로워한 나머지 몸이 몹시 상함
毀謗(훼방) 毀傷(훼상) 毀損(훼손)

𠂉 𦥑 臼 臽 臼几 毀

회의·형성 두드려서 깨는 것을 나타냄.

高 3급

輝
[車 8, 총15획]
빛날 **휘**

빛나다, 빛   영 shine 중 辉 huī 일 キ(かがやく)

輝赫(휘혁) 빛이 남
輝煌(휘황) 輝度(휘도) 明輝(명휘)

𤇾 𤇾 𤇾 煇 煇 輝

형성 빛이 반짝이는 것의 주위를 둘러싸고 있는 모습을 나타냄.

高 3급

携
[手10, 총13획]
끌 휴

가지다, 들다　　영 carry　중 携 xié　일 ケイ (たずさえる)

携帶(휴대) 손에 들거나 몸에 지님
携帶品(휴대품)　携引(휴인)　提携(제휴)

扌 扩 抈 推 推 携 携

형성 손을 뻗어서 끌어당기는 것을 나타냄.

中 3급

胸
[肉6, 총10획]
가슴 흉

가슴, 마음　　영 breast　중 胸 xiōng　일 キョウ (むね)

胸襟(흉금) 마음속
胸背(흉배)　胸廓(흉곽)　胸部(흉부)

月 肑 朐 胸 胸 胸

형성 늑골이 둘러싸서 보호하고 있는 가슴 부분을 나타냄.

中 3Ⅱ급

[戈13, 총17획]
놀 희

놀다, 희롱하다　　영 raillery　중 戲 xì　일 戯 ギ (たわむれる)

戲曲(희곡) 연극 대본
戲弄(희롱)　戲劇(희극)　遊戲(유희)

⺊ 广 虍 虛 戲 戲

형성 무기를 들고 신의 앞에서 춤추는 모습을 나타냄.

中 3급

[无7, 총11획]
이미 희

이미, 본디　　영 already　중 既 jì　일 既 キ (すでに)

旣刊(기간) 이미 출간함
旣決(기결)　旣述(기술)　旣約(기약)

白 㿠 㿣 旣 旣 旣

형성 배가 이미 가득 차 있는 것을 나타냄.

3급

熙
[火 9, 총13획]

빛날 **희**

빛나다, 빛
영 shine 중 熙 xī 일 キ(よろこぶ)

熙笑(희소) 기쁜 웃음
康熙字典(강희자전)　熙文(희문)　熙熙(희희)

一 丆 㠯 䛊 巸 熙 熙

회의·형성 아기를 감싸듯이 포근한 불빛을 나타냄.

3급

噫
[口 13, 총16획]

탄식할 **희/애**

탄식하다, 한숨
영 sigh 중 噫 yī 일 없음

噫嗚(희오) 슬피 탄식(歎息)하고 괴로워하는 모양
噫瘖(희음)　噫氣(애기)　噫噫(희희)

口 口³ 吖 咅 噂 噫

회의·형성 가슴이 메어서 터지는 탄성을 나타냄.

3급

稀
[禾 7, 총12획]

드물 **희**

드물다
영 rare 중 稀 xī 일 ケ(まれ)

稀宴(희연) 일흔 살이 되는 해의 생일잔치
稀貴(희귀)　稀微(희미)　稀薄(희박)

二 禾 秆 秄 秅 稀 稀

형성 드문드문 성기게 심은 볏모의 모양을 뜻함.

부록

- 한자(漢字)에 대하여
- 부수(部首)일람표
- 두음법칙(頭音法則) 한자
- 동자이음(同字異音) 한자
- 약자(略字)·속자(俗字)
- 고사성어(古事成語) (ㄱ, ㄴ, ㄷ순)

한자(漢字)에 대하여

1. 한자(漢字)의 필요성

지구상에서 한자가 통용되는 인구는 줄잡아 14억을 넘고 있다. 최근 글로벌 시대를 맞이하여 한자를 사용하고 있는 한국·중국·일본을 중심으로 한 동아시아의 경제와 문화가 급격히 부상하면서 한자 학습의 중요성이 더욱 강조되고 있다.

2. 한자(漢字)의 생성 원리

한글은 말소리를 나타내는 소리글자 즉, 표음문자(表音文字)이지만, 한자는 그림이나 사물의 형상을 본떠서 시각적으로 의미를 전달하는 뜻글자로 표의문자(表意文字)이다. 대부분의 사람들은 한자를 공부하는 데 우선 어렵다고 느껴지겠지만 한자의 기본 원칙인 육서(六書)를 익혀두고, 기본 부수풀이를 익힌다면 한자를 이해하는 데 많은 도움이 될 것이다.

(가) 한자(漢字)의 세 가지 요소

모든 한자는 고유한 모양 '형(形)'과 소리 '음(音)'과 뜻 '의(義)'의 세 가지 요소로 이루어져 있으며, 일반적으로 뜻을 먼저 읽고 나중에 음을 읽는다.

모양	天	地	日	月	山	川
소리	천	지	일	월	산	천
뜻	하늘	땅	해·날	달	메	내

(나) 한자(漢字)를 만든 원리

❶ 상형문자(象形文字) : 구체적인 사물의 모양을 본떠 만든 것.
(예 : ⊙ → 日 , → 山 , → 川)
日 : 해의 모양을 본뜬 글자로 '해'를 뜻한다.

❷ 지사문자(指事文字) : 그 추상적인 뜻을 점이나 선으로 표시하여 발전한 글자.
(예 : 上, 下, 一, 二, 三)

❸ 회의 문자(會意文字) : 상형이나 지사의 원리에 의하여 두 글자의 뜻을 합쳐 결합하여 새로운 뜻을 나타내는 글자.
(예 : 日 + 月 → 明, 田 + 力 → 男)

❹ 형성문자(形聲文字) : 상형이나 지사문자들을 서로 결합하여 뜻 부분과 음 부분 나타내도록 만든 글자.
(예 : 工 + 力 → 功)

❺ 전주문자(轉注文字) : 이미 만들어진 글자를 최대한으로 다른 뜻으로 유추하여 늘어서 쓰는 것.
(예 : 樂 → 풍류 악, 즐거울 락, 좋아할 요 惡 → 악할 악, 미워할 오)

❻ 가차문자(假借文字) : 이미 있는 글자의 뜻에 관계 없이 음이나 형태를 빌어다 쓰는 글자.
(예 : 自 → 처음에는 코(鼻 : 코 비)라는 글자였으나 그 음을 빌려서 '자기'라는 뜻으로 사용.

(다) 부수(部首)의 위치와 명칭

❶ 머리(冠) · 두(頭)

부수가 글자의 위에 있는 것.

대표부수: 亠, 宀, 竹, 艸(艹)

　　宀 갓머리(집면) : 官(벼슬 관)

　　艹(艸) 초두머리(풀초) : 花(꽃 화), 苦(쓸 고)

❷ 변(邊)

부수가 글자의 왼쪽에 있는 것.

대표부수: 人(亻), 彳, 心(忄), 手(扌), 木, 水(氵), 石

　　亻(人) 사람인변 : 仁(어질 인), 代(대신 대)

　　禾 벼화변 : 科(과목 과), 秋(가을 추)

❸ 발 · 다리(脚)

부수가 글자의 아래에 있는 것.

대표부수: 儿, 火(灬), 皿

　　儿 어진사람인 : 兄(형 형), 光(빛 광)

　　灬(火) 연화발(불화) : 烈(매울 열), 無(없을 무)

❹ 방(傍)

부수가 글자의 오른쪽에 있는 것.

대표부수: 刀(刂), 攴(攵), 欠, 見, 邑(阝)

　　刂(刀) 선칼도방 : 刻(새길 각), 刑(형벌 형)

　　阝(邑) 우부방 : 郡(고을 군), 邦(나라 방)

❺ 엄(广)

부수가 글자의 위에서 왼쪽으로 덮여 있는 것.

대표부수: 厂, 广, 疒, 虍

广 엄호(집엄) : 序(차례 서), 度(법도 도)
尸(주검시) : 居(살 거), 局(판 국)

❻ 받침
부수가 왼쪽에서 밑으로 있는 것.
대표부수: 廴, 走, 辵(辶)

廴 민책받침(길게걸을인) : 廷(조정 정), 建(세울 건)
辶(辵) 책받침(쉬엄쉬엄갈착) : 近(가까울 근), 追(따를 추)

❼ 몸
부수가 글자를 에워싸고 있는 것.
대표부수: 凵, 囗, 門

凵 위튼입구몸(입벌릴감) : 凶(흉할 흉), 出(날 출)

匚 감출혜 : 匹(짝 필), 區(구분할 구)
匚 튼입구몸(상자방) : 匠(장인 장), 匣(갑 갑)

門 문문 : 開(열 개), 間(사이 간)

囗 큰입구몸(에운담) :
四(넉 사), 困(곤할 곤), 國(나라 국)

❽ 제부수
부수가 그대로 한 글자를 구성한다.

木(나무목) : 本(근본 본), 末(끝 말)
車(수레거) : 軍(군사 군), 較(비교할 교)
馬(말마) : 驛(역마 역), 騎(말탈 기)

부수(部首)일람표

一 [한 일]	가로의 한 획으로 수(數)의 '하나'의 뜻을 나타냄 (지사자)
丨 [뚫을 곤]	세로의 한 획으로, 상하(上下)로 통하는 뜻을 지님 (지사자)
丶 [점 주(점)]	불타고 있어 움직이지 않는 불꽃을 본뜬 모양 (지사자)
丿 [삐칠 별(삐침)]	오른쪽에서 왼쪽으로 삐쳐 나간 모습을 그린 글자 (상형자)
乙(乚) [새 을]	갈지자형을 본떠, 사물이 원활히 나아가지 않는 상태를 나타냄 (상형자)
亅 [갈고리 궐]	거꾸로 휘어진 갈고리 모양을 본뜬 글자 (상형자)
二 [두 이]	두 개의 가로획으로 수사(數詞)의 '둘'의 뜻을 나타냄 (상형자)
亠 [머리 두(돼지해머리)]	亥에서 亠을 따 왔기 때문에 돼지해밑이라고 함 (상형자)
人(亻) [사람 인(인변)]	사람, 백성 등이 팔을 뻗쳐 서있는 것을 옆에서 본 모양 (상형자)
儿 [어진사람 인]	사람 두 다리를 뻗치고 서있는 모습 (상형자)
入 [들 입]	하나의 줄기가 갈라져 땅속으로 들어가는 모양 (상형자)
八 [여덟 팔]	사물이 둘로 나뉘어 등지고 있는 모습 (지사자)
冂 [멀 경(멀경몸)]	세로의 두 줄에 가로 줄을 그어, 멀리 떨어진 막다른 곳을 뜻함 (상형자)
冖 [덮을 멱(민갓머리)]	집 또는 지붕을 본떠 그린 글자 (상형자)
冫 [얼음 빙(이수변)]	얼음이 언 모양을 그린 글자 (상형자)
几 [안석 궤(책상궤)]	발이 붙어 있는 대의 모양 (상형자)
凵 [입벌릴 감(위터진입구)]	땅이 움푹 들어간 모양 (상형자)
刀(刂) [칼 도]	날이 구부정하게 굽은 칼 모양 (상형자)

力 [힘 력]	팔이 힘을 주었을 때 근육이 불거진 모습 (상형자)
勹 [쌀 포]	사람이 몸을 구부리고 보따리를 싸서 안고 있는 모양 (상형자)
匕 [비수 비]	끝이 뾰족한 숟가락 모양 (상형자)
匚 [상자 방(터진입구)]	네모난 상자의 모양을 본뜸 (상형자)
匸 [감출 혜(터진에운담)]	물건을 넣고 뚜껑을 덮어 가린다는 뜻 (회의자)
十 [열 십]	동서남북이 모두 추어진 모양
卜 [점 복]	점을 치기 위하여 소뼈나 거북의 등딱지를 태워서 갈라진 모양
卩(㔾) [병부 절]	사람이 무릎을 꿇은 모양을 본떠, '무릎 관절'의 뜻을 나타냄 (상형자)
厂 [굴바위 엄(민엄호)]	언덕의 위부분이 튀어나와 그 밑에서 사람이 살 수 있는 곳 (상형자)
厶 [사사로울 사(마늘모)]	자신의 소유품을 묶어 싸놓고 있음을 본뜸 (지사자)
又 [또 우]	오른손의 옆모습을 본뜬 글자 (상형자)
口 [입 구]	사람의 입모양을 나타냄 (상형자)
囗 [에울 위(큰입구)]	둘레를 에워싼 선에서, '에워싸다', '두루다'의 뜻을 나타냄 (지사자)
土 [흙 토]	초목의 새싹이 땅 위로 솟아오르며 자라는 모양을 본뜬 글자 (상형자)
士 [선비 사]	一에서 十까지의 기수(基數)로 선비가 학업에 입문하는 것 (상형자)
夂 [뒤져올 치]	아래를 향한 발의 상형으로, '내려가다'의 뜻을 나타냄 (상형자)
夊 [천천히걸을 쇠]	아래를 향한 발자국의 모양으로, 가파른 언덕을 머뭇거리며 내려가다는 뜻을 나타냄 (상형자)

夕 [저녁 석]	달이 반쯤 보이기 시작할 때 즉 황혼 무렵의 저녁을 말함 (상형자)
大 [큰 대]	정면에서 바라 본 사람의 머리, 팔, 머리를 본뜸 (상형자)
女 [계집 녀]	여자가 무릎을 굽히고 얌전히 앉아 있는 모습 (상형자)
子 [아들 자]	사람의 머리와 수족을 본뜸 (상형자)
宀 [집 면(갓머리)]	지붕이 사방으로 둘러싸인 집 (상형자)
寸 [마디 촌]	손가락 하나 굵기의 폭 (지사자)
小 [작을 소]	작은 점의 상형으로 '작다'의 뜻 (상형자)
尢(兀) [절름발이 왕]	한쪽 정강이뼈가 굽은 모양을 본뜸 (상형자)
尸 [주검 시]	사람이 배를 깔고 드러누운 모양 (상형자)
屮(中) [싹날 철]	풀의 싹이 튼 모양을 본뜸 (상형자)
山 [메 산]	산모양을 본더, '산'의 뜻을 나타냄 (상형자)
巛(川) [개미허리(내 천)]	물이 굽이쳐 흐르는 모양 (상형자)
工 [장인 공]	천지 사이에 대목이 먹줄로 줄을 튕기고 있는 모습 (상형자)
己 [몸 기]	사람이 자기 몸을 굽히고 있는 모양을 본뜬 글자 (상형자)
巾 [수건 건]	허리띠에 천을 드리우고 있는 모양 (상형자)
干 [방패 간]	끝이 쌍갈래진 무기의 상형으로, '범하다', '막다'의 뜻을 나타냄 (상형자)
幺 [작을 요]	갓 태어난 아이를 본뜸 (상형자)
广 [집 엄(엄호)]	가옥의 덮개에 상당하는 지붕의 모습을 본뜸 (상형자)
廴 [길게 걸을 인(민책받침)]	길게 뻗은 길을 간다는 뜻 (지사자)

廾 [손맞잡을 공(밑스물입)]	두 손으로 받들 공 왼손과 오른손을 모아 떠받들고 있는 모습 (회의자)
弋 [주살 익]	작은 가지에 지주(支柱)를 바친 모양 (상형자)
弓 [활 궁]	화살을 먹이지 않은 활의 모양을 본뜸 (상형자)
ョ(彑) [돼지머리 계(터진가로왈)]	돼지머리의 모양을 본뜬 모양 (상형자)
彡 [터럭 삼(뻐친석삼)]	터럭을 빗질하여 놓은 모양 (상형자)
彳 [조금걸을 척(중인변)]	넓적다리, 정강이, 발의 세 부분을 그려서 처음 걷기 시작함을 나타냄 (상형자)
心(忄·㣺) [마음 심(심방변)]	사람의 심장의 모양을 본뜬 모양 (상형자)
戈 [창 과]	주살 익(弋)에 一을 덧붙인 날이 옆에 있는 주살 (상형자)
戶 [지게 호]	지게문의 상형으로, '문', '가옥'의 뜻을 지님 (상형자)
手(扌) [손 수(재방변)]	다섯 손가락을 펼치고 있는 손의 모양 (상형자)
支 [지탱할 지]	대나무의 한 쪽 가지를 나누어 손으로 쥐고 있는 모양 (상형자)
攴(攵) [칠 복(등글월문)]	손으로 북소리가 나게 두드린다는 뜻 (상형자)
文 [글월 문]	사람의 가슴을 열어, 거기에 먹으로 표시한 모양 (상형자)
斗 [말 두]	자루가 달린 용량을 계측하는 말을 본뜸 (상형자)
斤 [도끼 근(날근)]	날이 선, 자루가 달린 도끼로 그 밑에 놓인 물건을 자르려는 모양 (상형자)
方 [모 방]	두 척의 조각배를 나란히 하여 놓고 그 이름을 붙여 놓은 모양 (상형자)

无(无) [없을 무(이미기 방)]	사람의 머리 위에 一의 부호를 더하여 머리를 보이지 않게 한 것 (지사자)
日 [날 일]	태양의 모양을 본뜸 (상형자)
曰 [가로 왈]	입과 날숨을 본뜸 (상형자)
月 [달 월]	달의 모양을 본뜸 (상형자)
木 [나무 목]	나무의 줄기와 가지와 뿌리가 있는 서 있는 나무를 본뜸 (상형자)
欠 [하품 흠]	사람의 립에서 입김이 나오는 모양 (상형자)
止 [그칠 지]	초목에서 싹이 돋아날 무렵의 뿌리 부분의 모양 (상형자)
歹(歺) [뼈앙상할 알(죽을 사변)]	살이 깎여 없어진 사람의 백골 시체의 모양 (상형자)
殳 [칠 수(갖은등글월문)]	오른손에 들고 있는 긴 막대기의 무기 모양 (상형자)
毋 [말 무]	毋말무 여자를 함부로 범하지 못하도록 막아 지킨다는 뜻 (상형자)
比 [견줄 비]	人을 반대 방향으로 나란히 세워 놓은 모양 (상형자)
毛 [터럭 모]	사람이나 짐승의 머리털을 본뜸 (상형자)
氏 [각시 씨]	산기슭에 튀어나와 있는 허물어져가는 언덕의 모양 (상형자)
气 [기운 기]	구름이 피어오르는 모양. 또는 김이 곡선을 그으면서 솟아오르는 모양 (상형자)
水(氵) [물 수(삼수변)]	물이 끊임없이 흐르는 모양 (상형자)
火(灬) [불 화]	불이 활활 타오르는 모양 (상형자)
爪(爫) [손톱 조]	손으로 아래쪽의 물건을 집으려는 모양 (상형자)

父 [아비 부]	손으로 채찍을 들고 가족을 거느리며 가르친다는 뜻 (상형자)
爻 [점괘 효]	육효(六爻)의 머리가 엇갈린 모양을 본뜸 (상형자)
爿 [조각널 장(장수장변)]	나무의 한 가운데를 세로로 자른 그 왼쪽 반의 모양 (상형자)
片 [조각 편]	나무의 한 가운데를 세로로 자른 그 오른 쪽 반의 모양 (상형·지사자)
牙 [어금니 아]	입을 다물었을 때 아래 위의 어금니가 맞닿은 모양 (상형자)
牛(牜) [소 우]	머리와 두 뿔이 솟고, 꼬리를 늘어뜨리고 있는 소의 모양 (상형자)
犬(犭) [개 견]	개가 옆으로 보고 있는 모양 (상형자)
老(耂) [늙을 로]	늙어서 머리털이 변한 모양 (상형자)
玉(王) [구슬 옥]	가로 획은 세 개의 옥돌, 세로 획은 옥 줄을 펜 끈을 뜻함 (상형자)
艸(艹) [풀 초(초두)]	초목이 처음 돋아나오는 모양 (상형자)
辵(辶) [쉬엄쉬엄갈 착(책받침)]	가다가는 쉬고 쉬다가는 간다는 뜻 (회의자)
玄 [검을 현]	'亠'과 '幺'이 합하여 그윽하고 멀다는 의미를 지님 (상형자)
瓜 [오이 과]	'ㅅ'는 오이의 덩굴을 , 'ㅿ'는 오이의 열매를 본뜸 (상형자)
瓦 [기와 와]	진흙으로 구운 질그릇의 모양 (상형자)
甘 [달 감]	'ㅁ'와 'ㅡ'을 합한 것으로 입 안에 맛있는 것이 들어있음을 뜻함 (지사자)
生 [날 생]	초목이 나고 차츰 자라서 땅 위에 나온 모양 (상형자)
田 [밭 전]	'ㅁ'은 사방의 경계선을 'ㅗ'은 동서남북으로 통하는 길을 본뜸 (상형자)

疋 [필 필]	무릎 아래의 다리 모양 (상형자)
疒 [병들 녁(병질엄)]	사람이 병들어 침대에 기댄 모양 (회의자)
癶 [걸을 발(필발머리)]	두 다리를 뻗친 모양 (상형자)
白 [흰 백]	저녁의 어스레한 물색을 희다고 본데서 '희다'의 뜻을 나타냄 (상형자)
皮 [가죽 피]	손으로 가죽을 벗기는 모습 (상형자)
皿 [그릇 명]	그릇의 모양 (상형자)
目(罒) [눈 목]	사람의 눈의 모양 (상형자)
矛 [창 모]	병거(兵車)에 세우는 장식이 달리고 자루가 긴 창의 모양 (상형자)
矢 [화살 시]	화살의 모양 (상형자)
石 [돌 석]	언덕 아래 굴러있는 돌멩이 모양 (상형자)
示(礻) [보일 시]	인간에게 길흉을 보여 알림을 뜻함 (상형자)
禸 [짐승발자국 유]	짐승의 뒷발이 땅을 밟고 있는 모양 (상형자)
禾 [벼 화]	줄기와 이삭이 드리워진 모양 (상형자)
穴 [구멍 혈]	움을 파서 그 속에서 살 혈거주택을 본 뜬 모양 (상형자)
立 [설 립]	사람이 땅 위에 서 있는 모양 (상형자)
衣(衤) [옷 의]	사람의 윗도리를 가리는 옷이라는 뜻 (상형자)
竹 [대 죽]	대나무의 줄기와 대나무의 잎이 아래로 드리워진 모양 (상형자)
米 [쌀 미]	네 개의 점은 낟알을 뜻하고 十은 낟알이 따로따로 있음을 뜻함 (상형자)

糸 [실 사]	실타래를 본뜬 모양 (상형자)
缶 [장군 부]	장군을 본뜬 모양 (상형자)
网(罓·皿) [그물 망]	그물을 본뜬 모양 (상형자)
羊 [양 양]	양의 뿔과 네 다리를 나타낸 모양 (상형자)
羽 [깃 우]	새의 날개를 본뜬 모양 (상형자)
而 [말이을 이]	코 밑 수염을 본뜬 모양 (상형자)
耒 [쟁기 뢰]	우거진 풀을 나무로 만든 연장으로 갈아 넘긴다는 뜻으로 쟁기를 의미함 (상형자)
耳 [귀 이]	귀를 본뜬 모양 (상형자)
聿 [붓 율]	대쪽에 재빠르게 쓰는 물건 곧 붓을 뜻함 (상형자)
肉(月) [고기 육(육달월변)]	잘라낸 고기 덩어리를 본뜬 모양 (상형자)
臣 [신하 신]	임금 앞에 굴복하고 있는 모양 (상형자)
自 [스스로 자]	코를 본뜬 모양 (상형자)
至 [이를 지]	새가 날아 내려 땅에 닿음을 나타냄 (지사자)
臼 [절구 구(확구)]	확을 본뜬 모양 (상형자)
舌 [혀 설]	口와 干을 합하여 혀를 나타냄 (상형자)
舛(夅) [어그러질 천]	사람과 사람이 서로 등지고 반대 된다는 뜻 (상형·회의자)
舟 [배 주]	배의 모양을 본뜬 모양 (상형자)
艮 [그칠 간]	눈이 나란하여 서로 물러섬이 없다는 뜻 (회의자)
色 [빛 색]	사람의 심정이 얼굴빛에 나타난 모양 (회의자)

虍 [범의문채 호(범호)]	호피의 무늬를 본뜬 모양 (상형자)
虫 [벌레 충(훼)]	살무사가 몸을 도사리고 있는 모양 (상형자)
血 [피 혈]	제기에 담아서 신에게 바치는 희생의 피를 나타냄 (상형자)
行 [다닐 행]	좌우의 발을 차례로 옮겨 걸어감을 의미함 (상형자)
襾 [덮을 아]	그릇의 뚜껑을 본뜬 모양 (지사자)
見 [볼 견]	사람이 눈으로 보는 것을 뜻함 (회의자)
角 [뿔 각]	짐승의 뿔을 본뜬 모양 (상형자)
言 [말씀 언]	불신(不信)이 있을 대는 죄를 받을 것을 맹세한다는 뜻
谷 [골 곡]	샘물이 솟아 산 사이를 지나 바다에 흘러들어 가기까지의 사이를 뜻함 (회의자)
豆 [콩 두]	굽이 높은 제기를 본뜬 모양 (상형자)
豕 [돼지 시]	돼지가 꼬리를 흔드는 모양 (상형자)
豸 [발없는벌레 치(갖은 돼지시변)]	짐승이 먹이를 노려 몸을 낮추어 이제 곧 덮치려 하고 있는 모양 (상형자)
貝 [조개 패]	조개를 본뜬 모양 (상형자)
赤 [붉을 적]	불타 밝은데서 밝게 드러낸다는 뜻 (회의자)
走 [달아날 주]	사람이 다리를 굽혔다 폈다 하면서 달리는 모양 (회의자)
足 [발 족]	무릎부터 다리까지를 본뜬 모양 (상형자)
身 [몸 신]	아이가 뱃속에서 움직이는 모양 (상형자)
車 [수레 거]	외바퀴차를 본뜬 모양 (상형자)
辛 [매울 신]	문신을 하기 위한 바늘을 본뜬 모양 (상형자)

辰 [별 진]	조개가 조가비를 벌리고 살을 내놓은 모양 (상형자)
邑(阝) [고을 읍(우부방)]	사람이 모여 사는 마을을 뜻함 (회의자)
酉 [닭 유]	술두루미를 본뜬 모양 (상형자)
釆 [분별할 변]	짐승의 발톱이 갈라져 있는 모양 (상형자)
里 [마을 리]	밭도 있고 흙도 있어서 사람이 살만한 곳을 뜻함 (회의자)
金 [쇠 금]	땅 속에 묻혔으면서 빛을 가진 광석에서 가장 귀한 것을 뜻함 (상형·형성자)
長(镸) [길 장]	사람의 긴 머리를 본뜬 모양 (상형자)
門 [문 문]	두 개의 문짝을 달아놓은 모양 (상형자)
阜(阝) [언덕 부(좌부방)]	층이 진 흙산을 본뜬 모양 (상형자)
隶 [미칠 이]	손으로 꼬리를 붙잡기 위해 뒤에서 미친다는 뜻 (회의자)
隹 [새 추]	꽁지가 짧은 새를 본뜬 모양 (상형자)
雨 [비 우]	하늘의 구름에서 물방울이 뚝뚝 떨어지는 모양 (상형자)
靑 [푸를 청]	싹도 우물물도 맑은 푸른빛을 뜻함 (형성자)
非 [아닐 비]	새가 날아 내릴 때 날개를 좌우로 날아 드리운 모양 (상형자)
面 [낯 면]	사람의 머리에 얼굴의 윤곽을 본뜬 모양 (지사자)
革 [가죽 혁]	두 손으로 짐승의 털을 뽑는 모양 (상형자)
韋 [다룸가죽 위]	어떤 장소에서 다른 방향으로 발걸음을 내디디는 모양 (회의자)
韭 [부추 구]	땅 위에 무리지어 나있는 부추의 모양 (상형자)
音 [소리 음]	말이 입 밖에 나올 때 성대를 울려 가락이 있는 소리를 내는 모양 (지사자)

頁 [머리 혈]	사람의 머리를 강조한 모양 (상형자)
風 [바람 풍]	공기가 널리 퍼져 움직임을 따라 동물이 깨어나 움직인다는 뜻 (상형·형성자)
飛 [날 비]	새가 하늘을 날 때 양쪽 날개를 쭉 펴고 있는 모양 (상형자)
食 [밥 식(변)]	식기에 음식을 담고 뚜껑을 덮은 모양 (상형자)
首 [머리 수]	머리털이 나있는 머리를 본뜬 모양 (상형자)
香 [향기 향]	기장을 잘 익혔을 때 나는 냄새를 뜻함 (회의자)
馬 [말 마]	말을 본뜬 모양 (상형자)
骨 [뼈 골]	고기에서 살을 발라내고 남은 뼈를 뜻함 (회의자)
高 [높을 고]	출입문 보다 누대는 엄청 높다는 뜻 (상형자)
髟 [머리털늘어질 표(터럭발)]	긴 머리털을 뜻함 (회의자)
鬥 [싸울 투]	두 사람이 손에 병장기를 들고 서로 대항하는 모양 (상형자)
鬯 [술 창]	곡식의 낟알이 그릇에 담겨 괴어 액체가 된 것을 숟가락으로 뜬다는 뜻 (회의자)
鬲 [솥 력]	솥과 비슷한 다리 굽은 솥의 모양 (상형자)
鬼 [귀신 귀]	사람을 해치는 망령 곧 귀신을 뜻함 (상형자)
魚 [물고기 어]	물고기를 본뜬 모양 (상형자)
鳥 [새 조]	새를 본뜬 모양 (상형자)
鹵 [소금밭 로]	서쪽의 소금밭을 가리킴 (상형자)
鹿 [사슴 록]	사슴의 머리, 뿔, 네 발을 본뜬 모양 (상형자)

麥 [보리 맥]	겨울에 뿌리가 땅속에 깊이 박힌 모양 (회의자)
麻 [삼 마]	삼의 껍질을 가늘게 삼은 것을 뜻함 (회의자)
黃 [누를 황]	밭의 색은 황토색이기 때문에 '노랗다'는 것을 뜻함 (상형자)
黍 [기장 서]	술의 재료로 알맞은 기장을 뜻함 (상형·회의자)
黑 [검을 흑]	불이 활활 타올라 나가는 창인 검은 굴뚝을 뜻함 (상형자)
黹 [바느질할 치]	바늘에 꿴 실로서 수를 놓는 옷감을 그린 모양 (상형자)
黽 [맹꽁이 맹]	맹꽁이를 본뜬 모양 (상형자)
鼎 [솥 정]	발이 세 개, 귀가 두개인 솥의 모양 (상형자)
鼓 [북 고]	장식이 달린 아기를 오른손으로 친다는 뜻 (회의자)
鼠 [쥐 서]	쥐의 이와 배, 발톱과 꼬리의 모양 (상형자)
鼻 [코 비]	공기를 통하는 '코'를 뜻함 (회의·형성자)
齊 [가지런할 제]	곡식의 이삭이 피어 끝이 가지런한 모양 (상형자)
齒 [이 치]	이가 나란히 서 있는 모양
龍 [용 룡]	끝이 뾰족한 뿔과 입을 벌린 기다란 몸뚱이를 가진 용의 모양 (상형자)
龜 [거북 귀(구)]	거북이를 본뜬 모양 (상형자)
龠 [피리 약]	부는 구멍이 있는 관(管)을 나란히 엮은 모양 (상형자)

두음법칙(頭音法則) 한자

한자음에서 첫머리나 음절의 첫소리에서 발음되는 것을 피하기 위해 다른 소리로 바꾸어 발음하는 것으로 즉, 'ㅣ, ㅑ, ㅕ, ㅛ, ㅠ' 앞에서 'ㄹ과 ㄴ'이 'ㅇ'이 되고, 'ㅏ, ㅓ, ㅗ, ㅜ, ㅡ, ㅐ, ㅔ, ㅚ' 앞의 'ㄹ'은 'ㄴ'으로 변하는 것을 말한다.

ㄴ→ㅇ로 발음

尿(뇨)	뇨-糖尿病(당뇨병) 요-尿素肥料(요소비료)	尼(니)	니-比丘尼(비구니) 이-尼僧(이승)	泥(니)	니-雲泥(운니) 이-泥土(이토)
溺(닉)	닉-眈溺(탐닉) 익-溺死(익사)	女(녀)	여-女子(여자) 녀-小女(소녀)	匿(닉)	닉-隱匿(은닉) 익-匿名(익명)
紐(뉴)	뉴-結紐(결뉴) 유-紐帶(유대)	念(념)	념-理念(이념) 염-念佛(염불)	年(년)	년-數十年(수십년) 연-年代(연대)

ㄹ→ㄴ,ㅇ로 발음

洛(락)	락-京洛(경락) 낙-洛東江(낙동강)	蘭(란)	란-香蘭(향란) 난-蘭草(난초)	欄(란)	란-空欄(공란) 난-欄干(난간)
藍(람)	람-甘藍(감람) 남-藍色(남색)	濫(람)	람-氾濫(범람) 남-濫發(남발)	拉(랍)	랍-被拉(피랍) 납-拉致(납치)
浪(랑)	랑-放浪(방랑) 낭-浪說(낭설)	廊(랑)	랑-舍廊(사랑) 낭-廊下(낭하)	涼(량)	량-淸涼里(청량리) 양-涼秋(양추)
諒(량)	량-海諒(해량) 양-諒解(양해)	慮(려)	려-憂慮(우려) 여-慮外(여외)	勵(려)	려-獎勵(장려) 여-勵行(여행)
曆(력)	력-陽曆(양력) 역-曆書(역서)	蓮(련)	련-水蓮(수련) 연-蓮根(연근)	戀(련)	련-悲戀(비련) 연-戀情(연정)
劣(렬)	렬-拙劣(졸렬) 열-劣等(열등)	廉(렴)	렴-淸廉(청렴) 염-廉恥(염치)	嶺(령)	령-大關嶺(대관령) 영-嶺東(영동)

露(로)	로-白露(백로) 노-露出(노출)	爐(로)	로-火爐(화로) 노-爐邊(노변)	祿(록)	록-國祿(국록) 녹-祿俸(녹봉)
弄(롱)	롱-戱弄(희롱) 농-弄談(농담)	雷(뢰)	뢰-地雷(지뢰) 뇌-雷聲(뇌성)	陵(릉)	릉-丘陵(구릉) 능-陵墓(능묘)
療(료)	료-治療(치료) 요-療養(요양)	龍(룡)	룡-靑龍(청룡) 용-龍床(용상)	倫(륜)	륜-人倫(인륜) 윤-倫理(윤리)
隆(륭)	륭-興隆(흥륭) 융-隆盛(융성)	梨(리)	리-山梨(산리) 이-梨花(이화)	裏(리)	리-表裏(표리) 이-裏面(이면)
吏(리)	리-官吏(관리) 이-吏讀(이두)	理(리)	리-倫理(윤리) 이-理解(이해)	臨(림)	림-君臨(군림) 임-臨席(임석)

동자이음(同字異音) 한자

한자	뜻	음	예	한자	뜻	음	예
降	내릴 항복할	강 항	降雨(강우) 降伏(항복)	更	다시 고칠	갱 경	更生(갱생) 更張(경장)
車	수레 수레	거 차	車馬(거마) 車票(차표)	乾	하늘, 마를 마를	건 간	乾燥(건조) 乾物(간물)
見	볼 나타날, 뵐	견 현	見聞(견문) 謁見(알현)	串	버릇 땅이름	관 곶	串童(관동) 甲串(갑곶)
告	알릴 뵙고청할	고 곡	告示(고시) 告寧(곡녕)	奈	나락 어찌	나 내	奈落(나락) 奈何(내하)
帑	처자 나라곳집	노 탕	妻帑(처노) 帑庫(탕고)	茶	차 차	다 차	茶菓(다과) 茶禮(차례)
宅	댁 집	댁 택	宅內(댁내) 宅地(택지)	度	법도 헤아릴	도 탁	度數(도수) 忖度(촌탁)
讀	읽을 구절	독 두	讀書(독서) 吏讀(이두)	洞	마을 통할	동 통	洞里(동리) 洞察(통찰)
屯	모일 어려울	둔 준	屯田(둔전) 屯困(준곤)	反	돌이킬 뒤집을	반 번	反亂(반란) 反田(번전)
魄	넋 넋잃을	백 탁/박	魂魄(혼백) 落魄(낙탁)	便	똥오줌 편할	변 편	便所(변소) 便利(편리)
復	회복할 다시	복 부	復歸(복귀) 復活(부활)	父	아비 남자미칭	부 보	父母(부모) 尙父(상보)
否	아닐 막힐	부 비	否決(부결) 否塞(비색)	北	북녘 달아날	북 패	北進(북진) 敗北(패배)
分	나눌 단위	분 푼	分裂(분열) 分錢(푼전)	不	아니 아닐	불 부	不能(불능) 不在(부재)

沸	끓을	비	沸騰(비등)	寺	절	사	寺刹(사찰)
	물용솟음칠 불		沸水(불수)		내시, 관청	시	寺人(시인)
殺	죽일	살	殺生(살생)	狀	모양	상	狀況(상황)
	감할	쇄	殺到(쇄도)		문서	장	狀啓(장계)
索	찾을	색	索引(색인)	塞	막을	색	塞源(색원)
	쓸쓸할	삭	索莫(삭막)		변방	새	要塞(요새)
說	말씀	설	說得(설득)	省	살필	성	省墓(성묘)
	달랠	세	說客(세객)		덜	생	省略(생략)
	기뻐할	열	說喜(열희)				
率	거느릴	솔	率先(솔선)	衰	쇠할	쇠	衰退(쇠퇴)
	비율	률/율	率身(율신)		상복	최	衰服(최복)
數	셀	수	數學(수학)	宿	잘	숙	宿泊(숙박)
	자주	삭	數窮(삭궁)		별	수	宿曜(수요)
	좀좀할	촉	數罟(촉고)				
拾	주울	습	拾得(습득)	瑟	악기이름	슬	瑟居(슬거)
	열	십	拾萬(십만)		악기이름	실	琴瑟(금실)
食	밥	식	食堂(식당)	識	알	식	識見(식견)
	먹일	사	簞食(단사)		기록할	지	標識(표지)
什	열사람	십	什長(십장)	十	열	십	十干(십간)
	세간	집	什器(집기)			시	十月(시월)
惡	악할	악	惡漢(악한)	樂	풍류	악	樂聖(악성)
	미워할	오	惡寒(오한)		즐길	낙/락	樂園(낙원)
					좋아할	요	
若	만약	약	若干(약간)	於	어조사	어	於是乎(어시호)
	반야	야	般若(반야)		탄식할	오	於兎(오토)

厭	싫어할	염	厭世(염세)	葉	잎	엽	葉書(엽서)
	누를	엽	厭然(엽연)		성씨	섭	葉氏(섭씨)
六	여섯	육/륙	六年(육년)	易	쉬울	이	易慢(이만)
	여섯	유/뉴	六月(유월)		바꿀, 주역	역	易學(역학)
咽	목구멍	인	咽喉(인후)	刺	찌를	자	刺戟(자극)
	목멜	열	嗚咽(오열)		수라	라	水刺(수라)
					찌를	척	刺殺(척살)
炙	구울	자	炙背(자배)	著	지을	저	著述(저술)
	고기구이	적	炙鐵(적철)		붙을	착	著近(착근)
抵	막을	저	抵抗(저항)	切	끊을	절	切迫(절박)
	칠	지	抵掌(지장)		모두	체	一切(일체)
提	끌	제	提携(제휴)	辰	지지	진	辰時(진시)
	보리수	리	菩提樹(보리수)		일월성	신	生辰(생신)
	떼지어날	시	提提(시시)				
斟	술따를	짐	斟酌(짐작)	徵	부를	징	徵兵(징병)
	짐작할	침	斟量(침량)		음률이름	치	
差	어긋날	차	差別(차별)	帖	문서	첩	帖着(첩착)
	층질	치	參差(참치)		체지	체	帖文(체문)
諦	살필	체	諦念(체념)	丑	소	축	丑時(축시)
	울	제	眞諦(진제)		추		公孫丑(공손추)
則	법	칙	則效(칙효)	沈	가라앉을	침	沈沒(침몰)
	곧	즉	然則(연즉)		성씨	심	沈氏(심씨)
拓	박을	탁	拓本(탁본)	罷	그만둘	파	罷業(파업)
	넓힐	척	拓殖(척식)		고달플	피	罷勞(피로)

編	엮을 땋을	편 변	編輯(편집) 編髮(변발)	布	베 베풀	포 보	布木(포목) 布施(보시)
暴	사나울 사나울	폭 포	暴動(폭동) 暴惡(포악)	曝	볕쬘 볕쬘	폭 포	曝衣(폭의) 曝白(포백)
皮	가죽 가죽	피 비	皮革(피혁) 鹿皮(녹비)	行	다닐 항렬·줄	행 항	行樂(행락) 行列(항렬)
陜	좁을 땅이름	협 합	陜隘(협애) 陜川(합천)	滑	미끄러울 어지러울	활 골	滑降(활강) 滑稽(골계)

약자(略字)·속자(俗字)

假=仮 (거짓 가)
價=価 (값 가)
覺=覚 (깨달을 각)
擧=挙 (들 거)
據=拠 (의지할 거)
輕=軽 (가벼울 경)
經=経 (경서 경)
徑=径 (지름길 경)
鷄=鶏 (닭 계)
繼=継 (이를 계)
館=舘 (집 관)
關=関 (빗장 관)
廣=広 (넓을 광)
敎=教 (가르칠 교)
區=区 (구역 구)
舊=旧 (예 구)
驅=駆 (몰 구)
國=国 (나라 국)
權=権 (권세 권)
勸=勧 (권할 권)
龜=亀 (거북 귀)
氣=気 (기운 기)
旣=既 (이미 기)
內=内 (안 내)
單=単 (홑 단)
團=団 (둥글 단)
斷=断 (끊을 단)
擔=担 (멜 담)
當=当 (당할 당)
黨=党 (무리 당)

對=対 (대할 대)
德=徳 (큰 덕)
圖=図 (그림 도)
讀=読 (읽을 독)
獨=独 (홀로 독)
樂=楽 (즐길 락)
亂=乱 (어지러울 란)
覽=覧 (볼 람)
來=来 (올 래)
兩=両 (두 량)
凉=涼 (서늘할 량)
勵=励 (힘쓸 려)
歷=歴 (지날 력)
練=練 (익힐 련)
戀=恋 (사모할 련)
靈=灵 (신령 령)
禮=礼 (예도 례)
勞=労 (수고로울 로)
爐=炉 (화로 로)
綠=緑 (푸를 록)
賴=頼 (의지할 뢰)
龍=竜 (용 룡)
樓=楼 (다락 루)
稟=禀 (삼갈·사뢸 품)
萬=万 (일만 만)
滿=満 (찰 만)
蠻=蛮 (오랑캐 만)
賣=売 (팔 매)
麥=麦 (보리 맥)
半=半 (반 반)

發=発 (필 발)
拜=拝 (절 배)
變=変 (변할 변)
辯=弁 (말잘할 변)
邊=辺 (가 변)
竝=並 (아우를 병)
寶=宝 (보배 보)
拂=払 (떨칠 불)
佛=仏 (부처 불)
冰=氷 (어름 빙)
絲=糸 (실 사)
寫=写 (베낄 사)
辭=辞 (말씀 사)
雙=双 (짝 쌍)
敍=叙 (펼 서)
潟=舄 (개펄 석)
釋=釈 (풀 석)
聲=声 (소리 성)
續=続 (이을 속)
屬=属 (붙을 속)
收=収 (거둘 수)
數=数 (수 수)
輸=輸 (보낼 수)
肅=粛 (삼갈 숙)
濕=湿 (젖을 습)
乘=乗 (탈 승)
實=実 (열매 실)
兒=児 (아이 아)
亞=亜 (버금 아)
惡=悪 (악할 악)

嚴=岩 (바위 암)
壓=圧 (누를 압)
藥=薬 (약 약)
讓=譲 (사양할 양)
嚴=厳 (엄할 엄)
餘=余 (남을 여)
與=与 (줄 여)
驛=駅 (정거장 역)
譯=訳 (통역할 역)
鹽=塩 (소금 염)
榮=栄 (영화 영)
豫=予 (미리 예)
藝=芸 (재주 예)
溫=温 (따뜻할 온)
圓=円 (둥글 원)
圍=囲 (둘레 위)
爲=為 (하 위)
陰=陰 (그늘 음)
應=応 (응할 응)
醫=医 (의원 의)
貳=弐 (두 이)
壹=壱 (하나 일)
姉=姉 (누이 자)
殘=残 (남을 잔)
潛=潜 (잠길 잠)
雜=雑 (섞일 잡)
壯=壮 (씩씩할 장)
莊=庄 (별장 장)
爭=争 (다툴 쟁)
戰=戦 (싸움 전)

錢=銭 (돈 전)
傳=伝 (전할 전)
轉=転 (구를 전)
點=点 (점 점)
靜=静 (고요 정)
淨=浄 (깨끗할 정)
濟=済 (건널 제)
齊=斉 (다스릴 제)
條=条 (가지 조)
弔=吊 (조상할 조)
從=従 (좇을 종)
晝=昼 (낮 주)
卽=即 (곧 즉)
增=増 (더할 증)
證=証 (증거 증)
眞=真 (참 진)
盡=尽 (다할 진)
晉=晋 (나라 진)
贊=賛 (찬성할 찬)
讚=讃 (칭찬할 찬)
參=参 (참여할 참)
冊=冊 (책 책)
處=処 (곳 처)
淺=浅 (얕을 천)
鐵=鉄 (쇠 철)
廳=庁 (관청 청)
體=体 (몸 체)
觸=触 (닿을 촉)
總=総 (다 총)
蟲=虫 (벌레 충)

齒=歯 (이 치)
恥=耻 (부끄러울 치)
稱=称 (일컬을 칭)
彈=弾 (탄할 탄)
澤=沢 (못 택)
擇=択 (가릴 택)
廢=廃 (폐할 폐)
豐=豊 (풍성할 풍)
學=学 (배울 학)
解=解 (풀 해)
鄕=郷 (고을 향)
虛=虚 (빌 허)
獻=献 (드릴 헌)
驗=験 (증험할 험)
顯=顕 (나타날 현)
螢=蛍 (반딧불 형)
號=号 (부르짖을 호)
畫=画 (그림 화)
擴=拡 (늘릴 확)
歡=歓 (기쁠 환)
黃=黄 (누를 황)
會=会 (모을 회)
回=回 (돌아올 회)
效=効 (본받을 효)
黑=黒 (검을 흑)
戲=戯 (희롱할 희)

고사 성어(古事成語)

家家戶戶(가가호호)	각 집, 각각의 집마다
刻舟求劍(각주구검)	배에 새겨 칼을 구함
肝膽相照(간담상조)	간과 쓸개가 서로 본다(격의 없이 지내는 사이)
甘言利說(감언이설)	남의 비위에 맞도록 꾸민 달콤한 말
乾坤一色(건곤일척)	주사위를 한 번 던져 승패를 검
建陽多慶(건양다경)	새해가 시작됨에 경사스런 일이 많기를 바람
見利思義(견리사의)	눈앞의 이익을 보면 먼저 의리를 생각함
犬馬之誠(견마지성)	개와 말의 주인을 위한 충성
見善從之(견선종지)	선한 것을 보면 그것을 좇음
結者解之(결자해지)	맺은 사람이 풀어야 함
結草報恩(결초보은)	풀을 묶어서 은혜에 보답(죽은 뒤에라도 은혜를 갚음)
鷄卵有骨(계란유골)	계란이 곯았다(좋은 기회를 만나도 일이 잘 안 됨)
鷄肋(계륵)	닭갈비(버리기에는 아깝고 먹자니 별거 없음)
苦盡甘來(고진감래)	고생 끝에 즐거움이 옴
公平無私(공평무사)	공평하여 사사로움이 없음
過猶不及(과유불급)	지나침은 미치지 못함과 같음
管鮑之交(관포지교)	아주 친한 친구 사이의 사귐
矯角殺牛(교각살우)	소의 뿔을 바로 잡으려다가 소를 죽임
交友以信(교우이신)	벗을 믿음으로써 사귀어야 함
敎學相長(교학상장)	가르치고 배우면서 서로 성장함

句句節節(구구절절)	하나하나의 모든 구절(매우 상세하고 간곡함)
九死一生(구사일생)	아홉 번죽을 뻔하다가 겨우 살아남
群鷄一鶴(군계일학)	닭의 무리 가운데 한 마리의 학(무리 중 뛰어난 인물)
君臣有義(군신유의)	임금과 신하 사이에는 의리가 있어야 함
君爲臣綱(군위신강)	임금과 신하 사이에 마땅히 지켜야 할 도리
勸善懲惡(권선징악)	착한 것을 권하고 악을 응징함
捲土重來(권토중래)	어떤 일에 실패한 뒤 힘을 길러 다시 그 일을 시작함
金蘭之契(금란지계)	친구 사이의 매우 두터운 정
金蘭之交(금란지교)	친구 사이의 매우 두터운 정
今昔之感(금석지감)	지금과 옛날의 감정이 크게 달라짐
金石之交(금석지교)	쇠붙이와 돌처럼 굳고 변함없는 우정
金枝玉葉(금지옥엽)	금으로 된 가지와 옥으로 된 잎(임금의 일족을 높임)
起死回生(기사회생)	거의 죽을 뻔하다가 도로 살아남
杞人之憂(기인지우)	기나라 사람의 걱정 근심
奇貨可居(기화가거)	진기한 물건은 잘 간직하여 나중에 이익을 남기고 팜
難兄難弟(난형난제)	서로 비슷비슷하여 우열이나 정도를 가리기 어려움
男女老少(남녀노소)	남자와 여자와 늙은이와 젊은이
老馬之智(노마지지)	늙은 말의 지혜
多多益善(다다익선)	많으면 많을수록 좋음
斷機戒(단기지계)	학문을 하다가 중도에 그만두면 아무 쓸모가 없음

單刀直入(단도직입)	단칼로 쳐들어감(요점이나 문제의 핵심을 곧바로 말함)
大器晚成(대기만성)	큰 그릇을 만드는 데는 시간이 오래 걸림
獨不將軍(독불장군)	무슨 일이든지 제 생각대로 혼자 처리하는 사람
讀書亡羊(독서망양)	글을 읽는 데 정신이 팔려 먹이고 있던 양을 잃음
讀書尙友(독서상우)	책을 읽음으로써 옛 현인들과 벗이 될 수 있음
冬去春來(동거춘래)	겨울이 가고 봄이 옴
東問西答(동문서답)	질문과는 전혀 상관없는 엉뚱한 대답
登龍門(등용문)	입신출세를 위한 어려운 관문이나 시험
燈下不明(등하불명)	등잔 밑이 어둡다(가까이에서 일어난 일을 잘 모름)
燈火可親(등화가친)	서늘한 가을밤은 등불을 가까이 하여 글 읽기에 좋음
馬耳東風(마이동풍)	말의 귀에 동풍이 불어도 아랑곳하지 않음
莫逆之交(막역지교)	서로 뜻이 잘 맞고 허물없는 아주 친한 사귐
望雲之情(망운지정)	자식이 객지에서 고향에 계신 어버이를 그리는 마음
亡子計齒(망자계치)	죽은 자식 나이 세기
梅蘭菊竹(매난국죽)	매화와 난초와 국화와 대나무
麥秀之嘆(맥수지탄)	보리가 팬 것을 보고 하는탄식(조국이 망한 것을 한탄)
明明白白(명명백백)	아주 뚜렷함
名山大川(명산대천)	이름난 산과 큰 내
明若觀火(명약관화)	불을 보는 것처럼 분명하고 뻔함
毛遂自薦(모수자천)	자기가 자기를 추천하는 것

目不識丁(목불식정)	한자 중 쉬운 글자인 '丁'자도 모를 정도로 무식함
武陵桃源(무릉도원)	무릉에 있는 선경(중국 후난성 복숭아꽃이 만발한 낙원)
墨守(묵수)	자기의 의견이나 주장을 굽히지 않고 굳게 지킴
文房四友(문방사우)	글방의 네 가지 친구
聞一知十(문일지십)	한 가지를 듣고 열 가지를 미루어 안다(지극히 총명함)
尾生之信(미생지신)	융통성이 없이 약속만을 굳게 지키는 것
反哺之孝(반포지효)	까마귀 새끼가 자라서 늙은 어미에게 먹이를 물어다 주는 효
拔本塞源(발본색원)	좋지 않은 일의 근본 원인 요소를 완전히 없애 버림
蚌鷸之爭(방휼지쟁)	조개와 도요새의 싸움(둘이 싸우면 엉뚱한 제삼자가 이익)
背水之陣(배수지진)	물을 등지고 진을 침(싸움에 임한 비장한 각오)
百年大計(백년대계)	먼 장래까지 내다보고 세우는 큰 계획
百年河淸(백년하청)	어떤 일이 아무리 오랜 시간이 흘러도 이루어지기 어려움
伯牙絶絃(백아절현)	참다운 벗의 죽음을 슬퍼함
百折不屈(백절불굴)	수없이 많이 꺾여도 굴하지 않고 이겨 나감
步武堂堂(보무당당)	걸음걸이가 씩씩하고 활기참
夫婦有別(부부유별)	남편과 아내 사이에는 분별이 있어야 함
夫爲婦綱(부위부강)	남편과 아내 사이에 마땅히 지켜야 할 도리
父爲子綱(부위자강)	부모와 자식 사이에 마땅히 지켜야 할 도리
父子有親(부자유친)	아버지와 자식간에는 친함이 있어야 함
朋友有信(붕우유신)	친구 사이에는 믿음이 있어야 함

非一非再(비일비재)	한두 번이나 한둘이 아니고 많음
氷山一角(빙산일각)	빙산의 한 모서리(어떤 일이 숨겨져 극히 일부분만 드러남)
舍己從人(사기종인)	자신을 버리고 남을 따름
四面楚歌(사면초가)	적에게 완전히 포위가 되어 있는 상태
砂上樓閣(사상누각)	모래 위에 세운 누각(기초가 튼튼하지 못함)
師弟同行(사제동행)	스승과 제자가 함께 길을 감
蛇足(사족)	뱀의 다리를 그림(쓸데없는 군짓을 하여 도리어 잘못되게 함)
事親以孝(사친이효)	부모님을 효로써 섬겨야 함
四通八達(사통팔달)	도로망, 교통망, 통신망 따위가 이리저리 사방으로 통함
事必歸正(사필귀정)	모든 일은 반드시 바른길로 돌아가게 마련임
山高水長(산고수장)	덕행이나 지조의 깨끗함을 산과 강물에 비유
山戰水戰(산전수전)	세상일의 어려운 고비를 다 겪어 봄
殺身成仁(살신성인)	자기 몸을 희생하여 인을 이룸
三馬太守(삼마태수)	세 마리의 말만 거느린 태수(청빈한 관리)
三三五五(삼삼오오)	서너 사람이나 대여섯 사람씩 떼지어 다님
三人成虎(삼인성호)	근거 없는 말도 여럿이 하면 곧이듣게 됨
三日天下(삼일천하)	사흘 동안 천하를 얻음(짧은 기간 동안 정권을 잡음)
三尺童子(삼척동자)	키가 석자밖에 되지 않는 어린아이
三遷之敎(삼천지교)	맹자의 교육을 위해 그 어머니가 집을 세 번 옮김
塞翁之馬(새옹지마)	인간의 길흉화복은 변화가 무쌍하여 도무지 예측할 수 없음

先見之明(선견지명)	다가올 일을 미리 짐작하는 밝은 지혜
先公後私(선공후사)	공적인 일을 먼저 하고 사사로운 일은 나중에 함
雪膚花容(설부화용)	눈처럼 흰 살갗과 꽃처럼 고운 얼굴(아름다운 여자의 모습)
雪上加霜(설상가상)	눈이 내리는 위에 서리까지 더함(불행이 겹침)
小貪大失(소탐대실)	작은 것을 탐하다가 큰 것을 잃음
束手無策(속수무책)	어찌할 도리나 방책이 없어 꼼짝 못함
送舊迎新(송구영신)	묵은 해를 보내고 새해를 맞음
松茂栢悅(송무백열)	소나무가 무성하면 잣나무가 기뻐함(벗이 잘됨을 기뻐함)
首尾一貫(수미일관)	어떤 일을 처음부터 끝까지 한결같이 함
手不釋卷(수불석권)	손에서 책을 놓지 않음
水魚之交(수어지교)	물과 물고기의 관계(매우 친밀한 사이)
守株待兔(수주대토)	그루터기를 지키면서 토끼를 기다림
宿虎衝鼻(숙호충비)	자는 호랑이의 코를 찌름(공연히 건드려서 일을 그르침)
脣亡齒寒(순망치한)	입술이 없으면 이가 시림
是是非非(시시비비)	옳은 것을 옳다 하고 그른 것을 그르다 함
始終如一(시종여일)	처음과 끝이 한결 같음
身言書判(신언서판)	예전 인물을 골랐던 네 가지 조건(신수, 말씨, 문필, 판단력)
十中八九(십중팔구)	열 가운데 여덟이나 아홉이 그렇다(대개가 그러함)
我田引水(아전인수)	자기 논에 물 댄다(자기에게 이롭게 되도록 행동함)
安貧樂道(안빈낙도)	가난한 생활을 하면서도 편안한 마음으로 도를 지킴

眼下無人(안하무인)	눈아래 보이는 사람이 없다(방자하고 교만함)
愛人如己(애인여기)	남을 자기 몸처럼 사랑함
愛之重之(애지중지)	매우 사랑하고 소중히 여김
藥房甘草(약방감초)	한약에는 감초를 넣는 일이 많아 한약방에는 항상 감초가 있음
羊頭狗肉(양두구육)	양 머리를 걸어놓고 개고기를 팜
良藥苦口(양약고구)	좋은 약은 입에 씀
魚頭肉尾(어두육미)	물고기는 머리 쪽이, 짐승은 꼬리 쪽이 맛이 있음
漁父之利(어부지리)	도요새와 조개가 서로 다투다가 어부에게 둘다 잡힘
於異阿異(어이아이)	'어'다르고 '아'다름
億兆蒼生(억조창생)	수많은 백성
言中有骨(언중유골)	말 속에 뼈가 있음
與民同樂(여민동락)	임금이 백성과 더불어 즐김
易地思之(역지사지)	남과 처지를 바꾸어 생각함(남의 입장에서 생각함)
年年歲歲(연년세세)	해마다 이어져 무궁토록
緣木求魚(연목구어)	나무에 올라가서 물고기를 구함(불가능한 일을 하려 함)
榮枯盛衰(영고성쇠)	세월이 흐름에 따라 변전하는 번영과 쇠락
五里霧中(오리무중)	오리 사방이 안개속(어디에 있는지 찾을 길이 없음)
吾鼻三尺(오비삼척)	내 코가 석 자
烏飛梨落(오비이락)	까마귀 날자 배 떨어짐(일이 공교롭게 때가 같아 의심을 받음)
五十步百(오십보백보)	오십보를 간 자나 백보를 간 자나 본질적으로 같음

烏合之卒(오합지졸)	임시로 모여들어 규율이 없고 무질서한 병졸 또는 군중
溫故知新(온고지신)	옛것을 익히고 그것을 통하여 새것을 앎
溫柔敦厚(온유돈후)	온화하고 부드럽고 돈독하고 두터움
臥薪嘗膽(와신상담)	섶에 누워 쓸개를 맛봄(복수를 위해 고난을 참고 견딤)
王兄佛兄(왕형불형)	살아서는 왕의 형이 되고 죽어서는 부처의 형이 됨
外柔內剛(외유내강)	겉으로는 부드럽고 순하나 속은 곧고 꿋꿋함
外華內貧(외화내빈)	겉으로는 화려하게 보이나 속으로는 빈곤하고 부실함
樂山樂水(요산요수)	산을 좋아하고 물을 좋아함
欲速不達(욕속부달)	일을 너무 빨리 하고자 서두르면 도리어 이루지 못함
龍頭蛇尾(용두사미)	머리는 용이나 꼬리는 뱀(처음은 좋으나 끝이 좋지 않음을)
愚公移山(우공이산)	어리석은 영감이 산을 옮김
牛耳讀經(우이독경)	소귀에 경 읽기
衛正斥邪(위정척사)	바른 것은 보호하고 간사한 것은 내침
韋編三絶(위편삼절)	책을 열심히 읽음
有口無言(유구무언)	입은 있으나 할 말이 없음
有名無實(유명무실)	이름만 그럴듯하고 실속은 없음
有備無患(유비무환)	미리 준비해 두면 근심할 것이 없음
流水不腐(유수불부)	흐르는 물은 썩지 않음
柳暗花明(유암화명)	버들은 무성하고 꽃은 활짝 피어 밝음
唯一無二(유일무이)	오직 하나만 있고 둘은 없음

有害無益(유해무익)	해롭기만 하고 이로움은 없음
隱忍自重(은인자중)	밖으로 드러내지 않고 속으로 참고 견디며 몸가짐을 신중히 함
陰德陽報(음덕양보)	남모르게 덕행을 쌓은 사람은 뒤에 그 보답을 받게 됨
泣兒授乳(읍아수유)	우는 아이에게 젖을 줌
意氣揚揚(의기양양)	기세가 등등하고 뽐내는 모양이 가득함
以德服人(이덕복인)	덕으로써 다른 사람을 복종시킴
以文會友(이문회우)	글로써 벗을 만남
以心傳心(이심전심)	마음과 마음으로 서로 뜻이 통함
以熱治熱(이열치열)	열을 열로 다스림
利害得失(이해득실)	이로움과 해로움 및 얻음과 잃음
人之常情(인지상정)	사람이면 누구나 가질 수 있는 보통의 마음이나 감정
一擧兩得(일거양득)	한 가지 일로 두 가지 이익을 얻음
一石二鳥(일석이조)	한 개의 돌로 두 마리새를 잡음
一進一退(일진일퇴)	한 번 나아갔다 한 번 물러섰다 함
日就月將(일취월장)	날로 달로 발전하거나 성장함
一片丹心(일편단심)	한 조각의 붉은 마음(오직 한 가지에 변함없는 마음)
立身揚名(입신양명)	출세하여 세상에 이름을 떨침
自强不息(자강불식)	스스로 힘써 몸과 마음을 가다듬고 쉬지 않음
子子孫孫(자자손손)	대대로 이어지는 여러 대의 자손
作心三日(작심삼일)	마음 먹은 것이 사흘 감

長幼有序(장유유서)	어른과 아이 사이에는 차례가 있어야 함
前途有望(전도유망)	앞으로 발전하고 성공할 가능성과 희망이 있음
轉禍爲福(전화위복)	화를 바꾸어 복이 되게 함
絶世佳人(절세가인)	당대에는 견줄 만한 상대가 없는 뛰어난 미인
絶長補短(절장보단)	긴 것을 잘라서 짧은 것을 보충함
切磋琢磨(절차탁마)	옥이나 뿔 따위를 갈고 닦아서 빛을 냄
頂門一針(정문일침)	정수리에 침 하나를 꽂음(따끔하고 매서운 충고)
正正堂堂(정정당당)	바르고 떳떳함
朝令暮改(조령모개)	아침에 내린 명령을 저녁에 다시 고침
朝變夕改(조변석개)	아침저녁으로 뜯어고침
朝三暮四(조삼모사)	자기의 이익을 위해 교활한 꾀를 써서 남을 속임
助長(조장)	억지로 힘을 무리하게 써 일을 그르침
坐不安席(좌불안석)	마음이 불안해서 자리에 가만히 앉아 있지를 못함
坐井觀天(좌정관천)	우물 속에 앉아 하늘을 봄
左衝右突(좌충우돌)	이리저리 마구 치고받고 부딪침
晝耕夜讀(주경야독)	낮에는 농사를 짓고 밤에는 글을 읽음
走馬看山(주마간산)	달리는 말위에서 산천을 구경함
酒池肉林(주지육림)	술이 연못을 이루고 고기가 숲을 이룸(사치하고 음란한 행동)
竹馬故友(죽마고우)	어릴 때에 대나무로 만든 말을 타고 놀던 친구
衆口難防(중구난방)	여러 사람의 입은 막기가 어렵다

知己之友(지기지우)	자기의 가치나 속마음을 잘 알아주는 참다운 벗
之東之西(지동지서)	줏대가 없이 이리저리 갈팡질팡함
芝蘭之交(지란지교)	지초와 난초의 사귐(벗 사이의 높고 맑은 사귐)
指鹿爲馬(지록위마)	사슴을 가리켜 말이라고 함
志在千里(지재천리)	뜻이 천리에 있음
知彼知己(지피지기)	적의 형편과 나의 형편을 다 자세히 앎
紙筆硯墨(지필연묵)	종이와 붓과 벼루와 먹
知行合一(지행합일)	지식과 행동이 하나로 합치됨
集小成多(집소성다)	작은 것을 모아서 많은 것을 이룸
借廳借閨(차청차규)	대청을 빌려 사는 사람이 점점 안방까지 들어감
天長地久(천장지구)	하늘과 땅처럼 오래가고 변함이 없음
千篇一律(천편일률)	여러 사물이 개성이 없이 모두 비슷비슷함
徹頭徹尾(철두철미)	처음부터 끝까지 빈틈없고 철저하게 함
晴耕雨讀(청경우독)	맑은 날은 논밭을 갈고 비오는 날은 책을 읽음
靑松綠竹(청송녹죽)	푸른 소나무와 푸른 대나무
靑雲之志(청운지지)	천자가 될 사람이 있는 곳에는 푸른구름이 깃들임
靑出於藍(청출어람)	푸른색은 쪽빛에서 나옴(스승보다 제자의 실력이 뛰어남)
淸風明月(청풍명월)	맑은 바람과 밝은 달
草綠同色(초록동색)	풀과 초록색은 같은 색
初志不變(초지불변)	처음의 뜻이 변하지 않음

推己及人(추기급인)	자신을 미루어 다른 사람에게 미침
追遠報本(추원보본)	조상의 덕을 추모하여 제사를 지내며 은혜를 갚음
秋風落葉(추풍낙엽)	가을바람에 흩어져 떨어지는 나뭇잎
出告反面(출고반면)	나갈 때는 아뢰고 돌아오면 뵘
親仁善隣(친인선린)	어진 사람을 가까이 하고 이웃과 사이좋게 지냄
他山之石(타산지석)	남의 산에 있는 돌이라도 나의 옥을 다듬는 데에 소용이 됨
泰山北斗(태산북두)	태산과 북두칠성처럼 모든 사람들이 우러러보는 존재
兎死狗烹(토사구팽)	토끼가 죽고 나면 사냥개를 삶아먹음
破邪顯正(파사현정)	사견이나 사도를 깨어 버리고 정도를 나타냄
破竹之勢(파죽지세)	대나무의 한끝을 쪼개듯 거침없이 적에게 진군하는 기세
風樹之嘆(풍수지탄)	어버이가 돌아가시어 효도하고 싶어도 할 수 없음
風前燈火(풍전등화)	바람 앞의 등불(사물이나 인생의 덧없음)
匹夫匹婦(필부필부)	평범한 남녀
學如不及(학여불급)	필요하지도 않고 급하지도 않음
學如逆水(학여역수)	배움은 물을 거슬러올라가는 것과 같음
漢江投石(한강투석)	한강에 돌던지기
咸興差使(함흥차사)	함흥으로 사신을 보냄
螢雪之功(형설지공)	고생 속에서도 꾸준히 공부하여 얻은 보람
兄弟投金(형제투금)	형제가 금을 강에 던짐
形形色色(형형색색)	모양이나 빛깔이 서로 다른 여러 가지

狐假虎威(호가호위)	여우가 호랑이의 힘을 빌려 잘난체하며 경솔하게 행동함
浩然之氣(호연지기)	사람의 마음에 차 있는 너르고 크고 올바른 기운
胡蝶夢(호접몽)	나비의 꿈(자아와 외물은 본디 하나라는 이치)
昏定晨省(혼정신성)	저녁에 자리를 펴드리고 새벽에 문안 인사를드림
畵龍點睛(화룡점정)	가장 중요한 부분을 마무리 지음
和而不同(화이부동)	남과 사이좋게 지내기는 하나 무턱대고 한데 어울리지 않는 일
會者定離(회자정리)	만난 사람은 반드시 헤어지게 됨
後生可畏(후생가외)	뒤에 난 사람은 두려워할 만하다
厚顔無恥(후안무치)	낯가죽이 두꺼워 뻔뻔하고 부끄러움을 모름
興亡盛衰(흥망성쇠)	흥하고 망함과 성하고 쇠함
興盡悲來(흥진비래)	즐거운 일이 다하면 슬픈 일이 옴
喜怒哀樂(희로애락)	기쁨과 성냄과 슬픔과 즐거움

ㄱ

中7급 歌(가) 21
中7급 家(가) 21
中5급 價(가) 83
中5급 加(가) 83
中5급 可(가) 83
高4급 暇(가) 134
中4Ⅱ급 街(가) 197
中4Ⅱ급 假(가) 197
中3Ⅱ급 佳(가) 260
高3급 架(가) 260
中6급 各(각) 45
中6급 角(각) 46
高4급 刻(각) 134
高4급 覺(각) 134
高3급 却(각) 260
中3Ⅱ급 脚(각) 261
高3Ⅱ급 閣(각) 261
中7급 間(간) 21
中4급 干(간) 135
中4급 看(간) 135
高4급 簡(간) 135
高3Ⅱ급 肝(간) 261
高3Ⅱ급 懇(간) 261
高3급 姦(간) 262
高3Ⅱ급 刊(간) 262
高3Ⅱ급 幹(간) 262
中3급 渴(갈) 262

中6급 感(감) 46
中4급 敢(감) 135
中4Ⅱ급 減(감) 197
高4Ⅱ급 監(감) 198
中4급 甘(감) 198
高3Ⅱ급 鑑(감) 263
中4급 甲(갑) 136
中7급 江(강) 21
中6급 強(강) 46
中4급 講(강) 198
中4Ⅱ급 康(강) 198
高3Ⅱ급 綱(강) 263
高3Ⅱ급 剛(강) 263
高3급 鋼(강) 263
中4Ⅱ급 降(강/항) 136
中6급 開(개) 46
中5급 改(개) 84
中4Ⅱ급 個(개) 199
高3급 蓋(개) 264
高3급 皆(개) 264
高3급 慨(개) 264
高3Ⅱ급 概(개) 264
高3Ⅱ급 介(개) 265
中4급 客(객) 84
中4급 更(갱/경) 136
中5급 去(거) 84
高4급 拒(거) 136
高4급 據(거) 137

中4급 擧(거) 137
中4급 巨(거) 137
中4급 居(거) 137
高3Ⅱ급 距(거) 265
中7급 車(거/차) 22
高5급 健(건) 84
高5급 件(건) 85
中5급 建(건) 85
中3Ⅱ급 乾(건) 265
高4급 傑(걸) 137
高2급 乞(걸) 265
高4급 儉(검) 138
中4Ⅱ급 檢(검) 199
高3Ⅱ급 劍(검) 266
3급 憩(게) 266
高5급 格(격) 85
高4급 激(격) 138
中4급 擊(격) 138
高2급 隔(격) 266
中4급 堅(견) 139
中4급 犬(견) 139
高3급 絹(견) 266
高2급 牽(견) 267
高3급 遣(견) 267
高3급 肩(견) 267
中5급 見(견/현) 85
中5급 結(결) 86
中5급 決(결) 86

高4급 缺(결) 139
中4Ⅱ급 潔(결) 199
高3Ⅱ급 訣(결) 267
高3Ⅱ급 兼(겸) 268
高3Ⅱ급 謙(겸) 268
中6급 京(경) 47
中5급 輕(경) 86
中5급 競(경) 86
中5급 景(경) 87
中5급 敬(경) 87
高4급 傾(경) 140
高4급 鏡(경) 139
中4급 驚(경) 140
中4Ⅱ급 慶(경) 199
中4Ⅱ급 境(경) 200
中4Ⅱ급 經(경) 200
高4Ⅱ급 警(경) 200
高3급 卿(경) 268
中3급 庚(경) 268
中3Ⅱ급 耕(경) 269
中3Ⅱ급 頃(경) 269
高3급 硬(경) 269
高3급 徑(경) 269
高3급 竟(경) 270
中6급 界(계) 47
高6급 係(계) 47
中6급 計(계) 47
高4급 階(계) 141

高4급 系(계) 140	高3Ⅱ급 哭(곡) 273	高3Ⅱ급 慣(관) 276	中5급 救(구) 90
中4급 鷄(계) 140	中3Ⅱ급 谷(곡) 273	高3Ⅱ급 館(관) 276	高4급 構(구) 144
高4급 戒(계) 141	中4급 困(곤) 142	高3Ⅱ급 冠(관) 276	中4Ⅱ급 句(구) 201
高4급 季(계) 141	中3급 坤(곤) 273	高3Ⅱ급 貫(관) 276	中4Ⅱ급 求(구) 201
高4급 繼(계) 141	中4급 骨(골) 143	高3Ⅱ급 寬(관) 277	中4Ⅱ급 究(구) 201
高3Ⅱ급 械(계) 270	中7급 工(공) 22	中8급 光(광) 8	中3Ⅱ급 久(구) 279
高3급 桂(계) 270	中7급 空(공) 22	中5급 廣(광) 89	高3Ⅱ급 拘(구) 280
高3Ⅱ급 啓(계) 270	中6급 公(공) 48	高4급 鑛(광) 144	高3급 丘(구) 280
高3Ⅱ급 契(계) 271	中6급 功(공) 49	高2급 狂(광) 277	高3급 驅(구) 280
中3급 癸(계) 271	中6급 共(공) 49	高3급 掛(괘) 277	3급 鷗(구) 280
中3Ⅱ급 溪(계) 271	高4급 孔(공) 143	高3급 愧(괴) 277	高3급 苟(구) 281
高2급 繫(계) 271	高4Ⅱ급 攻(공) 201	高3급 塊(괴) 278	高3급 狗(구) 281
中6급 古(고) 48	高3Ⅱ급 貢(공) 274	高3Ⅱ급 怪(괴) 278	高3급 俱(구) 281
中6급 苦(고) 48	高3Ⅱ급 恐(공) 274	高3급 壞(괴) 278	高3급 懼(구) 281
中6급 高(고) 48	高3Ⅱ급 供(공) 274	中8급 敎(교) 8	高3Ⅱ급 龜(구/귀/균) 282
中5급 固(고) 87	高3Ⅱ급 恭(공) 274	中8급 校(교) 8	中8급 國(국) 9
中5급 考(고) 87	中6급 科(과) 49	中6급 交(교) 50	高5급 局(국) 90
中5급 告(고) 88	中6급 果(과) 49	中5급 橋(교) 89	高3Ⅱ급 菊(국) 282
高4급 庫(고) 142	中5급 課(과) 88	高3급 郊(교) 278	中8급 軍(군) 9
高4급 孤(고) 142	中5급 過(과) 88	高3급 矯(교) 279	中6급 郡(군) 50
中4Ⅱ급 故(고) 200	高3Ⅱ급 寡(과) 275	高3급 巧(교) 279	高6급 群(군) 51
高3급 顧(고) 272	高3Ⅱ급 誇(과) 275	高3Ⅱ급 較(교) 279	中4급 君(군) 144
高3급 枯(고) 272	3급 瓜(과) 275	中8급 九(구) 9	高4급 屈(굴) 144
高3Ⅱ급 鼓(고) 272	高3Ⅱ급 郭(곽) 275	中7급 口(구) 22	高4급 窮(궁) 145
高3Ⅱ급 姑(고) 272	中5급 觀(관) 89	高6급 球(구) 50	高3Ⅱ급 宮(궁) 202
高3Ⅱ급 稿(고) 273	高5급 關(관) 89	高6급 區(구) 50	中3Ⅱ급 弓(궁) 282
中5급 曲(곡) 88	中4급 官(관) 143	中5급 舊(구) 90	中4급 勸(권) 145
中4급 穀(곡) 142	高4급 管(관) 143	高5급 具(구) 90	高4급 券(권) 145

中4급 卷(권) 145
中4Ⅱ급 權(권) 202
高3Ⅱ급 拳(권) 282
高3급 厥(궐) 283
高2급 軌(궤) 283
中5급 貴(귀) 91
中4급 歸(귀) 146
高3Ⅱ급 鬼(귀) 283
高5급 規(규) 91
高3급 叫(규) 283
高2급 糾(규) 284
3급 閨(규) 284
中4급 均(균) 146
高3급 菌(균) 284
高4급 劇(극) 146
中4Ⅱ급 極(극) 202
高3Ⅱ급 克(극) 284
中6급 根(근) 51
中6급 近(근) 51
高4급 筋(근) 91
中4급 勤(근) 146
高3급 斤(근) 285
高3급 謹(근) 285
高3급 僅(근) 285
中8급 金(금) 9
中6급 今(금) 51
中4Ⅱ급 禁(금) 202
高3Ⅱ급 錦(금) 285

高3Ⅱ급 琴(금) 286
高3Ⅱ급 禽(금) 286
中6급 急(급) 52
高6급 級(급) 52
中5급 給(급) 91
高3Ⅱ급 及(급) 286
高3급 肯(긍) 286
中7급 記(기) 23
高7급 旗(기) 23
中7급 氣(기) 23
中5급 基(기) 92
中5급 技(기) 92
中5급 己(기) 92
中5급 期(기) 92
中5급 汽(기) 93
高4급 奇(기) 147
高4급 寄(기) 147
高4급 機(기) 147
高4급 紀(기) 147
中4Ⅱ급 起(기) 203
高4급 器(기) 203
中3급 幾(기) 287
高3Ⅱ급 畿(기) 287
高3Ⅱ급 棄(기) 287
高3Ⅱ급 企(기) 287
高3Ⅱ급 祈(기) 288
高3급 欺(기) 288
高3급 忌(기) 288

中3Ⅱ급 其(기) 288
高3급 騎(기) 289
高3급 飢(기) 289
高3급 豈(기/개) 289
高3Ⅱ급 緊(긴) 289
中5급 吉(길) 93

ㄴ

高3급 那(나) 290
高3급 奈(나/내) 290
中4Ⅱ급 難(난) 203
中4Ⅱ급 暖(난) 203
中8급 南(남) 10
中7급 男(남) 24
高3Ⅱ급 納(납) 290
高3급 娘(낭) 290
中7급 內(내) 23
高3Ⅱ급 耐(내) 291
中3Ⅱ급 乃(내) 291
中8급 女(녀(여)) 10
中8급 年(년(연)) 10
中5급 念(념(염)) 93
高3Ⅱ급 寧(녕(영)) 291
中4Ⅱ급 怒(노) 204
高4Ⅱ급 努(노) 204
高3Ⅱ급 奴(노) 291
中7급 農(농) 24
3급 濃(농) 292

高3급 惱(뇌) 292
高3Ⅱ급 腦(뇌) 292
中5급 能(능) 93
高3급 泥(니) 292

ㄷ

中6급 多(다) 52
高3Ⅱ급 茶(다/차) 293
中6급 短(단) 52
高5급 壇(단) 94
高급 團(단) 94
高4급 段(단) 148
高4Ⅱ급 檀(단) 204
高4Ⅱ급 斷(단) 204
中4Ⅱ급 單(단) 205
中4Ⅱ급 端(단) 205
中3Ⅱ급 丹(단) 293
中3Ⅱ급 但(단) 293
高3Ⅱ급 旦(단) 293
中4Ⅱ급 達(달) 205
中5급 談(담) 94
高4Ⅱ급 擔(담) 205
高3Ⅱ급 淡(담) 294
3급 潭(담) 294
中7급 答(답) 24
高3Ⅱ급 踏(답) 294
高3급 畓(답) 294
中6급 堂(당) 53

中5급 當(당) 94	高3급 渡(도) 297	中7급 登(등) 26	中5급 良(량(양)) 96
高4Ⅱ급 黨(당) 206	高2급 塗(도) 297	中6급 等(등) 55	中4급 兩(량(양)) 150
高3급 糖(당) 295	中3Ⅱ급 刀(도) 298	中4Ⅱ급 燈(등) 208	高4급 糧(량(양)) 150
高3Ⅱ급 唐(당) 295	高3급 稻(도) 298	高2급 騰(등) 300	中3Ⅱ급 凉(량(양)) 303
中8급 大(대) 10	中6급 度(도/탁) 54		高3급 梁(량(양)) 304
中6급 代(대) 53	中6급 讀(독) 54	ㄹ	高3급 諒(량(양)) 304
中6급 對(대) 53	高4Ⅱ급 督(독) 207	高4Ⅱ급 羅(라(나)) 208	中5급 量(량(양)) 97
中6급 待(대) 53	高4Ⅱ급 毒(독) 207	高3Ⅱ급 絡(락) 301	高4급 慮(려) 150
高4Ⅱ급 帶(대) 206	中3급 獨(독) 298	中5급 落(락(낙)) 96	高3급 勵(려) 304
高4Ⅱ급 隊(대) 206	高3급 篤(독) 298	4급 洛(락(낙)) 149	高4Ⅱ급 麗(려(여)) 209
高3Ⅱ급 臺(대) 295	高3급 敦(돈) 299	高3Ⅱ급 諾(락(낙)) 301	中5급 旅(려(여)) 97
高3급 貸(대) 295	高3급 豚(돈) 299	6급 樂(락(낙)/악/요) 55	高3Ⅱ급 曆(력) 304
中5급 德(덕) 95	高3Ⅱ급 突(돌) 299	3급 爛(란) 301	中3Ⅱ급 力(력) 305
中7급 道(도) 24	中8급 東(동) 11	高3Ⅱ급 欄(란) 301	中5급 歷(력) 97
中6급 圖(도) 54	中7급 同(동) 25	高4급 亂(란(난)) 149	高3Ⅱ급 聯(련) 305
中5급 島(도) 95	中7급 冬(동) 25	中4Ⅱ급 卵(란(난)) 149	高3Ⅱ급 鍊(련) 305
中5급 都(도) 95	中7급 動(동) 25	高3Ⅱ급 蘭(란(난)) 302	高3Ⅱ급 戀(련) 305
中5급 到(도) 95	中6급 童(동) 54	高4급 覽(람) 149	中5급 練(련(연)) 97
高4급 逃(도) 148	高4Ⅱ급 銅(동) 207	高3급 濫(람) 302	中4Ⅱ급 連(련(연)) 209
高4급 盜(도) 148	3급 桐(동) 299	3급 藍(람) 302	高3급 憐(련(연/인)) 306
中4급 徒(도) 148	高3급 凍(동) 300	中3Ⅱ급 浪(랑) 302	高3급 裂(렬) 306
高4Ⅱ급 導(도) 206	中7급 洞(동/통) 25	中3Ⅱ급 郎(랑) 303	高3급 劣(렬) 306
高3급 跳(도) 296	中6급 頭(두) 55	5급 朗(랑(낭)) 96	中4급 烈(렬(열)) 151
高3Ⅱ급 陶(도) 296	中4Ⅱ급 斗(두) 207	高3Ⅱ급 廊(랑(낭)) 303	中4Ⅱ급 列(렬(열)) 209
高3급 倒(도) 296	中4Ⅱ급 豆(두) 208	中7급 來(래(내)) 26	高3급 廉(렴) 306
高3Ⅱ급 途(도) 296	高2급 屯(둔) 300	中5급 冷(랭(냉)) 96	高2급 獵(렵(엽)) 307
高3급 挑(도) 297	中4Ⅱ급 鈍(둔) 300	高3급 掠(략) 303	高3Ⅱ급 靈(령) 307
高3급 桃(도) 297	中4Ⅱ급 得(득) 208	高4급 略(략(약)) 150	高5급 嶺(령(영)) 98

中5급 令(령(영)) 98
高3급 零(령(영)) 307
中5급 領(령(영)) 98
中6급 禮(례(예)) 55
高2급 隷(례(예)) 307
中3Ⅱ급 露(로) 308
中3Ⅱ급 路(로) 308
中7급 老(로(노)) 26
中6급 勞(로(노)) 56
高3Ⅱ급 爐(로(노)) 308
高3급 祿(록) 308
高3급 鹿(록) 309
中6급 綠(록(녹)) 56
高4Ⅱ급 錄(록(녹)) 209
中4Ⅱ급 論(론(논)) 210
高3Ⅱ급 弄(롱) 309
高3Ⅱ급 賴(뢰) 309
高3Ⅱ급 雷(뢰(뇌)) 309
中5급 料(료(요)) 98
高2급 僚(료(요)) 310
高3급 了(료(요)) 310
高4급 龍(룡(용)) 151
高3Ⅱ급 屢(루(누)) 310
高3급 淚(루(누)) 310
高3Ⅱ급 累(루(누)) 311
高3Ⅱ급 樓(루(누)) 311
高3급 漏(루(누)) 311
高5급 類(류(유)) 99

中4급 柳(류(유)) 151
中4Ⅱ급 留(류(유)) 210
中5급 流(류(유)) 99
中8급 六(륙(육)) 11
中5급 陸(륙(육)) 99
高4급 輪(륜(윤)) 151
中3Ⅱ급 倫(륜(윤)) 311
中4Ⅱ급 律(률(율)) 210
高3Ⅱ급 栗(률(율)) 312
高3Ⅱ급 隆(륭(융)) 312
高3Ⅱ급 陵(릉(능)) 312
中6급 理(리(이)) 56
高4급 離(리(이)) 152
高3급 梨(리(이)) 312
高3Ⅱ급 履(리(이)) 313
高3Ⅱ급 吏(리(이)) 313
高3Ⅱ급 裏(리(이)) 313
中6급 利(리(이)) 56
中7급 里(리(이)) 26
高6급 李(리(이)) 57
高3급 隣(린(인)) 313
中7급 林(림(임)) 27
高3Ⅱ급 臨(림(임)) 314
中7급 立(립(입)) 27

◻

中5급 馬(마) 99
高3급 磨(마) 314

高3급 麻(마) 314
高3Ⅱ급 幕(막) 314
高3Ⅱ급 漠(막) 315
中8급 萬(만) 11
中4급 滿(만) 210
中3급 晚(만) 315
中3급 漫(만) 315
3급 蠻(만) 315
高3급 慢(만) 316
中5급 末(말) 100
中5급 望(망) 100
高3급 罔(망) 316
中3급 忘(망) 316
中3급 忙(망) 316
高3Ⅱ급 妄(망) 317
高3Ⅱ급 茫(망) 317
中5급 亡(망/무) 100
中7급 每(매) 27
中5급 買(매) 100
中5급 賣(매) 101
中4급 妹(매) 152
高3Ⅱ급 梅(매) 317
高3급 埋(매) 317
高3급 媒(매) 318
高4Ⅱ급 脈(맥) 211
中3급 麥(맥) 318
高3Ⅱ급 盲(맹) 318
高3Ⅱ급 猛(맹) 319

高3Ⅱ급 孟(맹) 319
高3Ⅱ급 盟(맹) 318
中7급 面(면) 27
中4급 勉(면) 152
中3Ⅱ급 眠(면) 319
高3Ⅱ급 綿(면) 319
中3급 免(면) 320
高3Ⅱ급 滅(멸) 320
中7급 命(명) 28
中7급 名(명) 28
中6급 明(명) 57
中4급 鳴(명) 152
高3Ⅱ급 銘(명) 320
高3Ⅱ급 冥(명) 320
中8급 母(모) 11
高4급 模(모) 153
中4Ⅱ급 毛(모) 211
高3Ⅱ급 貌(모) 321
高3Ⅱ급 慕(모) 321
中3급 暮(모) 321
3급 矛(모) 322
高3급 募(모) 321
高2급 冒(모) 322
高3급 某(모) 322
中3Ⅱ급 莫(모) 322
高3Ⅱ급 謀(모) 323
高3Ⅱ급 侮(모) 323
中8급 木(목) 12

中6급 目(목) 57
高4Ⅱ급 牧(목) 211
高3Ⅱ급 睦(목) 323
3급 沐(목) 323
高3Ⅱ급 沒(몰) 324
高3Ⅱ급 蒙(몽) 324
高3Ⅱ급 夢(몽) 324
中4급 妙(묘) 153
高4급 墓(묘) 153
中3급 卯(묘) 325
高3급 苗(묘) 324
高3급 廟(묘) 325
中5급 無(무) 101
中4급 舞(무) 153
中4Ⅱ급 武(무) 211
中4Ⅱ급 務(무) 212
高3Ⅱ급 貿(무) 325
高3급 霧(무) 326
中3급 戊(무) 325
中3Ⅱ급 茂(무) 326
中3급 墨(묵) 326
中3급 黙(묵) 326
中8급 門(문) 12
中7급 問(문) 28
中7급 文(문) 28
中6급 聞(문) 57
高3급 紋(문) 327
中7급 物(물) 29

中3Ⅱ급 勿(물) 327
中6급 米(미) 58
中6급 美(미) 58
中4Ⅱ급 味(미) 212
中4Ⅱ급 未(미) 212
高3급 迷(미) 327
高3급 眉(미) 328
中3급 尾(미) 327
高3Ⅱ급 微(미) 328
中8급 民(민) 12
高3급 敏(민) 328
高3급 憫(민) 328
中4Ⅱ급 密(밀) 212
高3급 蜜(밀) 329

ㅂ

高6급 朴(박) 58
高4급 拍(박) 154
高4Ⅱ급 博(박) 213
高3Ⅱ급 迫(박) 329
高3Ⅱ급 薄(박) 329
高3급 泊(박) 329
中6급 反(반) 58
中6급 半(반) 59
高6급 班(반) 59
高3급 返(반) 330
高3급 盤(반) 330
高3Ⅱ급 般(반) 330

高3급 叛(반) 331
中3급 飯(반) 331
高2급 伴(반) 330
中6급 發(발) 59
高4급 髮(발) 154
高3급 拔(발) 331
中7급 方(방) 29
中6급 放(방) 59
高4급 妨(방) 154
中4Ⅱ급 房(방) 213
中4Ⅱ급 防(방) 213
中4Ⅱ급 訪(방) 213
高3급 芳(방) 331
高3급 邦(방) 332
高3급 倣(방) 332
高3급 傍(방) 332
高5급 倍(배) 101
高4Ⅱ급 配(배) 214
高4Ⅱ급 背(배) 214
中4Ⅱ급 拜(배) 214
高3급 排(배) 333
高3급 培(배) 333
高3급 杯(배) 332
中8급 白(백) 12
中7급 百(백) 29
高3Ⅱ급 伯(백) 333
3급 柏(백) 333
中6급 番(번) 60

高4급 飜(번) 154
高3Ⅱ급 繁(번) 334
中4Ⅱ급 伐(벌) 214
高4Ⅱ급 罰(벌) 215
高6급 犯(범) 155
高4급 範(범) 155
3급 汎(범) 334
中3Ⅱ급 凡(범) 334
中5급 法(법) 101
高4Ⅱ급 壁(벽) 215
高3Ⅱ급 碧(벽) 334
中5급 變(변) 102
高4급 辯(변) 155
高4Ⅱ급 邊(변) 215
高3급 辨(변) 335
高3급 卞(변) 335
中6급 別(별) 60
中6급 病(병) 60
中5급 兵(병) 102
中3Ⅱ급 丙(병) 335
高3급 竝(병) 335
高3급 屛(병) 336
高4급 普(보) 155
中4Ⅱ급 保(보) 215
中4Ⅱ급 寶(보) 216
中4Ⅱ급 步(보) 216
中4Ⅱ급 報(보) 216
高3급 譜(보) 336

高3Ⅱ급 補(보) 336
中6급 服(복) 60
高5급 福(복) 102
中4급 伏(복) 156
高4급 複(복) 156
高3급 卜(복) 336
高2급 覆(복) 337
高3Ⅱ급 腹(복) 337
中4Ⅱ급 復(복/부) 216
中6급 本(본) 61
中5급 奉(봉) 102
高3급 鳳(봉) 337
高3급 蜂(봉) 337
中3Ⅱ급 逢(봉) 338
高3Ⅱ급 封(봉) 338
高3Ⅱ급 峯(봉) 338
中8급 父(부) 13
中7급 夫(부) 29
中6급 部(부) 61
高4급 負(부) 156
中4급 否(부) 156
中4Ⅱ급 婦(부) 217
高4급 府(부) 217
中4Ⅱ급 副(부) 217
中4Ⅱ급 富(부) 217
中3Ⅱ급 扶(부) 338
高3급 腐(부) 339
3급 膚(부) 339

高3급 賦(부) 339
高3급 赴(부) 339
高3Ⅱ급 附(부) 340
高3Ⅱ급 符(부) 340
高3Ⅱ급 付(부) 340
高3Ⅱ급 簿(부) 340
高3Ⅱ급 浮(부) 341
中7급 不(부/불) 30
中7급 北(북/배) 30
中6급 分(분) 61
高4급 憤(분) 157
高4급 粉(분) 157
高3급 奮(분) 341
高3급 奔(분) 341
高3Ⅱ급 紛(분) 341
中4Ⅱ급 佛(불) 218
3급 弗(불) 342
高3급 拂(불) 342
中3급 朋(붕) 342
高3급 崩(붕) 342
中5급 鼻(비) 103
中5급 比(비) 103
高5급 費(비) 103
高4급 碑(비) 157
高4급 批(비) 157
高4급 祕(비) 158
中4Ⅱ급 備(비) 218
中4Ⅱ급 飛(비) 218

中4Ⅱ급 非(비) 218
高3급 悲(비) 219
高3Ⅱ급 妃(비) 343
高3Ⅱ급 婢(비) 343
高3Ⅱ급 卑(비) 343
高3Ⅱ급 肥(비) 343
中4Ⅱ급 貧(빈) 219
高3급 賓(빈) 344
高3급 頻(빈) 344
中5급 氷(빙) 103
高3급 聘(빙) 344

ㅅ

中8급 四(사) 13
中7급 事(사) 30
中6급 使(사) 61
高6급 社(사) 62
中6급 死(사) 62
高5급 査(사) 104
高5급 寫(사) 104
中5급 士(사) 104
中5급 思(사) 104
中5급 仕(사) 105
中5급 史(사) 105
高4급 辭(사) 158
中4급 私(사) 158
中4급 射(사) 158
中4급 絲(사) 159

中4Ⅱ급 師(사) 219
中4Ⅱ급 謝(사) 219
中4Ⅱ급 舍(사) 220
高3급 斯(사) 344
高3Ⅱ급 沙(사) 345
高3Ⅱ급 邪(사) 345
高3Ⅱ급 詞(사) 345
高3Ⅱ급 巳(사) 345
高3Ⅱ급 司(사) 346
高3Ⅱ급 祀(사) 346
高3급 似(사) 346
高3급 詐(사) 346
高3급 斜(사) 347
高3급 蛇(사) 347
高3급 賜(사) 347
高3급 捨(사) 347
高3급 朔(삭) 348
高3급 削(삭) 348
高3급 索(삭/색) 348
中8급 山(산) 13
中7급 算(산) 30
中5급 産(산) 105
中4급 散(산) 159
3급 酸(산) 348
中4Ⅱ급 殺(살/쇄) 220
中8급 三(삼) 13
3Ⅱ급 森(삼) 349
中7급 上(상) 31

中5급 商(상) 105	高3급 庶(서) 352	高2급 攝(섭) 355	高3급 蔬(소) 357
中5급 相(상) 106	高3Ⅱ급 恕(서) 352	3급 涉(섭) 356	高3급 김(소) 357
中5급 賞(상) 106	高3Ⅱ급 徐(서) 353	中7급 姓(성) 31	高3급 昭(소) 357
中4급 傷(상) 159	高2급 誓(서) 353	中6급 成(성) 64	高3급 騷(소) 358
高4급 象(상) 159	高3Ⅱ급 緖(서) 353	中5급 性(성) 108	中6급 速(속) 64
中4급 想(상) 220	高3Ⅱ급 署(서) 353	中4Ⅱ급 城(성) 221	中5급 束(속) 109
高4Ⅱ급 床(상) 220	高2급 逝(서) 354	中4Ⅱ급 誠(성) 222	高4급 屬(속) 160
中4Ⅱ급 常(상) 221	中7급 夕(석) 31	中4Ⅱ급 盛(성) 222	中4Ⅱ급 續(속) 224
中3Ⅱ급 喪(상) 349	中6급 石(석) 63	中4Ⅱ급 聲(성) 222	中4Ⅱ급 俗(속) 225
中3Ⅱ급 尙(상) 349	中6급 席(석) 63	中4Ⅱ급 聖(성) 222	高3급 粟(속) 358
高3Ⅱ급 像(상) 349	高3급 析(석) 354	中4Ⅱ급 星(성) 223	中6급 孫(손) 64
高3급 桑(상) 350	中3급 昔(석) 354	中7급 世(세) 32	高4급 損(손) 160
高3급 償(상) 350	高3Ⅱ급 釋(석) 354	中5급 歲(세) 108	高3Ⅱ급 率(솔) 358
高3급 嘗(상) 350	中3Ⅱ급 惜(석) 355	中5급 洗(세) 108	高4급 頌(송) 161
高3급 祥(상) 350	中8급 先(선) 14	中4Ⅱ급 細(세) 223	高4급 松(송) 161
中3Ⅱ급 霜(상) 351	中6급 線(선) 63	中4Ⅱ급 勢(세) 223	中4Ⅱ급 送(송) 225
高3Ⅱ급 詳(상) 351	中5급 善(선) 106	中4Ⅱ급 稅(세) 223	高3급 訟(송) 358
高3Ⅱ급 裳(상) 351	中5급 選(선) 107	中8급 小(소) 14	高3급 誦(송) 359
高4Ⅱ급 狀(상/장) 221	中5급 鮮(선) 107	中7급 少(소) 32	高3Ⅱ급 刷(쇄) 359
高3급 塞(새/색) 351	中5급 仙(선) 107	中7급 所(소) 32	高3급 鎖(쇄) 359
中7급 色(색) 31	中5급 船(선) 107	中6급 消(소) 64	高3Ⅱ급 衰(쇠) 359
中8급 生(생) 14	高4급 宣(선) 160	高4Ⅱ급 掃(소) 224	中8급 水(수) 15
中6급 省(생) 62	高3급 禪(선) 355	中4Ⅱ급 笑(소) 224	中7급 手(수) 32
中8급 西(서) 14	高3Ⅱ급 旋(선) 355	中4Ⅱ급 素(소) 224	中7급 數(수) 33
中6급 書(서) 62	中6급 雪(설) 63	高3급 疏(소) 356	中6급 樹(수) 65
中5급 序(서) 106	中5급 說(설) 108	高3Ⅱ급 蘇(소) 356	中5급 首(수) 109
中3급 暑(서) 352	高4급 舌(설) 160	高3Ⅱ급 訴(소) 356	中4급 秀(수) 161
高3급 敍(서) 352	中4Ⅱ급 設(설) 221	高3급 燒(소) 357	中4Ⅱ급 受(수) 225

中4Ⅱ급 收(수) 225	高3Ⅱ급 旬(순) 364	中4Ⅱ급 詩(시) 228	中3Ⅱ급 甚(심) 370
中4Ⅱ급 修(수) 226	高3Ⅱ급 巡(순) 365	中4Ⅱ급 是(시) 228	高3급 尋(심) 371
中4Ⅱ급 守(수) 226	高3급 脣(순) 365	中4Ⅱ급 視(시) 228	中8급 十(십) 15
中4Ⅱ급 授(수) 226	高3급 循(순) 365	高2급 尸(시) 368	高3Ⅱ급 雙(쌍) 371
高3Ⅱ급 隨(수) 360	高3급 殉(순) 365	中3급 侍(시) 368	中4급 氏(씨) 162
高3급 睡(수) 360	3급 盾(순) 366	高3급 矢(시) 369	
中3급 雖(수) 360	高3Ⅱ급 瞬(순) 366	中7급 植(식) 33	**ㅇ**
中3급 誰(수) 360	高6급 術(술) 65	中7급 食(식) 34	中5급 兒(아) 111
中3Ⅱ급 壽(수) 361	高3Ⅱ급 述(술) 366	中6급 式(식) 66	中3Ⅱ급 我(아) 371
高3급 輸(수) 361	中4급 戌(술) 366	高4Ⅱ급 息(식) 228	高3급 芽(아) 371
高3급 遂(수) 361	中4급 崇(숭) 162	高3Ⅱ급 飾(식) 369	高3Ⅱ급 雅(아) 372
高3Ⅱ급 需(수) 361	中6급 習(습) 65	中5급 識(식/지) 110	3Ⅱ급 阿(아) 372
中3급 須(수) 362	高4급 襲(습) 162	中6급 新(신) 66	高3급 亞(아) 372
高2급 搜(수) 362	高3Ⅱ급 濕(습) 367	中6급 神(신) 66	高3급 牙(아) 372
高3Ⅱ급 獸(수) 362	中3Ⅱ급 拾(습/십) 367	中6급 信(신) 67	高3급 餓(아) 373
高3급 愁(수) 362	中6급 勝(승) 65	中6급 身(신) 67	高3급 岳(악) 373
高3급 囚(수) 363	中4Ⅱ급 承(승) 227	中5급 臣(신) 110	中5급 惡(악/오) 111
高3Ⅱ급 殊(수) 363	中3급 升(승) 367	中4Ⅱ급 申(신) 229	中7급 安(안) 34
高3Ⅱ급 帥(수) 363	中3Ⅱ급 乘(승) 367	中3급 辛(신) 369	中5급 案(안) 111
高2급 垂(수) 363	高3Ⅱ급 昇(승) 368	高3급 晨(신) 369	中4Ⅱ급 眼(안) 229
中5급 宿(숙) 109	高3Ⅱ급 僧(승) 368	高3급 伸(신) 370	高3급 雁(안) 373
中4급 叔(숙) 161	中7급 時(시) 33	高3Ⅱ급 愼(신) 370	中3Ⅱ급 顔(안) 373
高4급 肅(숙) 162	中7급 市(시) 33	中8급 室(실) 15	高3Ⅱ급 岸(안) 374
中3Ⅱ급 淑(숙) 364	中6급 始(시) 66	中6급 失(실) 67	高3급 謁(알) 374
高3Ⅱ급 熟(숙) 364	中5급 示(시) 110	中5급 實(실) 110	中4Ⅱ급 暗(암) 229
高3급 孰(숙) 364	中4Ⅱ급 試(시) 227	中7급 心(심) 34	中3Ⅱ급 巖(암) 374
中5급 順(순) 109	中4Ⅱ급 寺(시) 227	中4Ⅱ급 深(심) 229	高4Ⅱ급 壓(압) 230
中4Ⅱ급 純(순) 226	中4Ⅱ급 施(시) 227	高3Ⅱ급 審(심) 370	高2급 押(압) 374

高4급 殃(앙) 163
中3Ⅱ급 仰(앙) 375
高3Ⅱ급 央(앙) 375
中6급 愛(애) 67
中3Ⅱ급 哀(애) 375
高3급 涯(애) 375
高5급 液(액) 111
高4급 額(액) 163
高3급 厄(액) 376
中6급 野(야) 68
中6급 夜(야) 68
中3Ⅱ급 若(야) 376
中3급 也(야) 376
高3급 耶(야) 376
中6급 藥(약) 68
中6급 弱(약) 68
中5급 約(약) 112
高2급 躍(약) 377
中6급 陽(양) 69
中6급 洋(양) 69
中5급 養(양) 112
高4급 樣(양) 163
中4Ⅱ급 羊(양) 230
中3Ⅱ급 讓(양) 377
高3급 楊(양) 377
高3Ⅱ급 壤(양) 377
中3Ⅱ급 揚(양) 378
中7급 語(어) 34

中5급 漁(어) 112
中5급 魚(어) 112
高3Ⅱ급 御(어) 378
中3급 於(어) 378
高3Ⅱ급 憶(억) 378
高3Ⅱ급 抑(억) 379
中6급 言(언) 69
高3급 焉(언) 379
中4급 嚴(엄) 163
中6급 業(업) 69
中4급 與(여) 164
中4급 如(여) 164
中4Ⅱ급 餘(여) 230
高3급 予(여) 379
高3급 輿(여) 379
中3급 余(여) 380
中3급 汝(여) 380
高4급 域(역) 164
中4Ⅱ급 逆(역) 230
中3Ⅱ급 亦(역) 380
高3급 疫(역) 380
高3Ⅱ급 驛(역) 381
高3Ⅱ급 役(역) 381
高3Ⅱ급 譯(역) 381
中4급 易(역/이) 164
中7급 然(연) 35
高4급 鉛(연) 165
高4급 緣(연) 165

高4급 延(연) 165
高4급 燃(연) 165
中4Ⅱ급 研(연) 231
中4Ⅱ급 煙(연) 231
高4급 演(연) 231
高급 蓮(연) 381
3급 硯(연) 382
高3Ⅱ급 宴(연) 382
高3Ⅱ급 沿(연) 382
高3Ⅱ급 燕(연) 382
高3Ⅱ급 軟(연) 383
中5급 熱(열) 113
高2급 閱(열) 383
中3Ⅱ급 悅(열) 383
高3급 鹽(염) 383
中3급 炎(염) 384
高3급 染(염) 384
中5급 葉(엽) 113
中6급 永(영) 70
中6급 英(영) 70
高4급 營(영) 166
高4급 迎(영) 166
高4급 映(영) 166
中4Ⅱ급 榮(영) 231
高3급 詠(영) 384
高3Ⅱ급 影(영) 384
高3급 泳(영) 385
中6급 例(예) 70

高4급 豫(예) 166
中4Ⅱ급 藝(예) 232
高3Ⅱ급 譽(예) 385
高3급 銳(예) 385
中8급 五(오) 15
中7급 午(오) 35
中4Ⅱ급 誤(오) 232
高3급 傲(오) 385
3급 梧(오) 386
中3Ⅱ급 悟(오) 386
高3급 汚(오) 386
中3Ⅱ급 烏(오) 386
高3급 娛(오) 387
高3급 吾(오) 387
高3급 嗚(오) 387
中5급 屋(옥) 113
中4Ⅱ급 玉(옥) 232
高3Ⅱ급 獄(옥) 387
中6급 溫(온) 70
高3급 翁(옹) 388
高2급 擁(옹) 388
中2급 瓦(와) 388
中3급 臥(와) 388
中5급 完(완) 113
高3급 緩(완) 389
中3급 曰(왈) 389
中8급 王(왕) 16
中4Ⅱ급 往(왕) 232

中8급 外(외) 16	中3Ⅱ급 宇(우) 393	高4Ⅱ급 爲(위) 234	高3급 聞(윤) 399
高3급 畏(외) 389	高3급 羽(우) 393	高4Ⅱ급 衛(위) 234	高3Ⅱ급 潤(윤) 399
中5급 要(요) 114	中3급 于(우) 393	高3급 緯(위) 394	中6급 銀(은) 72
中5급 曜(요) 114	中6급 運(운) 71	高3Ⅱ급 謂(위) 395	高4급 隱(은) 170
高4Ⅱ급 謠(요) 233	中5급 雲(운) 115	高3급 胃(위) 395	高4Ⅱ급 恩(은) 234
高3급 腰(요) 389	高3Ⅱ급 韻(운) 394	高3급 違(위) 395	中3Ⅱ급 乙(을) 399
高3급 搖(요) 390	中3급 云(운) 394	高3급 僞(위) 395	中6급 飮(음) 73
高3급 遙(요) 390	中5급 雄(웅) 115	中7급 有(유) 35	中6급 音(음) 73
高3Ⅱ급 慾(욕) 390	中6급 園(원) 71	中6급 油(유) 72	高4Ⅱ급 陰(음) 235
中3Ⅱ급 浴(욕) 390	中6급 遠(원) 72	中6급 由(유) 72	高3급 淫(음) 399
中3Ⅱ급 欲(욕) 391	中5급 願(원) 115	高4급 儒(유) 169	中3급 吟(음) 400
高3Ⅱ급 辱(욕) 391	中5급 元(원) 116	中4급 遊(유) 169	中7급 邑(읍) 36
中6급 勇(용) 71	中5급 原(원) 116	中4급 遺(유) 170	中3급 泣(읍) 400
中6급 用(용) 71	高5급 院(원) 116	高4급 乳(유) 170	高4Ⅱ급 應(응) 235
高3급 庸(용) 391	高4급 源(원) 167	高3급 愈(유) 396	高2급 凝(응) 400
中3Ⅱ급 容(용) 391	高4급 援(원) 168	中3Ⅱ급 幼(유) 396	中6급 醫(의) 73
中7급 右(우) 35	中4급 怨(원) 167	中3Ⅱ급 猶(유) 396	中6급 意(의) 73
中5급 雨(우) 114	高4Ⅱ급 員(원) 233	中3Ⅱ급 維(유) 396	中6급 衣(의) 74
中5급 友(우) 114	中4Ⅱ급 圓(원) 233	高3급 惟(유) 397	高4급 儀(의) 171
中5급 牛(우) 115	中8급 月(월) 16	中3급 酉(유) 397	中4급 依(의) 170
高4급 優(우) 167	高3Ⅱ급 越(월) 394	高3급 誘(유) 397	高4급 疑(의) 171
中4급 遇(우) 167	中5급 位(위) 116	高3급 柔(유) 397	高4Ⅱ급 議(의) 235
高4Ⅱ급 郵(우) 233	中5급 偉(위) 117	高3Ⅱ급 悠(유) 398	高4Ⅱ급 義(의) 235
中3급 尤(우) 392	高4급 圍(위) 168	高3Ⅱ급 裕(유) 398	高3급 宜(의) 400
中3급 又(우) 392	高4급 委(위) 168	高3Ⅱ급 幽(유) 398	中3급 矣(의) 401
高3Ⅱ급 愚(우) 392	中4급 危(위) 169	中3급 唯(유) 398	中8급 二(이) 16
高3Ⅱ급 偶(우) 392	高4급 威(위) 169	中7급 育(육) 36	中5급 以(이) 117
中3Ⅱ급 憂(우) 393	高4급 慰(위) 168	中4Ⅱ급 肉(육) 234	中5급 耳(이) 117

522 | 3-Step 왕초보 1800한자

中4급 異(이) 171
中4Ⅱ급 移(이) 236
3급 貳(이) 401
高3급 夷(이) 401
中3급 已(이) 401
中3급 而(이) 402
中4Ⅱ급 益(익) 236
高3Ⅱ급 翼(익) 402
中8급 人(인) 17
中5급 因(인) 117
中4급 仁(인) 171
中4Ⅱ급 引(인) 236
中4Ⅱ급 認(인) 236
中4Ⅱ급 印(인) 237
中3Ⅱ급 忍(인) 402
3급 刃(인) 402
中3급 寅(인) 403
高3급 姻(인) 403
中8급 一(일) 17
中8급 日(일) 17
高3Ⅱ급 逸(일) 403
3급 壹(일) 403
高5급 任(임) 118
高3급 賃(임) 404
中3Ⅱ급 壬(임) 404
中7급 入(입) 36

ㅈ

中7급 自(자) 36
中7급 子(자) 37
中7급 字(자) 37
中6급 者(자) 74
高4급 資(자) 172
中4급 姉(자) 172
高4급 姿(자) 172
中3Ⅱ급 慈(자) 404
高3급 紫(자) 404
3급 雌(자) 405
高3급 恣(자) 405
高3급 玆(자) 405
高3급 刺(자/척/라) 405
中6급 作(작) 74
高6급 昨(작) 74
高3급 酌(작) 406
高3급 爵(작) 406
高4급 殘(잔) 172
高3급 蠶(잠) 406
高3Ⅱ급 暫(잠) 406
3급Ⅱ급 潛(잠) 407
高4급 雜(잡) 173
高8급 長(장) 17
中7급 場(장) 37
中6급 章(장) 75
高4급 帳(장) 173
高4급 壯(장) 173

高4급 腸(장) 173
高4급 張(장) 174
高4급 裝(장) 174
高4급 獎(장) 174
中4Ⅱ급 將(장) 237
中4Ⅱ급 障(장) 237
高3급 牆(장) 407
高3Ⅱ급 莊(장) 407
高3Ⅱ급 藏(장) 407
中3Ⅱ급 丈(장) 408
高3Ⅱ급 粧(장) 408
高3Ⅱ급 葬(장) 408
高3Ⅱ급 臟(장) 408
高3Ⅱ급 掌(장) 409
中6급 才(재) 75
中6급 在(재) 75
中5급 再(재) 118
中5급 災(재) 118
中5급 材(재) 118
中5급 財(재) 119
高3Ⅱ급 載(재) 409
高3Ⅱ급 裁(재) 409
中3급 哉(재) 409
高3Ⅱ급 宰(재) 410
中3급 栽(재) 410
中5급 爭(쟁) 119
中5급 貯(저) 119
高4급 底(저) 174

中4Ⅱ급 低(저) 237
中3Ⅱ급 著(저) 410
高3Ⅱ급 抵(저) 410
中5급 的(적) 119
中5급 赤(적) 120
高4급 積(적) 175
高4급 績(적) 175
高4급 籍(적) 175
中4급 適(적) 175
高4급 賊(적) 176
中4Ⅱ급 敵(적) 238
高3Ⅱ급 摘(적) 411
高3Ⅱ급 寂(적) 411
高3급 滴(적) 411
3급 蹟(적) 411
3급 笛(적) 412
高3Ⅱ급 跡(적) 412
中7급 全(전) 37
中7급 電(전) 38
中7급 前(전) 38
中6급 戰(전) 75
中5급 典(전) 120
中5급 傳(전) 120
中5급 展(전) 120
高4급 專(전) 176
中4급 錢(전) 176
高4급 轉(전) 176
中4Ⅱ급 田(전) 238

高2급 殿(전) 412	中3Ⅱ급 井(정) 414	高3급 租(조) 416	高4급 周(주) 180
中5급 節(절) 121	高3Ⅱ급 亭(정) 415	高3급 弔(조) 416	中4급 朱(주) 180
高4급 折(절) 177	高3급 訂(정) 415	高3급 燥(조) 416	中4Ⅱ급 走(주) 243
中4Ⅱ급 絶(절) 238	高8급 第(제) 18	中3Ⅱ급 兆(조) 417	高3급 株(주) 418
高2급 竊(절) 412	高8급 弟(제) 18	高3Ⅱ급 照(조) 417	中3급 酒(주) 419
高5급 切(절/체) 121	高6급 題(제) 76	中7급 足(족) 39	高3Ⅱ급 洲(주) 419
高5급 點(점) 121	中4급 帝(제) 178	中6급 族(족) 77	高3Ⅱ급 柱(주) 419
中5급 店(점) 121	高4Ⅱ급 制(제) 239	中4Ⅱ급 尊(존) 242	高2급 鑄(주) 419
高4급 占(점) 177	高4Ⅱ급 製(제) 240	中4Ⅱ급 存(존) 242	高2급 珠(주) 420
高3Ⅱ급 漸(점) 413	高4Ⅱ급 祭(제) 240	中5급 卒(졸) 123	中3Ⅱ급 宙(주) 420
中4Ⅱ급 接(접) 238	高4Ⅱ급 提(제) 240	高3급 拙(졸) 417	高2급 奏(주) 420
高3급 蝶(접) 413	高4Ⅱ급 際(제) 240	中5급 終(종) 123	中4Ⅱ급 竹(죽) 243
中7급 正(정) 38	高4Ⅱ급 濟(제) 241	中5급 種(종) 123	高4Ⅱ급 準(준) 243
中6급 庭(정) 76	高4Ⅱ급 除(제) 241	中4급 從(종) 179	高3급 俊(준) 420
中6급 定(정) 76	高3급 堤(제) 415	中4급 鐘(종) 179	高3급 遵(준) 421
中5급 停(정) 122	中3Ⅱ급 諸(제) 415	中4Ⅱ급 宗(종) 243	中8급 中(중) 18
中5급 情(정) 122	高3급 齊(제) 416	高3Ⅱ급 縱(종) 417	中7급 重(중) 39
中4급 靜(정) 177	中7급 祖(조) 38	高4급 座(좌) 179	中4Ⅱ급 衆(중) 244
中4급 丁(정) 177	中6급 朝(조) 76	中3급 左(좌) 418	高3급 仲(중) 421
高4급 整(정) 178	高5급 操(조) 122	高3급 佐(좌) 418	中3Ⅱ급 卽(즉) 421
高4Ⅱ급 程(정) 239	中5급 調(조) 122	中3Ⅱ급 坐(좌) 418	中4급 證(증) 180
中4Ⅱ급 政(정) 239	高4급 組(조) 178	中5급 罪(죄) 123	中4Ⅱ급 增(증) 244
中4Ⅱ급 精(정) 239	高4급 潮(조) 178	中7급 主(주) 39	高3급 症(증) 421
中3Ⅱ급 淨(정) 413	高4급 條(조) 179	中7급 住(주) 39	中3Ⅱ급 曾(증) 422
中3Ⅱ급 征(정) 413	中4Ⅱ급 鳥(조) 241	中6급 晝(주) 77	高3Ⅱ급 蒸(증) 422
高3Ⅱ급 廷(정) 414	中4Ⅱ급 造(조) 241	中6급 注(주) 77	高3Ⅱ급 憎(증) 422
高3Ⅱ급 頂(정) 414	中4Ⅱ급 早(조) 242	中5급 週(주) 124	高3급 贈(증) 422
中3Ⅱ급 貞(정) 414	中4Ⅱ급 助(조) 242	高5급 州(주) 124	中7급 地(지) 40

524 | 3-Step 왕초보 1800한자

中7급 紙(지) 40
中5급 止(지) 124
中5급 知(지) 124
高4급 誌(지) 180
高4급 智(지) 181
中4급 持(지) 181
中4Ⅱ급 指(지) 244
中4Ⅱ급 支(지) 244
中4Ⅱ급 至(지) 245
中4Ⅱ급 志(지) 245
中3급 之(지) 423
中3급 枝(지) 423
中3급 只(지) 423
高3Ⅱ급 池(지) 423
高3급 遲(지) 424
中7급 直(직) 40
高4급 織(직) 181
高4Ⅱ급 職(직) 245
高4급 陣(진) 182
中4급 盡(진) 181
高4급 珍(진) 182
中4Ⅱ급 眞(진) 245
中4Ⅱ급 進(진) 246
高3Ⅱ급 振(진) 424
高2급 震(진) 424
高3Ⅱ급 陳(진) 424
高3Ⅱ급 鎭(진) 425
中3Ⅱ급 辰(진/신) 425

中5급 質(질) 125
高3Ⅱ급 疾(질) 425
高3Ⅱ급 秩(질) 425
高3급 姪(질) 426
中6급 集(집) 77
中3Ⅱ급 執(집) 426
高3급 懲(징) 426
高3Ⅱ급 徵(징) 426

ㅊ

高4급 差(차) 182
中4Ⅱ급 次(차) 246
中3급 借(차) 427
中3Ⅱ급 此(차) 427
中3급 且(차) 427
中5급 着(착) 125
高3급 捉(착) 427
高3급 錯(착) 428
高4Ⅱ급 讚(찬) 246
高3Ⅱ급 贊(찬) 428
中4Ⅱ급 察(찰) 246
高3급 慘(참) 428
高3급 慚(참) 428
中5급 參(참/삼) 125
中6급 窓(창) 78
中5급 唱(창) 125
高4Ⅱ급 創(창) 247
中3Ⅱ급 昌(창) 429

高3Ⅱ급 蒼(창) 429
高3Ⅱ급 倉(창) 429
高3급 暢(창) 429
3급 滄(창) 430
中4급 採(채) 182
中3Ⅱ급 菜(채) 430
高3급 債(채) 430
高3Ⅱ급 彩(채) 430
中5급 責(책) 126
中4급 冊(책) 183
高3Ⅱ급 策(책) 431
中4Ⅱ급 處(처) 247
3급 悽(처) 431
中3Ⅱ급 妻(처) 431
高3급 斥(척) 431
高3Ⅱ급 尺(척) 432
高3Ⅱ급 戚(척) 432
高3Ⅱ급 拓(척/탁) 432
中4급 川(천) 40
中7급 千(천) 41
中7급 天(천) 41
中4급 泉(천) 183
高3Ⅱ급 踐(천) 432
中3Ⅱ급 淺(천) 433
高3Ⅱ급 賤(천) 433
高3급 薦(천) 433
高3급 遷(천) 433
中5급 鐵(철) 126

高3Ⅱ급 徹(철) 434
高3Ⅱ급 哲(철) 434
高3급 尖(첨) 434
高3급 添(첨) 434
高3급 妾(첩) 435
中8급 靑(청) 18
中6급 淸(청) 78
高4급 廳(청) 183
中4급 聽(청) 183
中4Ⅱ급 請(청) 247
中3급 晴(청) 435
中6급 體(체) 78
高3급 替(체) 435
高2급 逮(체) 435
高3급 遞(체) 436
高2급 滯(체) 436
中7급 草(초) 41
中5급 初(초) 126
中4급 招(초) 184
高3급 抄(초) 436
高3급 秒(초) 436
高3Ⅱ급 超(초) 437
高3급 礎(초) 437
高3급 肖(초/소) 437
高3급 燭(촉) 437
高3Ⅱ급 觸(촉) 438
高3Ⅱ급 促(촉) 438
中8급 寸(촌) 19

中7급 村(촌) 41
高4Ⅱ급 總(총) 247
高4Ⅱ급 銃(총) 248
高3급 聰(총) 438
中5급 最(최) 126
高3Ⅱ급 催(최) 438
中7급 秋(추) 42
高3급 抽(추) 439
中3Ⅱ급 追(추) 439
高3급 醜(추) 439
中4급 推(추/퇴) 184
中5급 祝(축) 127
高4급 縮(축) 184
高4급 築(축) 184
高4Ⅱ급 蓄(축) 248
中3급 丑(축) 439
高3급 畜(축) 440
高3급 逐(축) 440
中7급 春(춘) 42
中7급 出(출) 42
中5급 充(충) 127
中4Ⅱ급 蟲(충) 248
中4Ⅱ급 忠(충) 248
高3Ⅱ급 衝(충) 440
中4급 就(취) 185
高4급 趣(취) 185
中4Ⅱ급 取(취) 249
高3Ⅱ급 吹(취) 440

高3Ⅱ급 醉(취) 441
高3Ⅱ급 臭(취) 441
高4Ⅱ급 測(측) 249
高3Ⅱ급 側(측) 441
高4급 層(층) 185
中5급 致(치) 127
中4급 齒(치) 185
高4Ⅱ급 置(치) 249
中4Ⅱ급 治(치) 249
高3Ⅱ급 値(치) 441
3급 稚(치) 442
高3Ⅱ급 恥(치) 442
中3급 則(칙/즉) 442
中6급 親(친) 78
中8급 七(칠) 19
高3급 漆(칠) 442
中4급 針(침) 186
高4급 寢(침) 186
高4Ⅱ급 侵(침) 250
高3급 枕(침) 443
高3Ⅱ급 沈(침) 443
高3급 浸(침) 443
高4급 稱(칭) 186

ㅋ

中4Ⅱ급 快(쾌) 250

ㅌ

中5급 他(타) 127
中5급 打(타) 128
高3Ⅱ급 妥(타) 443
高3급 隨(타) 444
高5급 卓(탁) 128
高3급 托(탁) 444
3급 琢(탁) 444
高3급 濁(탁) 444
高3급 濯(탁) 445
高5급 炭(탄) 128
高4급 彈(탄) 187
高4급 歎(탄) 186
高2급 誕(탄) 445
中4급 脫(탈) 187
高3급 奪(탈) 445
中4급 探(탐) 187
高3급 貪(탐) 445
高3Ⅱ급 塔(탑) 446
高3급 湯(탕) 446
中6급 太(태) 79
高4Ⅱ급 態(태) 250
高3Ⅱ급 殆(태) 446
高3Ⅱ급 泰(태) 446
高3급 怠(태) 447
高4급 擇(택) 187
高3Ⅱ급 澤(택) 447
中5급 宅(택/댁) 128

中8급 土(토) 19
高4급 討(토) 188
3Ⅱ급 兎(토) 447
高3급 吐(토) 447
中6급 通(통) 79
高4급 痛(통) 188
中4Ⅱ급 統(통) 250
中4Ⅱ급 退(퇴) 251
中4급 投(투) 188
高4급 鬪(투) 188
高3급 透(투) 448
中6급 特(특) 79

ㅍ

高4급 派(파) 189
中4Ⅱ급 波(파) 251
中4Ⅱ급 破(파) 251
高3급 罷(파) 448
高2급 把(파) 448
高3급 頗(파) 448
高3급 播(파) 449
高5급 板(판) 129
中4급 判(판) 189
高3Ⅱ급 版(판) 449
高3급 販(판) 449
中8급 八(팔) 19
中5급 敗(패) 129
中3급 貝(패) 449

高3급 幣(폐) 450	中5급 品(품) 129	中4Ⅱ급 限(한) 253	中5급 許(허) 131
中4급 篇(편) 189	中6급 風(풍) 80	高3급 旱(한) 456	中4Ⅱ급 虛(허) 254
中3Ⅱ급 片(편) 450	中4Ⅱ급 豊(풍) 253	高3급 汗(한) 456	高4급 憲(헌) 192
高3급 編(편) 450	3Ⅱ급 楓(풍) 453	高3Ⅱ급 割(할) 456	高3급 軒(헌) 459
高3급 遍(편) 450	高4급 疲(피) 191	高3급 陷(함) 456	高3Ⅱ급 獻(헌) 459
中7급 便(편/변) 42	高4급 避(피) 191	高3급 咸(함) 457	高4급 險(험) 192
中7급 平(평) 43	中3Ⅱ급 彼(피) 453	高3Ⅱ급 含(함) 457	中4Ⅱ급 驗(험) 255
高4급 評(평) 189	中3Ⅱ급 皮(피) 454	中6급 合(합) 80	高4급 革(혁) 193
中4급 閉(폐) 190	高3급 被(피) 454	高4급 抗(항) 192	中6급 現(현) 81
高3Ⅱ급 弊(폐) 451	中5급 筆(필) 129	中4Ⅱ급 航(항) 253	高4급 顯(현) 193
高3Ⅱ급 肺(폐) 451	中5급 必(필) 130	中4Ⅱ급 港(항) 253	中4Ⅱ급 賢(현) 255
高3급 廢(폐) 451	中3급 匹(필) 454	高3Ⅱ급 項(항) 457	高3급 絃(현) 460
高3급 蔽(폐) 451	高3Ⅱ급 畢(필) 454	高3급 巷(항) 457	高3Ⅱ급 懸(현) 460
高4급 胞(포) 190		中3Ⅱ급 恒(항) 458	高3급 玄(현) 460
中4Ⅱ급 布(포) 251	**ㅎ**	中7급 海(해) 44	高3급 縣(현) 460
高4급 包(포) 252	中7급 下(하) 43	高5급 害(해) 130	3급 弦(현) 461
中4Ⅱ급 砲(포) 252	中7급 夏(하) 43	中4Ⅱ급 解(해) 254	中4Ⅱ급 血(혈) 255
中3급 抱(포) 452	中5급 河(하) 130	中3급 亥(해) 458	高3급 穴(혈) 461
高3급 飽(포) 452	高3급 荷(하) 455	高3급 該(해) 458	高2급 嫌(혐) 461
高3Ⅱ급 浦(포) 452	中3Ⅱ급 賀(하) 455	高3급 奚(해) 458	中4Ⅱ급 協(협) 255
高3급 捕(포) 452	中3Ⅱ급 何(하) 455	高4급 核(핵) 192	高3Ⅱ급 脅(협) 461
高4급 爆(폭) 190	中8급 學(학) 20	中6급 行(행) 80	中8급 兄(형) 20
高3급 幅(폭) 453	高3Ⅱ급 鶴(학) 455	中6급 幸(행) 80	中6급 形(형) 81
中4Ⅱ급 暴(폭/포) 252	中8급 韓(한) 20	中6급 向(향) 81	中4급 刑(형) 193
中6급 表(표) 79	中7급 漢(한) 43	中4Ⅱ급 香(향) 254	高3급 螢(형) 462
高4급 標(표) 190	中5급 寒(한) 130	中4Ⅱ급 鄕(향) 254	高3급 亨(형) 462
中4Ⅱ급 票(표) 252	中4급 閑(한) 191	高3급 享(향) 459	高2급 衡(형) 462
高3급 漂(표) 453	中4급 恨(한) 191	高3Ⅱ급 響(향) 459	高4급 慧(혜) 193

中4Ⅱ급 惠(혜) 256	高3Ⅱ급 忽(홀) 465	高3Ⅱ급 還(환) 467	中4급 厚(후) 196
高3급 兮(혜) 462	中4급 紅(홍) 194	高3급 丸(환) 467	高3급 侯(후) 470
中6급 號(호) 81	高3급 弘(홍) 465	高3Ⅱ급 換(환) 468	3급 喉(후) 470
中5급 湖(호) 131	高3Ⅱ급 洪(홍) 466	中7급 活(활) 44	中6급 訓(훈) 83
中4급 好(호) 194	高3급 鴻(홍) 466	中6급 黃(황) 82	高3급 毁(훼) 470
中4Ⅱ급 呼(호) 256	中8급 火(화) 20	高4급 況(황) 195	高4급 揮(휘) 196
高4Ⅱ급 護(호) 256	中7급 話(화) 44	高3Ⅱ급 皇(황) 468	高3급 輝(휘) 470
中4Ⅱ급 戶(호) 256	高7급 花(화) 44	高3급 荒(황) 468	中7급 休(휴) 45
高3Ⅱ급 浩(호) 463	中6급 和(화) 82	中6급 會(회) 82	高3급 携(휴) 471
高3급 互(호) 463	中6급 畫(화) 82	4급 灰(회) 196	中5급 凶(흉) 132
中3Ⅱ급 虎(호) 463	中5급 化(화) 131	中4Ⅱ급 回(회) 257	中3급 胸(흉) 471
高3급 豪(호) 463	中4급 華(화) 195	高3Ⅱ급 懷(회) 468	中5급 黑(흑) 132
高3급 毫(호) 464	中4Ⅱ급 貨(화) 257	高3Ⅱ급 悔(회) 469	高4Ⅱ급 吸(흡) 258
中3급 乎(호) 464	高3급 禾(화) 466	高4Ⅱ급 獲(획) 258	中4Ⅱ급 興(흥) 258
高3Ⅱ급 胡(호) 464	高3Ⅱ급 禍(화) 466	高3Ⅱ급 劃(획) 469	中4급 喜(희) 197
高3Ⅱ급 惑(혹) 464	高4Ⅱ급 確(확) 257	高3Ⅱ급 橫(횡) 469	中4Ⅱ급 希(희) 258
中4급 或(혹) 194	高3급 穫(확) 467	中7급 孝(효) 45	中3Ⅱ급 戲(희) 471
中4급 婚(혼) 194	高3급 擴(확) 467	中5급 效(효) 132	中3급 旣(희) 471
中4Ⅱ급 混(혼) 257	中5급 患(환) 131	高3급 曉(효) 469	3급 熙(희) 472
高3급 昏(혼) 465	高4급 環(환) 195	中7급 後(후) 45	3급 稀(희) 472
高3Ⅱ급 魂(혼) 465	中4급 歡(환) 195	中4급 候(후) 196	3급 噫(희/애) 472

528 | 3-Step 왕초보 1800한자

부수명칭(部首名稱)

	1획				
一	한 일	大	큰 대	木	나무 목
丨	뚫을 곤	女	계집 녀	欠	하품 흠
丶	점 주(점)	子	아들 자	止	그칠 지
丿	삐칠 별(삐침)	宀	집 면(갓머리)	歹(歺)	뼈앙상할 알(죽을사변)
乙(乚)	새 을	寸	마디 촌	殳	칠 수(갖은등글월문)
亅	갈고리 궐	小	작을 소	毋	말 무
	2획	尢(兀)	절름발이 왕	比	견줄 비
二	두 이	尸	주검 시	毛	터럭 모
亠	머리 두(돼지해머리)	屮(屮)	싹날 철	氏	각시 씨
人(亻)	사람 인(인변)	山	메 산	气	기운 기
儿	어진사람 인	巛(川)	개미허리(내 천)	水(氵)	물 수(삼수변)
入	들 입	工	장인 공	火(灬)	불 화
八	여덟 팔	己	몸 기	爪(爫)	손톱 조
冂	멀 경(멀경몸)	巾	수건 건	父	아비 부
冖	덮을 멱(민갓머리)	干	방패 간	爻	점괘 효
冫	얼음 빙(이수변)	幺	작을 요	爿	조각널 장(장수장변)
几	안석 궤(책상궤)	广	집 엄(엄호)	片	조각 편
凵	입벌릴 감(위터진입구)	廴	길게걸을 인(민책받침)	牙	어금니 아
刀(刂)	칼 도	廾	손맞잡을 공(밑스물입)	牛(牜)	소 우
力	힘 력	弋	주살 익	犬(犭)	개 견
勹	쌀 포	弓	활 궁		5획
匕	비수 비	彐(彑)	돼지머리 계(터진가로왈)	玄	검을 현
匚	상자 방(터진입구)	彡	터럭 삼(삐친석삼)	玉(王)	구슬 옥
匸	감출 혜(터진에운담)	彳	조금걸을 척(중인변)	瓜	오이 과
十	열 십		4획	瓦	기와 와
卜	점 복	心(忄·㣺)	마음 심(심방변)	甘	달 감
卩(㔾)	병부 절	戈	창 과	生	날 생
厂	굴바위 엄(민엄호)	戶	지게 호	用	쓸 용
厶	사사로울 사(마늘모)	手(扌)	손 수(재방변)	田	밭 전
又	또 우	支	지탱할 지	疋	필 필
	3획	攴(攵)	칠 복(등글월문)	疒	병들 녁(병질엄)
口	입 구	文	글월 문	癶	걸을 발(필발머리)
囗	에울 위(큰입구)	斗	말 두	白	흰 백
土	흙 토	斤	도끼 근(날근)	皮	가죽 피
士	선비 사	方	모 방	皿	그릇 명
夂	뒤져올 치	无(旡)	없을 무(이미기방)	目(罒)	눈 목
夊	천천히걸을 쇠	日	날 일	矛	창 모
夕	저녁 석	曰	가로 왈	矢	화살 시
		月	달 월	石	돌 석

示(衤)	보일 시	谷	골 곡	\multicolumn{2}{c	}{10 획}
内	짐승발자국 유	豆	콩 두	馬	말 마
禾	벼 화	豕	돼지 시	骨	뼈 골
穴	구멍 혈	豸	발없는벌레 치(갓은돼지시변)	高	높을 고
立	설 립	貝	조개 패	髟	머리털늘어질 표(터럭발)
\multicolumn{2}{|c|}{6 획}	赤	붉을 적	鬥	싸울 투
竹	대 죽	走	달아날 주	鬯	술 창
米	쌀 미	足(⻊)	발 족	鬲	솥 력
糸	실 사	身	몸 신	鬼	귀신 귀
缶	장군 부	車	수레 거	\multicolumn{2}{c	}{11 획}
网(罒·罓)	그물 망	辛	매울 신	魚	물고기 어
羊	양 양	辰	별 진	鳥	새 조
羽	깃 우	辵(辶)	쉬엄쉬엄갈 착(책받침)	鹵	소금밭 로
老(耂)	늙을 로	邑(⻏)	고을 읍(우부방)	鹿	사슴 록
而	말이을 이	酉	닭 유	麥	보리 맥
耒	생기 뢰	釆	분별할 변	麻	삼 마
耳	귀 이	里	마을 리	\multicolumn{2}{c	}{12 획}
聿	붓 율	\multicolumn{2}{c	}{8 획}	黃	누를 황
肉(月)	고기 육(육달월변)	金	쇠 금	黍	기장 서
臣	신하 신	長(镸)	길 장	黑	검을 흑
自	스스로 자	門	문 문	黹	바느질할 치
至	이를 지	阜(⻖)	언덕 부(좌부방)	\multicolumn{2}{c	}{13 획}
臼	절구 구(확구)	隶	미칠 이	黽	맹꽁이 맹
舌	혀 설	隹	새 추	鼎	솥 정
舛(桀)	어그러질 천	雨	비 우	鼓	북 고
舟	배 주	靑	푸를 청	鼠	쥐 서
艮	그칠 간	非	아닐 비	\multicolumn{2}{c	}{14 획}
色	빛 색	\multicolumn{2}{c	}{9 획}	鼻	코 비
艸(艹)	풀 초(초두)	面	낯 면	齊	가지런할 제
虍	범의문채 호(범호)	革	가죽 혁	\multicolumn{2}{c	}{15 획}
虫	벌레 충(훼)	韋	다룸가죽 위	齒	이 치
血	피 혈	韭	부추 구	\multicolumn{2}{c	}{16 획}
行	다닐 행	音	소리 음	龍	용 룡
衣(衤)	옷 의	頁	머리 혈	龜	거북 귀(구)
襾	덮을 아	風	바람 풍	\multicolumn{2}{c	}{17 획}
\multicolumn{2}{|c|}{7 획}	飛	날 비	龠	피리 약변
見	볼 견	食(飠)	밥 식(변)	* 는 부수의 변형글자	↑ 심방(변) / 扌 재방(변) / 氵 삼수(변) / 犭 개사슴록(변) / 阝(邑) 우부(방) / 阝(阜) 좌부(변)
角	뿔 각	首	머리 수		
言	말씀 언	香	향기 향		